Gero von Wilpert

Deutschbaltische Literaturgeschichte

C. H. Beck

Satz: Janß, Pfungstadt
Druck und Bindung: Ebner & Spiegel, Ulm
Gedruckt auf säurefreiem, alterungsbeständigem Papier
(hergestellt aus chlorfrei gebleichtem Zellstoff)
Printed in Germany
ISBN 3 406 53525 9

www.beck.de

Inhaltsverzeichnis

Das 17. Jahrhundert: Barock

Das 18. Jahrhundert: Aufklärung und Empfindsamkeit

Das frühe 19. Jahrhundert: Klassizismus und Romantik

Das späte 19. Jahrhundert: Realismus

Das 20. Jahrhundert: Höhepunkt und Untergang

Anhang

Vorwort

Dies ist die Geschichte einer kleinen Literatur, einer Literatur der Vergangenheit und einer Literatur ohne Zukunft, einer Literatur, die im Aussterben ist und die es nur noch so lange geben wird, wie Menschen sich ihrer annehmen, sie lesen und vielleicht gar erörtern. Es ist keine große Literatur, sie war nie sehr groß, und seit sie aufgehört hat zu wachsen, schrumpft sie noch mehr und schwindet in zeitliche und räumliche Ferne. Die letzten, die sich angeblich stärker für sie interessierten, taten dies aus lauter falschen Gründen, nämlich aus imperialistischem Großmachtdenken. Sie belegten sie mit Beschlag und benutzten sie, um anhand ihrer ihre vermeintlichen Ansprüche auf das Land, in dem sie entstand, als deutschen Kulturboden zu bekräftigen. Das hat auch ihrem Ansehen, wenigstens bei Nichtkennern, ein wenig geschadet und einige Namen zu Unrecht in die Vergessenheit verschwinden lassen, so daß man sie heute nicht einmal in mehrbändigen Literaturgeschichten und Lexika findet. Doch dieselben Gruppen, die sich ihrer vergeblich zu bemächtigen suchten, führten letztlich auch ihr Ende herbei: Erst durch die Umsiedlung ins besetzte Polen, dann gegen Ende des Zweiten Weltkriegs durch die Flucht und Verstreuung in den Westen vollendete der Hitlerstaat die Zerstörung der einst von ihm so gepriesenen deutschbaltischen Lebensgemeinschaft und ihrer Kultur.

Schon der Titel dieses Buches ist irreführend und eigentlich ein Pleonasmus. Ein paar Jahrzehnte früher hätte man von «baltischer Literatur» gesprochen und die unlogische Verbindung von Deutschen und Balten verpönt. Baltische Literatur ist die deutschsprachige Literaur der deutschen Bewohner dessen, was man bis ins 18. Jahrhundert generell Livland, dann die «russischen Ostseeprovinzen» und heute die «baltischen Staaten» nennt. Ein baltisches Volk als solches jedoch existiert nicht.

Der Pluralbegriff der «baltischen Völker» leitet sich von der mythischen Bernsteininsel Baltia ab, die der Ostsee den Namen Mare Balticum, Baltic Sea, gab. Von ihm erhielten die östlich an die Ostsee angrenzenden Staaten ihren Gruppennamen als «baltische Staaten» (heute Estland, Lettland, Litauen), während die Bezeichnung «baltische

Völker» im Grunde nur für die Angehörigen der indogermanischen baltischen Sprach- und Kulturfamilie, also Altpreußen, Litauer und Letten, gelten dürfte. Die Esten jedoch gehören dem finnougrischen Sprachstamm an, so daß auch die Begriffe «baltische Völker» und «baltische Sprachen» keineswegs deckungsgleich sind.

Ist das schon verwirrend genug, so wird es noch komplizierter: Die «baltischen Provinzen» Rußlands umfaßten drei Länder: Estland, Livland und schließlich auch Kurland, nicht aber Litauen, das lose zum katholischen Polen gehörte, und auch nicht das damals noch nicht existierende, erst 1918 aus Kurland und Südlivland gebildete Lettland.

So weit kommt die Weltgeschichte ohne den Volksbegriff «Balten» aus. Erst gegen Mitte des 19. Jahrhunderts begannen die Deutschen der russischen Ostseeprovinzen, sich in eindeutiger Begrenzung auf das Deutschtum mit der Neubildung «Balten» zu nennen. Ihre zuerst niederdeutsche, seit dem 17. Jahrhundert hochdeutsche Sprache mit dem baltischen Akzent heißt seither Baltendeutsch (und nicht Deutschbaltisch), was Unkundige in Analogie zu Pennsylvaniadeutsch oder Sudetendeutsch u. ä. zu der Vermutung verleitete, «Balten» seien eine Landschaft oder ein Gebirge. Dagegen sagt Baltendeutsch nur zweimal dasselbe: Balten sind Deutsche, und Deutsche sind Deutsche. Von der Sprache her übertrug man die Bezeichnung zu Anfang des 20. Jahrhunderts auf die Bevölkerung und nannte sie «Baltendeutsche», so auch noch in der Nazizeit, bis sich die unglückliche Bezeichnung «Deutschbalten» – da es «Balten» ja nicht gibt – durchsetzte und seither anscheinend unausrottbar ist, zumal in englischsprachigen Ländern mittlerweile der Begriff Balten oder Baltics auf alle Bewohner der baltischen Staaten und schließlich auch auf die Einwanderer aus Zwischeneuropa vom Finnischen Meerbusen bis zum Schwarzen Meer bezogen wird. Für diese Publikation stehen dennoch «Balten, baltisch» und das reichlich schwerfällige «Deutschbalten, deutschbaltisch» gleichbedeutend nebeneinander.

Der Titel einer deutschbaltischen Literaturgeschichte könnte nun zu der bösen Vermutung Anlaß geben, daß hier eine Renaissance der stammesgeschichtlichen Literaturbetrachtung im Sinne von Josef Nadlers *Literaturgeschichte der deutschen Stämme und Landschaften* unternommen werde, die die rassisch-stammhafte Eigenart baltischer Literatur herausarbeiten solle. Nichts liegt uns ferner. Zwar sind die Balten vorwiegend nieder- bis mitteldeutscher Herkunft, und ihre Kultur steht der norddeutschen Kultur nahe. Für die Literatur sind jedoch nicht Blut und Boden, sondern – wie die einleitenden Thesen zur baltischen Literatur zeigen – sprachliche, ästhetische und gesellschaftliche Aspekte ausschlaggebend.

Eine Literaturgeschichte kann freilich die Lektüre nicht ersetzen, sie kann nur beschreiben, berichten und Anregungen geben, und mit dieser Absicht will sie mehr eine Bestandsaufnahme, natürlich eine «Retrospektive», als eine Wesensschau bieten. Die letzte und bisher einzige Gesamtdarstellung der baltischen Literatur liegt nun schon über ein Dreivierteljahrhundert zurück. Die Zahl derjenigen, die das baltische Deutschtum noch in seiner Heimat erlebt haben, ist in raschem Abnehmen begriffen und nähert sich bald dem Nullpunkt. Obwohl Literaturgeschichte nicht selbst erlebt sein muß, ja sogar eine gewisse Distanz bevorzugt, scheint es doch vorteilhaft, eine Überblicksdarstellung wie diese auf einiger Kenntnis des Herkunftsmilieus aufzubauen. Da von den besser qualifizierten Literaturwissenschaftlern baltischer Herkunft, deren Arbeiten hier dankend benutzt wurden, keiner – vielleicht aus gutem Grund – sich einer solchen Arbeit zu unterziehen geneigt scheint, glaubte der Verfasser trotz gewisser Zweifel, eine baltische Literaturgeschichte aus seiner Feder sei vielleicht immer noch besser als gar keine. Das Urteil darüber verbleibt dem Leser.

Einige Thesen zur baltischen Literatur

Baltische Literatur: schon das Thema eignet sich hochgradig für eine akademische Auseinandersetzung, insofern es eine längst verklungene Zeit (*temps perdu*) in einem weitabgelegenen Lande (*pays lointain*) betrifft, für die sich im Grunde niemand interessiert und bei der schon die Diskussion des Begriffs Tage in Anspruch nehmen kann. Von der Definition des Begriffs Literatur einmal ganz abgesehen: Literatur ist das, was man eigentlich gelesen haben sollte.

Baltische Literatur – um eine These aufzustellen – ist die deutschsprachige Literatur der ehemaligen deutschen Oberschicht in dem Gebiet von Estland und Lettland vom 12. Jahrhundert bis 1939. Erst der Nationalismus und der Nationalsozialismus mit seiner Vorliebe für lange und redundante, dafür aber völkisch klingende Prägungen haben uns dafür Wörter wie ‹deutschbaltisch› oder ‹baltendeutsch› geschenkt, die unterstellen, es gäbe auch ein estnischbaltisch oder baltenlettisch.

Man möge mir verzeihen, wenn ich dem Leser zehn Seiten Text erspare, indem ich statt «deutschbaltisch», wie es heute korrekt sein mag, kurz «baltisch» schreibe und beide Begriffe für dieses Buch als identisch erkläre. Bei dieser Gelegenheit sei auch darauf verwiesen, daß es mir für eine deutschbaltische Literaturgeschichte wie hier nur angemessen erscheint, die früheren deutschen Ortsnamen zu verwenden.

Damit aber fangen die Probleme erst an. Fragt man einen jener 150prozentigen Balten, die immer für die großbaltische, d. h. alles sich einverleibende Lösung eintraten, dann umfaßt baltische Literatur nicht nur die im Baltikum beheimateten deutschen Schriftsteller, sondern auch deren schreibende Kinder und Enkelkinder bis ins xte Glied, gleichgültig, ob sie nun in Deutschland oder Rußland, in Kanada oder Chile geboren sind und ihre Muttersprache deutsch, russisch oder englisch ist – ich übertreibe –, und überdies die mit einem Balten verheirateten Ehepartner, gleich welchen Geschlechts und welcher Herkunft, unabhängig davon, ob sie ihren Fuß je ins Baltikum gesetzt haben oder nicht, als ob Baltentum eine ansteckende Krankheit wäre, ja gelegentlich sogar – ich übertreibe nicht – die Träger bloß baltisch klingender Namen, als ob Reichsdeutsche kein Recht auf individuell klangvolle

Namen hätten, und letztlich umfaßt baltische Literatur auch die bloßen Sympathisanten mit baltischen Problemen wie solche, die ihren Erinnerungen anvertrauen, sie wären gerne Balten gewesen.

Und hier schweigt des Sängers Höflichkeit. Es geht nämlich nicht darum, ob ein Pferd, das im Kuhstall geboren ist, noch ein Pferd ist oder nicht. Was hier vorliegt, ist die Prävalenz genealogischen Denkens oder, auf deutsch gesagt, die unzulässige Übertragung der Zuchtvieh-Stammrolle oder des Rassehunde-Stammbaumes auf den kulturellen Sektor. Ich kann noch deutlicher werden: Solches Denken entspringt dem galoppierenden Dilettantismus eines Rosenberg-Rassismus und einer Blut-und-Boden-Ideologie. Literatur aber ist keine rassische, sondern eine kulturelle Angelegenheit, in der es keine – um dieselbe Terminologie zu verwenden – Halb- und Viertelbalten, Baltengenossen oder baltisch versippte Mischehen gibt.

Wollte man nach solchen Prämissen die anderen abendländischen Literaturen abgrenzen, so gehörten Chamisso, Fouqué und Fontane (den manche seines «Fon» wegen für einen Balten halten) der französischen Literatur, Brentano der italienischen Literatur und Thomas Mann der portugiesischen Literatur an, Joseph Conrad wäre ein polnischer Schriftsteller, Henri Troyat wäre ein Russe und Puschkin gar ein früher Vertreter der Négritude oder der neoafrikanischen Literatur. Die Übertragung des genealogischen Prinzips auf die Literatur dürfte in der abendländischen Kulturszene verheerende Wirkungen zeitigen. Sie erinnert an Rosenbergs selige Zeiten, da die Schriftsteller auf einen Stammbaum festgenagelt wurden und der Eintritt in den Parnaß der Reichsschrifttumskammer nur in Begleitung der «arischen» Großmutter erfolgen durfte.

Behalten wir aber den Balten im Auge. Natürlich wird Hermann Hesse dadurch kein schlechterer Schriftsteller, daß ich ihn nicht für einen baltischen halte.

Man schreibt nicht mit Blut, sondern mit Tinte. Literaten, Schriftsteller haben geistige Ahnen und Geistesverwandte außerhalb der Sippe, ihre einzige Verwandtschaftsbeziehung ist die internationale Wahlverwandtschaft.

Literatur ist nicht eine Sache des Blutes, sondern des Kunstverstandes, des Intellekts und der Ästhetik. Sie ist auch nicht in erster Linie eine Sache des Gefühls, insofern das Gefühl dem Stil in die Quere geraten kann, und dies gilt, obwohl ein Großteil der baltischen Literatur von den damals noch nicht mit den Segnungen der Emanzipation überschütteten Frauen getragen wird. Kunstverstand wiederum ist so wenig erblich – oder sagen wir besser: Pflichtanteil des Erben – wie die Fähigkeit zu schreiben. Er ist eine Sache der Erziehung, der Ausbildung in der kulturellen Umwelt.

Die kulturelle Umwelt, die soziokulturelle Lebensform mithin, ist das Entscheidende, der Prägestock für eine regionale Literaturlandschaft und deren Sonderformen. Sie ist im zaristischen Rußland und auch im kaiserlichen Petersburg eine andere als im Baltikum, selbst wenn die Menschen hinüber- und herüberwechseln. Nicht Geburt, Herkunft, Heirat oder Sympathien zählen: Wer der kulturellen Umwelt ausgesetzt ist und sie bewußt erlebt, gehört ihr an, ob er sie bejaht oder ablehnt, ob er in sie hineingeboren oder in ihr heimisch geworden ist, und wenn er aus dieser Begegnung heraus sich literarisch mit ihr auseinandersetzt, gehört er der baltischen Literatur an, er mag von den Balten selbst als Nichtbalte, als Renegat oder Nestbeschmutzer angesehen werden – das kommt bei den besten Literaten vor.

Diese soziokulturell bedingte Sonderart der baltischen Literatur gilt es nun in einigen Streiflichtern auszuleuchten. Beginnen wir mit der Sprache: Die liebenswürdige Illusion der Balten, nur sie sprächen das reinste Hochdeutsch, während man im Reich nur Dialekte höre, ist spätestens seit der Entdeckung Hannovers als Trugschluß erwiesen. Aus der sprachlichen Situation der Balten inmitten einer anderssprachigen Umwelt jedoch scheinen sich zwei Eigenarten baltischer Literatur zu ergeben, die vielfach unbewußt, aber nichtsdestoweniger typisch sein mögen.

Der eine Aspekt der anderssprachigen Umwelt führt zu der bekannten, aber selten analysierten Tatsache, daß baltische Literatur allgemein als sprachlich eingängig, unkompliziert, sagen wir: einfach, gilt. Selbst baltische Wissenschaftler und Philosophen schreiben – sonst würde man nicht von ihnen reden – in einer Sprache, die auch dem Arzt verständlich ist, und das ist nicht allein das Ergebnis langjähriger Schulung von der Kanzel herab.

Um so mehr gilt dies für die Literatursprache. Sie verzichtet nicht nur aus Nüchternheit auf das esoterische Raunen unvergorener Phrasen und halbverstandener Veitstänze mit Worten und Bildern, sie nimmt das Sprachmaterial nicht als Surrogat für Gedankenreichtum. Die Ursache dafür ist einsichtig, wenngleich sie ungern zugestanden wird: Die baltische Literatur verfügt nur über einen begrenzten Wortschatz. Ein einziges Beispiel mag das erläutern: Welcher freiwillige und selbstlose Verzicht auf eine Fülle von gleichbedeutenden Wörtern steht doch hinter der Bevorzugung eines einsilbigen baltischen Wortes wie – Strunt. Wie viele Möglichkeiten, Synonyme zu gebrauchen und die Synonyme wieder zu umschreiben, versagt man sich mit dieser einen Silbe!

Die sprachliche Zugänglichkeit der baltischen Literatur entspringt also weniger dem Versuch, sich auch illiteraten Familien- oder Gemeindemitgliedern verständlich zu machen, als vielmehr einer grassierenden Wortarmut, wie sie sich im Umgang mit anderssprachigen Völkern und in der Isolation notgedrungen einstellt und wie wir sie auch aus anderen ähnlichen Sprachinseln wie etwa dem Prager Deutsch – trotz Rilke, Werfel und Kafka – kennen.

Das soll nun nicht heißen, daß man im Baltikum kein Deutsch verstand. Nur die Differenz zwischen dem passiven Wortschatz, den man lesend und hörend aufzunehmen ohne weiteres in der Lage war, und dem aktiven Wortschatz, den man im täglichen Leben wie in der Literatur reproduzierte, war groß. Vor allem aber fehlte zumal bei der Verstreutheit und Kleinheit der Zentren jenes Fluidum verbalisierter Geistigkeit, das einander die Bälle zuspielen, sich gegenseitig übertreffen läßt, Anstoß zum Wettstreit und Rangkampf in der Verbalisierung und eloquenten, sagen wir: überdrehten, Phrasierung der Aussage gibt. Der Hahnenkampf sprachlicher Originalität fand nicht statt. Das Bedürfnis, dem Auszusagenden über die Sachfeststellung hinaus die ungewöhnliche Wortwahl der Diktion als Surplus und individuelle Kennmarke mitzugeben, war nicht vorhanden. Um das Extrem fachwissenschaftlichen Jargons zu nehmen und von der inzwischen verfeinerten Terminologie ganz abzusehen: Selbst ein Germanist oder ein Soziologe konnte sich seinem ‹landschen› Bruder verständlich ausdrücken.

Man mag das für ein Manko halten, aber in einer Literatur, die dem Experiment abhold war und ohnehin der mutterländischen Entwicklung um fast eine Generation nachstand, spielte es keine Rolle, und der Verbreitung der Erzählliteratur und der Lesewut ist es zweifellos zugute gekommen.

Nachteilig wirkte sich die sprachliche Enge dagegen vor allem auf die Lyrik aus. Man wird von ihr nicht behaupten wollen, daß sie geradezu eine Domäne baltischer Dichtung gewesen sei. Wo das individuell neuschöpferisch gesetzte Wort und Bild zum Kriterium des Kunstcharakters werden, wo die Sprache aus sich selbst heraus zum Wirken aufgerufen wird, wo nicht Gestaltung, sondern Gestalt zählt, da wird denn auch die Schwäche der baltischen Literatursprache evident. Jahrzehntelang bleibt die baltische Lyrik in einem bestenfalls wohlgemeinten epigonalen Klassizismus und Romantizismus stecken. Die Heimat-, Natur-, Landschafts- und Liebesgedichte des 19. Jahrhunderts, die sich allenfalls zur Kunsthöhe eines Emanuel Geibel erheben oder im Kommerslied der Butzenscheibenlyrik ihre Reverenz erweisen, aber auch die versifizierte Gedanklichkeit der Ideendichtung, die an ihrer eigenen platten Verbosität erstickt, sprechen eine deutliche Sprache – aber sie sprechen sie eben nur. Erst als der Symbolismus im Gefolge von Rilke und George das eigenschöpferisch, sparsam gesetzte Wort und Bild fordert, zieht die baltische Lyrik nach, denn die Sparsamkeit des Wortes kam ihrer Sprachmächtigkeit gelegen. Aber auch hier geschieht es ein Vierteljahrhundert post festum. Einen Naturalismus mit seiner mitleidsvollen Armeleutedichtung und einen Expressionismus, dessen Schrei des Widerhalls der Großstadt und der Industrielandschaft bedarf, hat es im Baltikum nicht gegeben: Sie fanden nicht statt.

Das Fehlen dieser sprachlich wie inhaltlich revolutionären Literaturepochen hat jedoch noch eine andere Ursache als den konservativen Grundcharakter der baltischen Literatur und Literaturgesellschaft. Und zwar ist das ein durch die Mehrsprachigkeit der Umwelt bedingtes extremes Sprachbewußtsein, ein Purismus, der jede Art von Jargon oder Slang ablehnt und infolgedessen auch das Halbdeutsche oder die Mischsprache zwischen Deutsch und der Landessprache – außer in Parodien – mit dem Verdikt des Ungebildeten belegt und damit auch die Nachahmung der Alltagssprache sozial disqualifiziert. Diese Sprachreinheit gilt für die Kunstdichtung als oberstes Gebot. Makkaronische Poesie im Sinne jenes «Totschlago vos sofortissime nisi vos benehmitis bene» hat es nicht gegeben.

Andererseits führt die tägliche Vertrautheit mit anderssprachigen Aussagemöglichkeiten zu einer um so kritischeren Analyse und distanzierenden Behandlung der eigenen Sprache. Die Mehrsprachigkeit, wie sie für das Baltikum zutrifft, bietet die idealen Voraussetzungen für jene sprachlichen Lockerungsübungen und Sprachspielereien à la Morgenstern, die als Nonsensdichtung die sprachliche Doppeldeutigkeit aktualisieren, das Gehör und Gespür für Eigenarten und Absonderlichkeiten der Wortbildung, der Synonyme und Homonyme literarisch ausbeuten und das Sprachmaterial verfremdend als bloßen Klangkörper benutzen. Der Name Heinz Erhardt bezeichnet nur den

Gipfelpunkt dieser von langer Hand angelegten und nur selten bis zum gedruckten Buch vorstoßenden Entwicklung, die als ein typisches Produkt dieser Konfrontierung mit anderen Sprachen und der Verfremdung der eigenen erscheint. Nur der Engländer kann es darin mit der baltischen Dichtung aufnehmen, und auch er behandelt ja seine eigene Sprache ständig wie eine ihm im Grunde nicht zukommende Fremdsprache.

Freilich gelten diese Sprachspielereien und Wortgrotesken, die die Sprache in ihren Gelenken knacken lassen, anspruchsvollen baltischen Kreisen als unseriös. Wer sich seriöser damit befaßt, und die deutsche Literaturwissenschaft hat neue Ansätze dazu gemacht, wird zustimmen, daß die Demontage und Montage der Sprache jedoch eine Grundvoraussetzung für das übersprachliche kommunikative Denken ist und etwa dem für seriös erachteten Puzzlespiel mit Genealogien gleichrangig läuft: Auch hier geht es darum, aus dem vordergründigen augenblicklichen Erscheinungsbild die zugrundeliegenden Konstituenten herauszuarbeiten – närrische Lebensweisheit mögen beide Prozesse produzieren.

Hat die sprachliche Isolation somit sowohl negative als auch positive Einflüsse auf die baltische Literatur gehabt, so läßt sich unter dem Aspekt der vergleichenden Literaturwissenschaft argumentieren, daß die baltische Literatur auf jeden Fall nicht alle Vorteile und Aufgaben, die sich ihr durch ihre Randstellung boten, in angemessenem Maße wahrgenommen habe. Als Mittlerin zwischen zwei Literaturen von Weltrang, der deutschen und der russischen Literatur, hat sie zu einer Zeit, als der literarische Kommerz noch nicht ausschließlich in den Händen tantiemebeflissener literarischer Agenten lag, das Ihrige zur Begegnung dieser beiden Literaturen und zur Übersetzung, Verbreitung und Erforschung ihrer bleibenden Werke beigetragen. Baltischen und Petersburger Autoren verdanken wir eine Fülle guter Übersetzungen russischer Literatur, baltische Literaten haben in Rußland deutsche Literatur gelehrt und sind andererseits in die Annalen der deutschen Slawistik eingegangen.

Wovon man weniger hört und gern mehr hören möchte, wäre, daß dasselbe auch für die autochthone estnische und lettische Literatur der Fall gewesen wäre. Gewiß sind die Kodifizierung und sprachwissenschaftliche Erschließung der estnischen und lettischen Sprache weitgehend den Balten als den Kulturträgern und Vorreitern der Schriftlichkeit zu verdanken, und baltische Pastoren haben im Zuge der

Missionierung und Evangelisation Predigten, Postillen und moralerzieherische Schriften in der Landessprache verfaßt, aber sie haben dies doch als eine Herablassung betrachtet, bei der der gute Zweck die Mittel rechtfertigt. Sobald dieser Literarisierungsprozeß seine ersten Früchte zeigte, sobald die Esten und Letten im 19. Jahrhundert selbst zur Feder griffen, Schriftsteller und schließlich Akademiker hervorbrachten, hat man es für unter seiner Würde gehalten, diesen ersten Anläufen autochthoner Literatur sein Augenmerk zu widmen, sie mit wohlwollender Kritik und Rat zu ermuntern, zu ihrer Verbreitung beizutragen oder überhaupt jene Hebammenfunktion zu erfüllen, die dem Volk mit längerer literarischer Tradition bei der Geburt einer neuen Nationalliteratur zukommt. Gewiß geschah dies zu einer Zeit, als die drohende Russifizierung um die eigene Selbständigkeit bangen ließ und als das Urübel des Nationalitätenkampfes sich bereits am Horizont abzeichnete, aber daß die kulturelle Mission der Oberschicht nicht nur im Selbstgenuß der eigenen Kultur, sondern auch darin bestehen könnte, die ersten Gehversuche einer anderssprachigen Unterschicht zu unterstützen, sozusagen den Entwicklungshelfer zu spielen, das hat man mit der Arroganz eines ‹Herrenvolkes› zu übersehen geruht. Sicherlich – und schon der Ausdruck Entwicklungshelfer sollte dies bewußt verdeutlichen – überträgt man mit solcher Kritik Vorstellungen der Gegenwart unzulässigerweise auf Zustände, die ein Jahrhundert zurückgreifen. Und ebenso gewiß kann man dem nationalistischen 19. Jahrhundert nicht die weise Abgeklärtheit der heute resignierenden Kolonialvölker abverlangen. Ebenso ist es eine müßige historische Spekulation zu fragen: Was wäre gewesen, wenn die Balten mit den gebildeten Esten und Letten gemeinsame Sache gemacht, sie als vollwertige Teilhaber an der gemeinsamen Kultur der baltischen Länder akzeptiert, sich ihnen als Förderer, Helfer und Fürsprecher an die Seite gestellt hätten? Wäre es je zur nationalen Auseinandersetzung gekommen? Hätte nicht jenes gemeinsame Band, das Balten, Esten und Letten heute im Ausland, im Exil, zusammenführt und sie verbindet, unter Umständen stärker verbindet als mit den Sprachgenossen aus Deutschland – hätte es dergleichen Gemeinsamkeit nicht auch in der Heimat geben können? Mußte auch hier erst der Verlust der Heimat zur Erkenntnis der Gemeinsamkeit führen? Das sind Fragen an die Geschichte. Eine literarische Tatsache dagegen ist, daß mit dem Erwachen der autochthonen Literaturen und Hand in Hand mit dem Selbstbewußtsein der Gastvölker die literarischen Beziehungen einfroren. Baltische Literaten und Akademiker verkehrten gesellschaftlich nur mit baltischen Literaten und Akademikern, estnische und lettische Literaten und Akademiker nur mit ihresgleichen. Ausnahmen, die es zweifellos gegeben hat, bestätigen nur die Regel, und wer auf zwei Hochzeiten gleichzeitig zu tanzen versuchte, erlebte ein böses Erwachen zwischen zwei Stühlen. Selbst ein estnischer oder lettischer Schriftsteller konnte nicht mit seiner Anerkennung als Vertreter der baltischen Literatur rechnen. Und was schlimmer ist: er kann es auch heute nicht. Die Balten haben Apartheid praktiziert, ehe das Wort überhaupt erfunden wurde. Diese deutschbaltische Literatur war eine geschlossene Gesellschaft, dem Gast aus der Ferne eher offen als dem Nachbarn.

Solche Fragen und Probleme führen uns bereits mitten hinein in die Frage nach dem Wesen der baltischen Literaturgesellschaft, d. h. nach den Trägern und Konsumenten baltischer Literatur. Aber dieser Problemkreis greift weiter aus und bedarf einer grundsätzlichen, historisch abgeleiteten Begriffserklärung.

Baltische Literatur hat sich nie als eigene Literatur verstanden, sondern immer als Teil der deutschen Literatur, in deren Konzert ihre bedeutendsten Vertreter sich bewährten und ihre Stimme erklingen ließen, eine Stimme mit baltischem Akzent, aber doch in derselben Sprache, wo nicht der Akzent, sondern das Erreichte zählt. In diesem Sinne hat sich auch die einzige baltische Literaturgeschichte von baltischen Verfassern verstanden, die 1928 erschien. Die Nazizeit dagegen bescherte uns gleich vier Darstellungen der ‹baltendeutschen Literatur› im Zusammenhang mit der auslanddeutschen Literatur, aber unter anderem Aspekt. Und es ist interessant zu verfolgen, worauf dieser anscheinend enorme Anstieg des Interesses beruht.

Was die Nazis taten, war, daß sie nicht nach dem literarischen Rang und der Erheblichkeit des Werkes fragten, sondern nach der blutsmäßig-rassischen Herkunft und alles Baltische einschließlich der schreibenden Krethis und Plethis aus dem literarischen Unterholz blutsmäßig in einen großen Topf warfen, noch eine Prise Rosenberg dazugaben und dann ihre Eintopfsuppe zum Kochen brachten, die, solange es genehm war und in die Richtung paßte, zur Begründung territorialer und protektoraler Ansprüche im Grenz- und Auslanddeutschtum oder zur Stärkung ihrer Theorie vom Herrenvolk diente. Übrigens übersahen die Nazis nur eines: Balten sind unbequeme Staatsbürger für jeden Staat. Und Schriftsteller sind die unbequemsten unter ihnen. Jener Staat, der die Einigkeit auf sein Panier geschrieben hatte, erreichte die Einigkeit der Einzelgänger, indem er die Einzelgänger, auch baltische Schriftsteller, mundtot machte. Niemand ist sich selbst einiger als der Stumme.

Das war der Hintergedanke, der in der Nazizeit zur intensiveren Beschäftigung mit der Literatur der Auslanddeutschen im Baltikum führte: die propagandistisch proklamierte Gleichschaltung, Integration einer individuellen kulturellen Vergangenheit im totalitären Großmachtanspruch. Auch deswegen hieß es nicht mehr ‹baltisch›, sondern ‹deutschbaltisch›.

Es erübrigt sich beinahe auseinanderzusetzen, wie extrem diese Position von der Betrachtungsweise divergiert, die wir heute dem Phänomen baltische Literatur für angemessen erachten. Nicht stammestümlich-rassistischer Vereinnahmung, sondern im Gegenteil der Betonung der Sonderart baltischer Literatur hat unsere Aufmerksamkeit zu gelten. Und diese Eigenart entspringt weitgehend den in ihrer Art einmaligen sozialen Gegebenheiten des Baltikums.

Literatursoziologie ist eine modische Erscheinung, die leicht dazu verführt, aus der Überbetonung des Gesellschaftlichen heraus literarische Wertmaßstäbe zu ignorieren, und damit der Wertunsicherheit der Massenkonsumgesellschaft so bequem entgegenkommt. Ich will lieber noch genauer sein, weil ich weiß, daß Balten die kleine Silbe ‹soz› meist wie ‹kommunistisch› aussprechen. Literatursoziologie untersucht die Wechselbeziehungen zwischen der Gesellschaft und der Literatur. Nicht so sehr die Frage aber, welchen Einfluß die Literatur auf die Gesellschaft hat, die Lieblingsfrage aller passiven Sozialrevolutionäre vor und nach gescheiterten Revolutionen, als vielmehr die, welchen Einfluß die Gesellschaft auf die Literatur hat und welche besondere Art von Literatur eine besonders geartete Gesellschaft hervorbringt, kann neue und interessante Perspektiven für die Betrachtung der baltischen Literatur liefern. Wir können sie hier nur andeuten.

Baltische Literatur ist, soweit ich sehe, die einzige moderne abendländische Literatur, die von einer Oberschicht für eine Oberschicht geschrieben wurde. Das gab es zuletzt in der höfischen Dichtung des Mittelalters, schon Barock und Rokoko verzeichnen kompliziertere Verhältnisse. Baltische Literatur ist somit die Literatur einer klassenlosen Gesellschaft; einer klassenlosen Gesellschaft, die sich bei aller ständischen Gliederung in Adel, Literaten und Gewerbetreibende doch als eine mehr oder weniger einheitliche Oberschicht verstand, der eine gleichsprachige Mittel- und Unterschicht fehlten. Sie wurde getragen von Adligen und Literaten, deren Trennung durch zunehmenden Austausch – indem Adlige Schriftsteller, Schriftsteller geadelt wurden – verwischte und die sich mehr im Sozialprestige als im geistigen Niveau und den sozialen Rechten voneinander unterschieden. Einen Ständekampf im Sinne eines Klassenkampfes, in dem die sozial aufsteigenden Schichten um Anerkennung und Gleichberechtigung ringen, in dem, auf die Literatur bezogen, immer neue soziale Schichten literarisch zu Wort kommen wollen, einen literarischen Klassenkampf, wie wir ihn in der europäischen Literatur des 18./19./20. Jahrhunderts verfolgen können, hat es unter den Deutschen im Baltikum nicht gegeben. Die bestehenden sozialen Spannungen lagen jenseits der Scheuklappen, mit denen der Durchschnittsbalte auf die Welt kam.

Natürlich gab es brüderliche Frotzeleien: Die Barone erzählten sich ihre Pastorenwitze vom Taft zum Kragen, und die Literaten erzählten Geschichten wie die vom jungen Baron, der einen Roman von Alexandre Dumas gelesen hatte und seither in der Familie «der Bücherwurm» hieß. Vielleicht dachten sie, wenn sie sich Literaten nannten, auch an Abgrenzung von dessen Gegenteil. Indessen schließt das alles nicht aus, daß die baltische Literaturgesellschaft von einer Homogenität war, wie wir sie sonst in der zeitgenössischen abendländischen Literatur nirgendwo antreffen. Welche Folgen hat das für die Literatur?

Es gibt nun gerade heute jene Richtung, die meint, jede Literatur sei von vornherein politisch-gesellschaftskritisch, und Literatur, die es nicht sei, sei entweder schlechte oder gar keine Literatur. Die Erscheinung ist an sich nichts Neues: Jede Literaturgesellschaft sieht in der Literatur auch vergangener Jahrhunderte ihre Wertskala widergespiegelt. Jahrzehnte zuvor hatte alle gute Literatur psychologisch zu sein, davor war sie national oder keine Literatur, und davor war sie entweder christlich oder des Teufels. Die Existenz der baltischen Literatur bietet jedoch den besten Gegenbeweis gegen die These vom notwendigen politischen Inhalt der Literatur.

Sehen wir von den wenigen Fällen politischer Literatur einmal ab, die in belletristischer Form gegen die Unterdrückung des Baltentums durch Russifizierung oder Revolution Stellung beziehen. Die baltische Literatur bietet ein Beispiel dafür, daß es durchaus möglich ist, zu schreiben, ohne für die Arbeiterklasse oder für die Gewerkschaften oder gegen das Junkertum oder gegen die Auswüchse des Wohlstandes Stellung zu nehmen. Es gibt erstaunlicherweise Dinge, gegen die man nicht anschreiben muß: Liebe und Glück, Natur und Heimat, Ehe und Familie, das Landleben und die Kleinstadt, Tradition und Herkunft, die heile Welt und wie sie alle heißen mögen. Es gibt Literatur ohne politische Aussage oder ‹message›, Literatur, die sich nicht in erster Linie zum Ziel setzt, den Leser weltanschaulich zu bevormunden und zu beeinflussen, Unzulänglichkeiten der Gesellschaft aufzudecken und Proselyten zu machen.

Baltische Literatur sieht sich selbst nicht als der verlängerte Arm eines Exekutivkomitees zur politischen Indoktrination oder zur Durchsetzung des Sozialismus. Ihr Ziel ist nicht die kritische Bewußtseinsbildung, sie empfängt ihre Aufgabe nicht von der Politik, sondern sieht sich als eine Tochter der Ästhetik: Sie dient der Schönheit und Festlichkeit des Daseins.

Es ist eine zweite Frage, wieweit eine solche Literatur der Gefahr entgeht, in Konservatismus und Sterilität, Regeltreue und Formerfüllung zu veröden. Bleiben wir zunächst bei der Beschreibung der Phänomene.

Baltische Literatur ist eine rückwärtsgewandte Literatur. Balten sind rückwärtsgewandte Menschen. In keinem anderen Volk rangiert die eigene Leistung so weit hinter der Herkunft. Man fragt nicht: was tut er?, sondern: aus welchem Hause stammt er? Individualität wird zurückgenommen in die Ahnenreihe. In einem baltischen Lexikon kann die Aufzählung der Eltern und Vorväter mehr Raum einnehmen als die Beschreibung des eigenen Verdienstes.

Vielleicht sollte man präzisieren. Diejenigen, die sich heute noch als Balten fühlen, sind rückwärtsgewandt. Diejenigen, die 1908 oder 1919 nach den Revolutionsunruhen das Land nicht verließen, waren rückwärtsgewandt. Wer heute noch an baltischer Tradition festhält, ist es, weil es eine Zukunft für baltische Tradition, einen Fortschritt in Richtung auf die Vergangenheit nicht gibt, weil man einen abgeschlossenen Zustand nur retrospektiv, im nachhinein, betrachten kann.

Das läßt sich auch literarisch untermauern. Jede moderne Literatur, die etwas auf sich hält, stellt ihre Idealbilder künftiger Gemeinwesen in Zukunftsromanen oder Utopien auf, ob sie nun von Thomas Morus, Tommaso Campanella, Jules Verne, Ernst Jünger oder George Orwell stammen. Es gibt aber keine einzige baltische Utopie. Der letzte baltische Vorwärtsverteidiger der Zivilisation liegt 100 Jahre zurück. Was geschrieben ist, bezieht sich bei den Balten auf die Vergangenheit. Das Vorgestern war immer schon das Goldene Zeitalter, seit es eine baltische Literatur im engeren Sinne gibt. Das mag mehrere Gründe haben:

1. Seit es im 19. Jahrhundert eine baltische Literatur eigener Prä-

gung gibt, ist die Gesellschaft, aus der und für die sie entsteht, in einer Rückwärtsverteidigung ihrer Machtstellung und ihrer Privilegien begriffen, lag das gesellschaftliche Ideal der Balten in der Goldenen Zeit jeweils vor dem letzten Rückschlag: vor der Güterenteignung, vor der Revolution, vor der Russifizierung. Und natürlich: vor der Umsiedlung. Diese Retrospektive wird literarisch fruchtbar, prägt und fixiert die Blickrichtung in die Vergangenheit als eine ‹recherche du temps perdu› und integriert das literarische Schaffen dem weltanschaulichen Erinnerungsbild.

Daß solche Literatur mit der Wirklichkeit nicht viel zu tun hat, daß der *laudator temporis acti* gelegentlich zum bloßen Schönfärber und Rosawölkchenmaler, zum Vergangenheitsverklärer statt zum Vergangenheitsbewältiger wird, liegt in der Natur der Sache und bewirkt ihre Eignung als Lektüre höherer Töchter. Viel gravierender ist die Tatsache, daß bloße rückwärtsgewandte Literatur zur Bewältigung und zum Verständnis der Gegenwart, des gelebten Augenblicks, keine Hilfestellung bietet. Nun komme niemand und sage, Literatur solle Lebenshilfe sein – sie soll es nicht, aber Literatur kann zum Verständnis der eigenen Lage beitragen, Ordnungen offenbaren, indem sie den menschlichen Erfahrungshorizont erweitert und vertieft, auch für die Erfahrung der Gegenwart einen Fundus des gedanklich Vorerlebten bereitstellt. Das hat baltische Literatur nur in seltenen Fällen getan. Es ist etwas von der Lebensfeindlichkeit des Ewiggestrigen in ihr. Der Goldgrund des Vorgestern war ihr meist näher als der Mensch von heute.

2. Jeder Versuch zur Behauptung einer Machtposition ist a priori konservativ, wenn auch nicht unbedingt reaktionär. Umgekehrt ist der Fortschritt, der Zukunftsglaube, die Bildung gesellschaftlicher Idealvorstellungen, in der bisherigen Literaturgeschichte jedenfalls, eine hochprozentig männliche Domäne. In der arbeitsteiligen Gesellschaft besinnt sich der Mann auf das bessere Morgen, während die Frau noch den Abwasch von gestern besorgt. Wenn die Dinge nun, wie ganz besonders in der baltischen Literaturgesellschaft, so liegen, daß der männliche Impetus sich auf die Erhaltung einstiger Vorrangstellungen und Privilegien konzentrieren muß, also die Sorge um das Morgen mit dem Betonen des Gestern zusammenfällt, so erlischt notgedrungen der andere Drang des Menschen, sich eine bessere oder vermeintlich bessere Gesellschaft als die gestrige vorzustellen. Hier wird das Gestrige das für morgen Erstrebte.

3. Schließlich war die baltische Gesellschaft vorwiegend eine Män-

nergesellschaft, bedingt durch die Organisationen von der Burschenschaft bis zur Ritterschaft; ‹male chauvinist› wäre *avant la lettre*, und die baltische Frau war viel zu klug, um ihre führende Rolle im Hause zugunsten fragwürdiger öffentlicher Rechte aufzugeben. Doch wie stand es in der Literatur? Man spricht zwar von den schreibenden Baronen und Grafen, doch die Literatur, und zwar gerade die Literatur mit der größten Verbreitung, wurde weitgehend von Frauen geschrieben – von Frauen, denen man das Bewahrende, Konservative in hohem Grade zuschreibt.

Diese drei Faktoren erklären die Rückwärtsgewandtheit der baltischen Literatur, die wir hier nicht kritisiert, sondern nur als Phänomen festgestellt und analysiert haben. Auch Rückwärtsgewandtheit ist schließlich eine Gewandtheit.

An die aufgezeigten Gründe schließt sich sogleich eine andere These an: Baltische Literatur ist die Literatur der Männer, die ins Ausland gingen, und der Frauen, die daheim blieben.

Die Paradoxa mehren sich: Nicht nur sind Literaten im Baltikum eigentlich keine Literaten, und wenn sie Literaten sind, dann allenfalls Literatinnen, auch die baltische Literatur ist weitgehend nicht eine deutsche Literatur im Ausland, sondern eine auslanddeutsche Literatur im Mutterland; war sie immer schon eine Exilliteratur, so wird sie, genauer besehen, eine Exilliteratur im Exil. Das wäre zu verdeutlichen.

Man sollte meinen, eine auslanddeutsche Literatur wie die baltische hätte ihre besondere Aufgabe darin gesehen, ihre kulturelle Situation im Gastland auszubauen, ihre Basis zu verbreitern, indem sie Probleme der eigenen Gegenwart und ihrer Stellung im Umkreis fremder Kulturen erörtert und gestaltet; gerade auslanddeutsche Literatur würde um so stärker das Lebensrecht und die Verwurzelung in der angestammten Heimat betonen. Für die baltische Literatur indessen scheint eher das Gegenteil zuzutreffen.

Kaum erreicht ein baltischer Schriftsteller das Mindestmaß an Öffentlichkeit, das ihn ermutigt, die literarische Laufbahn einzuschlagen, so geht er ins Ausland, d. h. nach Deutschland. Wir reden nicht von den Opfern der Russifizierung und der Revolution, sondern von denjenigen Schriftstellern, die der Heimat ohne äußeren Anlaß den Rücken kehrten und sich im Reich auf der literarischen Bühne erproben wollten. Namen tun nichts zur Sache, aber es sind fast alle Namen darunter, die man landläufig als Kennmarke baltischer Literatur wie kleine Scheidemünzen von Hand zu Hand reicht.

Ihr Weggang bedeutete für sie persönlich vielfach nur, daß sie in Zukunft in München oder Berlin, Minusio, Gottwollshausen oder Lüneburg saßen – und über das alte Estland oder das alte Livland schrieben. Weil sie nicht anders können und weil das Baltikum aus der Ferne vermutlich sehr viel idealer und attraktiver, jedenfalls sehr viel romantischer und exotischer aussieht, als wenn man es aus dem Fenster im zweiten Stock beobachtet. Statt in der Heimat zu leben und über Europa zu schreiben, leben sie in Europa und schreiben über die Heimat. Solch rosarote Verklärung aus der Ferne eines nicht mehr gelebten Lebens, eine Idealisierung, die in ihrer Wirklichkeitsferne und ihrem Wunschdenken gelegentlich bedenklich ans Triviale grenzt, läuft unter dem Stichwort poetische Freiheit.

Baltische Autoren sind die geborenen Exilautoren. Leider hat sich Herrn Hitlers Versuch, durch Verpflanzung der ganzen Volksgruppe Legionen baltischer Schriftsteller quasi en gros zu kreieren, als Fehlspekulation erwiesen. Auch er verwechselte Blut mit Ästhetik.

Mit der Gewinnung eines neuen, sozusagen gesamtdeutschen Publikums ließ jedoch der Einfluß der Schriftsteller auf das baltische Lesepublikum nach, sei es, daß man ihnen den Weggang übelnahm, obwohl man den Propheten im eigenen Lande nicht anerkannt hatte, sei es, daß jemand sich durch Konversion zum Katholizismus suspekt machte oder daß er Staatsgeheimnisse wie das Inzucht-Problem in einem Inzestroman ausplauderte. Hatte man schon früher wie Schnitzlers Graf den «ausplaudernden» Dichtern, den Seelenentblößern und Bekenntnisschreibern, mit Reserve gegenübergestanden, so gingen sie nunmehr ihrer Wirkung auf baltische Leserkreise in einem Maße verlustig, daß auch ihre Warnungen vor dem «Dritten Reich» aus der inneren Emigration heraus bei ihren Landsleuten ungehört verhallten und jene bedenkliche Situation entstand, daß jene Schriftsteller, die das «Dritte Reich» von innen her kannten, die Unkenntnis ihrer Lands leute über sein wahres Gesicht nicht zu steuern vermochten.

Für das literarische Leben im Baltikum selbst bedeutete ihr Weggang einen gefährlichen Aderlaß. Was nach den Arrivierten zurückblieb, war zu einem großen Teil Provinzliteratur, die Literatur der Sonntagsdichter, der frustrierten Redakteure und Schulmeister, denen der Absprung in die Schriftstellerexistenz nicht gelang, waren die vorwiegend autobiographischen Erinnerungen der alten Tanten, die in Ermangelung anderer Wege in der Literatur ihre Lebenserfüllung suchten, eine Literatur mithin des Gutgemeinten, liebevoll geplaudert, herzhafte Traktätchen und Eswareinmal- oder Alswirnoch-Kinderbücher, Pastoralen der heilen Welt, mehr den Gesetzen der Pietät als der Ästhetik zugeneigt und dennoch mehr gelesen, weil Pietät verbreiteter ist als guter Stil.

Nicht dieser literarische Unterwuchs allein jedoch ist baltische Literatur, ihn gibt es im pietistischen Schwaben ebenso wie im katholisierenden Oberbayern, und nur Unästheten halten ihn für bedeutend – Unästheten und Landsleute.

Indessen bieten diese populären Lesestoffe, diese Subliteratur der Anekdoten, Rodomontaden, Pratchen und humorvollen Geschichtchen, auch ohne daß man ihnen einen besonderen literarischen Wert zugestehen will, dennoch tiefere Aufschlüsse über die in der hohen Literatur vielleicht sublimierten Werthaltungen und Vorstellungen der Leser.

Züge, die einem bei einer näheren Untersuchung heutzutage auffallen – und wir sind uns dessen bewußt, daß wir Literatur von gestern mit den Maßstäben von heute messen –, sind unter anderem ein allgemeiner, unverhohlener Rassismus. Er wendet sich gar nicht so sehr gegen die Gastvölker der Esten und Letten, denen man viel eher mit einer Art patenschaftlicher Sympathie gegenübersteht, als vielmehr gegen die Russen, zumal in der Bedrohung durch die Russifizierung, und gegen die jüdischen Mitbürger. Ihr Bild in der baltischen Literatur – wir sprechen von der Subliteratur – steht dem, was man heute als Rassenhetze bezeichnen würde, gelegentlich nicht allzu fern. Man untersuche nur die Judenfiguren in dieser Literatur: Man wird keinen Nathan den Weisen antreffen, viel eher den kleinen, betrügerischen Pfandleiher und Roßtäuscher oder den prätentiösen Neureichen. Ganz besonders aber richtet sich das rassistische Verdikt gegen die «Halbdeutschen», die sich durch Heirat außerhalb des deutschen Volkstums begeben haben und ihm entfremdet werden. Ihr Schicksal steht als Warntafel auf dem Weg, der zum Untergang der deutschen Volksgruppe im Baltikum führen würde.

Und immer wieder sind es Egoismus und Arroganz der baltischen Literatur, die stets aufs neue verblüffen, typische Züge übrigens jeder an der Hochkultur des Mutterlandes orientierten Kolonialliteratur. Literarisch schlägt sich das, um Stendhals Ausdruck zu verwenden, im Egotismus nieder, dem so stark vorherrschenden autobiographischen Element, auch verkleidet in der Prosa, der beständigen Selbstbespiegelung der eigenen Gesellschaft, der persönlichen Bedeutung, der Nabelschau des Ich, die zu der Gewißheit führt, doch ein toller Kerl zu sein, und die um so stärker hervortritt, je mehr die äußere Machtstellung – vorher nie angezweifelt – zerfällt.

Überhaupt: diese Massierung von tollen Kerls, maßlosen Individuen, baumstarken Aristokraten, die nach durchzechter Nacht in der Treibjagd exzellieren, bei der Heimkehr zum Zeitvertreib ein paar Chausseebäume ausreißen oder ein Palais d'amour dem Erdboden gleichmachen, im Morgengrauen so nebenbei ein kleines Dutzend Duelle erfolgreich bestehen, um dann auf das eigene Gut heimzukehren, dessen Gesindekinder alle eine fatale Ähnlichkeit aufweisen, ihnen gewissermaßen aus dem Gesicht geschnitten sind. Woher stammt diese Faszination für die strammen Kerls, die Berserker und tollen Bombergs vom Baltikum? Ist es nur das Loblied auf die junkerlichen Freiheiten, die den ‹Herrenmenschen› des Baltikums noch besser angestanden haben sollten als den preußischen Ostelbiern? Ist es nicht auch eine Überbetonung der Rechte des außergewöhnlichen Individuums, eine Verherrlichung der Ausnahmeexistenz des großen Menschen, dem vor dem tintenklecksenden Saeculum ekelt – aber eben geschrieben von der Feder des tintenklecksenden Schreiberlings, dem so schön dabei gruselt? Oder ist es nur die populäre Gegenpropaganda zu den so viel wahreren Figuren aristokratischer Dekadenz aus der Feder der besseren Autoren, die dafür in Deutschland viel mehr gelesen wurden als im Baltikum?

Solche Auswüchse sind in der Subliteratur vorhanden, es hat keinen Wert, ihre Existenz zu leugnen und sie unter den Teppich zu kehren, solange sie noch den pädagogischen Zweck erfüllen können, als lehrreiches Beispiel dafür zu dienen, wohin Selbstkult und Großmannssucht letzten Endes führen können.

Begeben wir uns nun von den Vorurteilen, Egoismen und Klischeebildern der Trivialliteratur wieder auf die Ebene der hohen Literatur; ein nicht unwesentlicher Unterschied der beiden liegt ja gerade darin, daß sie das, was die andere postuliert, als bloßes Wunschdenken entlarvt und so umfassend in Frage stellt. Was aber beide verbindet, ist ein Charakteristikum, das als das grundlegend Gemeinsame und Einzigartige der baltischen Literatur erscheinen mag:

Baltische Literatur, so voll von Problemen sie stecken mag und so problematisch sie sich selbst war, ist immer und in erster Linie unterhaltend. Sie pflegt die Kunst des spannenden, auf Unterhaltung und Abwechslung angelegten Erzählens, das in der besten Tradition der frühen europäischen Novelle steht und den Leser oder Hörer mit einbezieht. Sie sieht ihre Hauptaufgabe darin, Interesse zu erregen, Spannung zu erzeugen. Der Inhalt, das unterhaltende Besondere, das ungewöhnliche Ereignis mit dem novellistischen Kern ist ihr wichtiger als die individuelle Sprachgebung, als sprachliche Experimente oder formale Avantgardismen. Sie kann es sich erlauben, formal traditionell zu sein, weil sie nicht Sprachkunst, sondern Gesellschaftskunst oder, noch besser: Geselligkeitskunst sein will, weil es ihr innerhalb der homogenen Klasse nicht um Meinungsbeeinflussung, sondern im besten Sinne des Wortes um Amüsement – Beflügelung durch Musen – geht.

Die alten Griechen haben bei der Aufstellung ihrer Kabinettsliste die Kochkunst übersehen: Es gibt keine Muse der Kochkunst, aber man könnte brechtisch argumentieren: Baltische Literatur ist immer kulinarische Literatur: appetitanregend zubereitet, appetitlich serviert, leicht verdaulich und wohlschmeckend.

Das Klischee von den Balten als den mündlichen Menschen, von den langen Winternächten und den Plauderstunden am Kamin, von geselligem Erzählen im vertrauten Kreis der Familie und der Freunde, es mag noch so abgegriffen sein, es ist das einzige Klischee, dessen Richtigkeit die baltische Literatur in ihrer Gesamtheit bestätigt. Baltische Literatur hat ihre Wurzeln in mündlich erzählter, persönlich gesprochener Literatur. Solche Unterhaltung ist keine leichte Unterhaltung, denn die Situation macht ihre Forderungen geltend: Was erzählt wird, muß auch wert sein, erzählt zu werden. Es muß den Stoff in sich haben, einem wählerischen und versierten Publikum nicht nur die Zeit auf angenehme Weise zu vertreiben, sondern ihm auch Anstöße zu eigenen Betrachtungen zu geben. Denn die gesellschaftliche Situation des Erzählens liegt ja nicht darin, daß der eine unterhält und der andere unterhalten wird, sondern sie mündet in ein Geben und Nehmen, an dem alle beteiligt sind.

Und nun mag es vielleicht doch so sein, daß diese zwei Charakteristika baltischer Literatur näher zusammengehören: die klassenlose, homogene Gesellschaft der Oberschicht und das unterhaltende Erzählen. Erst in der sozial und intellektuell relativ homogenen Oberschicht ist ein Kult des ästhetischen Erzählens ohne Meinungsbeeinflussung oder Tendenz möglich, weil nur dort der Konsens der Meinungen und Werthaltungen vorgegeben ist, die gemeinsamen Interessen stärker sind als die Unterschiede. Und dieses Erzählen um des Erzählens willen wiederum kann nur in einer Gesellschaft gleichgerichteter Interessen erfolgen, weil ein Vorverständnis über das «Übrige», Fontanes «Gesellschaft-Etwas», vorausgesetzt werden kann.

Darin liegt das Einzigartige und in den modernen Literaturen Einmalige der baltischen Literatur, und darum verdient sie unser Interesse. Nicht etwa aus Pietät, denn Pietät ist das Gegenteil von Interesse. Auch nicht aus Nostalgie, denn Nostalgie ist die egoistische Erscheinungsform der Pietät. Und schon gar nicht aus jener Arroganz, die aus den Errungenschaften der Vorfahren eine geistige Leistungsschau zelebriert und daraus möglicherweise Ansprüche ableitet.

Baltische Literatur ist eine Angelegenheit der Vergangenheit. Sie ist es seit 1939. Es gibt keine lebende baltische Literatur mehr, es gibt nur noch einzelne Schriftsteller baltischer Herkunft. Und mit dem Verstummen der letzten von ihnen, die noch eine lebendige Erinnerung an die baltische Kulturwelt der Vorkriegszeit pflegen, wird sie binnen kurzem ihren Ausklang finden.

Das ist kein Grund zum Lamento und zur Reise an die Klagemauer. Sie ist aufgegangen in der deutschen Literatur, deren Teil sie immer schon war und als deren Teil sie für die Literaturgeschichte immer von Interesse sein wird, weil sie Möglichkeiten verwirklicht, die nirgendwo anders gegeben waren. Aber es ist ein Grund und es ist Zeit, sich ihrer Sonderart bewußt zu werden und sie, auch als Leser, nicht zu vergessen.

Der vorstehende Text ist ein leicht gekürzter und redigierter Abdruck meines nun schon ein Vierteljahrhundert alten Festvortrags «Baltische Literatur» zum 30. Carl-Schirren-Tag, gehalten am 23. September 1979 im Fürstensaal des Rathauses zu Lüneburg, dessen originaler unveränderter Text im «Jahrbuch des baltischen Deutschtums 52, 2005» zugänglich ist. Der Vortrag wollte als «Versuch in provokatorischer Absicht» ein paar verjährte Tabus angehen und Denkanstöße zu einer neuen, vorurteils- und emotionsfreieren Aufarbeitung des literarischen Erbes der Deutschbalten geben und schreckte daher nicht vor einseitiger Überspitzung und überscharf provozierend formulierten Thesen zurück. Das Satyrspiel geht hier also der Tragödie voraus.

Das Mittelalter

1. Einleitung

Kreuz und Schwert stehen am Anfang des baltischen Deutschtums wie ein anderes Kreuz und ein fremdes Schwert an seinem Ende. Sie nehmen sich gut aus als Symbole der geistlichen wie der weltlichen Macht, und sie haben den Nachteil von Symbolen, das Gemeinte über Gebühr zu idealisieren und gelegentlich unversehens ineinander überzugehen.

Was immer die Motive sein mochten, aus denen heraus seit Frühjahr des Jahres 1200 vorwiegend niederdeutsche Ritter und Geistliche sich bewegen ließen, dem 1199 erstmals zum Bischof von Livland geweihten Bremer Domherrn Albert von Buxhoeveden zu Schiff zum Kreuzzug nach Livland zu folgen, gewiß waren es nur zum Teil christliches Sendungsbewußtsein oder kriegerische Abenteuerlust. Man wird nicht unterstellen wollen, daß mancher die Wallfahrt nach Livland der nach Rom vorzog, weil die Verkehrsmittel gestellt wurden oder weil der römische Grundbesitz in festeren Händen war, aber daß manchem der Kriegszug eine angemessene Form erschien, seine Rechnung mit der Kirche ins reine zu bringen und dabei seine Aussichten auf ein standesgemäßes Lehen zu verbessern, ist ebensowenig von der Hand zu weisen.

Als das alljährliche Kreuzzugskontingent zur permanenten Verteidigung des Landes nicht mehr ausreichte, übernahm der 1202/03 gegründete Schwertbrüderorden den militärischen Schutz und verlangte dafür ein Drittel des eroberten Landes. Und als etwa gleichzeitig deutsche Bürger, Kaufleute, in Riga eintrafen, deren Sinnen und Trachten sich mit keinem der beiden Symbole ganz identifizierte, sondern der symbolischen Überhöhung nicht bedurfte, war zugleich die Grundlage für die zukünftige soziale Schichtung des Baltentums in Geistliche, Ritter und Bürger gelegt, von denen jeder ein Drittel der Eroberungsgewinne beanspruchte.

Sozialhistoriker pflegen über das eklatante Fehlen eines deutschen Bauernstandes in Livland zu spekulieren – der deutsche Bauer zieht nicht übers Meer; er fand, falls er zu Land zog, schon auf dem Wege dorthin geeignetere Siedlungsmöglichkeiten als im unwirtlichen, unruhigen Nordosten – und das letztliche Scheitern des Kolonisationswerks eben der mangelnden bodenständigen Basis zuzuschreiben. Sie fragen nicht danach, was wohl an nationaler und kultureller Eigenart oder überhaupt an Existenzmöglichkeiten den Esten und Letten geblieben wäre, wenn der deutsche Bauer sie auch noch von der Scholle verdrängt hätte, wenn die deutsche Oberschicht nicht auf die andersvölkische Unterschicht angewiesen gewesen wäre.

So prägt die Dreiteilung in Geistliche, Ritter und Bürger (Kaufleute und Handwerker) auf Jahrhunderte die Sozialstruktur des baltischen Deutschtums, und wie jeder Stand das Kolonisationswerk mit anderen Zielvorstellungen und in anderem Rahmen sieht – als direkt dem Papst unterstelltes «Marienland» und Gegenstück zum Sohnesland Palästina, als geistliches Fürstentum innerhalb des Deutschen Reiches oder als Vorposten der Hanse –, so stehen das ganze Mittelalter hindurch nicht nur diese Vorstellungen, sondern auch ihre Vertreter, wann immer sich durch das Ausbleiben äußerer Feinde die Gelegenheit dazu bietet, in ständigem Kampf um die Vorherrschaft untereinander, einem Kampf, der vor Intrigen und Mord um der Idee willen nicht zurückschreckt und der zur Erreichung der Idee gelegentlich auch das Bündnis mit den Feinden der Idee nicht scheut. Kreuz und Schwert, das Missionswerk des Bischofs, das gleichzeitig ein weltliches Bistum anstrebt, und der Schwertbrüderorden, der 1237 im Deutschen Ritterorden aufging, haben gegen Letten und Liven, Esten und Russen, Litauer und Dänen zusammengestanden, wenn es galt, das gemeinsame Werk zu erhalten, an dem jeder von ihnen beteiligt sein wollte, aber sie haben ihre Bruderzwiste nicht nur im Hause ausgefochten, sondern sie bis ins Mutterland und nach Rom und Avignon getragen, wenn es um die Vormacht von Kreuz oder Schwert im Inneren ging, und sie haben dabei auf den dritten Partner, das Kaufmanns- und Bürgertum, obwohl selbst vom Ostsee- und Rußlandhandel profitierend, ebensowenig Rücksicht genommen wie auf die eingesessene Bevölkerung.

Dabei ist nicht zu übersehen, daß diese Vorherrschaft einer abstrakten Machtidee mit bedingt war durch die Ehelosigkeit der Geistlichen wie der Ordensritter, die zur Selbsterhaltung auf Zuzug aus dem Mutterland und auf entsprechende Attraktivität angewiesen waren und im Lande selbst keine Wurzeln fanden. Erst die Reformation und die Säkularisierung des Ordenslandes im 16. Jahrhundert sollten dem Abhilfe schaffen.

Die Literatur des baltischen Mittelalters oder regional Altlivlands –

der Begriff umfaßt damals den ganzen Raum – erweist ihr Wesen als typische Kolonialliteratur in ihrer Eigenart als Literatur einer Herrenschicht und in ihrer Abhängigkeit vom Mutterland in der Adaption vorgeprägter Formen auf die kolonialen Bedürfnisse: auf die Beschreibung der eigenen Leistung und auf die Erfordernisse der Christianisierung und geistlichen Unterrichtung. Sie ist vorwiegend Geistlichendichtung zur Überlieferung, Vermittlung und Verbreitung des Glaubens oder Ritterdichtung, die dem weltlichen Machtkampf das ritterliche Heldenideal unterlegt. Beide Gruppen verwenden die lateinische oder deutsche, und zwar mit wenigen Ausnahmen niederdeutsche Sprache als Lingua franca des Ostseeraums.

Die geringe Zahl der im Lande selbst entstandenen Literaturwerke setzt den literarischen Konnex mit dem Mutterland um so mehr voraus, als aus ihr selbst eine literarische Entwicklung nicht abzulesen ist. Und obwohl diese wenigen Werke somit die regionale Komponente zu der im übrigen weitgehend präsent zu denkenden deutschen Literatur des Mittelalters bilden, läßt sich aus ihnen angesichts der allgemeingültigen Themen noch keine baltische Sonderart in der Literatur ableiten, wie sie im 16. Jahrhundert beginnt und erst im 19. Jahrhundert zu voller Blüte kommt.

2. Historische Literatur: Die Chroniken

Wenn man das uneingeschränkte Selbstbewußtsein der eigenen Leistung etwa als ein allgemeines Charakteristikum des Baltentums nehmen wollte und dabei übersehen sollte, daß ein Gleiches wohl für das gesamte Rittertum der Kreuzzugszeit gilt, so hätte man vermutlich die falsche Erklärung für die relativ reiche Chronikliteratur, die die Kolonisierung Altlivlands von Anbeginn an begleitet. Es liegt näher, den Grund dafür in einem anderen Motiv zu sehen: dem Erlebnis der Gegenwart als werdender Geschichte, der Augenzeugenschaft eines wenigstens für die Teilnehmer weltgeschichtlichen Ereignisses, dem Empfinden, einer neuen Entwicklung von der frühesten Phase an beizuwohnen und nicht aus sekundären Quellen, sondern aus der Zeitgenossenschaft zu schöpfen.

Die dafür charakteristische Detailfreudigkeit kennzeichnet das erste Geschichtswerk Altlivlands, das 1224–1227 entstandene *Chronicon Livoniae* des Lettenpriesters HEINRICH VON LETTLAND (um 1187/88 –

nach 1259). In streng chronologischem Aufbau, geordnet nach den Regierungsjahren des Bischofs Albert, die mit der Eröffnung der Frühjahrsschiffahrt und damit den organische Zäsuren setzenden Pilgerjahren zusammenfallen, erzählt Heinrich den Fortschritt der Christianisierung Altlivlands, die ihm mit der Unterwerfung Estlands 1224 zu einem Abschluß gekommen scheint, der den historischen Rückblick rechtfertigt.

Bei allem Verständnis und allem Interesse für das Kriegswesen steht ihm doch der Glaubenskrieg im Mittelpunkt, nicht Machtpolitik oder Interessenkämpfe zwischen Bischof und Orden, innenpolitische oder staatsrechtliche Fragen oder gar Probleme des Rigaer Kaufmannstums, sondern einzig die Erfüllung der Missionsaufgabe. Die außerordentliche Zuverlässigkeit und Glaubwürdigkeit seines Berichts beruht auf der eigenen Augenzeugenschaft und der seiner – oft auch genannten – Gewährsmänner, und seine Vorliebe für die Letten als seine Pfarrkinder in Papendorf, die gelegentlich zu der irrigen, nationalistischen Annahme geführt hat, Heinrich sei von Geburt Lette gewesen – was seine Chronik zur Genüge widerlegt –, resultiert aus der Tatsache, daß die Letten das Christentum freiwillig annahmen und seine Vorurteile gegen die heidnischen Liven und Esten teilten.

Obwohl Heinrich sich einmal als Schüler Bischof Alberts bezeichnet (XI,7), der ihn 1205 nach Riga holte und ihn mehrfach als Reisebegleiter und Dolmetscher für andere Bischöfe einsetzte, erstrebt seine Chronik weder eine Rechtfertigung der Politik Alberts noch eine Verherrlichung von dessen Person, der der Leutpriester in Papendorf fernstand. Sie ist nicht bischöfliches Auftragswerk, sondern auf Anregung von Amtsbrüdern und Freunden («rogatu dominorum et sociorum», XXIX,9) verfaßte Dokumentation und schließt zwei Jahre vor Alberts Tod († 1229).

Das *Chronicon Livoniae* strebt als Geschichtsreport bei aller Lebendigkeit und Flüssigkeit des Erzählstils nicht nach dem Ruhm eines literarischen Kunstwerks. Das leidliche, ganz unklassische Latein ist in Wortschatz und Stil nicht an den römischen Historikern, sondern an der Bibel und den liturgischen Schriften orientiert und neigt bei geringer sprachlicher Differenzierung zu formelhaft-stereotyper Schilderung von Feldzügen und Belagerungen. Trotz Verwendung rhetorischer Figuren wie Antithesen und Ironie und trotz Redeschmuck durch Schlußreime, Verse, Alliteration und Wortspiele steht der Inhalt im Vordergrund, und seine Durchdringung dokumentiert sich in den das annalistische Bauprinzip durchbrechenden Vorausgriffen und rückschauend erklärenden Zusammenfassungen.

In der Tradition der mittelalterlichen Chronistik stehend und schon durch die lateinische Sprache als Geistlichenliteratur für ein geistliches Publikum ausgewiesen, hat die Chronik als ältestes Geschichtswerk auf baltischem Boden durch ihren missionarischen Eifer und ihre Glaubensgewißheit jahrhundertelang zum Selbstverständnis des baltischen Deutschtums beigetragen, und einzelne ihrer Episoden gehörten zum Grundbestand baltischer Bildung.

Doch nicht nur das Latein und die Perspektive des Missionars unterscheiden sie von der ersten erhaltenen deutschsprachigen Dichtung Altlivlands, die das Thema der Unterwerfung des Landes quasi aufnimmt und fortsetzt, nämlich der mittelhochdeutschen sog. älteren *Livländischen Reimchronik* (entstanden 1290–1297/98), die in 12 017 Versen das Jahrhundert von der ersten Niederlassung bis zum Sieg über die Litauer 1290 umfaßt. Sie ist anonym überliefert. Der vermeintliche Verfassername Ditleb von Alnpeke steht nur in der gefälschten Schlußnotiz der Haupthandschrift. Doch ihr Verfasser ist zweifelsohne kein Geistlicher, sondern ein Ordensritter vermutlich preußischer Herkunft, der seit 1279 in Altlivland und besonders Kurland mitkämpfte und für die früheren Jahrzehnte auf mündliche und z. T. wörtlich übernommene schriftliche Überlieferungen, für den dritten Teil aber auch auf Selbsterlebtes zurückgreift. Auch sie kann mangels anderer Überlieferung streckenweise als verläßliche Originalquelle betrachtet werden. Hier jedoch steht trotz gegenteiliger Behauptung (v. 121 f.) nicht die Bekehrungsgeschichte, sondern die Verherrlichung kriegerischer Taten der Schwertbrüder und Deutschordensritter bei der Unterwerfung der Kuren und Semgallen im Vordergrund. Selbst die Gliederung erfolgt nach Amtsjahren der Ordensmeister, nicht der Bischöfe, und missionarische wie kirchliche und religiöse Fragen, politische, kulturelle, kolonisatorische und soziologische Probleme treten ganz zurück. Ordenstreue militante Gesinnung führt gelegentlich zur Abneigung gegen den unkriegerischen Klerus (v. 6632 ff.), obwohl generell das Einvernehmen betont wird, und die ritterliche Haltung fern allen religiösen Fanatismus führt wie in der höfischen Epik zur Achtung vor dem mutigen Gegner als «edler Heide». Entsprechend ritterlicher Weltsicht reihen sich die mit großer militärischer Sachkenntnis geschriebenen Kampfberichte, hin und wieder durch erzählerische oder dialogische Episoden unterbrochen.

Das Erstaunliche aber an der *Livländischen Reimchronik* ist, daß sie nicht in der niederdeutschen Geschäfts- und Umgangssprache Altlivlands, sondern im Mittelhochdeutschen der Ordenssprache geschrieben ist, nicht so sehr also für die Landsleute, sondern für die Mitstreiter und die Ordensbrüder im Reich als informierendes Vorlesebuch bei den gemeinsamen Mahlzeiten gedacht ist, wie es die Ordensregel vorschreibt. Der Erzähler nimmt bisweilen die Rolle des Vorlesers ein, weiß Spannung zu erzeugen, durch Wiederholungen und Rückgriffe die Erinnerung wachzuhalten und durch Vorausdeutungen Aufmerksamkeit zu erregen. Die Reimchronik fügt sich damit neben einigen Anklängen an Wolfram von Eschenbach dem Stilvorbild der deutschen Heldenepik und besonders der Spielmannsepik ein, die den schlichten, formelhaften Stil des mündlichen Vortrags prägt: stehende Epitheta, Zwillingsformeln, Sprichwörter und Füllverse, auch spielmännische Ironie, Brevitasformeln und wiederholte Wahrheitsbeteuerungen. Trotz frischer Reden, Dialoge – besonders in der ersten Hälfte – und Kampfschilderungen ist die dichterische Gestaltungskraft nicht überwältigend. Die nüchterne Sachlichkeit der Sprache entspricht der Haltung zur Sache, und die Spracharmut führt zu Reimnot, unreinen und rührenden Reimen sowie vielfachen Wiederholungen derselben Reimwörter und Reimverbindungen (bis zu 60mal).

Als erste in der Reihe der Deutschordenschroniken hat die *Livländische Reimchronik* die spätere Ordenschronistik entscheidend beeinflußt; sie ist zugleich das einzige größere Literaturdenkmal des Deutschen Ritterordens auf baltischem Boden. Die weitere Chronistik liegt in den Händen der Ordenskaplane und damit doch mehr der Geistlichen.

Gewissermaßen eine Fortsetzung dazu, jetzt die Jahre 1315–1348 mit den Russenkämpfen des Ordens und dem großen Estenaufstand von 1343 umfassend, lieferte die nach 1349 entstandene sog. *Jüngere Livländische Reimchronik* des livländischen Ordenskaplans Bartholomäus HOENEKE aus Osnabrück, die insbesondere für die Zeit 1340–1348 auf eigenem Erleben beruht. Für ihre Zuverlässigkeit spricht ihre intensive Auswertung durch spätere Chronisten. Der Originaltext selbst ist allerdings nicht erhalten, doch seine Prosabearbeitung in den *Livländischen Historien* des Johannes Renner aus dem 16. Jahrhundert hat den Wortlaut Hoenekes als seiner einzigen Quelle für diese Zeit so gering verändert, daß z. T. die Reime und sogar die Verszeilen noch durchschimmern und erkennen lassen, daß Hoenekes Urtext niederdeutsch geschrieben war. Damit wandte er sich weder direkt an die lateinisch schreibende Geistlichkeit noch an den mittelhochdeutsch schreibenden Orden, sondern an beide Gruppen zugleich und an seine livländischen Landsleute ganz allgemein.

Mit dem letzten Geschichtswerk des baltischen Mittelalters schließt sich der Bogen: das nach 1378 entstandene *Chronicon Livoniae* des livländischen Ordenskaplans HERMANN VON WARTBERGE kehrt zur lateinischen Prosaform zurück, trägt jedoch, da es im wesentlichen auf den drei vorgenannten Werken beruht, in der Verkürzung keine neuen Züge bei und wird erst für die durch Augenzeugenschaft des Verfassers gesicherte Zeit seit 1358 ausführlicher und zuverlässiger.

Die auch literarisch anspruchsvollere Geschichtsschreibung wird seither von den Deutschordenschroniken von Peter von Dusburg, Nikolaus von Jeroschin, Wigand von Marburg und Johann von Posilge fortgeführt, die z. T. auch die livländische Geschichte behandeln, jedoch nicht auf baltischem, sondern auf preußischem Boden entstanden und daher nicht der baltischen Literatur zuzurechnen sind, wie überhaupt die livländische Ordensdichtung durch die preußische Ordensdichtung abgelöst wird. Ihnen und der gleichzeitigen allgemeinen binnendeutschen Chronistik gegenüber steht die baltische Geschichtsschreibung des Mittelalters an rhetorischer Gestaltung wie an dichterischer Sprachkunst begreiflicherweise zurück, da sie, im Provinziellen befangen, sich mit provinziellen Mitteln Genüge tat und der Inhalt ihr mehr galt als die literarische Form. Ihr Ziel, die *ecclesia militans* bei der Gewinnung ihrer letzten, eben noch zentraleuropäischen Bastion zu zeigen, hat sie dennoch erreicht.

3. Geistliche Dichtung

War die Selbstversicherung in der Geschichte in gleichem Maße Anliegen und Domäne der Geistlichkeit wie des Ritterordens gewesen und schließlich kompromißhaft in die Hand der Ordenskaplane übergegangen, so bleibt die über die politisch-historische Rechtfertigung des eigenen Tuns hinausgehende geistliche Dichtung naturgemäß die Domäne des Klerus. Die Geistlichen sowie die Klosterbrüder, unter denen neben Dominikanern und Augustinern vor allem die Zisterzienser eine reiche literarische Tätigkeit entfalteten, konnten dabei stärker als die Geschichtsschreiber auf eine abendländische Tradition in lateinischer Sprache zurückgreifen, die z. T. in den Klöstern präsent ist, z. T. im Lande selbst abgeschrieben und den örtlichen Gegebenheiten angepaßt oder zur weiteren Verbreitung ins Niederdeutsche übersetzt wurde. Während die Kopien der Klosterbibliotheken nur Zeugnisse für die Rezeption lateinischer Texte und selbständige lateinische Schöpfungen aus Altlivland nicht belegbar sind, lassen sich die adaptierten und eigenschöpferischen Werke nach den gewählten Aussageweisen in drei Gruppen gliedern: Direkte Unterweisung und Verherrlichung des Glaubens erstreben die Bibeldichtung und die Marien- und Heiligenlieder, indirekte Belehrung ist das Ziel der allegorischen Lehrdichtung, und dramatische Veranschaulichung der Lehre liefert das geistliche Schauspiel. In allen drei Formen bleibt die Dichtung *ancilla ecclesiae*, Handlangerin des Missionswerks, also Zweckliteratur von geringem künstlerischen Eigenwert und fern aller Stil- und Formexperimente.

Direkte Zeugnisse einer eigenständigen livländischen Bibeldichtung sind aus dem Mittelalter nicht erhalten. Bruchstücke des *Spiegels der menschlichen Seligkeit*, die sich im Revaler Ratsarchiv fanden, beweisen lediglich, daß deutsche Übersetzungen von Ludolfs von Sachsen *Speculum humanae salvationis* (um 1324) auch nach Altlivland vordrangen und seine im ganzen Abendland verbreitete Auflösung des Alten Testaments in eine Reihe von Präfigurationen, gleichnishaften Vorausdeutungen auf das Auftreten und Leben Jesu und Marias, auch im äußersten Nordosten Anklang fand. Der religiösen Unterweisung des Volkes und der Deutung von Beziehungen zwischen Altem und Neuem Testament mag sie ebenso dienlich gewesen sein wie eine Vielzahl anderer Bibelübersetzungen, Reimbibeln, Armenbibeln, Evangelienharmonien, Legendarien und Martyrologien, deren Benutzung für die Vorbereitung der Missionsarbeit wir voraussetzen dürfen.

Für das Vorhandensein geistlicher Lieder als derjenigen literarischen Gattung, die durch unmittelbare Rezeption und Identifikation bei den Gläubigen stärksten eigenen Widerhall fand, gibt es zahlreiche Zeugnisse bei Heinrich von Lettland (XXII,3) und in der *Livländischen Reimchronik* (v. 11 947) über Anrufungen Gottes und Marias bei Kriegsmärschen, Belagerungen und nach Siegen. Am bekanntesten ist die Episode bei Heinrich von Lettland (XII,6), wo das gottesfrohe Lied des Priesters vom Burgwall in Beverin 1208 die belagernden Esten zum Friedensschluß bekehrt – ein beliebter Stoff der baltischen Balladendichtung im 19. Jahrhundert. Leider sind die bezeugten Liedtexte nicht erhalten, so daß ein Urteil über ihre Herkunft ebensowenig möglich ist wie über ihre dichterische Originalität und Qualität – oder war die Wirkung rein akustischer Art?

Die im Revaler Ratsarchiv erhaltenen niederdeutschen geistlichen Lieder vom Ausgang des 15. Jahrhunderts verbleiben bei allem Ausdruck inbrünstiger Frömmigkeit doch in der traditionellen Formenwelt mittelalterlicher Marienlyrik, so das Lied *An St. Anna*, das, vielleicht nach hochdeutscher Vorlage, Anna Selbdritt mit der Tochter Maria und deren Sohn Jesus als Nothelferin und Trösterin aller betrübten Herzen anruft, und ein *Loblied zu Ehren der Hl. Margareta* aus der Rigaer Stadtbibliothek.

Andere Dichtungen übertragen nach dem Verfahren der Kontrafaktur die Formkunst der höfischen Dichtung auf die neue Gefühlswelt von Mystik und Askese. Das *Tagelied von der heiligen Passion* aus dem frühen 15. Jahrhundert galt lange als originaler Hilferuf und Sündenklage angesichts der Pest von 1356. Es ist jedoch im Hauptteil (v. 5–66) eine niederdeutsche Bearbeitung der *Großen Tageweise von der heiligen Passion* des Grafen Peter von Arberg aus der Kolmarer Liederhandschrift, die auch in der Geißlerliturgie des 14. Jahrhunderts anklingt, ihrerseits also schon Kontrafaktur des weltlichen Minnelieds ins Religiöse. Wo man ein unmittelbares Aufbrechen des religiösen Gefühls und besonders des Sündenbewußtseins vermutete, waren schon in der Vorlage nur vorgeprägte Formen mit neuen Inhalten gefüllt worden. Der Nachweis einer anderen Vorlage besagt jedoch wie in so vielen Fällen der Adaptierung nicht, daß die leidenschaftliche Bitte an Gott, Christus und Maria um Sündenvergebung nicht dem Grundgefühl des Bearbeiters entsprochen habe – mittelalterliche Religiosität bedarf keiner individuellen Form –, sondern schränkt lediglich die Originalität des livländischen Textes ein. Nur blinder Lokalpatriotismus könnte sich zu der Vermutung versteigen, die paar tausend Deutschen im äußersten Nordosten, mit Glaubenskriegen, Handel und Rivalitäten befaßt, hätten Muße für poetische Nebenstunden gehabt. Wo es in der Geschichtsschreibung um die eigene Sache ging, mußte literarische Abhilfe geschaffen werden, wo es aber um allgemeingültige Dinge wie Glaubensfragen und Heiligenkult ging, konnte die Kolonie unbeschadet auf Importe aus dem Mutterland zurückgreifen.

Das gilt in noch stärkerem Maße für die im Mittelalter so bevorzugte allegorische Dichtung, die christliche Lehre in weltliche Bilder verkleidet, um sie an Alltagsbeispielen anschaulich zu machen, und dem Spiel der Bezüge zwischen beiden Ebenen literarische Reize abgewinnt. Gerade für dieses Spiel erweist sich die niederdeutsche Sprache mit ihrer Bevorzugung bildhafter Ausdrücke als besonders geeignetes Medium. Während der direkte hymnische Preis Marias und der Heiligen unter Verwendung und Abwandlung stehender Beinamen überall möglich ist, setzte solche allegorische Kunst doch wohl ein reflektierteres literarisches Bewußtsein voraus, als es in der jungen Kolonie anzutreffen war. Daß man diese Kunst indessen auch ohne eigenschöpferischen Impetus wertschätzte, bezeugt die Gruppe der erhaltenen allegorischen Lehrdichtungen, die sich durchweg an importierte Vorbilder anlehnen.

An ihrem Anfang steht das um 1360 entstandene *Schachbuch (Boek van deme Scheakspele)* des Meisters STEPHAN, der sich selbst am Schluß seines Buches nennt (v. 5883) und sich als Schulmeister (v. 5867) zu erkennen gibt. Weiter ist dieser erste namentlich bekannte Dichter der baltischen Literatur urkundlich nicht nachweisbar. Daß er vielleicht ein aus Lübeck stammender niederer Geistlicher oder Karmelitermönch und Dorpater Schulmeister gewesen sei, ist bloße Vermutung aus der Widmung des Buches an seinen «lieben werten Herrn», den aus Lübeck stammenden Dorpater Bischof (1345–1373) Johann von Fyffhusen (v. 63 ff.). Einzig diese Widmung berechtigt die Lokalisierung des Werkes im Baltikum, lokale Anspielungen im Werk selbst sind nicht spezifisch baltisch, sondern betreffen nur das allgemeine bürgerliche Milieu der Hansestädte, und erhalten ist das *Schachbuch* nur in einem Lübecker Druck von 1489. Auch Meister Stephans zweites Werk, die mittelniederdeutsche Bearbeitung in Reimpaarversen der lateinischen Distichensammlung des *Cato,* in einer Danziger Handschrift erhalten, zeigt keine Bezüge auf Altlivland. Indessen schließen unsere Wissenslücken die Entstehung des *Schachbuchs* in Dorpat nicht aus, und sein Charakter als allegorische Lehrdichtung fügt sich dem sonstigen Schaffen nahtlos ein.

Um 1275 hatte der lombardische Dominikaner Jacobus de Cessolis in seinem lateinischen Prosawerk *De moribus hominum et de officiis nobilium super ludo scaccorum* das Schachspiel allegorisch auf den mittelalterlichen Ständestaat ausgelegt, wobei das Schachbrett die Welt, die einzelnen Schachfiguren nach Stellung zueinander und Bewegungsart die einzelnen Stände und ihr Zusammenspiel die rechte Ordnung der mittelalterlichen Gesellschaft zum Wohle der Gesamtheit verkörpern. Übersetzungen in viele abendländische Sprachen bezeugen den allgemeinen Anklang, den sein Werk fand, und innerhalb der Tradition der deutschen Bearbeitungen in Prosa oder Versen (Heinrich von Beringen um 1290, Konrad von Ammenhausen 1337, Pfarrer zu dem Hechte 1355) ist Meister Stephans Umdichtung in mittelniederdeutsche Reimpaarverse zu sehen.

Obwohl er seine Quelle nicht nennt, scheint Jacobus de Cessolis Stephans einzige Vorlage gewesen zu sein, so daß die literarische Bearbeitung als seine eigene Leistung zu gelten hat. Die im Stoff bedingte Einteilung und Anordnung behält er bei, rafft jedoch stark, um nicht zu langweilen – 5886 Verse gegenüber der redseligen Fassung Konrads von Ammenhausen mit 19 336 Versen –, und bemüht sich um lebhaften Stil durch Dialoge, Bilder, Vergleiche und Sprichwörter. Unter den ebenfalls dezimierten anekdotischen Beispielerzählungen aus biblischer und antiker Tradition überwiegen die moralerzieherischen Beispiele gemäß dem Vorsatz, ein «boek der sede (Sitte) unde ok der guden werke» (v. 33 f.) zu schreiben. Die Ausrichtung auf eine christliche Tugend- und Sittenlehre überwiegt die Tendenz, die Standesschranken und sozialen Unterschiede zu überbrücken, und das gelegentliche Umschlagen des volkstümlich-nüchternen Stils in den Schmuck geblümter Rede läßt erkennen, daß zwar nicht eine hochstehende, aber doch die gebildete höhere Gesellschaftsschicht in hansischer Umwelt angesprochen werden soll. Schon in der Wahl des Schachspiels – damals noch nicht so allgemein verbreitet wie heute – lagen ja eine gewisse Exklusivität und der Zuschnitt auf eine Freizeitgesellschaft. Der Lübecker Wiegendruck mit Holzschnitten bezeugt die Richtigkeit dieser Lesereinschätzung und die anhaltende Wirkung des Werkes. Andere allegorische Lehrdichtungen der Zeit müssen sich mit viel einfacheren Vergleichen begnügen.

Eines der beliebtesten Bilder allegorischer Lehrdichtung im deutschen Mittelalter schon bei Barthel Regenbogen und Muskatblüt war das der Mühle, das letztlich auf das Motiv von Christi Wort als Brot des Lebens (Joh. 6,51) zurückgeht. Es eignet sich vorzüglich zur sinnfälligen Veranschaulichung des Wunders der Transsubstantiation, der Umwandlung von Brot und Wein in Christi Leib und Blut beim Abendmahl. Solche homiletischen Experimente sind vermutlich zuerst im 15. Jahrhundert auf niederdeutschem, vielleicht mecklenburgischem Boden gemacht worden, und dort wird auch die Heimat des mittelniederdeutschen *Mühlenliedes* aus der Mitte des 15. Jahrhunderts anzusetzen sein, das in fünf verschiedenen niederdeutschen Überlieferungen, dazu in hochdeutschen und niederländischen Fassungen vorliegt. Ihre vielleicht älteste Form stellt die Handschrift des Revaler Ratsarchivs aus dem dritten Viertel des 15. Jahrhunderts dar, die einem Rostocker Druckblatt um 1520 nahesteht. In 24 Strophen von durchaus eigenwilliger Form (fünfzeilige Vierheber mit reimloser Anfangszeile, Paarreim und einem Zweiheber als vierter Zeile) rollt die Dichtung die Allegorie nicht als Zustand, sondern als Handlung ab, wobei der Sinnbezug durch die Gleichzeitigkeit von Bild und Bedeutung durchsichtig bleibt. Aus Zedern des Libanon wird die geistliche Mühle errichtet, die von den Strömen des Paradieses angetrieben wird. Moses legt mit dem Alten Testament den Grundstein, das Neue Testament bildet den oberen Schlußstein, die Kirchenväter verwalten das Mahlwerk, die Apostel setzen die Mühle in Gang, Maria bringt den Weizen, der unter der Obhut der vier Evangelisten zur Seelennahrung aller frommen Christen verarbeitet wird.

Daß hier ein einziger Grundgedanke in ein Bild des täglichen Lebens und Handwerks gekleidet wird, macht die Allegorie leicht verständlich und erklärt wohl auch die Beliebtheit des Mühlenbildes in der zeitgenössischen christlichen Kunst. Wie immer die Herkunftsfrage zu entscheiden sein mag, das frühe Auftauchen einer so wirkungsmächtigen Lehrdichtung zur kirchlichen Unterweisung in Reval bietet zumindest einen Beleg für die ständige literarische Verbindung der Kolonie zum Mutterland.

Dasselbe gilt für die allegorische Dichtung vom *Glücksrad (Dat lukkeradt)*, die der Revaler Stadtschreiber – ob Verfasser? – Joachim MUTHER aus Lübeck auf der Rückseite eines Briefentwurfs vom 13. 5. 1430 aufzeichnet. Sie nimmt das beliebte Bild vom trügerischen Glücksrad zum Zeichen der Unbeständigkeit und Wandelbarkeit irdischen Schicksals. Neun vierzeilige Strophen schildern in schlichter Rede der Fortuna und Gegenrede des Menschen die vier Stufen, auf denen der Mensch vom Glück begünstigt, auf dem Gipfel des Glücks, wieder sinkend und in tiefstem Unglück Macht und Launen der Fortuna kennenlernt: Warnung vor irdischer Vanitas und Lob der Armut als Weg zum Paradies. Dazu gehört eine rohe Zeichnung des neunspeichigen Glücksrads mit der Inschrift «De vrowe secht» auf der Achse.

Man hat diese Dichtung im 19. Jahrhundert für das älteste deutsche Fastnachtsspiel erklärt, und in der Tat ist für Lübeck 1441 die Aufführung eines (nicht erhaltenen) gleichnamigen Fastnachtsspiels in der Bearbeitung von Hans Dersauw durch die patrizischen Zirkelbrüder nachgewiesen und ein hochdeutsches Spiel ähnlicher Thematik erhalten. Dennoch scheint bei dem vorliegenden dürftigen und undramatischen Text von 36 Zeilen kaum der noch so geringe Aufwand einer szenischen Darstellung gerechtfertigt und die beigefügte Skizze eher für die Verteilung der Strophen in die Sektoren des Rades nach Art eines kreisförmigen Wand- oder Deckengemäldes zu sprechen. Die Beziehungen der Dichtung zu Lübeck – ob Anregung, Aufzeichnung oder gleiche Grundidee – bleiben ungeklärt.

Auch bei einer dritten Dichtung zeigt sich an einem ähnlich beliebten Motiv die starke Bindung Revals an Lübeck als die Metropole der baltischen Siedlung. Der *Totentanz der Nikolaikirche in Reval* (1482) des Lübecker Malers Bernt Notke (um 1440–1509) hat der Forschung viele Probleme aufgegeben und zu mehreren Fehlinterpretationen geführt. Das Ölgemälde in der Antoniuskapelle der Nikolaikirche, nach Restaurierung zeitweilig im Schloß Katharinental, zeigt auf einem 1,5 m hohen und 7,5 m langen Bildstreifen nach dem prologierenden Prediger den Tod nacheinander im Tanz mit Papst, Kaiser, Kaiserin, Kardinal und König, während ein weißes Band zu Füßen der Figuren deren Text in achtzeiligen mittelniederdeutschen Reimpaarstrophen enthält. Das Gemälde galt lange als verkleinerte Kopie des berühmten Totentanzes in der Marienkirche von Lübeck vom Jahr 1463. Dieser wurde zwar 1701 durch eine (1942 zerstörte) Kopie von A. Wortmann mit hochdeutschem Text ersetzt, doch der ursprüngliche Lübecker Text hat sich in einer Abschrift Jakob von Melles vom Ende des 17. Jahrhunderts erhalten und ist bis auf geringfügige Abweichungen mit dem Revaler Totentanztext identisch, nur daß der Lübecker Totentanz auf einer Länge von 30 m ganze 24 Paare und entsprechend mehr Strophen aufweist und in einzelnen Attributen der Figuren sowie dem Hintergrundpanorama von dem Revaler abweicht. Spekulationen, im Revaler Totentanz die Urform des Lübecker oder ein Fragment des ersetzten Originals zu sehen, stoßen auf Schwierigkeiten, da der Revaler Textanfang vollständiger ist als von Melles Abschrift und überdies Erwerb und Aufstellung des die katholische Hierarchie wiedergebenden Gemäldes in Reval nach der Reformation unwahrscheinlich wären.

Eine sorgfältige Restaurierung des Revaler Bildes in den sechziger Jahren in Moskau, die Übermalungen entfernte und das Original freilegte, hat die vermutete Zuschreibung an Bernt Notke und die Datierung auf das Ende des 15. Jahrhunderts bestätigt, so daß der Revaler Totentanz als freigestaltetes, selbständiges Werk Notkes, der auch sonst für Reval tätig war, anzusehen ist. Ob die Fortsetzung des von etwa vierfacher Länge zu denkenden Bilderfrieses unterblieb oder verlorenging, bleibt offen. Der Fragmentcharakter des Revaler Totentanzes wird eindeutig bewiesen durch den Umstand, daß die letzte erhaltene Textzeile den bildlich nicht mehr dargestellten Bischof zum Reigen auffordert. Eine absichtliche Einschränkung der Todesmahnung auf die Oberschicht, wie sie unterstellt wurde, verstieße nicht nur gegen die Tradition, sondern wäre auch absurd.

Literarisch interessiert in diesem Zusammenhang nur der Totentanztext, und die Tatsache, daß Notke beiden Gemälden einen fast gleichlautenden Text unterlegte, könnte für ein Auftragswerk Revals nach dem vorhandenen Lübecker Totentanz sprechen, dem textliche Priorität gebührt.

Das Totentanzmotiv selbst ist seit dem 14. Jahrhundert, von Frankreich und Spanien ausgehend, als Bilderfries mit Dialogtext auf Friedhofs- und Kirchenwänden über England, die Niederlande, Deutschland und Italien gemeineuropäisch verbreitet, ein drastisches Memento mori angesichts der großen Seuchen und Katastrophen, Erinnerung an die Nichtigkeit irdischer Macht und Größe angesichts des alle Standesschranken auslöschenden Todes, Aufruf an die Reichen und Mächtigen zur Demut, Trost der Armen, Mahnung zur Abkehr vom Irdisch-Vergänglichen, zu Reue, Buße und dem Streben nach unvergänglichen Heilsgütern. Hier wie in Meister Stephans *Schachbuch* und im *Glücksrad* scheinen Grundthemen abendländischer Lehrdichtung des Mittelalters auf, an denen Altlivland durch die Vermittlung Lübecks seinen Anteil hat.

Der Totentanz ist in seiner ausgebildeten Gestalt zugleich ein Dokument für das Miteinander von Wort- und Bildkunst im Mittelalter. Obwohl die Malerei vor die Schwierigkeit gestellt war, das zeitliche Nacheinander der Reigen mit dem Tode in ein bilderbogenhaftes Nebeneinander aufzulösen, und daher jeder der Figuren ihren eigenen Tod beigab, ist die Komposition doch in erster Linie bildhaft gedacht, und der literarische Wert der oft schlichten Dialoge tritt zunehmend hinter dem bildkünstlerischen Wert zurück. Nicht zuletzt dessen Übergewicht widerlegt auch die im 19. Jahrhundert verbreitete Annahme, die Totentanztexte seien ursprünglich für dramatische Vorführungen geschrieben und als Form des geistlichen Schauspiels aufzufassen. Es gibt jedoch keinen einzigen Nachweis szenischer Aufführungen aus dem Mittelalter; erst im 19. Jahrhundert erscheinen modernisierte Totentanzspiele auf der Bühne.

4. Geistliches Schauspiel

Daß dagegen die abendländische Tradition des geistlichen Schauspiels zur sichtbaren Veranschaulichung der Heilslehre schon erstaunlich früh auf die Küsten des Baltikums übergegriffen hat, dafür gibt es einen eindeutigen Beleg:

Für den Winter 1205/06 berichtet Heinrich von Lettland im *Chronicon Livoniae* (IX,14) von der Aufführung eines *Prophetenspiels*: «In demselben Winter wurde mitten in Riga ein sehr schönes Prophetenspiel aufgeführt, damit die Heidenschaft die Anfangsgründe des christlichen Glaubens durch überzeugende Anschauung lerne. Der Inhalt des Spieles wurde den Anwesenden, sowohl den Neugetauften wie den Heiden, durch einen Dolmetscher aufs sorgfältigste ausgelegt. Als aber die Gewappneten Gideons mit den Philistern stritten, begannen die Heiden aus Furcht, getötet zu werden, zu fliehen, wurden jedoch behutsam zurückgerufen. So war denn die Kirche für eine kurze Zeit stille und ruhte in Frieden. Jenes Spiel aber war gleichsam ein Vorspiel und eine Prophezeiung des Zukünftigen. Denn in diesem Spiel gab es Kämpfe, nämlich des David, Gideon, Herodes, und es gab auch die Lehre des Alten und Neuen Testaments.» (Übersetzung A. Bauer)

So weit die Überlieferung, deren knappe Form angesichts fehlender Textüberlieferung in der baltischen Literaturgeschichtsschreibung zu den verwegensten Kombinationen Anlaß geboten hat, eben weil sie wichtige und literarhistorisch wesentliche Fragen offenhält: Fand die Aufführung zu Weihnachten, Fastnacht oder Ostern statt, in der Kirche oder unter freiem Himmel auf dem Markt, gehörten die Veranstalter und Darsteller dem Klerus oder dem Schwertbrüderorden an, war der Spieltext lateinisch oder – was singulär wäre – niederdeutsch, und folgte er einer Vorlage aus dem Mutterland, oder war er ad hoc im Lande gedichtet worden?

Das Prophetenspiel ist im Mittelalter nicht gerade die häufigste Form des geistlichen Schauspiels. Es erscheint meist als Vorspiel zum Weihnachtsspiel (Benediktbeurer und St. Galler Spiele, 13./14. Jahrhundert). Ein für Regensburg 1194 bezeugtes Spiel reicht von der Schöpfung bis zu den Propheten, bezieht also das Neue Testament nicht mit ein. Ein Prophetenspiel hatte in den Missionsländern den katechetischen Wert, in der Auseinandersetzung der Propheten mit den Ungläubigen sowohl die vorchristliche, ungläubige Welt einzuführen als auch im anschließenden Weihnachtsspiel die Wahrheit der Erlösungsbotschaft vor Augen zu führen. Und Weihnachtsspiel muß das Rigaer Spiel nach dem Hinweis auf Herodes (und den Bethlehemitischen Kindermord?) zugleich gewesen sein. Allerdings hatten Schlachtenszenen wie die von Heinrich erwähnten von Gideon gegen die Amalekiter, David gegen Goliath und die Philister im Prophetenspiel normalerweise keinen Ort, wie überhaupt die Inhaltsbeschreibung Heinrichs auf keines der auf deutschem Boden erhaltenen oder bezeugten Spiele passen will. Da ein Vorbild nicht nachzuweisen ist, mag es also durchaus ein ad hoc für die spezielle Situation des Glaubenskampfes verfaßter Text gewesen sein, der auch im Hinblick auf den Anteil der Schwertbrüder das kämpferische Bekehrungswerk sanktionierte und jeden Widerstand gegen den rechten Glauben als sinnlos darstellte.

Hinsichtlich der praktischen Inszenierung lassen sich nur Vermutungen anhand der im Mutterland üblichen Spielformen anstellen. Demnach müßte der Text, soweit nicht stumme, pantomimische Darstellung den Vorrang hatte, lateinisch gewesen sein, da Deutsch erst im frühen 13. Jahrhundert in die Texte eindringt. Die Aufführung müßte auf ein großes Kirchenfest gefallen sein, bei einem Weihnachtsspiel also Weihnachten 1205, und als Spielort ist schon aus klimatischen Gründen im nordischen Winter die Kirche anzunehmen, in der Weihnachtsspiele bis 1210 ihren angestammten Platz hatten. Als Veranstalter im Zuge des Missionswerks kommt nur der Bischof von Riga in Frage, da der Orden keine Schauspiele ausrichtete und die Bürgerschaft vier Jahre nach der Stadtgründung nicht genügend organisiert war. Die Aufführung mag, da Schule oder Kloster noch nicht existierten, den Rigaer Augustinerchorherren oder den gerade vom Augustinerkloster Segeberg in Holstein zurückgekehrten, dort ausgebildeten 30 jungen Livengeiseln überlassen gewesen sein. Ein allzu realistischer Darstellungsstil war für die Reaktion des Schauspiele ungewohnten Livenpublikums nicht einmal erforderlich, Verwechslungen von Spiel und Wirklichkeit sind im geistlichen Drama nicht selten.

Wie dem auch sei, Alberts Versuch, den Ruf seines neuen Bischofssitzes und des Missionswerks durch Einbeziehung des modernen Mediums Theater zu fördern und das geistliche Schauspiel, dessen Verbreitung im Mutterlande gerade begann, in das Bekehrungswerk einzubeziehen, erlitt an einem lächerlichen Zufall Schiffbruch, und von weiteren Experimenten in dieser Richtung schweigen unsere Quellen.

An der Blütezeit des geistlichen Schauspiels im 14. Jahrhundert scheint Altlivland somit nicht beteiligt.

Auch Fastnachtsspiele, selbst solche nach biblischen Stoffen, lassen sich für Riga nicht nachweisen. Und wenn das Revaler Kämmereibuch unter dem Jahr 1372 als Ausgabe verzeichnet «4 verdinge den gerenden (= Gauklern) de dar speleden to dem vastelavende up deme rathus», so bleibt offen, ob es sich bei den Darbietungen um ein wirkliches Fastnachtsspiel gehandelt hat, für das das Rathaus ohnehin wohl nicht der übliche Spielort gewesen wäre, oder um bloße musikalische Vorführungen oder andere Schaustellungen. Selbst Burkart Waldis' Ausfall im Vorwort zum *Verlorenen Sohn* (1527) gegen die «affgöderye des fastelauendes» scheint sich nicht auf die Institution des Fastnachtsspiels, sondern auf das unchristliche Karnevalstreiben allgemein zu beziehen, das als heidnischer und katholischer Brauch verdammt wird. Soviel also der gute Wille aus diesen Zeugnissen für das Vorhandensein eines mittelalterlichen Schauspiels im Baltikum herauslesen will: schlüssige Beweise sind sie nicht, und so bleibt ihr Gegenstand weitgehend eine Sache der Vermutung.

Erst mit der Aufführung von Burkart Waldis' *Verlorenem Sohn* zu Beginn der Reformationszeit 1527 setzt eine kontinuierlichere dramatische Tradition ein, und es ist vielleicht nicht ohne Reiz, sich die Stellung der beiden einzigen belegten Spiele an den entscheidenden Wendepunkten des baltischen Christentums zu vergegenwärtigen.

5. Weltliche Dichtung

Der Befund der Übersicht über die geistliche Dichtung des Mittelalters, daß das wenige Erhaltene großenteils Adaption von geistlichen Dichtungen aus dem Mutterland war und eine eigene literarische Leistung meist nur in der Anpassung an baltische Verhältnisse lag, eröffnet um so weniger günstige Aussichten für eine weltliche Dichtung, die nicht wie das historische Schrifttum oder die christliche Lehrdichtung Zweckdichtung war, die das Streben der herrschenden Kreise Klerus und Orden unterstützte, sondern Ziel in sich, künstlerischer Selbstzweck hätte sein können.

Selbst wenn man Sangesfreude und poetischen Drang der niederdeutschen Einwanderer gering veranschlagte und den Kaufleuten, Handwerkern und Kolonisatoren andere, wichtigere Ziele und drängendere Aufgaben und Pflichten zugestände als die Schaffung einer eigenständigen Literatur, fällt dabei vor allem ins Gewicht, daß die sozial und kulturell führenden Schichten von Klerus und Orden solche weltlichen Produkte der Niederschrift und Aufbewahrung nicht für wert erachtet haben könnten, so daß die schriftliche Aufzeichnung und Überlieferung rein zufällig wäre. Wenn für weltliche Kreise in einem geistlichen Staat etwa eine Teilhabe am Herbst des Minnesangs und später am Meistersang – er drang nur bis Danzig und Görlitz vor – als den herrschenden Strömungen des Mutterlandes nicht in Frage kam und die späthöfische Epik und Spielmannsdichtung bestenfalls vereinzelt rezipiert wurden, so ergibt sich auch für die dritte Strömung des Mutterlandes, die volkstümliche Dichtung und Volkslieddichtung, die merkwürdige Konstellation, daß ihr im Baltenland in weitem Maße das Publikum, eben das einfache Volk, fehlte.

Frühere baltische Literaturgeschichtsschreibung hat sich in verständlichem lokalpatriotischen Eifer auf alle irgendwie im Baltikum überlieferten Texte und auch auf solche gestürzt, deren Aufzeichnung im Baltikum nur vermutet wurde, um anhand der ohnehin geringen Überlieferung ein reicheres literarisches Leben zu rekonstruieren. Nüchterne Betrachtung muß dagegen zugestehen, daß das meiste davon inzwischen als Import gelegentlich sogar zweiter Wahl aus dem Mutterland anzusehen ist.

Dies gilt insbesondere für die sogenannte *Livländische Handschrift* von 1432 der ehemaligen Preußischen Staatsbibliothek, die von einem sonst unbekannten JOHANNES VON LIVONIA (ob zu Recht?) geschrieben sein will und in der früherer baltischer Patriotismus so etwas wie seine eigene Manessische Handschrift zu sehen glaubte. Ob die Sammlung überhaupt für Altlivland in Anspruch genommen werden kann, erscheint heute ebenso fraglich wie, ob sie überhaupt in Livland geschrieben wurde, denn mit baltischer Literatur hat sie nichts zu tun. Vermutlich wurden die Texte von einem (baltischen?) Reisenden im Westen aufgezeichnet, der in bunter Folge festhielt, was ihm unterwegs nach seinem Geschmack Aufzeichnenswertes an Literatur unterkam: ein bürgerliches Liebeslied von Barthel Regenbogen in niederdeutscher Übersetzung, zwei Versnovellen im Genre Boccaccios nach einer französischen Quelle und einem hochdeutschen Gedicht (*Studentenglück; Frauentreue*), eine mittelniederdeutsche Kurzfassung der ursprünglich französischen sentimentalen Liebeserzählung *Flos und Blankflos,* zwei Streitgespräche um Fragen der Liebe unter abstrakten

Personifikationen nach gängigen Themen der Minnereden (*Gespräch über Glück und Unglück in der Liebe; Des Minners Anklagen*) und zwei allegorisch-didaktische Dichtungen (*Die beiden Rosen; Farbendeutung*) – insgesamt bereits stark verbürgerlichte Spätformen des ritterlichen Minnesangs, herzzerreißende Liebesnovellen trocken-lehrhaften Tons und die unvermeidlichen Streitgespräche und Minneallegorien, ein anonymer Querschnitt durch den westlichen Geschmack von vorgestern anhand verbreiteter Stoffe und Texte, interessant lediglich, wenn der Schreiber zu Livland gehören sollte, als einziges Zeugnis literarischer Anteilnahme an westlichen Strömungen dieser Zeit überhaupt. Lebendiger und frischer auf jeden Fall erscheinen die anonymen Einzeldichtungen, die der Zufall in den Archiven aufbewahrt hat.

Gegen die «Buhlenlieder» des Mittelalters, worunter schlankweg jede Liebeslyrik zu verstehen ist, wettern noch die protestantischen Eiferer des 16. und 17. Jahrhunderts. Was auf livländischem Boden davon aufgezeichnet wurde, mag es auch wanderndes Volksliedgut der Handwerksburschen und Landsknechte sein und die Aufzeichnung bereits eine Auslese bedeuten, rechtfertigt dieses Verdammungsurteil nicht. Eine mittelniederdeutsche *Liebesklage* («De sunne steyt jn dat osten») verschmilzt volksliedartig zwei Tageliedverse mit einer Strophe der Bergreihen. *Frauenliebe* («Ick wyl my sulven trosten») ist eine Klage um die treulose Geliebte, der der Liebende, seiner Mitschuld bewußt, vergibt. Ein durch Fremdwörterprunk und pharmazeutische Kenntnisse als wesentlich spätere Kunstdichtung ausgewiesenes Gedicht *Die Liebeskur* schildert die Liebe als Krankheit. Strotzende Lebensfreude spricht aus dem hochdeutsch überlieferten berühmten *Schlemmerlied* («Wo sall ich mich ernerenn»), das im Revaler Bürgerbuch 1423 belegt ist und das Burkart Waldis seinem *Verlorenen Sohn* (v. 703–750) einverleiben sollte. Jägerlieder sind als Varianten innerdeutscher Texte erhalten, geistliche Zunftlieder 1363 für Reval und Martinslieder der Rigaer Schwarzhäupter für 1416 bezeugt. Daß auch Ständesatire und Spottverse nicht fehlen, erweist ein Revaler Ratsprotokoll von 1515 mit dem Anfang eines Spottliedes, das ein livländischer Edelmann den Bürgern zum Hohn in ihrer eigenen Gildestube vortrug: «Wir wollen de borgers op de koppe slan / Dat blot schall op der straten stan.»

Hier erübrigt sich die Vorlage, das kommt von Herzen. Ähnlich frei von allem feingeistigen Zartgefühl, vielmehr derbdrastisch und handfest ist auch am entgegengesetzten Ende der sozialen Skala die im ganzen niederdeutschen Bereich beliebte bürgerliche Spruchdichtung, in ihrer baltischen Sonderart die Schafferpoesie, mit der die Schaffer oder Amtswalter der Revaler Schwarzhäupter und der Großen Gilde sich seit dem 15. Jahrhundert im Bürgerbuch einzutragen pflegten: behaglich-gutbürgerliche Spruchweisheit in knappen Zwei- oder Vierzeilern, die kräftige Lebensweisheit ernst oder fröhlich, oft kernig pointiert zusammenfassen. Gerade in dieser allgemeingültig gereimten Spruchweisheit, in der oft nur die adaptierte Form Eigengut des Verfassers ist, finden sich viele Sprüche, die Parallelen in hansischen Handschriften und Inschriften aus dem Reich haben und den Kontakt mit dem Mutterland unter Beweis stellen.

Die literarische Begegnung mit dem Mutterland spielte sich nicht nur in Entlehnungen ab, auch Dichter aus Deutschland haben Altlivland auf Reisen besucht. Der Wappendichter Peter SUCHENWIRT (um 1320 – nach 1395) kam 1377 als Begleiter Herzog Albrechts III. von Österreich auf dessen Preußenfahrt, die er in einer Reimrede beschreibt, auch nach Livland und zeigt in einigen Ehrenreden und Liedern seine Lokalkenntnis. Der letzte Vertreter des Minnesangs, OSWALD VON WOLKENSTEIN (1377?–1445), der aus Abenteuerlust mit zehn Jahren in die Fremde ging und auf abenteuerlichen Fahrten und in den verschiedensten Berufen ganz Europa durchstreifte, zog nach eigenem Zeugnis ein Jahrzehnt später, lange vor seinem dichterischen Schaffen, ebenfalls von Preußen aus durch Livland – Zufälle sicher ohne größere literarische Bedeutung, aber eben doch Zeugnisse für die Bindungen zwischen Kolonie und Mutterland.

Stellt sich im Rückblick auf ein an Textquellen nicht gerade überreiches Mittelalter die Frage nach der Existenz einer eigenartigen baltischen Literatur im Mittelalter überhaupt, so ist darauf nur eine differenzierte Antwort möglich. Sicher ist, daß die dürftige Zahl der auf baltischem Boden entstandenen Literaturwerke die Konstruktion einer baltischen Sonderliteratur in dieser Frühzeit kaum rechtfertigte, wenn sie nicht als Vorspiel zu späterer Entwicklung nötig wäre. Die gleiche Dürftigkeit der Quellen könnte aber im Mittelalter für jede engumgrenzte Regionalliteratur gelten und ebenso für die Frühstadien jeder Kolonialliteratur überhaupt. Für die baltischen Lande als Außenposten tritt dabei noch erschwerend hinzu, daß der Kampf um die Missionierung und die territoriale Konsolidierung ebenso wie die ununterbrochene Rivalität der drei tragenden Schichten die Kräfte in einem Maße absorbierten, daß für eigenschöpferisches poetisches Schaffen als

Selbstzweck aus der Muße heraus, selbst den Willen dazu vorausgesetzt, kein Raum blieb, ja daß Literatur nicht zählte, wo es um Existenz oder Vormacht ging.

Der zweite Aspekt, daß nämlich die führenden Dichterpersönlichkeiten nicht im Lande geboren, sondern Einwanderer aus dem Mutterland waren, wäre nebensächlich, wenn nachzuweisen wäre, daß die neue Landschaft und das politisch-historische oder geistige Milieu prägend auf sie eingewirkt haben. Eine solche Anpassung an die neue Umwelt läßt sich jedoch allenfalls für die regionale Geschichtsschreibung postulieren und betrifft auch dort nur den Inhalt, nicht die Form der Literatur. Das geistliche Schrifttum war ohnehin in einer anderen Umwelt zu Hause.

Unter dem Gesichtspunkt, daß die wenigen erhaltenen Denkmäler Bruchstücke aus einem großen Ganzen sind, die Rückschlüsse auf das literarische Leben im Baltikum zulassen, kann von einer neuen Provinz der deutschen Literatur gesprochen werden, die sich in diesem frühen Stadium das ganze Mittelalter hindurch noch weitgehend aus mutterländischen Quellen speist, in Formen, Ideen, Stoffen, Motiven und Stimmungen dem Mutterland verpflichtet ist und sich im geistigen Verkehr hochgradig rezeptiv verhält. Entlehnung, Verarbeitung und Adaption von Werken aus dem Mutterland bezeugen dabei die Teilnahme und Verbundenheit der Kolonie mit der Heimat, und über die Auswahl des Aufgenommenen entscheidet neben dem Zufall auch die jeweilige geistig-politische Situation der Kolonie.

Selbst die Ständestruktur der Literaturgesellschaft mit ihrer Dreiteilung in Geistliche, Ritter und Bürger, deren Gewichtigkeit und deren jeweiliges Vorherrschen auf den einzelnen Gebieten literarischen Schaffens entsprechen ja letztlich der gleichzeitigen innerdeutschen Literaturgesellschaft insofern, als sich auch dort die niederen Schichten, die den Balten später als Kraftreserven fehlen, noch nicht literarisch zu Wort gemeldet haben.

Diese auf allen Gebieten sich äußernde literarisch-geistige Verbundenheit mit der Heimat läßt noch nichts von jenem baltischen Sonderbewußtsein durchscheinen und aufkommen, das Jahrhunderte später als Erfahrung aus dem Gefühl des Aufsichgestelltseins und mentalitätsmäßiger wie gesellschaftlicher Sonderart literarischen Niederschlag finden sollte und der baltischen Literatur eine eigene Note innerhalb der deutschen Literatur verlieh. Die baltische Literatur des Mittelalters ist Kolonialliteratur mit allen Kennzeichen einer solchen.

Das 16. Jahrhundert I: Reformation

1. Einleitung

Hatten die drei Jahrhunderte baltischen Mittelalters unter dem Zeichen der Schwertmission und der trotz aller Kämpfe und Gefahren stetigen Konsolidierung der christlichen und deutschen Vorherrschaft im baltischen Raum gestanden, so brachte das 16. Jahrhundert, die Zeit innerer und äußerer Wirren, den jähen Abbruch dieser Entwicklung und den Zerfall Altlivlands.

Der äußere Friede in der ersten Jahrhunderthälfte quasi als Stille vor dem Sturm führte das Land zu einer wirtschaftlichen Hochblüte, mit deren Reichtum auch eine größere Kunstentfaltung Hand in Hand ging, die jedoch zu Verweltlichung und Sittenverfall der alten Kirche den Grund legte und der ursprünglich auf stete militärische Einsatzbereitschaft angelegten Ordensmacht durch Verweichlichung und Überalterung den Todesstoß gab, so daß beide Herrschaftsträger weder miteinander noch einzeln den Anforderungen der neuen Zeit gewachsen waren.

Der erstaunlich frühe und rasche Siegeszug der Reformation, 1522 in Riga begonnen und 1524–1526 nach einer Zeit der Bilderstürme in allen Städten durchgesetzt, früher als in den meisten Hansestädten der Ostsee, ist auch politisch ein eindeutiger Erfolg der aufstrebenden Städte und der Bürgerschaften in der Abwehr geistlicher Oberhoheit. Daß die Reformation im geistlichen Ordensland im Gegensatz zum Mutterland ohne die Vorbereitungsphase des Humanismus erfolgte, der erst später in Erscheinung tritt, spricht für die Spontaneität des Bedürfnisses und ein starkes Gefühl eigenverantwortlichen Handelns. Neben der Neigung des Klerus zu Arbeitsscheu und Wohlleben – die vielleicht im nachhinein vorgeschoben wurden; Reformbestrebungen zeigen sich auch hier – sind es mehr die Erkenntnis des gereinigten Gottesworts und der Wunsch nach stadtobrigkeitlichem Kirchenregiment, Lösung von der kirchlichen Bevormundung, die der neuen Lehre die Bahn brechen – unter persönlicher Mitwirkung Luthers übrigens, der elf Sendschreiben nach Livland schickt. Der Reformation in den

Städten schließen sich rasch die Gutsherren und wenig später die Ritterschaft an, während der Orden bei aller Sympathie gleichgültig, tolerant, religiös indifferent bleibt. Lange bestehen daneben noch katholische Organisationen, das Erzstift, Klöster und Gemeinden, und erst allmählich kann die neue Lehre auch die Landbevölkerung erreichen. Die Reformation hat im Baltenland viele Kunstwerke und alte Bindungen, aber keine Menschenleben gekostet.

Für das geistig-literarische Leben des Baltikums brachte die Reformation wichtige Umwälzungen. Auf dem Lande wie in der Stadt wird das evangelische Pfarrhaus als neugegründete Institution nicht nur zum geistlichen, sondern auch zum geistigen und sozialen Mittelpunkt des Gemeindelebens. Die Einführung des humanistischen Schulwesens mit Lateinschulen unter Aufsicht der Städte dient der Vorbereitung auch weltlicher Bildung. Das lutherische Prinzip der Muttersprachlichkeit der Verkündigung führt zur Einrichtung estnischer und lettischer Pfarren in den Städten, zu landessprachigen Predigten und zur Etablierung des Estnischen und Lettischen als Schriftsprachen mit deren ersten Druckschriften.

1535 erscheint, bei Hans Lufft in Wittenberg gedruckt, ein vom Revaler Ratsherrn Johann Selhorst in Auftrag gegebener und finanzierter niederdeutsch-estnischer Katechismus von Magister Simon Wanradt und Pastor Johann Koell in 1500 Exemplaren. Er wird zwar auf Ratsbeschluß wegen vermeintlicher Mängel wieder eingezogen, doch 1554 durch einen vom Ordensmeister Heinrich von Galen angeregten, in Lübeck gedruckten estnischen Katechismus mit Gesangbuch des Dorpater evangelischen Pfarrers Franz Witte ersetzt. 1585 erscheint in Wilna das erste lettische Druckwerk, die lettische Übersetzung von Petrus Canisius' *Catechismus Catholicorum* durch den Jesuiten Hartmann Tolgsdorff, und von evangelischer Seite folgt 1586/87, in Königsberg gedruckt, ein umfangreiches lettisches Gesangbuch, wohl von Pfarrer Johann Rivius d. J. († 1586) übersetzt, dessen Neubearbeitung durch Valentin Reimers bereits der erste baltische Buchdrucker, der 1588 als Rigaer Stadtbuchdrucker etablierte Nicolaus Mollyn, herstellt.

Lutherisches Gedankengut stand demnach an der Wiege nicht nur der neuhochdeutschen, sondern auch der estnischen und lettischen Schriftsprache, und zwar im Baltikum noch in besonderer Weise, indem dem bisher vorwiegend niederdeutschen Spracheinfluß jetzt der des Mitteldeutschen aus Wittenberg an die Seite tritt und damit den Übergang zum Hochdeutschen im 17. Jahrhundert vorbereitet.

Andererseits sollte gerade die Reformation, die in ihrem raschen Übergreifen auf Altlivland die rege und nahe Beziehung zum Mutterland vor Augen geführt hatte und in den ersten Jahrzehnten den Austausch mit der Heimat durch Studienreisen nach Wittenberg und Neuberufungen evangelischer Pfarrer aus dem Lutherkreis außerordentlich intensiviert hatte, zugleich den Keim zum Zerfall Altlivlands legen, indem sie den beiden bisherigen Herrschaftsstrukturen des Landes den Boden entzog. Mit der Entmachtung der katholischen Kirche verfiel das geistliche Territorium. Die Säkularisierungspläne des letzten Erzbischofs von Riga, des Markgrafen Wilhelm von Brandenburg, scheiterten an persönlichem Ungenügen. Während der Deutsche Ritterorden in Preußen sich 1525 zum Ordensstaat säkularisierte, verhielt sich der alternde Ordensmeister in Livland, Wolter von Plettenberg, der neuen Lehre fremd, ähnlichen Vorschlägen gegenüber passiv bis ablehnend. Es bedurfte nur des Einbruchs eines Russenheeres, um die Verteidigungsunfähigkeit des Ordens zutage treten zu lassen: Mangel an Zuwachs (nur rd. 150–200 Ordensbrüder und ein paar hundert Vasallen), Überalterung der Führung, Organisationsschwächen, Fehlen einer Streitmacht, Angewiesensein auf Söldnertruppen ohne die entsprechenden Finanzen und Ausbleiben jeder Hilfe aus dem Reich führten zum raschen Zusammenbruch einer überalterten Herrschaftsform, die sich in dem Augenblick, wo das äußere Ziel, der einheitliche Ordensstaat Livland, greifbar nahegerückt war, als innerlich ausgehöhlt erwies.

Schutz und Hilfe vor den Annexionsplänen Rußlands boten nur noch die Nachbarstaaten Schweden, Dänemark und Polen/Litauen, die das Land nach dem Zusammenbruch des Ordens 1561 unter sich aufteilten: Ösel fiel an Dänemark, Estland an Schweden, Livland, 1582 auch Riga und Dorpat, geriet an Polen und wurde als Herzogtum an Litauen angeschlossen, und Kurland wurde polnisches Lehnsherzogtum unter dem letzten Ordensmeister Gotthard Kettler.

Die neuen Mächte garantierten zwar weitgehend den militärischen Schutz, die Religionsfreiheit, die Kirchenverfassung und den Güterstand, deutsche Rechte und deutsche Obrigkeit, aber auch wenn die polnische Gegenreformation ihr Ziel nicht erreichte, war der staatliche Zusammenhalt Altlivlands endgültig zerstört, und aus der totalen Verwüstung des Landes in einem Vierteljahrhundert von Russeneinfällen und Nachfolgerstreitigkeiten gingen nur die großen Städte einigermaßen ungeschoren hervor. Plünderungen, Brandschatzungen, Massenmorde und Entvölkerung durch Zwangsumsiedlungen gehören seither zu den Kollektiverfahrungen baltischen Schicksals und ebenso zu den Hauptmotiven der baltischen Literatur wie der zähe Neubeginn aus dem Nichts heraus.

Die Literatur der Zeit, durch die Reformation zur Gewissenserforschung und zur eigenen Meinungsäußerung aufgerufen, empfand solche Schicksalsschläge als Strafe für begangene Fehler, Selbstüberschätzung und falschen Hochmut und den «Moskowiter» Iwan den Schrecklichen als Gottesgeißel, ähnlich wie das Abendland Türkengefahr und Pest verinnerlichte. Aber sie sah sich gleichzeitig in viel stärkerem Maße als zuvor zur Bewältigung der Gegenwart und zur Stellungnahme aufgerufen, zum Angriff wie zur Klage. Der äußere Druck brachte hier vielleicht zum ersten Mal so etwas wie ein gemeinsames Schicksalsbewußtsein hervor, das sich weniger in zeitenthobener Dichtung als im tagesbezogenen, aktuellen Zeitgedicht ausspricht. Die geistliche Dichtung am Anfang des Jahrhunderts und die Humanistenliteratur an dessen Ausgang verkörpern das eine, die Flugschriften und historischen Volkslieder in der Jahrhundertmitte das andere Extrem dieser Breitenskala.

2. Das geistliche Lied

Wie die Reformation Livlands kamen auch ihre Träger aus Deutschland, und es erscheint symptomatisch für das Verhältnis Livlands zum Mutterland, daß viele von ihnen nach einigen Jahren des Wirkens in Livland auf andere Posten im Reich zurückkehrten, seien die Gründe dafür nun im Abschluß der Reformation oder im Zerfall der staatlichen Schutzmacht zu suchen. Dies trifft freilich nicht für die auch unter literarischem Aspekt zentrale Gestalt der livländischen Reformation zu: Andreas KNOPKEN (um 1468–1539) aus Pommern, dessen humanistische Herkunft aus seiner Korrespondenz mit Erasmus von Rotterdam hervorgeht, wurde gemeinsam mit Johannes Bugenhagen als dessen Gehilfe an der Stadtschule von Treptow in Pommern durch Luthers Schriften, besonders *Von der babylonischen Gefangenschaft der Kirche*, den reformatorischen Ideen aufgeschlossen. Verfolgungen durch seinen Bischof wich er 1521 nach Riga aus, wo er schon 1517–1519 Prediger gewesen und sein Bruder Domherr war. Dort interpretierte er zunächst in Privatkreisen den Römerbrief. Den Druck seines Kommentars *In Epistolam ad Rhomanos ... interpretatio* (Wittenberg 1524) leitete ein Vorwort Melanchthons ein. Auch hier zeigen sich also wieder humanistische Beziehungen. Im Juni 1522 verteidigte Knopken in einer öffentlichen Disputation 24 Thesen seiner Lehre. Seine daraufhin erfolgende Berufung zum Prediger (Archidiakon) der Petrikirche in Riga durch den Rat und die Bürgerschaft, nicht durch die Geistlichkeit, bedeutete den Durchbruch der Reformation in Riga.

Ihrer Befestigung diente die von Knopken in Zusammenarbeit mit den anderen Rigaer evangelischen Predigern Johann BRIESMANN (1488–1549) und Sylvester TEGETMEYER (vor 1500–1552) herausgegebene Rigaer Kirchenordnung *Kurtz Ordnung des Kirchendiensts Sampt eyner Vorrede über Ceremonien, An den Erbarn Rath der löblichen Stadt Riga ynn Liefflandt. Mit etlichen Psalmen und Götlichen lobgesengen, die yn Christlicher versamlung zu Riga ghesungen werden* (Rostock 1530). Sie enthält neben der hochdeutschen Kirchendienstordnung (Agende), die 1533 in Reval und Dorpat und später auch außerhalb Livlands Geltung erlangte, entsprechend der neuen Bedeutung des muttersprachlichen Gemeindegesangs im evangelischen Gottesdienst eines der ältesten Gesangbücher in deutscher, und zwar in niederdeutscher Sprache: verdeutschte Psalmen, Antiphone, Hymnen und unter anderem 22 Lutherlieder, darunter die niederdeutsche Fassung von «Ein feste Burg» als einer der beiden ältesten Drucke dieses Liedes.

Die Vorbildlichkeit dieses Gesangbuchs, das in mehreren erweiterten Auflagen, ab 1615 hochdeutsch, in ganz Norddeutschland Verbreitung fand, ist mit Sicherheit das Verdienst Knopkens, der schon vorher als geistlicher Liederdichter hervorgetreten war. Seine erste Psalmendichtung erschien im *Niederdeutschen Gesangbuch* von 1526, drei weitere als Anhang zu Burkart Waldis' *Verlorenem Sohn* 1527, zwei Lieder im Magdeburger Gesangbuch von 1534, und fünf seiner elf Kirchenlieder fanden ihren Erstdruck in den verschiedenen Auflagen des Rigaer Gesangbuchs.

Knopken folgt dem Vorbild Luthers, wenn er die Psalmen in niederdeutscher, gereimter Umdichtung als muttersprachliches Sangesgut der neuen Kirche zur Verfügung stellte. Solches Verhalten dient anderen als literarischen Zwecken und ist in diesem Frühstadium des neuen Glaubens nicht allein mit dichtungsästhetischen Maßstäben zu messen, galt es doch, auf dem Weg über das Kirchenlied die Identifizierung der Gemeinde mit der neuen lutherischen Schriftauslegung und der neuen Lehre zu fördern, gleichzeitig aber für das Verständnis des Gesungenen bei den Laien zu sorgen. Das erklärt eine gewisse Langatmigkeit und die nüchterne Lehrhaftigkeit der Texte. Knopkens Psalmenübertragung ist zugleich deren Auslegung im Sinne Luthers und nimmt in zunehmendem Maße Christus als den Bezugspunkt der Psalmen mit hinein. Auch die Auseinandersetzungen um Gnadenlehre und Werkgerechtigkeit und solche mit alten und neuen Gegnern klingen an, im ganzen herrscht jedoch eine unbeirrbare Glaubenszuversicht, die sich in einfachen, volkstümlichen Worten und männlich-kräftigem Stil mitteilt.

Das unterscheidet sie von der Katastrophenstimmung und Bußgesinnung späterer Kirchenlieddichter, die vom Erlebnis des Zusammenbruchs geprägt sind wie Knopkens Nachfolger an der Petrikirche, Georg CIEGLER (oder Tegelmeister, 1551–1633, *Bedebock*, Gebetbuch, Riga 1595), der auch ein Buch der Schicksalsschläge (*Weltspiegel*, Riga 1599) schrieb, oder Paul ODERBORN († 1604), der neben Kirchenliedern eine lateinische Biographie Iwans des Schrecklichen (Wittenberg 1585) verfaßte.

Auch dem vorletzten Ordensmeister in Livland, Wilhelm von FÜRSTENBERG (vor 1500–1568), der ohne Bruch mit der alten Kirche doch mit der evangelischen Seite sympathisierte und seine letzten acht Lebensjahre in russischer Gefangenschaft verbrachte, wird, vielleicht zu Recht, ein niederdeutsches «schön geistlick ledt» (1545) zugeschrieben, das in schlichten, ergreifenden Worten Sündenbewußtsein und Bußgesinnung mit echt evangelischer Hoffnung auf Gottes Gnade zu verbinden weiß und damit auf dem Boden der evangelischen Gnadenlehre steht: «Ach God, wyl my erhören,/ Ick rope van herten ledt ...» Hier ist die Form des Kirchenlieds im kreuzreimenden Achtzeiler geglättet, und die vermeintliche Ichaussprache des Verfassers darf nicht über die unpersönliche Allgemeingültigkeit der Aussage hinwegtäuschen, die Topoi der Not, des Sündenbekenntnisses und der Gnadenbitte der Gemeinde zur Identifizierung anbietet.

Der geistlichen Lieddichtung zugehörig ist schließlich noch die sicher bedeutendste und wohl auch rätselhafteste Dichtergestalt der baltischen Reformationszeit und ihr wichtigster Beitrag zur gemeindeutschen Reformationsliteratur: Burkart WALDIS (um 1490–1556). Der Rigaer Franziskaner, der auf einer diplomatischen Mission im Auftrag des Rigaer Erzbischofs 1523 beim Papst und beim Kaiser um Hilfe für die durch die Reformation bedrohte Kirchenprovinz ansuchen sollte, bekannte sich vielleicht gerade deswegen nach seiner Rückkehr und einer kurzen Untersuchungshaft zum neuen Glauben und wurde 1524 Bürger, Ehemann, Hausbesitzer, Zinngießer und Münzspezialist in Riga. Zinngießer und Verseschmied in wahrhaft meistersingerischer Kombination von poetischem Kannegießer, war er häufig auf geschäftlichen und halbdiplomatischen Reisen unterwegs, bis ihn seine Bemühungen um ein evangelisches Herzogtum Livland für vier Jahre in die Gefangenschaft des Ordens führten. Von solcher Gastfreundschaft ernüchtert, kehrte er nach seiner Freilassung Livland den Rücken, studierte 1541 in Wittenberg und wurde 1544 Pfarrer und produktiver Schriftsteller in Hessen.

Aus dem Bekehrungserlebnis und der Einsicht in die evangelische Wahrheit heraus wurde Waldis zum Dichter, der seine sprachliche Meisterschaft in den Dienst der Verbreitung und Erläuterung der neuen Lehre stellte. Dazu bedient er sich aller Formen der gebundenen Rede vom geistlichen Lied über die Fabel- und Schwankdichtung bis zum Drama. Während seine polemischen Schriften und Auftragsarbeiten der reichsdeutschen Spätzeit angehören, findet seine geistliche Lehrdichtung Wurzeln, Anregungen und Stoffe in den Rigaer Jahren und kann, selbst soweit sie erst später im Druck erscheint und der allgemeindeutschen Literaturgeschichte angehört, zugleich als sein Beitrag zur baltischen Literatur betrachtet werden.

Wie Knopken steuert auch Waldis zur Schaffung eines evangelischen Kirchenliedfundus bei. Der Erstdruck seines *Verlorenen Sohns* von 1527 enthält als Anhang neben drei Psalmendichtungen Knopkens die kräftigen niederdeutschen Bearbeitungen des 127. Psalms und zweier lateinischer Hymnen durch Waldis im Sinne Luthers. Daß Knopken den Rat des wortgewaltigen Streiters für die Reformation schon für das erste Rigaer Gesangbuch von 1530 einholte, läßt sich nur vermuten. Für die zweite Auflage von 1537 jedenfalls steuerte Waldis eine gereimte Vorrede und ein Gebet bei. Aus den niederdeutschen Anfängen sollte später die hochdeutsche Fassung *Der Psalter. In Newe Gesangsweise, vnd künstliche Reimen gebracht* (Frankfurt a. M. 1553) hervorgehen, deren Anfänge Waldis in die Jahre der zweiten Rigaer Haft als Gegenmittel gegen Langeweile, Sorgen und Anfechtungen zurückführt. Sie lehnt sich in schlichter Sprache an Luthers Übersetzung an, und vor der Glaubenssicherheit und Erlösungsgewißheit treten dogmatische Streitfragen stärker in den Hintergrund.

Machte sich hier schon in der Leichtigkeit und Kraft der Sprachbewegung und in der Vielfalt der Strophenformen das fast professionelle

Literatentum des Autors bemerkbar, so ist es kennzeichnend für Waldis, daß er als einziger baltischer Autor der Reformationszeit sich nicht auf eine Gattung festlegt, sondern sich mit gleichem Erfolg in mehreren erprobt – auch darin in nuce Spiegelbild der deutschen Reformationsliteratur, die alle Gattungen in den Dienst der Sache stellt. Auch die auf Antike und Orient zurückgehende Form der Fabel hatte Waldis in Riga kennengelernt. Luther hatte sie hoch geschätzt und, wenngleich nicht im Reformationskampf, benutzt, Erasmus Alberus sie seit 1537 zur Bloßstellung von Mißständen der katholischen Kirche und besonders des Papsttums verwendet. Doch nicht auf sie, sondern auf die lateinische Fabelsammlung des Niederländers Martinus Dorpius (Straßburg 1520), eine Kompilation äsopischer Fabeln für den Schulgebrauch, greift Waldis zurück, übersetzt deren 283 Stücke in hochdeutsche Verse und erweitert sie um 117 Schwänke, Schildbürgerstreiche, eigene Erlebnisse und Entlehnungen sowie Erfindungen und veröffentlicht sie als *Esopus. Gantz new gemacht, vnd in Reimen gefaßt. Mit sampt Hundert Newer Fabeln* (Frankfurt a. M. 1548). Die Widmung an den Freund und Rigaer Bürgermeister Johannes Butte und das zum Teil durchscheinende livländische Milieu verweisen darauf, daß die Anfänge auch dieses Werkes (seit 1533?) in Riga liegen. Obwohl die Tendenz der Fabel als Form weltlicher Lehrdichtung mehr auf allgemeine Belehrung im Sinne moralischer Weltklugkeit und auf schmunzelnde Kritik an herrschenden sittlich-sozialen Zuständen geht, fehlen auch hier nicht religiöse und moralische Spitzen gegen die römische Kirche im Sinne des Luthertums, vor allem in den Pfaffengeschichten des vierten Buches. Doch weiß Waldis Moral und Erzählung, lehrhafte Tendenz und erheiternde Unterhaltung ins Gleichgewicht zu bringen, durch den Bilderreichtum der Sprache die Grenzen von Erzählung und Belehrung zu verwischen, so daß der Stoff nicht nur abstrakter Ideenträger bleibt, sondern um seiner selbst willen anschaulich, lebendig und phantasievoll ausgemalt, mit Lokalfarbe und individuellen Zügen aus dem Leben der Zeit angereichert und schlagfertig zugespitzt wird. Lessings klassische Fabeltheorie hat solche episierende Ausweitung der Fabel gerügt und Waldis' Werk kaum Beachtung geschenkt. Der *Esopus* jedoch erlebte im 16. Jahrhundert viele Neuauflagen und ging dann in anderen Bearbeitungen auf. Auch Rollenhagen, Hagedorn, Gellert und Zachariae griffen auf ihn zurück. Es besagt nichts gegen die Verdienste des *Esopus*, wenn man feststellt, daß Waldis' zweites Hauptwerk sein erster Erfolg wurde, während sein erstes Hauptwerk, das Drama vom *Verlorenen Sohn*, von dem noch die Rede sein wird, obwohl zweifellos literaturgeschichtlich bedeutender und origineller, gar keine Nachwirkung erlebte.

3. Das Schuldrama

Die europäischen Schauspielformen des Mittelalters hatten, wie erörtert, in Altlivland keine große Verbreitung gefunden. Das geistliche Schauspiel war an der Verwechslung von Spiel und Wirklichkeit beinahe gescheitert und nachfolgelos geblieben, und für das weltliche Fastnachtsspiel, das die ältere Forschung per Analogieschluß von deutschen Städten und Lübeck aus auch im Baltikum vermutete, fehlen – im Unterschied zum bloßen Fastnachtstreiben mit Mummenschanz – alle Belege. Die Ablehnung beider Spielformen durch Luther und die Reformatoren bringt damit ein vielleicht gar nicht vorhandenes Kapitel zum Abschluß.

Dagegen tritt mit der Reformation, und zwar aus humanistischer Tradition, eine neue Schauspielform in den Vordergrund, die erstmals im Baltikum ein Jahrhundert kontinuierlicher Entwicklung aufweist: das Schuldrama. Luther hatte den Brauch gutgeheißen, nach dem die Schüler der Lateinschulen alljährlich unter der Leitung ihrer Lehrer ein Schauspiel öffentlich aufführten, förderte er doch neben dem Bildungsinhalt des Stückes selbst das fließend gesprochene Latein, die freie Rede und die Gewandtheit öffentlichen Auftretens. Überdies pflegte man die Aufführungen in die Fastnachtszeit als die Zeit der Maskenscherze und Vermummungen zu legen und damit ein Gegengewicht zu dem vom Rat eingeschränkten Fastnachtstreiben mit seinen unerwünschten Verrohungen zu schaffen. Entsprechend entwickelte sich im Baltikum die Sitte, daß in Riga der Rektor der Domschule, in Reval derjenige der Stadtschule mit ihren Schülern zur Fastnachtszeit meist im Rigaer Artushof bzw. im Revaler Schwarzhäupterhaus, gelegentlich auch im Rathaus oder einer Kirche vor dem Rat der Stadt, den Schwarzhäuptern (einer Vereinigung unverheirateter Kaufleute) und den Gilden «rimeden», d. h. Verse aufsagten, also gereimte Schauspiele aufführten, und die Unkosten dafür wie auch die Zeche der Zuschauer vom Rat bzw. den Schwarzhäuptern getragen wurden.

Die Rechnungsaufzeichnungen dieser Kosten in den Rats- und Schwarzhäupterarchiven sind unsere einzige Quelle für das Schuldrama des 16. Jahrhunderts, und sie sagen wenig über die Stücke und deren Wirkung aus. Soweit die Spieltexte nicht lateinische Komödien von Plautus oder Terenz waren, blieben sie wohl ungedruckt und sind verloren. Wieweit es sich dabei um handschriftlich verbreitete Spieltexte aus dem Mutterland handelte, wieweit solche den lokalen Bedingungen gemäß abgewandelt wurden oder wieweit die Texte selbständige Schöpfungen der Schulleiter waren, das läßt der wissenschaftlichen Einbildungskraft weiten Spielraum. Als Verfasser eigener Texte kämen insbesondere die Rigaer Rektoren Stephan TEUTHORN und Georg MARSOW sowie die Revaler Rektoren Joachim WALTHER und Hermann GRONAU in Betracht. Aus den bezeugten Aufführungen, in Riga z. B. für die Jahre 1519, 1523, 1525, 1545, 1576, 1582, 1588, 1605 und 1613, in Reval für 1519, 1523 und 1539, läßt sich entnehmen, daß die Stoffe, soweit überhaupt erwähnt, der römischen Komödie und der antiken und biblischen Geschichte entnommen wurden. Doch sehr viel weiter reichen unsere Informationen nicht, die beispielsweise so aussehen: 1525 spendeten die Rigaer Schwarzhäupter «den Jungen, die in dem Fastelabend reimeten», zwölf Schillinge; 1529 wurde auf dem Rathaus in Reval die Komödie *Andria* von Terenz aufgeführt; 1539 notiert das Rechnungsbuch der Revaler Schwarzhäupter, «in den Fastelauende wesen de locate (= Lehrer) vnde scoelers in dene Svartz howede unde rimeden so dat emhe de oldesten geuen ys 10 Mark»; 1576 in Riga «spielte der Rektor der Schulen das Spiel auss dem Livio auff dem Rathhause, der Inhalt war der Kampf um Alba (Longa)»; 1582 in Riga «rimeden de scholer up dem radthuse von dem olden Jacob und Joseph»; und 1588 in Riga «noch hebbe ick betalet vor bere, dat in der tyd getrunken wort, do de scholere rymeden, 32 Mark 18 Schillinge».

Vor diesem Hintergrund ist das einzige erhaltene Schuldrama aus der livländischen Reformationszeit zu sehen: Burkart WALDIS' *De parabell vam vorlorn Szohn* (Rostock 1527), die am 17. Februar 1527 in Riga aufgeführt wurde, vermutlich durch die Schüler der Petrischule in der Petrikirche unter Waldis' eigener Regie. Waldis erstrebt mehr als Schulung im Auftreten und Vermittlung von Kenntnissen in biblischer oder antiker Geschichte, sein Spiel ist ein Kampfstück für den rechten Glauben. Nicht um moralisches oder unmoralisches Verhalten, um rechte oder falsche Kindererziehung geht es, sondern darum, den Kernsatz der lutherischen Glaubenslehre den Zuschauern *ad oculos* zu demonstrieren.

Das Gleichnis vom verlorenen Sohn nach dem Lukasevangelium

(15,11 ff.) hatte schon italienische und französische Dramatiker des 15. Jahrhunderts angeregt. Ihre Texte sind ebensowenig erhalten wie ein vermutetes lateinisches Zwischenspiel als Brücke zum lateinischen *Asotus* des niederländischen Humanisten Georg Macropedius, der zwar 1519 entstand, aber erst 1537 veröffentlicht wurde und also Waldis unbekannt blieb. Seine Beliebtheit verdankte der Stoff wohl weniger seiner Lehre oder der thematischen Verwandtschaft mit Plautus- oder Terenz-Komödien von ungleichen Brüdern, auf die auch Waldis (v. 213 f.) verweist, als vielmehr der wachsenden Neigung zum Bühnenrealismus, der an der Ausmalung dramatischer Sauf-, Freß-, Spiel- und Hurenszenen sein Genügen und dazu noch eine biblische Legitimation fand.

Waldis hat als erster dem dialektischen Stoff auch eine dialektische Idee, die lutherische Lehre von der Rechtfertigung allein durch den Glauben und der Ablehnung der Werkgerechtigkeit, unterlegt und ihn damit zu einem evangelischen Bekenntnisdrama ausgestaltet. Der Anstoß dazu kam vielleicht von der Predigtsammlung *Quadragesimale* des Basler Franziskaners Johannes Meder, doch daneben gab es auch einen biographischen Anlaß: Waldis' ehemaliger Mitbruder und Teilnehmer an jener Gesandtschaft nach Rom (s. o.), der Franziskaner Andreas Bomhouwer, hatte nicht wie Waldis den Weg zur lutherischen Lehre gefunden und bereitete der Rigaer evangelischen Geistlichkeit durch sein Beharren auf der Werkgerechtigkeit auch in einer öffentlichen Disputation mit Knopken viele Scherereien. Da der Disput die Stadt erregte, konnte Waldis (v. 1772–1785) darauf anspielen und sich für die Aufführung seiner Stellungnahme zum gleichen Thema die Zeit eines erzbischöflichen Interregnums zunutze machen. Aber es bedarf wohl kaum der Vermutung, Knopken wäre Anreger und Mitarbeiter am *Verlorenen Sohn* gewesen – dazu war Waldis selbst Schriftsteller genug. Allein fünfmal hämmert der «Actor» den Zuschauern ein, Gottes Vergebung käme «uth rechter gnad vnd ytel gunst / On alle vnße todont werck vnd kunst» (v. 85, 183, 1087, 1564, 1821).

Um der Eindeutigkeit der Botschaft willen verschiebt Waldis sogar einige Akzente: Während der reumütig heimgekehrte Sohn Gnade und Vergebung findet, beruft sich der ältere Bruder auf seine Werke und wird zur Verbesserung seiner Chancen ein Einsiedler. Der Vater, vom jüngeren Sohn anfangs noch als kindischer, seniler Greis geschildert (v. 249 ff.), nimmt im Verlauf der Handlung immer mehr jene gottähnlichen Züge an (v. 1462 ff.), die ihm nicht im Gleichnis selbst, sondern erst in dessen Ausdeutung zukommen. In der Schlußszene verlagert sich ferner der Gegensatz zwischen den ungleichen Brüdern in denjenigen zwischen dem hochmütig auf seine Werke und seine Tugend pochenden älteren Bruder als dem Pharisäer und dem um Gnade flehenden, reuigen Hurenwirt als dem Zöllner. Auch die allegorische Deutung der auf der Szene gebrauchten und im Titelholzschnitt der Erstausgabe festgehaltenen Requisiten liefert der in den Kirchenvätern belesene «Actor» gleich mit: Das beste Kleid des heimgekehrten Sohnes sind Glaube und Liebe, der Fingerreif ist der Neue Bund, die Schuhe sind Schutz gegen Versuchungen, und das gemästete Kalb steht für Christi Leib und Blut (v. 1664 ff.). Die Kernszene des Freudenmahls wird damit zum Abendmahl.

Weder Stoff noch Inhalt oder Form rechtfertigen die häufig begegnende Bezeichnung des *Verlorenen Sohns* als Fastnachtsspiel. Waldis selbst bezeichnet ihn nur als Parabel und wendet sich in Einleitung und Spieltext (v. 200 f.) selbst gegen heidnische Fastnachtsbräuche und römische Fastnachtsspiele, die er in einen «geystliken vastelauendt» umwandeln möchte. Sein Spiel, obwohl zur Fastnacht aufgeführt, ist also kein Fastnachtsspiel und kein Ersatz für ein solches, sondern dessen Kontrafaktur und unterscheidet sich insofern nicht vom biblischen Schuldrama.

In der Form des Spiels verbinden sich drei normalerweise divergierende Stilzüge. Der Einfluß des lateinischen Humanistendramas zeigt sich in Anspielungen auf Figuren aus der klassischen Antike (Venus, Krösus, Epikur, Gellius) und in der Einteilung in Akte (I: Auszug, Niedergang, Umschlag; II: Heimkehr und Vergebung), die sich hier erstmals im deutschsprachigen Drama findet. Zum anderen wird der Spielaufbau der Form des Gottesdienstes quasi als szenische Homilie angeglichen, was für die Aufführung in der Kirche spricht. Der «Actor» oder Spielleiter, auf den fast die Hälfte des Sprechtextes entfällt, übernimmt durch Einleitung, Kommentar und Ausdeutung der Akte, durch Belehrung und Ermahnung des Publikums unter Heranziehung weiterer Beispiele und Bibelstellen die Rolle des Predigers. Er überläßt jedoch einem «kyndt» die Verlesung des niederdeutschen Evangelientextes («Ein mynsche hadde twe ßöne, vnd der yüngeste vnder ohn sprack thom vader …») und den Schlußsegen. Eingeschoben sind sogar fünfmal Psalmen und Kirchenlieder. Sie umschließen u. a. das Freudenmahl des Vaters für den Heimgekehrten, das Züge des Abendmahls annimmt. Wohl von Darstellern und Gemeinde gemeinsam gesungen, sollen sie das Schauerlebnis internalisieren und die erreichte Einsicht aussprechen. Volkstümliche Töne schließlich finden sich vor allem in den derb-realistischen Szenen aus dem Wirtshausleben mit seiner drastischen Sprache und dem hochdeutsch eingeschalteten «Schlemmerlied» (v. 703 ff.) sowie in zahlreichen Sprichwörtern und Redewendungen. Auch in der Lebendigkeit des Dialogs und der Handhabung des Verses, der Reimpaare oft auf zwei Sprecher verteilt, zeigt sich hinter dem religiösem Anliegen der gewandte Dichter, der sich hier überdies nicht seiner hochdeutschen Muttersprache, sondern des Niederdeutschen seiner Rigaer Zuschauer bedient.

Aus der gelungenen, gleichgewichtigen Verbindung von gottesdienstlicher Erbauung und Lehre mit volkstümlichen und humanistischen Elementen, von biblischem Stoff, antikem Muster, protestantischem Geist und realistischem Gewand erwuchs das erste dichterisch bedeutende deutsche Reformationsdrama. Es ist vielleicht nur seiner isolierten Aufführung hoch im Norden und in niederdeutscher Sprache zuzuschreiben, daß es für die deutsche Literaturgeschichte praktisch ohne Nachwirkung geblieben ist. Auch in der Stoffgeschichte des verlorenen Sohnes selbst lassen sich nur Spuren davon bei Hans Sachs (1556) finden, die weiteren Bearbeitungen des Stoffes griffen auf andere Vorlagen zurück, bei denen wieder pädagogische Fragen im Vordergrund standen. Es wurde schon darauf hingewiesen, daß merkwürdigerweise an beiden religiösen Wendepunkten Altlivlands geistliche Schauspiele nach biblischen Stoffen stehen. Daß beide nach Erreichung ihres lokalen Ziels der Vergessenheit anheimfielen, spricht dafür, daß man beide in ihrer Heimat und zu ihrer Zeit nur als aktuelle religiöse Propaganda verstanden und nicht als dramatische Kunstwerke eingeschätzt hat. Für den *Verlorenen Sohn* zumindest ist dieses Urteil revisionsbedürftig.

4. Flugschriftenliteratur

Zeiten der inneren und äußeren Unruhen und Konfrontationen, der Unsicherheit über die Zukunft sowie der Kriege und Unterdrückung wie das 16. Jahrhundert in Livland lösen naturgemäß eine Fülle politisch-historischer Streitschriften, Pasquille und Pamphlete aus, die der Durchsetzung der eigenen Meinung, der Verächtlichmachung des Gegners, dem Spott auf unliebsame Erscheinungen und nicht zuletzt der Klage in äußerster Not dienen sollen.

Die Streitschriften bedienen sich vielfältiger Formen in gebundener und ungebundener Rede, vom Spottlied, Dialog und Pamphlet über das historische Volkslied und das Klagelied bis zur aktuellen Geschichtsschreibung, wobei die Grenzen zwischen Tatsachenmitteilung und Meinungsäußerung oft verwischen. Wenn im folgenden die Streit- und Spottgedichte und Dialoge als Flugschriften zusammengefaßt und von den historischen Volksliedern und der Chronistik geschieden werden, so folgt solche behelfsmäßige Gliederung formalen Kategorien, die denen des Inhalts und der Parteinahme durchaus konträr laufen können.

Es ist bemerkenswert, daß im Gegensatz zum Mutterland der Glaubenskonflikt selbst gar nicht einmal den Weg in die Flugschriftenliteratur findet, das weite Feld der Reformationsstreitschriften und -dialoge also ausfällt, weil sich der Übergang zum Luthertum vergleichsweise rasch und reibungslos vollzog. Die Flugschriftenliteratur Altlivlands setzt erst in der zweiten Jahrhunderthälfte mit dem Niedergang des Ordens und den Russeneinfällen ein. Sie ist auch darin Kind ihrer ringsum gefährdeten Zeit politischer Kämpfe, daß es ihr weniger um Geltendmachung und Untermauerung des eigenen Standpunkts geht als um die mit allen Mitteln von Spott, Satire und Verleumdung betriebene Herabsetzung des Gegners. Demzufolge wird ihre Aggressivität mehr in die Bahnen literarischer Selbstzerfleischung der Herrschenden gelenkt als in die wehrhafte Verteidigung nach außen, und das Positive neuer Zielprojektionen fehlt ihr.

Ihre oft volkstümliche Einkleidung in Formen wie Lied, Ballade und Dialog ist hier nicht Zugeständnis an eine breitere Zielgruppe als Publikum, die nicht existierte, sondern Anlehnung an die Tradition der europäischen Satire, die den niederen, volkstümlicheren Tonfall um seiner größeren Deutlichkeit, Derbheit und Drastik willen bevorzugt. Daß ihre anonymen Verfasser in den gebildeten und oberen Schichten zu suchen sind, spricht aus vielen Einzelzügen. Und wenn man berücksichtigt, daß die Zielscheibe des Spottes zumeist die politischen und militärischen Machthaber sind, der deutsche Orden und seine letzten Ordensmeister, vor allem Gotthard Kettler, so wird man angesichts der herkömmlichen Parteiungen nicht fehlgehen, die Autoren in den Kreisen der jungen protestantischen Geistlichkeit zu suchen, die ihre Errungenschaften durch das Versagen der politisch Verantwortlichen gefährdet sah.

Schon im ersten erhaltenen Zeugnis, dem niederdeutschen *Spottlied auf die Koadjutorfehde* oder *Lob Fürstenbergs* (1556) in der volkstümlichen Lindenschmidstrophe, klingt der Unmut eines parteiischen protestantischen Beobachters über den Streit zwischen Orden und Erzbischof durch. Der Versuch des Rigaer Erzbischofs Markgraf Wilhelm von Brandenburg und seines Koadjutors und designierten Nachfolgers Herzog Christoph von Mecklenburg, mit Hilfe Preußens und Polens Livland vom Erzstift aus zu säkularisieren, wurde zwar durch ein Ordensheer unter dem Koadjutor Wilhelm von Fürstenberg niedergeschlagen und der Erzbischof gefangengenommen, doch beide Parteien müssen sich vom Verfasser ernsthaft an ihre Christenpflicht erinnern lassen, nicht «ane orsake unnde alle noth» einander zu bekriegen, wo doch die eigentliche Bedrohung von den Christenfeinden ausgehe.

Sehr viel bissiger im Ton und ätzender in der Satire ist das nach dem Russeneinfall von 1558 entstandene anonyme *Spottlied auf den deutschen Orden in Livland* (1558). Hier wird der Verfall des Ritterordens durch Unehrlichkeit, Unkeuschheit, Hochmut, Sauferei, Prahlerei und Feigheit nicht nur – im ersten Teil – allgemein dargestellt, sondern – im zweiten Teil – an den einzelnen Komturn und Vögten, ihren Schwächen und ihrem Versagen beim Russeneinfall schonungslos vor Augen geführt und dem Hohngelächter preisgegeben. Um so stärker kontrastiert solch trostlose Dekadenz vor dem am Schluß errichteten Bild einstiger Größe, früheren Ruhms und entschwundenen Glanzes. Der Verfasser des an deutsche Landsknechtslieder anklingenden Spottliedes, der durch seine genaue Kenntnis der Interna des Ordens verblüfft, sympathisiert mit der Rolle der Landsknechte und nennt sich am Ende selbst einen «frechen Landsknecht». Diese traditionelle Maske mag insofern nicht ganz unrichtig sein, als die hochdeutsche Sprachform und die Sympathien für die dänische Seite dahinter einen ritterlichen Parteigänger des Königs von Dänemark vermuten lassen.

Die Parteinahme für die stets unbezahlten Landsknechte verbindet das *Spottlied* mit dem sonst im politischen Standpunkt abweichenden, geschmacklich und sozial tiefer anzusetzenden niederdeutschen Spottgedicht *Eine beklagynge van deme hermester Gotharth Kettler genameth kegen eynem guden ffrunde in heymlycket vortruwen* (1561). Es gibt sich getreu satirischer Tradition als eine Selbstbezichtigung des eigensüchtigen letzten Ordensmeisters in Ichform gegenüber einem Freund; sie will ihn, abgesehen von seinen ehrgeizigen politischen Plänen, auch in der privaten Intimsphäre treffen und läßt ihn sich als bestechlichen Lüstling darstellen – was nach dem historischen Bild unhaltbar erscheint – und über die Inkompetenz seiner Ratgeber erbitterte Klage führen. Die Verächtlichmachung eines politischen Gegners und seines Lagers durch Unterstellung unsauberen Privatlebens soll zugleich seine Politik diskreditieren, die in ihrer Verbindung zum katholischen Polen dem livländischen Protestantismus gefährlich erschien. Kenntnis örtlicher Verhältnisse und proschwedische Sympathien legen einen protestantischen Adligen aus der Umgegend von Reval als Verfasser nahe.

Nicht immer mißt die Satire am verlorenen Ideal, sie kann auch den Verlust des Ideals erst fördern, um dann den Verrat gegenüber solchem Trugbild zu rechtfertigen. Die Reformationszeit hat gerade jenen Verrätern, Dunkelmännern und Zwischenträgern zwischen den Fronten ihre besondere Aufmerksamkeit geschenkt. Zwei livländische Adlige, Elert Kruse und Johann von Taube, waren 1560 in russische Gefangenschaft geraten und 1567 in den Dienst des Zaren Iwans des Schrecklichen getreten, um Livland für die russische Oberherrschaft zu gewinnen. Sie fanden weder in den Städten noch bei der Ritterschaft Gehör und gewannen nur durch den Hofprediger Christian Schrapfer Einfluß auf den dänischen Herzog Magnus, der sich auf ihre Einflüsterung hin vom Zaren kurzfristig zum König eines Livland unter russischer Oberhoheit erheben ließ, sein Königreich jedoch nicht erobern konnte und nur neue Russeneinfälle hervorrief. Die Herren Kruse und Taube indessen kehrten nach dem Scheitern ihrer Pläne ihrem russischen Gönner den Rücken und fanden am polnischen Hof ein neues Betätigungsfeld – provinzielle Opportunisten reinsten Wassers und nicht der Erinnerung wert, wäre nicht Johann von TAUBE Verfasser einer 700 Verse umfassenden *Spottgeschichte des Deutschen Ordens (Kurtze vnnd Warhafftige Beschreibung, Anfannck, Mitell vnd Endt Sampt allem Wandel, gebrauch, Sitten, leben und gewonhaidt des Ordenns in Eifflandt wie die Regirtt vnd widerump apgangen,* 1565).

Taube beabsichtigte weder eine Chronik noch einen Nachruf; seine Schrift ist nicht mutige Aufdeckung herrschender Mißstände, sondern schlichtweg Leichenfledderei einer nicht mehr bestehenden Institution. Die Geschichte des Ordens dient nur zum Anlaß, Spott und Hohn in teils rüder Sprache auszuschütten und damit jene Zwietracht zwischen Herzog Kettler, den früheren Ordensrittern und dem Adel zu schüren, die Taubes eigenen politischen Ambitionen günstig war. Solchen Zwecken aber ist die Wahrheit ebenso dienlich wie Lüge und Verleumdung.

Der Episode Kruse/Taube verdanken noch zwei weitere Streitschriften ihre Entstehung, die beide politischen Vabanquespielern ins Gewissen reden. Gegen jenen Hofprediger und politischen Ratgeber des Herzogs Magnus wendet sich das *Gegenpasquill gegen Christian Schrapfer* (1571), eine Stimme in Knittelversen aus dem von Herzog Magnus und den Russen belagerten Reval, die Schrapfer vorwirft, aus Habsucht und Ehrgeiz seinen geistlichen Beruf zugunsten der Politik verraten und damit viel Not und Elend heraufbeschworen zu haben: «Pax vobis Solldestu ehr wissen zu singen / Denn ein Regiment Knecht In die Ordtnung Bringen».

Kein Jahr später, nach gescheiterter Belagerung Revals, einem verfehlten Handstreich auf Dorpat und erneutem Frontwechsel der Herren Kruse und Taube zugunsten oder zum Nachteil Polens, erscheint ein *Kurtzweilich gesprech von Herr Johann Tauben vnnd Elert Craußen widerkunfft aus der Moschkaw eines Postreutters vnnd Pasquillen* (1571) in hochdeutschen Reimpaaren. Aus dem Zusammentreffen des Postreiters, der die Geleitbriefe für Kruse und Taube aus Warschau holen soll, mit dem vielsagend benannten Pasquillus entwickelt sich im Wirtshaus ein dramatisch-lebendiger Dialog «von des Landessachen» und um die weltpolitische Lage im allgemeinen, in dessen Mittelpunkt der Doppelverrat der Kruse und Taube steht. Mutmaßungen über mögliche gute Absichten beider zur Befreiung Livlands wechseln mit Verurteilung des Verrats, der Mißtrauen von allen Seiten nach sich ziehen werde und in einem frühen Anflug von Nationalismus («Si sein Ja beid vonn deutschem Bluth») als Schande gebrandmarkt wird. So ergibt dieser literarisch bedeutendste Dialog der Zeit einen Querschnitt durch die politische Situation und das politische Bewußtsein des Ostens im Jahre 1571 fern vordergründiger Parteipropaganda und in einer unvoreingenommenen Weite des Horizonts. Historische und staatsrechtliche Exkurse, lateinische Ausdrücke und Zitate, Anspielungen auf zeitgenössische Dichtungen (*Reineke Fuchs*, S. Brants *Narrenschiff*) und Vorliebe für Wortspiele lassen auf eine allseitige humanistische Bildung des Verfassers (Jost CLODT, Justus Claudius, Syndikus in Reval, Kanzler in Kurland, Staatssekretär in Polen?) schließen, und solchem Ethos würde der Vorrang der Bewußtseinsbildung vor der Meinungsmache dienen, der dieses Werk auszeichnet.

Neben solche politische Ausleuchtung der Situation tritt im letzten Viertel des Jahrhunderts bald deren theologisch-moralische Interpretation, die den Russeneinfall und alles daraus entspringende Elend als Strafgericht Gottes deutet. Ihr Hauptvertreter ist Timann BRAKEL (um 1520/30–1602), der sein eigenes Schicksal als symptomatisch für diese Heimsuchung, für Unrast und Elend seiner Heimat empfand: Als Prediger in Dorpat 1559 in russische Gefangenschaft verschleppt, nach der Rückkehr kurz Pfarrer in Narwa und auf Ösel, wird der streitbare und unerschrockene Bußprediger auch dort von den Russen vertrieben und führt, in den Westen verschlagen, ein unstetes Wanderleben in Lüneburg, Westfalen, Antwerpen, Holstein und Hamburg, bis er zum Lebensabend nach Riga zurückkehrt. Auf der Flucht in den Westen dichtet er, der breiteren Wirkung wegen in hochdeutscher Sprache, sein *Christlich Gesprech von der grawsamen Zerstörung in Lifland, durch den Muscowiter vom 58. Jar her geschehenn* (Antwerpen 1579). Es ist der dramatisch komponierte Dialog in Reimpaaren des Bruders Christianus als Verkörperung des Autors mit dem Prediger Severinus, dem Richter Justus, dem Spitalmeister Pius, seiner eigenen Frau Sarah und den Kindern. Die breite, recht weitschweifige, an Wiederholungen reiche Bußpredigt verfolgt weniger dichterische als seelsorgerische Absichten. Sie soll den Livländern zur Ermahnung und den anderen Christen zur Beherzigung dienen. Das rechtfertigt die sehr ausführliche Schilderung der Verwüstung des Landes, das «verwüstet und fast ausgebrannt» und dessen überlebende Bevölkerung «hinweggeführt und ausgeplagt» ist. In der Verbreitung der Kenntnis solcher Fakten berührt sich Brakels Dialog mit den historischen Volksliedern über den «Moskowiter». Ihr Tenor dagegen ist moralisierend, und das recht düstere Bild der Zustände in Livland auch vor dem Gottesgericht, soviel Wahrheit auch in ihm stecken mag, ist der moralisierenden Tendenz entsprechend in guter Absicht einseitig. Unrecht, Lüge, Eitelkeit, Sünde, Abkehr von Gott, Unbußfertigkeit, Verweichlichung und Dünkel nehmen überhand. «Auch Mäßigkeit, Lieb, Treu und Ehr/Hat man nicht viel geachtet mehr», und in solchem sittenrichterlichen Zerrspiegel des Verfalls erscheinen Orden und Geistlichkeit gleichermaßen verderbt von Grund aus, so daß der Schrecken des «Moskowiters» als Gottesgeißel in einer Welt der Sünde und Entartung erscheint. In dieser Einstellung berührt sich Brakel mit dem Chronisten Russow (s. u.). Gleichzeitig aber wird der Unterschied deutlich zwischen der Tendenz jener Entstellungen, die Johann von Taube zur Bemäntelung seiner politischen Ambitionen vorträgt, und denjenigen, auf die Brakel seine christliche Mahnung und Warnung aufbaut.

Der Streitliteratur gehören schließlich noch die im 16. Jahrhundert beliebten Städtespottverse an, wie sie zumal von katholischer Seite im

Reich gegen die allzu jugendlich-reformierten baltischen Städte gedichtet wurden. Ihnen gegenüber preist der zeitweilig als Sekretär in Livland ansässige Danziger Stadtschreiber Johannes HASENTÖDTER (1517–1586) in zwei Lobliedern die Freie Reichsstadt Riga in ihrer Abwehr der Russen und Polen («Es ligt ein statt im Morgenland ...»; «Eyn newes liedlein: O Riga, halt dich feste»). Seiner Lokalkenntnis dagegen, die er auch in seiner gereimten Weltchronik *Chronica* (Königsberg 1569) und in seiner Rolle als Gewährsmann über Livland in Sebastian Münsters *Cosmographia* (1544) bezeugt, entsprang ebenfalls um die Jahrhundertmitte ein melancholisches Spottlied auf den «Liffländisch Bur», das die Missionsbemühungen gegenüber nichtdeutschen Bauern in fragwürdigem Licht zeigt, wenn er ihn sagen läßt: «Ick gewe dem Pastor de Pflicht / Vnd weth van Gott und sin Worde nicht».

5. Historische Volkslieder

Nicht der Verächtlichmachung von Gegnern und aktuellen Tagesthemen, sondern dem Bericht und der Verherrlichung großer Ereignisse von historischer Relevanz dient das historische Volkslied, das in volksliedhaften Strophen und balladesker Form mit Betonung des Episodischen Zeitgeschichte vermitteln will und damit als Vorläufer der Zeitung gelten kann.

Sieht man von einem dichterisch dürftigen *Gedicht auf den Niebur-Frieden* (1571) im Revaler Ratsprotokoll von 1571 ab, das als Gelegenheitsgedicht an den Friedensschluß zwischen Hanse und Rußland vom Jahre 1392 erinnert, so zeigt sich, daß das Jahrhundert wenig Positives zu berichten hat. Lediglich die niederdeutsche *Schonne Historie* vom Sieg Wolters von Plettenberg über die Russen am Smolina-See 1502, wenige Jahre danach erschienen, dient noch der Erbauung an der eigenen Leistung in der später zu legendärer Bedeutung aufgebauschten Entscheidungsschlacht. Ihre historische Bedeutung liegt vielmehr darin, auf die drohende Gefahr aus dem Osten aufmerksam gemacht zu haben, die ein halbes Jahrhundert später über Livland hereinbrechen sollte.

Seither sind die Lieder auf den Ton der Klage über Kriegselend, Verwüstung, Leiden, Greuel und Tyrannei unter der Russennot gestimmt, wie sie das Mutterland in ähnlicher Form in der Türkenliteratur hervorbringt, und ihre Kette reißt nicht ab: *Ein nye Ledt Van dem Tyrannischen Vyende, dem Moskowiter, wo he dem Könige uth Palen ynt*

Landt gefallen ys unde eine Stadt, Polotzko genandt, yngenamen hefft (Lübeck 1563); *Ein schön geistlick leedt der Christen yn Lyfflandt wedder den Moschowiter* (1567); *Ein Lied von der Tyranney, so der Moscowiter mit der Stadt Reffel in Liefland getrieben* (1571); Alexander EGENDOERFFERS *New lied von dess Moscowiters grewlicher tyranney und wueten* (1575) anläßlich der Einnahme Revals oder *Ein gantz erbarmlike vnd eelende Klage, des armen vnd hartgedrengden Lyfflandes* (1577) von Johannes GRAVINGELIUS.

Während die Hilferufe dieser teils moritatenhaften Tagesliteratur vergeblich im Mutterland verhallten, hat ihr einziges auch dichterisch ansprechendes Werk im Bewußtsein der Balten Jahrhunderte überdauert: der *Livländische Totengesang* (1584), den Uhland in seine Volksliedersammlung aufnahm. Weniger in seiner leicht an Bänkelsang und Schauerballade anklingenden Sprachform und Handlungsführung, die doch nur der Spannungssteigerung dienen soll, als in der Motivik liegt die Bedeutung dieser Dichtung, die die letzte Folgerung aus den apokalyptischen Schrecken der Zeit zieht: In der von den Russen zerstörten Kirche von Rositten liegen die Gräber offen, und es erklingt der schauerlich-tiefsinnige Chor der Abgeschiedenen, nicht mit Liedern der Klage und Verzweiflung, sondern solchen der Heilsgewißheit und der Freude, weil die Apokalypse ihnen die Hoffnung auf das unmittelbar bevorstehende Jüngste Gericht und damit ihre Erlösung eingibt.

Aus der Not und der Einsamkeit des Alleingelassenseins heraus hat das Livland des 16. Jahrhunderts zwar nicht zur Einigkeit und Selbständigkeit gefunden, aber doch zur literarischen Volljährigkeit. Neben die literarischen Importe aus dem Mutterland tritt damit erstmals das literarisch bewältigte Erlebnis des eigenen Schicksals, und diese Dichtung klingt zwar politisch wirkungslos, doch nicht ungehört ins Mutterland zurück. Livland steigt von der Kolonie zur Provinz der deutschen Literatur auf.

6. Die Chronistik

Die streitbare Haltung des Reformationszeitalters und seine Parteiungen spiegeln sich auch in der zeitgenössischen Chronistik. Sie ist zwar nicht mehr Reimchronik, sondern wählt je nach Zielgruppe deutsche oder lateinische Prosa, hält aber im allgemeinen am Chronikprinzip fest, auch wenn ihr Ziel sich immer mehr vom Aufzeichnen der Ereignisse auf deren Bewertung und Deutung vom eigenen Standpunkt aus verlagert. Der oft geübte Rückgriff auf die Anfänge Altlivlands aus sekundärer Quelle entspricht dabei dem Bemühen, die Wurzeln der Gegenwartssituation in der Vergangenheit aufzusuchen.

Am Beginn des Jahrhunderts steht *Eyne schone hystorie van vunderlyken gescheffthen der heren to lyfflanth myth den Russen vnde Tartaren* (1508) von dem Ablaßkommissar und späteren Bischof von Dorpat Christian BOMHOUWER († 1518), die die Jahre 1492–1508 um die Jahrhundertwende unter dem Aspekt des Konflikts mit Rußland unter sorgfältiger Quellenbenutzung und mit vorreformatorischer Unparteilichkeit behandelt. Ihr Zweck ist jedoch in erster Linie die Sammlung von Ablaßgeldern für die Russenabwehr des Ordens. Ordenskreisen nahestehend und dem Ordensmeister gewidmet ist auch die kompendienhafte *Livoniae Historia* (Königsberg 1551) von Thomas HORNER in Latein.

Mit dem Russeneinfall von 1558 steigen das aktuelle Interesse und die Zahl der Publikationen. Die noch im gleichen Jahr erscheinende lateinische *Belli Livonici … historia* (Köln 1558) des Domherrn Tilmann BREDENBACH († 1587) vom Russeneinfall und der Zerstörung Dorpats erlebte binnen kurzem fünf Nachdrucke. Gleichzeitig beginnt der Rigaer Stadtschreiber Johann SCHMIDT *Genaue und vollständige Nachrichten von den Begebenheiten zu Riga in den Jahren 1558 und 1559* (1562), und der kaiserliche Notar Johannes RENNER (um 1525–1583) benutzt seine als Sekretär in Livland gewonnenen Kenntnisse und Erlebnisse zur Kompilation von *Neun Büchern Livländischer Historien* (bis 1582) auf der Grundlage der *Livländischen Reimchronik* und der Darstellungen von Bartholomäus Hoeneke und Thomas Horner sowie von Urkunden und Flugblättern. Nach dem Erscheinen von Russows Chronik arbeitete er Teile daraus um und führte die Ereignisse bis 1582 fort.

Die auch schriftstellerisch größte und eigenwilligste historiographische Leistung des Reformationszeitalters jedoch sind nicht diese Nachläufer mittelalterlicher Geschichtskompilationen, sondern ist das für Jahrhunderte klassische Werk des Revaler Predigers Balthasar RUSSOW (um 1525–1600), seine niederdeutsche *Chronica der Prouintz Lyfflandt* (Rostock 1578, ergänzt Barth 1584). Russows Chronik umfaßt die gesamte livländische Geschichte in drei Teilen: I. von der Aufsegelung bis zum Untergang des Schwertbrüderordens (1238), II. Livland unter den Deutschordensmeistern (bis 1561) und III. die

Russeneinfälle und inneren Wirren bis 1577. Die ergänzte Auflage von 1584 führt in einem IV. Teil bis an die jüngste Gegenwart heran. Für die ältere Zeit schöpfte Russow natürlich aus sekundären Quellen wie der verlorenen Großen Hochmeister- und Deutschordenschronik, die zum Teil auf Hoeneke zurückgriff. Für sein Jahrhundert beruht sein Text auf Augenzeugenberichten, Dokumenten und eigener Teilnahme, und hier kommt Russows Darstellungskraft zu voller Entfaltung. Leidenschaftlichkeit im Ausdruck, Schärfe der Beobachtung und Gewalt der Sprache erheben dieses letzte große niederdeutsche Literaturwerk Livlands in den Rang klassischer Prosa. Über den literarischen Wert hinaus jedoch greift Russows Ringen um eine Deutung und Erklärung des Zeitgeschehens aus protestantischer Gewissenserforschung.

Seine leidenschaftliche und leidende Anteilnahme am Zusammenbruch Altlivlands macht ihn zum christlichen Sittenrichter und protestantischen Bußprediger, der ähnlich wie Timann Brakel die Ursache des Verfalls in Sünde, Laster, Pflichtvergessenheit, Wohlleben und Gottesferne sieht, die das jetzige Elend als Strafe Gottes heraufbeschworen haben. Es hat sich eingebürgert, Russows Diagnose der sittlichen Entartung als rhetorischen Exzeß des moralinsauren Bußpredigers cum grano salis aufzufassen und ihm mehr Besserungswillen als Wahrheitsliebe zu unterstellen. Solche Interpretation pro domo übersieht dann gern, daß die Schilderungen Russows unisono in der zeitgenössischen Literatur widerhallen, daß sich Unmoral nicht durch Literatur allein verbreitet und daß jeder Bußprediger sein Publikum verliert, wenn es ihn bei Übertreibungen ertappt. Hatte sich doch der vermeintliche Eiferer in seinen anschaulichen Schilderungen baltischer Sitten und Gebräuche als treuherziger Realist erwiesen. So erregte denn auch Russows Bild der Dekadenz bei den Zeitgenossen weniger Anstoß als bei deren pietätvollen Nachfahren.

Am meisten Ärgernis aber bot sein Schuldbefund, der die Verantwortung für den moralischen und politischen Verfall aus gutbürgerlicher Haltung heraus den Herrschenden, dem mittlerweile abgelösten katholischen Klerus und dem Adel, zuschob. Solche unverblümte Anklage eines überdies unverhohlenen Parteigängers der Schweden blieb denn auch von seiten der Betroffenen nicht unwidersprochen: Elert KRUSE (s. o.) schrieb einen *Wahrhaftigen Gegenbericht*, und Heinrich von TIESENHAUSEN (1520–1600) stellte *Begangene irrthümbe des liefländischen Chronikenschreibers Balthasars Russowens* zusammen. Doch in einer Zeit innerer Wirren und äußerster Selbstbehauptung war Unparteilichkeit nicht zu erwarten. Russow revidierte seine Haltung auch bei der Neubearbeitung nicht, sein Erfolg bei breiten Kreisen gab ihm recht, und die spätere Chronistik hat sein historisches Zeugnis akzeptiert.

Für die Literaturgeschichte geht es hier indessen nicht um Wahrheit und Irrtum in der Geschichtsschreibung, sondern um einen literatursoziologisch hochinteressanten Prozeß: In Russow fand erstmals in der baltischen Geschichte nicht Geistlichkeit oder Orden bzw. Adel, sondern das selbstbewußte Stadtbürgertum einen prononcierten Sprecher für seine Meinung, meldete sich sprachmächtig zu Wort und bezog seinen Standpunkt als unabhängige dritte Macht. Eine neue Schicht wurde literarisch mündig.

Die nachfolgende Geschichtsschreibung des 16. Jahrhunderts erreicht weder das literarische Niveau noch den ethischen Impetus Russows. Der kurländische Hofrat Lorenz MUELLER († 1598) sammelt *Polnische, Liffländische, Moschowiterische, Schwedische vnd andere Historien, ... sehr nützlich vnd lustig zu lesen* (Frankfurt a. M. 1585, 3. Auflage 1595 unter dem Titel *Septentrionalische Historien*). Bartholomäus GREFENTHALS hochdeutsches *Chronicon Livoniae* (nach 1592) verbrämt ein dürres Chronikgerüst der Zeit 1160–1557 mit Urkundenpublikationen. Auch die *Lifflendische Churlendische Chronica* (Rostock 1590) von Salomon HENNING (1528–1589), Geheimsekretär Herzog Kettlers von Kurland, enttäuscht insofern, als ihr Verfasser im Berichtszeitraum 1554–1589 als Diplomat und Vertrauter Kettlers offensichtlich mehr erfahren hat als die recht nüchternen politischen und militärischen Fakten, die er mitteilt. Moritz BRANDIS' († 1602) *Chronik oder älteste Livländische Geschichte* (entstanden 1597–1599), nur bis 1238 reichend, ist trotz zum Teil flüssigen Erzählstils eine meist auf Heinrich von Lettland beruhende Kompilation mit Parteinahme für Schweden. Die Wende zum 17. Jahrhundert schließlich schildert die *Liefländische Cronica* (1609) des Rigaer Bürgermeisters Franz NYENSTEDT (1540–1622) mit dem Schwerpunkt auf den Rigaer Unruhen und die Zeit 1158–1610 vom katholischen Standpunkt aus die lateinische *Historia Livonica* (1610?) des Probstes Dionysius FABRICIUS.

Sie alle sind Zeugnisse eines vom Schicksal tief bewegten Landes, das sich in der Rückbesinnung auf das Gewordene seiner selbst vergewissern will. Noch ist Geschichtsschreibung lebensnah und Lebenshilfe, Orientierungshilfe in den Umwälzungen einer verwirrenden und verwirrten Zeit, die mit der Freiheit des Gewissens begann und mit der Unfreiheit des Landes endete.

Das 16. Jahrhundert II: Humanismus

1. Einleitung

Aus dem Elend der Kriege und Verwüstungen, nach dem Verlust der politischen Einheit im Untergang Altlivlands erhob sich in der zweiten Jahrhunderthälfte unmerklich und fast unscheinbar die seltsame kurze Spätblüte humanistischer Literatur im Baltikum. Wie schon bemerkt, ergab sich für die baltische Literatur im Gegensatz zu den mitteleuropäischen Literaturen die merkwürdige Konstellation, daß nicht wie sonst der Humanismus zum Wegbereiter der Reformation wurde, sondern umgekehrt die Reformation die Grundlage für die humanistische Bildungsbewegung abgab.

Die Gründe dafür sind mannigfach. Zunächst bot selbst das befriedete Altlivland dem Wandertrieb humanistischer Gelehrter keinen Anreiz in Gestalt eines Bildungs- und Forschungszentrums, einer Universität oder Gelehrtenschule, wie sie andernorts zum Kern von Humanistenzellen wurden. Sodann hatten zwar die baltischen Reformatoren zumeist noch in Deutschland Beziehungen zu Humanisten geknüpft – Knopkens Korrespondenz mit Erasmus etwa –, und einzelne humanistische Tendenzen hatten mit der Reformation Einzug gehalten, doch gaben die kirchlichen und danach die kriegerischen Wirren anderen Aufgaben den Vorrang, so daß die definitive Konsolidierung des Bildungswesens und seine Reform im humanistischen Sinne erst spät erfolgten. Und schließlich brachte Livland in der ersten Jahrhunderthälfte noch keinen landsässigen Gelehrtenstand hervor, so daß sich Keimzellen humanistischen Gedankenguts nur in den Kreisen der Schulmeister und einzelner, vorübergehender Gäste aus dem Mutterland entfalten konnten. Sie setzten sich auch in der Blütezeit etwa gleichgewichtig aus Landeskindern und Zuwanderern zusammen und sahen sich auch geistig-politisch in enger Verbindung mit dem Mutterland, das den gleichen Abwehrkampf abendländischer Kultur gegen den Ansturm aus dem Osten führte.

Kristallisationspunkt der humanistischen Spätblüte und ihr hauptsächlicher Anreger wurde der Rigaer Syndikus David HILCHEN

(1561–1610, s. u.), der mit der Gründung einer Buchdruckerei und einer Buchhandlung, der Verbesserung der Stadtbibliothek und vor allem der Reform der Domschule auch die äußeren Voraussetzungen humanistischen Bildungswirkens und geistigen Lebens schuf.

Die schon erwähnte Berufung des holländischen Buchdruckers Nicolaus Mollyn nach Riga 1588 und seine Bestallung als Stadtbuchdrukker 1591 holten für Livland einen Schritt nach, den vergleichbare deutsche Städte des Ostens schon ein halbes Jahrhundert früher vollzogen hatten. Daneben jedoch werden für breitenwirkende Werke weiterhin deutsche Druckereien, besonders Rostock, bevorzugt. Von den 160 nachweisbaren Druckwerken Mollyns sind 75 % lateinisch und 18 % deutsch. Hinsichtlich der Sachgebiete steht der Theologie (23 %) und Historiographie (9 %) das Gros (56 %) an Literaturwerken, Kalendern und Almanachen gegenüber, das sich jedoch zur Hauptsache aus Gelegenheitscarmina zu Taufen, Hochzeiten und Beerdigungen zusammensetzt. Die lokale Buchdruckerkunst spiegelt also das literarische Schaffen des Landes nur ungenau wider.

Die erste Reform des Schulwesens war auf Anregung von Luthers Sendschreiben schon früh auf die Reformation gefolgt, und die erwähnten Aufführungen lateinischer Schuldramen legen teilweise Zeugnis für den Erfolg ab. Den Anstoß zur Verwirklichung vollhumanistischer Bildungsideen im Schulwesen dagegen brachte erst die drohende Konkurrenz des 1584 von Polen durchgesetzten Rigaer Jesuitenkollegiums. Die 1594 offiziell in Kraft tretende neue Schulordnung der Domschule Riga konzentriert nach dem Muster der Straßburger Humanistenschule das Fächerangebot ganz auf Religion und die humanistischen Disziplinen, besonders Latein, Griechisch und Rhetorik. Erst damit fanden zu Ende des Jahrhunderts humanistische Bestrebungen eine angemessene Wirkungsstätte in Livland.

2. Neulateinische Lyrik

Im Unterschied zur Reformation ging die treibende Kraft des baltischen Humanismus diesmal nicht von binnendeutschen Einwanderern, sondern vom Lande selbst aus, freilich nicht ohne das Vorbild der europäischen Bewegung. Der Rigaer Ratsherrnsohn David HILCHEN (1561–1610) hatte an deutschen Universitäten studiert, als Reisebegleiter eines polnischen Fürsten die berühmtesten Universitäten besucht und dabei ebenso wie auf späteren Gesandtschaftsreisen Freundschaften mit vielen angesehenen Humanisten geschlossen. Mit seiner Berufung zum Obersekretär (1585) und Stadtsyndikus (1589–1600) von Riga gewann die Stadt nicht nur einen glänzenden Rechtsgelehrten und beredten Diplomaten, sondern auch einen hochbegabten Humanisten, der bildungsmäßig auf der Höhe seiner Zeit stand und sein Haus zum Mittelpunkt des geistigen Lebens in Riga machte – bis auch ihn 1600 das Schicksal Burkart Waldis' ereilte, von den Kirchturmpolitikern unter falschen Anschuldigungen außer Landes getrieben zu werden. Die oben beschriebene Bildungsreform ist in literarischen Zusammenhängen die wichtigste Leistung Hilchens, der neben lateinischen Reden und Schriften auch mit lateinischen Episteln an Freunde sowie Hochzeits- und Leichencarmina hervortrat. Sie ist aber nur ein Teilaspekt seines Wirkens als Diplomat, Jurist und echt humanistischer *uomo universale.*

Humanistische Ausrichtung hatte die Domschule Riga schon durch ihren ersten Rektor (1529–1539), den auf Empfehlung Luthers und Melanchthons 1527 berufenen Niederländer Jacobus BATT († 1545), erhalten, einen Freund von Speratus und eifrigen Korrespondenten von Erasmus von Rotterdam. Sie wurde 1545–1554 fortgesetzt durch seinen Amtsnachfolger Rötger BECKER (latinisiert Rutgerus PISTORIUS, † 1577), der mit lateinischen Hochzeitsgedichten, einem *Epicedium* auf J. Batt und einer poetischen Epistel an den Syndikus Jost Clodt hervortrat. Neben solchen Gelegenheitsgedichten als Stilübung steht dann, von echtem humanistischen Impetus getragen, seine *Elegia de nobilium origine et vitiosis eorundem moribus* (Elegie von der Herkunft der Adligen und ihren lasterhaften Sitten), in der der Sittenprediger Becker, ohne speziell den livländischen Adel zu nennen, ganz im Sinne der späteren Ausführungen Russows Luxus und Wohlleben, Sittenverderbnis, Unbildung und Verweichlichung des Adels anprangert. Während Russow jedoch im nachhinein die Ursachen für den Zusammenbruch Altlivlands aufzeigte, scheint die aus gleichem bürgerlichen Protest gegen die Dekadenz des Adels entsprungene Warnung Beckers nicht an die Öffentlichkeit gedrungen zu sein. Daß Batt wie Becker nach jeweils zehn Jahren Schuldienst ins Predigeramt überwechselten, zeigt jedoch, daß bei beiden das religiöse Moment bei allen humanistischen Neigungen die Oberhand behielt.

Erst ein Vollhumanist war der Mann, diese Prioritäten zu ändern. Ihn fand David Hilchen in dem schon betagten Gelehrten Johann RIVIUS (1528–1596), der, um 1590 zum Rektor der Domschule berufen, seine langjährigen Erfahrungen als Lehrer, Hauslehrer und Hofmeister in das humanistische Reformwerk einbrachte und in Wort und Schrift für die humanistischen Bildungsziele eintrat (*Oratio de conjugendis philosophiae studiis*, Riga 1594).

Den literarischen Höhepunkt in der Praxis der Berufung deutscher Gelehrter an die Domschule Riga jedoch brachte im Jahr 1599 der Helmstedter Philosophieprofessor und *poeta laureatus* Salomon FRENZEL VON FRIEDENTHAL (1562–1605), der zuvor schon in *Poemata, Odae* und zwei Büchern *Epigrammata* (Helmstedt 1599) hervorgetreten war und jetzt in seiner *Livonia* (Riga 1599) für den neuen Wirkungskreis und im Gedicht *De vera nobilitate et litterarum dignitate* (Riga 1599) für humanistische Bildung eintrat.

Die neulateinische Lyrik blieb indessen nicht auf die Lehrer der Domschule in Riga beschränkt. Selbst der weitgereiste Rigaer Besatzungshauptmann Joachim TYDICH (2. Hälfte 16. Jahrhundert) faßte die *Proverbia Salomonis* in lateinische Distichen, und der Rektor der Revaler Domschule und Ratsherr Joachim BENCKENDORFF (†1636) schrieb ein geistliches *Carmen heroicum de mirandis factis Dei* (Riga 1594).

3. Lateinische Enkomiastik

Im Sinne neuer Diesseitsgewandtheit brachte der Humanismus die Gattung des Städte- und Landschaftslobes zu neuer Blüte, die das Motiv des rhetorischen Preisens mit speziellem Lokalbezug verbindet. Auf der Wertschätzung durch die Gepriesenen beruht daher ihre regionale Bedeutung, auf ihrer Existenz der Stolz der Lokalität.

An dem vielseitigen Humanisten Johannes LORICH HADER oder Johannes Lorichius Secundus aus Hadamar (†1569), der auch als «der nasse Bruder zw Riga in Lifflandt» zeichnet, werden die Rigaer Stadtschönen allerdings wenig Freude gehabt haben. Zum Besuch seines Schulfreundes Hieronymus Thennerus nach Riga gekommen, traf er diesen, der über Reval nach Polen gegangen war, nicht an und beschwerte sich 1554 in einer ironisch-frivolen Epistel in Hexametern bitter über die dortigen Vertreterinnen des weiblichen Geschlechts («Hinc ego turbatus ...»). Man wird das Produkt einer dreimonatigen Wartezeit in Riga indessen nicht auf die Goldwaage legen wollen. Lorichs übriges Werk interessierte die Balten verständlicherweise recht wenig; es gehört dem binnendeutschen Humanismus an.

Die schmeichelhafteren Töne beginnen mit Henricus MONTANUS (Heinrich von Berg), der als Student in Rostock eine *Oratio de Laudibus Livoniae* (Lübeck 1557) hält und dabei den Russenbesieger Wolter von Plettenberg mit Themistokles vergleicht, und mit Augustinus EUCAEDIUS' *Aulaeum Dunaidum* (Wittenberg 1564), einer antikisierenden, an Vergil geschulten allegorischen Schilderung der Rigaer Erzbischöfe, die Riga als Bollwerk des Westens auf eine Stufe mit Wien stellt, das sein zweites Gedicht *Danubius* beschreibt.

Das livländische Hauptwerk innerhalb der Gattung der Städtegedichte schließlich sind die fast 900 Distichen des Rigaer Arztes Basilius PLINIUS (eigentlich Pleene oder Plöhn, um 1570–1604): *Encomium inclytae civitatis Rigae metropolis Livoniae* (Leipzig 1595). In dieser ausführlichen, von echtem Bürgerstolz getragenen Verherrlichung seiner Vaterstadt, der Vortrefflichkeit ihres Klimas und Bodens, der Pracht ihrer Bauten und Befestigungen, der preisenden und kulturgeschichtlich wertvollen Schilderung ihrer Menschen und ihres Handels, ihrer Sitten und Gebräuche sprechen nicht nur schönfärberische Heimatliebe des Verfassers und leistungsbewußter Kolonistenstolz; es scheint, als wolle die kosmopolitische Stilübung freundlich-wohlwollenden Preisens hier in einen emotionalen Patriotismus und Selbstbeweihräucherung münden. Erst die genauere Analyse der einzelnen Motive zeigt, wie viele Topoi aus der lateinischen und neulateinischen Dichtung hier zusammengetragen und verarbeitet sind: von Ovid, Livius, Vergil und Horaz bis zu den livländischen Zeitgenossen (R. Becker, L. Müller) und von der *Cosmographia* Sebastian Münsters bis zu den Entdeckungsberichten von Kolumbus und Amerigo Vespucci, die für die erste Begegnung der heransegelnden Deutschen mit den Liven benutzt werden. Selbst die Flußgottallegorie Sannazaros wird in der Gestalt des Dünagottes wiederbelebt, und ebensowenig fehlt der jetzt schon traditionell gewordene Vergleich Rigas mit Wien als Vorposten des Abendlandes im Ansturm des Ostens. Was auf den ersten Blick als Lokalpatriotismus erscheinen mag, erweist sich also als eine Aufarbeitung weitverzweigter abendländisch-humanistischer Traditionen und Topoi, nicht als Wissensprunk, sondern aus dem Bestreben, Riga seinen legitimen Platz auf der Karte des europäischen Humanismus zu sichern.

Plinius' weitere neulateinischen Gedichte behandeln naturwissenschaftliche und psychologische Fragen (*De colorum natura et familiae*, 1599; *De voluptate et dolore*, 1600; *De magnete*, 1603; *De ventis*, 1603 u. a.). Mit dem *Encomium urbis Rigae* (Rostock 1615) des Rigaer Bürgermeisters Heinrich von ULENBROCK (um 1595–1655) klingt die humanistische Enkomiastik, nicht aber der Lokalstolz in Livland aus.

4. Historisch-politische Dichtung

Die neulateinische Dichtung Livlands ist in ihren Hauptgattungen, dem Gelegenheitsgedicht und dem Städtegedicht, eine Dichtung der Muße und der Stille aus beschaulicher Haltung. Aktuelle Zeitgedichte zu Tagesfragen bedienen sich schon um der raschen Verbreitung willen des Deutschen, und an der historisch-politischen neulateinischen Dichtung hat das Baltikum nur geringen Anteil, und auch das mehr oder weniger nur aus Zufall.

Der begabte und hochgebildete Ostpreuße Daniel HERMANN (1543–1601) hatte an den bedeutendsten deutschen Universitäten studiert, war kaiserlicher Sekretär in Wien und Sekretär der Stadt Danzig gewesen und hatte 1579/89 die russischen Feldzüge des Polenkönigs Stephan Bathory mitgemacht, die er in der *Stephaneis moschovitica* (Danzig 1582) beschreibt, als er sich, zeitweilig als deutscher Sekretär des polnischen Statthalters Fürst Radziwill, in Riga niederließ und hier heiratete, schließlich zurückgezogen ganz der Literatur lebend. Erst seine neulateinischen Gedichte der Spätzeit zeigen daher baltische Einflüsse und baltische Interessen, schildern die politisch-religiöse Lage Livlands mit der Stimme der Warnung und Mahnung (*Poemata academica, aulica, bellica,* postum Riga 1614). Im flüssigen Stil ebenso der abendländisch-humanistischen Tradition verpflichtet wie in der Weite des politischen Blicks die Machtkämpfe im Osten ebenso umfassend wie die fanatischen Glaubenskämpfe im Westen, fand Hermann schließlich Ruhe, Wahrheit und Zufriedenheit nur in der Zurückgezogenheit.

Nachzügler des baltischen Humanismus sind der holländische Arzt Johann NARSIUS (1580–1637), dessen zeitweiliger Aufenthalt in Livland u. a. das Carmen heroicum *Riga devicta a Gustavo Adolpho* (Riga 1625) zeitigte, und sein Rigaer Freund und Kollege als Arzt wie Dichter Rütger HEMSING (1604–1643), der in Italien zum Kreis um Galilei gehört hatte.

Nach dem ersten Jahrzehnt des 17. Jahrhunderts kam die merkwürdige, sporadische nordische Spätblüte humanistischer, neulateinischer Dichtung im esoterischen Kreis der Rektoren, Sekretäre, Ärzte und Diplomaten rasch zum Erlöschen. Literatursoziologisch verkörperte sie gerade in dem kleinen Kreis eine Frühphase des späteren baltischen Literatenstands außerhalb der Geistlichkeit. Nachdem die aus dem Westen übernommenen Motive, Stilformen und Gattungen sich dem örtlichen Milieu und lokalen Themen angepaßt hatten, ging die Humanistendichtung im Barockzeitalter in der nunmehr auch für gelehrte Themen legitimen deutschsprachigen Literatur auf. Die Kürze ihrer Blüte allein unter den widrigsten Umständen ist Zeugnis dafür, welchen energischen Impetus es bedurfte, in solcher Situation überhaupt hervorzutreten.

Das 17. Jahrhundert: Barock

1. Einleitung

Betrachtet man das Barock als künstlerischen Ausdruck der katholischen Gegenreformation im Zeitalter der Glaubenskämpfe, so wird die Anwendung des Terminus auf eine bereits voll reformierte Gesellschaft fragwürdig. Sieht man dagegen den Literaturbarock als die Stilform des 17. Jahrhunderts, deren Einheit in ihrer Gespaltenheit liegt, in der intensives Glaubensverlangen und christliche Demut neben einer neuen Weltfreude und festlichen Selbstdarstellung stehen, so rechtfertigt sich die Übertragung des Begriffs auch auf eine Provinz der deutschen Literatur, in der das barocke Grunderlebnis irdischer Eitelkeit (*vanitas*) und die Behauptung menschlicher Würde nicht aus den Wirren der Glaubenskriege, sondern aus ähnlichen, jedoch politischen Wirren hervorgehen. Dem Dreißigjährigen Krieg im Mutterland entspricht dabei in baltischen Landen ein ähnliches kriegerisches Ringen der nordeuropäischen Großmächte der Zeit, Polen, Schweden und Rußland, um die Vorherrschaft im Ostseeraum.

War 1561 das Vordringen Rußlands in den baltischen Raum nur um den Preis staatlichen Zerfalls verhindert worden, so wird das Baltikum im 17. Jahrhundert selbst zum Zankapfel und Schlachtfeld der Kräfte im Zeichen von Aufstieg und Verfall der schwedischen Großmachtpolitik des Jahrhunderts, und das Gesetz des Handelns geht ganz auf die umliegenden Mächte über.

Die Epoche beginnt entsprechend mit der kampfreichen Ausdehnung des Schwedischen Reiches im Baltikum von Estland auf Livland im schwedisch-polnischen Erbfolgekrieg, der mit der versuchten Angliederung Estlands an Polen durch Sigismund III. von Polen und Schweden 1600 beginnt, mit der Eroberung Rigas durch Gustav II. Adolf 1621 seinen Höhepunkt und im Frieden von Altmark 1629 seinen Abschluß findet, und sie reicht bis zum Zusammenbruch des schwedischen Großreichs unter Karl XII. im Nordischen Krieg, der 1710 mit der Angliederung Estlands und Livlands als baltische Provinzen an Rußland endet. Damit wird eine anderthalb Jahrhunderte zuvor noch gefürchtete Lösung des Konflikts zunächst für mehr als zwei Jahrhunderte nachgeholt, allerdings mit dem gewandelten, mehr westlich orientierten Rußland Peters I. Auch das Herzogtum Kurland, unter polnischer Oberhoheit vergeblich um Neutralität bemüht, wird in die Kriegswirren hineingerissen, jedoch stärker verschont und kommt erst bei der dritten Teilung Polens 1795 an Rußland.

Waren in der Eingangsphase noch religiöse Überlegungen – protestantisches Schweden oder katholisches Polen – für die Parteinahme der deutschen Bevölkerung zugunsten Schwedens ausschlaggebend – nur die Handelsstadt Riga nahm merkantile Rücksichten auf ihr russisch-polnisches Hinterland –, so standen in der Ausgangsphase bei der Angliederung an Rußland Glaubensfragen nicht mehr im Vordergrund. Die proschwedischen Sympathien der baltischen Ritterschaften hatten sich in der Opposition gegen schwedische Reformen in Verwaltung, Gerichtsbarkeit, Kirche und Bildungswesen stark abgenutzt und waren durch die drohende Güterreduktion, d. h. den Einzug der Lehnsgüter, und die Auflösung des livländischen Landesstaats 1694 in das Gegenteil umgeschlagen. Auch schwedische Bemühungen um Aufhebung der Leibeigenschaft, Bildung der Landbevölkerung und Wiedereinführung des Kirchenzehnten, nur durch Finanznot gehemmt, hätten an den Fundamenten des Adelsstaats rütteln und den gerade durch Zuzug, Nobilitierung und militärische Erfordernisse gefestigten Einfluß des Adels gefährden können. Sie machten einzelne Vertreter der Adelsopposition, die im aufsteigenden absolutistischen Rußland Peters I. einen gleichgesinnten Garanten ihres Einflusses sahen, zu Befürwortern der großen Koalition gegen Schweden.

Trotz der kriegerischen Wirren, Seuchen- und Hungerjahre brachte die zweite Hälfte des Jahrhunderts einen wirtschaftlichen Wohlstand aller deutschen Stände mit Blüte des Fernhandels und üppigem Wohlleben in den Städten, Aufschwung des Buchdrucks (Dorpat, Reval, Mitau), Einrichtung von Landschulen und höheren Bildungsanstalten. Der Heranbildung landeigener Verwaltungsbeamter, Juristen und Theologen dienten die 1630/31 errichteten akademischen Gymnasien in Dorpat, Reval und Riga, die die freien Künste und Sprachen in das Lehrangebot einbezogen und die als Lehrer auch Gelehrte aus dem Reich anzogen, und schließlich, 1632 von Gustav II. Adolf im Feldlager vor Nürnberg gestiftet, die lateinisch-schwedische Universität Dorpat. Sie erfreute sich zwar anfangs als schwedische Institution nicht gerade des Wohlwollens der Balten, die ihre bildungswilligen Söhne weiterhin an deutsche Universitäten entsandten (Königsberg hatte im 17. Jahrhundert rd. 650, Rostock rd. 400 baltische Studenten), ging 1656 beim Russeneinfall in Dorpat ein, wurde 1690 wiedereröffnet, 1699 nach Pernau verlegt und erlosch in den Wirren des Nordischen Kriegs 1710 für fast ein Jahrhundert. Dennoch hat sie später zunehmend auch Landeskinder angezogen und vor allem durch die Berufung deutscher Professoren (1632: 17 von 24, 1690: 4 von 28) zur Herausbildung eines akademischen Lebens beigetragen und die zeitgenössische baltische Literatur um ein barockes Neulateinertum bereichert.

Für das geistige Leben und den Austausch mit dem Mutterland ist die große Zahl deutscher Schriftsteller, die zeitweilig im Baltikum Wohnsitz nahmen und die einheimische Literatur wesentlich anregten (s. u.), ebenso bezeichnend wie die Tatsache, daß einzelne Balten als Mitglieder der deutschen Sprachgesellschaften im Reich figurierten: Johann, Rudolf und Wilhelm von Drachenfels und Eberhard Manteuffel gen. Zoege in der Fruchtbringenden Gesellschaft, Niklas Witte von Lilienau und Graf Heinrich von Thurn in der Deutschgesinnten Genossenschaft, Johannes Wolke im Elbschwanenorden. So bestand die Einheit des Deutschtums trotz der politischen Spaltungen weiterhin in der Ausrichtung auf die deutsche Kultur, den Wechselbeziehungen zum Mutterland und in der deutschen Sprache, für die sich um 1600 das normierte Hochdeutsch als Schriftsprache durchsetzte und das Niederdeutsche in eine scherzhaft-launige Mundartdichtung verdrängte.

Das Ende der Epoche bringt mit dem Nordischen Krieg, der viele Landstriche und kleine Städte verwüstet, die Einwohnerschaft ganzer Städte (Dorpat, Narwa) nach Rußland verschleppt sieht und die Bevölkerung durch Pest, Hunger und auf den Schlachtfeldern dezimiert, einen neuen Tiefpunkt und damit wie ihr Anfang die Notwendigkeit eines Neubeginns.

Die baltische Barockliteratur erweist sich insofern als ein echtes Spiegelbild der mutterländischen Literatur, als sie herkunftbedingt eher dem nüchternen norddeutschen Bürgerbarock als dem pomphaften süddeutschen Adelsbarock nahesteht und ihre Träger vorwiegend dem neuentstandenen Literatenstand der Theologen und Gelehrten entstammen – die wenigen Vertreter des höheren Adels allein zeigen mehr hochbarocke Züge. Sie ist nicht Ichaussprache des erregten Gemüts und Erlebnisdichtung aus innerer Anteilnahme als vielmehr kunstbedachter, rhetorisch geschulter Ausdruck des barocken Grunderlebnisses von irdischer Vergänglichkeit und menschlicher Würde, das in religiöser Dichtung wie in festlicher Selbstdarstellung nach vorgeprägten Mustern zur Geltung kommt und gerade als Erhöhung des Selbstgefühls in das weite Feld der repräsentativen Gelegenheitsdichtung auf alle Wechselfälle des Lebens, der Festgedichte, Hochzeits- und Leichencarmina ausufert, die den literarischen Unterwuchs bilden: bewußt artifizielle Kunstübung als Bollwerk gegen die Vergänglichkeit.

2. Geistliche Literatur

Im Gegensatz zum Mutterland, dessen Schrifttum zu dieser Zeit noch von den religiösen Auseinandersetzungen in Streitschriften und Pamphleten beherrscht ist, finden Glaubenskämpfe in der baltischen Literatur des 17. Jahrhunderts kaum Widerhall.

Zwar fand bis 1621 die katholische Gegenreformation im Rigaer Jesuitenkolleg in Gestalt von dessen Rektor Leonhard RUBEN (um 1580 – nach 1667) und dessen Hauptpater, dem konvertierten Balten und späteren katholischen Bischof von Wenden Otto SCHENKING (um 1550–1632), wortmächtige und tatkräftige Streiter für die alte Kirche, doch entstand ihnen seit 1608 auf evangelischer Seite ein überlegener Widerpart in dem Oberpastor der Petrikirche (1616), Superintendenten von Livland (1622) und Theologieprofessor (1630) Hermann SAMSON (1579–1643; 1641 als von Himmelstjerna geadelt), der sich in Reden, Flug- und Streitschriften kritisch mit der katholischen Lehre auseinandersetzte. «Antichristus Rigensis» nennt ihn 1641 das Pamphlet eines Wilnaer Jesuiten, und nur der Einzug Gustav II. Adolfs in Riga, dem er die Huldigungspredigt hält, rettet ihn 1621 vor einem Religionsprozeß in Polen. In deutschen und lateinischen Predigten, deutschen Evangelienauslegungen (*Himlische Schatzkammer*, III 1625) und Handreichungen zur Predigerausbildung tritt er als Oberhaupt der evangelischen Kirche Livlands für seinen Glauben ein. 1631 gibt er auch die 5. Auflage des Rigaer Gesangbuchs heraus.

Mit der Abwendung der Rekatholisierungsgefahr zügelt sich die Flamme von Samsons hinreißender Begeisterung zu der eher akademischen, erbaulichen Predigt- und Postillenliteratur ererbten, saturierten Väterglaubens. Schon sein Zögling und Nachfolger in vielen kirchlichen Ämtern Johann BREVER (1616–1700), Professor der Rhetorik, Philosophie und Geschichte am Gymnasium Riga, 1657 Oberpastor,

1690 Superintendent für Riga, disputiert in deutschen und lateinischen Schriften neben theologischen auch philosophische und historische Fragen und spiegelt in Panegyriken, Lobgedichten und deutscher wie lateinischer Gelegenheitslyrik die akademische Literarisierung der Glaubensfrage. Das Rigaer Gesangbuch schwillt unter seiner Redaktion der 6. Auflage 1664 auf 449 Lieder an.

Entsprechend der Vermehrung der Geistlichenstellen nimmt die in Predigtsammlungen, Leichenreden und Erbauungsschriften vermarktete Oratorik im Barock immer größere Ausmaße an, ohne selbst im Bestreben, die Zeitlichkeit zu überwinden, das alltägliche Mittelmaß zu überschreiten. Die gedruckten Leichenpredigten des Rigaer Predigers David LOTICHIUS (1623–1693) und die Erbauungsschriften des ihm befreundeten Rigaer Bürgermeisters Melchior FUCHS (1603–1678), etwa in *Sonn- und Festtages- Betrachtung- Gebet- und Dancksagungen* (1675), legen davon Zeugnis ab.

Während eine nähere Betrachtung dieses Genres den Rahmen einer Literaturgeschichte sprengen würde, sei hier exkursweise noch auf die Rolle eingegangen, die deutschbaltische Pastoren bei der Entwicklung der estnischen und lettischen Literatursprache gespielt haben.

Es muß hier gleich hinzugesetzt werden, daß solche Tendenzen keineswegs mit der Absicht einer echten Literarisierung der autochthonen Bevölkerung spielten – sie wurde weiterhin illiterat und unmündig gehalten – und selten rein akademisch-sprachwissenschaftliche Interessen verfolgten, sondern zumeist alltagspraktische Notwendigkeiten erfüllten, nämlich den deutschen und zumal neuberufenen reichsdeutschen Predigern selbst Textmaterial für die Verkündigung in den Volkssprachen an die Hand zu geben, seit man für den Christenglauben nicht mehr nur Einverständnis, sondern auch Verständnis voraussetzte.

In Estland wurde nach den frühen Katechismus-Übersetzungen (s. o.) der Narwaer Superintendent Heinrich STAHL (um 1600–1657) zum Begründer des estnischen kirchlichen Schrifttums. Sein *Hand- und Haußbuch* (IV 1632–1638) enthält neben Katechismus, Evangelien- und Episteltexten und Gebeten auch 104 eigene geistliche Lieder in deutsch-(nord)estnischem Paralleltext, und seine *Anführung zu der Esthnischen Sprach* (1637) ist der erste Versuch einer estnischen Grammatik oder, besser: nicht einer Grammatik des Estnischen, sondern für das Estnische, da Stahls umstrittene künstliche Kirchensprache das Estnische nach den Schemata der deutschen Grammatik zurechtstutzt und damit verfälscht. Als flexibler erwies sich die südestnische Mundart, in die Joachim ROS-

SINIUS (um 1600–1645) 1632 Luthers Katechismus und die Sonntagsevangelien und -episteln übertrug. Bahnbrechend für die weitere Übersetzungsarbeit und das estnische Kirchenlied wurde Adrian VIRGINIUS (oder VERGIN, 1663–1706) mit seinem südestnischen Großen Katechismus (1684), seinem Gesang- und Gebetbuch (1685) und der ersten Gesamtübersetzung des Neuen Testaments (1686). Ihr folgte, auf Veranlassung Johann Fischers (s. u.) 1687 entstanden und 1715 gedruckt, die nordestnische Version des Neuen Testaments durch Johann HORNUNG (um 1662–1715), der auch eine *Grammatica Esthonica* (1693) schrieb. Mit ihr und der ersten estnischen Gesamtübersetzung der Bibel (1739) unter der Redaktion von Anton THOR HELLE (1683–1748) setzt sich das Nordestnische gegenüber Stahls künstlicher Kirchensprache und dem Südestnischen als Schriftsprache durch.

Geistiger Anreger und Organisator der estnischen wie der lettischen Bibelübersetzung war der Generalsuperintendent von Livland Johann FISCHER (1633–1705) aus Lübeck. Für das Lettische fand er einen willigen Übersetzer in Ernst GLÜCK (1652–1706). Der Probst zu Marienburg in Livland (dem dort die spätere Kaiserin Katharina I. als Magd diente) besorgte nach achtjährigem Sprachstudium und in achtjähriger Arbeit die Übersetzung fast im Alleingang, und Johann Fischer konnte dank schwedischer Druckkostenhilfe das Neue Textament 1685, das Alte Testament 1689 herausgeben.

Für die Ausbildung der lettischen Literatursprache ebenso entscheidend waren die Bemühungen der Pastoren um ein lettisches Kirchenlied. Der Dorpater Theologieprofessor und kurländische Hofprediger Georg MANCELIUS (1593–1654), der Begründer der lettischen Prosa, sammelte im *Lettisch Vademecum* (1631) die bisherigen Kirchenliedversionen u. a. des Gesangbuchs von 1586/87 (s. o.) in Prosa, schrieb die erste *Lang-gewünschte Lettische Postill* (III 1654) mit Auslegung der Sonntagsevangelien und stellte das erste lettische Wörterbuch *Lettus* (II 1638) zusammen. Sein Schüler Christoph FÜRECKER (um 1615–1680) stellte sein Leben ganz in den Dienst des Lettischen. Mit einer freien Lettin verheiratet unter lettischen Bauern lebend, ergründete er die Volkssprache. Durch seine auf Wunsch Heinrich Adolphis (s. u.) verfaßten lettischen Kirchenlieder, die erstmals Versmaß und Reim anwenden, wurde er zum Begründer der lettischen Kunstdichtung.

Der kurländische Superintendent Heinrich ADOLPHI (1622–1686) vereinigte das bisherige lettische Kirchenliedgut von Mancelius und Fürecker mit eigenen Dichtungen als *Lettische geistliche Lieder* (1685).

Von ihm wie von Georg DRESSEL (1654–1698) erschien 1685 gleichzeitig je eine *Anleitung zur lettischen Sprache*. Noch einen Schritt weiter ging Johann WISCHMANN († vor 1703), ebenfalls Dichter lettischer Kirchenlieder, mit einer Anleitung zur lettischen Dichtung unter dem Titel *Der Undeutsche Opitz* (1697).

Die lettischsprachige Pastorenliteratur findet ihre Fortsetzung in den lettischen Kirchenliedern des Rigaer Pastors Liborius DEPKIN (1652–1708, s. u.), des aus dem Lettentum hervorgegangenen Wilhelm STEINECK (1681–1735) und den lettischen Predigten *Lettische Sonntags-Arbeit* (1725) von Jakob Friedrich BANKAU († 1725). Ihren ersten Höhepunkt bildet im folgenden Jahrhundert das umfangreiche Werk des Aufklärers Gotthard Friedrich STENDER (1714–1796), der mit lettischen Märchen, Fabeln, Erzählungen, Dichtungen und Übersetzungen zum Begründer einer weltlichen lettischen Literatur wird.

Erst mit dem Rückgang des Analphabetentums unter Esten und Letten zu Ausgang des 18. Jahrhunderts nämlich kann auch von einer estnischen bzw. lettischen Literatur für estnische bzw. lettische Leser die Rede sein, bis dahin ist fast alles, wie schon die vielfach deutschen Titel estnischer und lettischer Druckwerke bezeugen, nicht etwa Lektüre für das Volk, sondern Textmaterial für Landpastoren zur Predigt und Katechese in den Volkssprachen, allenfalls Sprachübung oder bloße Sprachspielerei wie die barocken Gelegenheitsgedichte und Hochzeitscarmina deutscher Literaten untereinander auf estnisch oder lettisch. Wollte man Literatur nicht nach dem sprachlichen Befund, sondern nach den Verfassern und der intendierten Leserschaft klassifizieren, wäre es insofern ironischerweise gerechtfertigt, das gesamte estnische und lettische Schrifttum des 17. Jahrhunderts der deutschen Literatur im baltischen Raum zuzurechnen.

3. Gäste aus dem Reich

Neben die im estnisch/lettischen Schrifttum sich dokumentierende Besinnung auf die regionale Sonderstellung im Kreise der Geistlichen kommen auf enger literarischem Gebiet neue Anstöße durch Besucher und zeitweilige Gäste aus dem Kreis der zeitgenössischen reichsdeutschen Schriftsteller. Sie dokumentieren die enge Verbindung zum Mutterland, das den Raum Altlivlands ungeachtet der politischen Besitzverhältnisse weiterhin zum deutschen Kulturraum rechnete. Auch wenn diese Gäste schon aus Gründen ihres Herkunftsmilieus und der zeitlichen Begrenzung ihres Aufenthalts kaum der baltischen Literatur zuzurechnen sind, gehören ihre Beeinflussung durch die baltische Kultur und deren Rückwirkung auf sie in diesen Zusammenhang.

Enge Beziehungen bestanden naturgemäß zum nächstliegenden binnendeutschen Kulturzentrum in Königsberg mit seiner für viele Balten attraktiven Universität und dem Königsberger Dichterkreis um Simon Dach, dem auch der Rigaer Röttger ZUM BERGEN (s. u.) nahestand. Das geistige Haupt des Königsberger Dichterkreises, der Jurist Robert ROBERTHIN (1600–1648), war schon vor Beginn seines eigentlichen literarischen Schaffens um 1625 Hauslehrer (Hofmeister) beim Amtshauptmann Hermann von Maydell in Pilten/Kurland gewesen. Auch sein Freund Andreas ADERSBACH (1610–1660) aus Königsberg war seit 1650 Rat des Herzogs Jakob von Kurland und als Diplomat oft dessen Vertreter am polnischen Hof.

Über persönliche Einzelfälle hinaus profitiert der deutsch-baltische Kulturaustausch vom Bemühen der Staaten um Handelsbeziehungen im Zeichen des Merkantilismus. Um das portugiesisch-holländische Monopol des Persienhandels zur See zu brechen, stellte Herzog Friedrich III. von Holstein-Gottorp 1633 eine Gesandtschaft auf, die auf dem Landweg von Reval durch Rußland Handelsbeziehungen mit Persien anknüpfen sollte. Als deren Sekretär und Dolmetscher reiste der sprachenkundige Adam OLEARIUS (1599–1671) zunächst 1633–1635 mit einer 34köpfigen Delegation über Riga, Dorpat und Narwa nach Moskau, um dort die Genehmigung zur Durchreise nach Persien zu erbitten, und sodann vom Oktober 1635 bis April 1639 nunmehr mit 124 Mann über Reval, wo einige Teilnehmer auf ihn warteten, nach Isfahan und zurück nach Gottorp. Durch Schiffbruch, Winter und andere Umstände wurde die Gesandtschaft 1635/36 und 1639 monatelang in Reval aufgehalten und lernte nicht nur baltische Gastfreundschaft, sondern auch Land und Leute kennen. Olearius insbesondere, der bei dieser Gelegenheit Katharina Müller, die Tochter des Revaler Ratsherrn Johann Müller, heiratete, nutzte seine Kenntnis der baltischen Zustände zu anschaulichen Schilderungen des Stadt- und Landlebens in Estland in seiner berühmten, vielfach aufgelegten und übersetzten Reisebeschreibung *Oft begehrte Beschreibung Der Newen Orientalischen Reise* (1647; erweitert 1656 als *Vermehrte Newe Beschreibung Der Muscowitischen und Persischen Reyse*). Mit teils eigenen Kupferstichen illustriert, durch eigene, Paul Fremings und anderer Gedichte –

so jenes vom *Lifflendisch Bur* (s. o.) – aufgelockert, begründete dieses Werk die wissenschaftliche Reisebeschreibung in deutscher Sprache. Und obwohl natürlich vor allem die Schilderungen aus Rußland und Persien Interesse erregten, ist es ein Glücksfall für das Baltikum, daß Olearius ihm dank widriger Umstände ebenfalls breiteren Raum geben konnte.

Für die baltische Literatur indessen war weniger Olearius selbst von wegweisender Bedeutung als vielmehr ein anderes Mitglied der Gesandtschaft: Paul FLEMING (1609–1640). Seinem einstigen Magisterprüfling und *poeta laureatus* (1631) mit einer bereits ansehnlichen Publikationsliste bot Olearius den relativ belanglosen Posten eines Hofjunkers und Truchseß bei der Expedition an. Fleming stellte seine Teilnahme in seinem Reiselied unter Gottes Ratschluß («In allen meinen Taten», 1633), feierte die Holsteiner Gesandtschaft in einer Ode (1633) und reiste mit ihr über Riga, Dorpat, Narwa und Nowgorod nach Moskau. Im Januar 1635, als die Spitzen der Gesandtschaft den Landweg zurück nach Gottorp wählten, blieb er mit den unteren Chargen in Reval zurück, um das Eintreffen der Hauptexpedition im März 1636 abzuwarten. Dieses Revaler Jahr und ein neuer dreimonatiger Aufenthalt auf der Rückreise von Persien im April–Juli 1639 führte Fleming in engen Kontakt mit der baltischen Literaturgesellschaft der Prediger, Lehrer, Ratsherren und Schöngeister, die den Vertreter reichsdeutscher Literatur mit offenen Armen aufnahmen, und legte im Austausch der Geister den Grundstein zur baltischen Barockdichtung. Eine Sammlung von fast 400 Gedichten in der Bibliothek des Revaler Gymnasiums, meist zeitdurchschnittlichen Gelegenheitsdichtungen des Revaler Kreises aus den Jahren 1637–1644, legt davon Zeugnis ab.

Flemings Versuch jedoch, auch sein persönliches Schicksal an Reval zu binden, scheiterte. Seine Verlobung mit der Revaler Kaufmannstochter Elsabe Niehus(en), der «Baltie», «Basilene» u. a. seiner Liebeslyrik, wurde während seiner – wohl gegen ihren Wunsch unternommenen – Persienreise von ihr gelöst, und der anschließend 1639 erfolgten Verlobung mit deren jüngerer Schwester Anna («Anemone») fehlte die Erfüllung. Auf der Rückreise von Leiden, wo Fleming sein medizinisches Doktorexamen abgelegt hatte, um sich in Hamburg als Arzt niederzulassen oder – wie es die baltische Version will – das angebotene Amt eines Stadtphysikus in Reval anzutreten, erlag der Dichter einer Lungenentzündung.

Insofern als ein wesentlicher Teil von Flemings deutscher Liebeslyrik dem Revaler Liebeserlebnis entsprang und im Baltikum entstand («An die baltischen Sirenen» 1636; «Elsgens treues Herz»; «Ein getreues Herze wissen»; Sonette IV, 33–37), als ein ansehnlicher Teil seiner Gelegenheitsdichtung den Revaler Freunden (R. Brockmann, T. Polus u. a.) gewidmet und in Reval gedruckt ist und als schließlich das Erlebnis baltischen Stadt- und Landlebens auch in seiner beschreibenden Lyrik Niederschlag gefunden hat («Lieffländische Schneegräffin» 1636; «An den Steinbruch zu Reval»), kann dieser Teil von Flemings Schaffen für die baltische Literatur in Anspruch genommen werden. Auch für Fleming selbst war die russisch-persische Reise der entscheidende Wendepunkt von barock-galanter Lyrik im Zeichen des Petrarkismus zu einer durch die Erfahrungen von Einsamkeit und Individualität auf der Reise durch fremde Länder gestärkten Persönlichkeitsaussage. Gelehrsamkeit, Tradition und Konvention des Barock weichen zunehmend einem persönlich-gefühlsmäßigen Unterton, der zwar noch nicht individuelle Seelen- und Erlebnisaussprache ist, aber doch in den besten Werken selbst in unpersönlichen Verallgemeinerungen und im Rollencharakter der Aussage starkes Persönlichkeitsbewußtsein, Gefühlsintensität, kraftvolle Einfachheit und frische Lebensnähe durchscheinen läßt. Hinter aller Formerfüllung, allen mythologischen Anspielungen, petrarkistischen Metaphern, rhetorischen Sprachkünsten und Buchstabenspielereien bricht gelegentlich eine unverblümte Aussage mit männlicher Direktheit durch. Das bezeichnet Flemings Sonderstellung innerhalb der deutschen Barockliteratur und erst recht innerhalb von deren baltischen Nachahmern.

Was Fleming versagt war, nämlich im Baltikum Fuß zu fassen, gelang schließlich dem dritten deutschen Schriftsteller aus der Holstein-Gottorper Gesandtschaft, dem Gesandten Philipp CRUSIUS (1597–1676, 1649 geadelt als von Krusenstjerna), der 1639 die Revaler Ratsherrntochter Maria Müller, Schwägerin von Olearius, heiratete, in schwedischem Dienst Assessor am Burggericht Reval und 1659–1670 königlich schwedischer Statthalter von Reval wurde. Neben geistlichen Liedern schildert er in beschreibenden Gedichten Blüte und Überfluß seiner Wahlheimat und deren Verheerung durch die Russeneinfälle.

War die Holstein-Gottorper Gesandtschaft ein Glücksfall für die Aktivierung des literarischen Bewußtseins im Baltikum, so mögen die baltischen Zeitgenossen an anderen, vereinzelten Besuchen deutscher Literaten weniger Freude gehabt haben. Der Dithmarscher Joachim RACHEL (1618–1669), der 1640 in Dorpat studierte und dann bis 1651

Hauslehrer bei von Vietinghoff in Livland war, schrieb während dieser Zeit die *Centuria epigrammatum in Livonia edita* (o. J., Philipp Crusius gewidmet), die erst als zahme Vorstufe seiner späteren Verssatiren gegen Modeunwesen, Unsitten und andere Entartungen der Zeit gelten können. Auch sind seine schulmeisterlichen Moralsatiren so zahm und unpersönlich, daß Vorbilder sich nicht getroffen fühlten.

Weniger angenehme Erinnerungen aber mögen beide Seiten mit dem Besuch des ersten deutschen Berufsschriftstellers und Romanciers Philipp von ZESEN (1619–1689) verbinden, der 1654 als Gast des schwedischen Gouverneurs Graf Heinrich von Thurn, Mitglieds der von Zesen gegründeten Deutschgesinnten Genossenschaft, in Reval weilte. Ein Schreiben aus den Akten der Fruchtbringenden Gesellschaft berichtet, daß Zesen durch mehrere Pasquille die Revaler Gesellschaft brüskiert habe. «Er hat allhier auf eines Ratsherrn Tochter, Kord Vegesack seiner Schwester Tochter, ein Pasquill gemacht und dieselbe so grob angegriffen, daß, wenn nicht der Graf ihm das Leben erbeten, würde der Rath von Reval einen anderen Tanz mit ihm getanzelt und ihm den Kopf haben wegschlagen lassen.» Die Texte, aus denen hervorginge, wo für die Revaler der Spaß aufhörte, haben sich wundersamerweise leider nicht wiederfinden lassen.

Weniger Aufsehen erregte anscheinend die Reise des vielleicht größten Sonderlings der deutschen Barockliteratur, Quirinus KUHLMANN (1651–1689), der im Frühjahr 1689 von Amsterdam über Danzig, Riga und Nowgorod nach Moskau reiste, um den Zaren für seine exzentrischen chiliastischen Spekulationen zu gewinnen, jedoch dort den Ketzertod auf dem Scheiterhaufen erlitt. Unruhen und Scherereien, die der Schwärmer in Danzig erlebte, lassen die Vermutung zu, daß er sich in Livland sehr zurückhielt oder, wie an der russischen Grenze belegt, unter falschem Namen reiste.

Es ist nicht viel, was das Mutterland meist durch reiselustige Außenseiter an persönlichen Kontakten zur baltischen Literatur beisteuerte, und deren Spuren lassen sich nur unvollkommen verfolgen. Sieht man sie jedoch im Zusammenhang mit dem Einfluß der reichsdeutschen Literaten, die sich für längere Zeit oder dauernd im Baltikum niederließen, mit den Erfahrungen baltischer Reisender und Studenten im Reich und dem Zufluß an literarischen Erzeugnissen aus dem Reich, so erklärt sich, weshalb die baltische Barockliteratur in ihrem provinziellen Bereich den Anschluß an die mutterländische Entwicklung keineswegs verlor.

4. Die Lyrik

Barocke Lyrik ist nicht Ichaussprache des Gefühls und individuelle Erlebnisaussage einer markanten Persönlichkeit, sondern lernbares und als Schulfach gelehrtes Kunsthandwerk, ein Geschicklichkeitsspiel der Gebildeten (Pastoren, Professoren, Lehrer, Juristen, Räte und Standesherren) zur festlichen Erhöhung des Daseins. Nicht das originale, unverwechselbare Erleben zählt, sondern die formale Meisterung der Sprache und die Erfüllung der vorgegebenen Kunstformen im Bereich der durch Martin Opitz eingeleiteten Dichtungsreform, die sich rasch auch im Baltikum durchsetzt. Der Erhöhung des Kunstcharakters dienen Wort- und Reimspiele, Akrosticha, Anagramme und der pathetisch-bombastische, rhetorische Stil, der in seinen Übersteigerungen, seinen mythologischen Vergleichen und der bukolischen Schäfermaske dem Ereignis oder Erlebnis einen überindividuellen Sinn unterlegt, im Wortschwall des mißverständlich sogenannten Schwulststils mit seinen Manierismen die innere Angst, Unsicherheit und Zerrissenheit eines stets gefahrbedrohten Lebens überdeckt. Aus der Erlernbarkeit und allseitigen Anwendbarkeit der dichterischen Formen auf alle Lagen und Wechselfälle des Lebens resultiert die Unpersönlichkeit der Werke, hinter denen nur selten eine Dichterpersönlichkeit greifbar wird: Die Formen sind austauschbar. Hierin liegt auch der Grund dafür, daß die Masse der baltischen Barocklyrik in der deutschen Literaturwissenschaft praktisch unbekannt geblieben ist und weiterhin der Erschließung harrt: Der Vergleich mit den binnendeutschen Ergebnissen würde keine neuen Nuancen oder Akzente ergeben. Großen literarischen Leistungen waren weder die politischen Zeitumstände noch die provinzielle Enge der Literaturgesellschaft förderlich, und Ausstrahlungen fanden nur dort statt, wo die Verfasser selbst wie Johann von Besser ins Reich gingen. Diese Umstände zusammengenommen erklären, daß eine knappe Übersicht der baltischen Barocklyrik mehr Namen – und sonst unbekannte Namen – als individuelle Charakteristiken geben muß und die allgemeinen Kennzeichen barocker Lyrik als bekannt voraussetzen, nicht am provinziellen Einzelfall explizieren kann.

Die religiöse Lyrik zeigt noch am ehesten persönlich emotionale Töne, wenngleich auch hier die Tradition der Psalterparaphrasen und Passionsdichtungen vorherrscht und sich Verfasserindividualitäten stärker durch den nichtreligiösen Teil ihres Werkes profilieren.

Flemings Revaler Freund, der Gymnasialprofessor und Probst Rainer BROCKMANN (1609–1647) aus Mecklenburg, etwa dichtete auf Anregung Flemings deutsche und estnische Kirchenlieder und machte sich um die estnische Bibelübersetzung verdient; er gewinnt aber Individualität erst in seinem «Loblied auf die estnische Sprache». Hatte Fleming in der «Liefflländischen Schneegräffin» noch das estnische Üks-Kaks-Kol (Eins-Zwei-Drei) als «das ich noch nicht versteh' und auch kein Gott nicht kann» belächelt, so kommt Brockmann zu einer idealistischen, doch angesichts des Analphabetentums der estnischen Bauern reichlich wirklichkeitsfremden Auffassung: «Andre mögen andres treiben: / Ich hab' wollen Estnisch schreiben. / Estnisch redet man im Lande, / Estnisch redet man am Strande, / Estnisch red't man in den Mauern, / Estnisch reden auch die Bauern, / Estnisch reden Edelleute, / Die Gelehrten gleichfalls heute. / Estnisch reden auch die Damen, / Estnisch, die aus Deutschland kamen. / Estnisch reden Jung' und Alte; / Sieh, was man vom Estnisch halte! / Estnisch man in Kirchen höret, / Da Gott selber Estnisch lehret; / Auch die klugen Pierinnen / Jetzt das Estnisch liebgewinnen. / Ich hab' wollen Estnisch schreiben, / Andre mögen andres treiben!» Sagt's und schrieb's auf deutsch!

Wie das Estnische außerhalb liturgischer Texte zum heiteren Gesellschaftsspiel der Gelegenheitsdichtung dient, sinkt auch das Niederdeutsche im 17. Jahrhundert zum Ausdruck behäbigen Humors vor allem in Hochzeitsliedern ab, so in dem niederdeutschen Hochzeitsgedicht des Feldpredigers Cyriakus MARTINI (1633–1682), der hier wie in religiösen Gedichten und Predigten zum Lobredner der guten alten Zeit gegen Alamode-Erscheinungen wird.

Aus persönlichem Erleben entstanden die geistlichen Lieder von Christopher KRAUS (* 1628), der seine zweijährige Gefangenschaft in Moskau auch in einer reichlich unbeholfenen Alexandrinerdichtung *Unbemannte Gedult, Oder Trost-Gedancken, In zustossendem Unglück und Gefängnüs* (1659) schildert. Der Schäfermode huldigt der Rigaer Domschulrektor und Pastor Liborius DEPKIN (1652–1708) in *Gebundenes Hirtengespräch, dem blutrünstigen Jesuleiden zu Ehren abgefasset* (1676) ebenso barock übersteigert wie seine geistlichen Sonette *Gott-geheiligte Evangelien-Andachten über das gantze Kirchen-Jahr* (1681). Der weitgereiste Johann WITTE VON LILIENAU (1653–1679) schrieb neben religiösen Gedichten eine Passionsdichtung *Christus patiens* (1671) in lateinischen Distichen.

Aus dem Umkreis barocker Religiosität treten bei verbesserten Bildungsbedingungen auch die ersten baltischen Dichterinnen hervor: Religiöse Dichtungen und Prophezeiungen schrieb die als chiliastische Schwärmerin umhergetriebene Eva Margaretha FRÖLICH (2. Hälfte 17. Jahrhundert), geistliche und weltliche Arien die auch als Komponistin begabte Regina Gertrud SCHWARTZ (* 1690).

Als Persönlichkeit besser faßbar, weil auch sozial stärker exponiert unter den religiösen Barockdichtern, ist einzig Gustav von MENGDEN (1625–1688). Der Großgrundbesitzer, schwedische Generalmajor, Führer im Kampf der livländischen Ritterschaften gegen die schwedische Güterreduktion Karls XI. von Schweden, war ein unerschrockener Edelmann und eine vielseitige Natur als Soldat, Politiker, Dichter und Komponist und zugleich ein biederer, erdnaher, furchtbarer Spötter über falsche Anmaßung und Alamode-Torheiten. Die Unerschütterlichkeit eines mannhaft aufrechten Christentums, vielleicht der Rückhalt eines so vollrunden Charakters, bekundet sich in seinen hochdeutschen religiösen Dichtungen, vor allem in den *Sonntages Gedanken eines Christen* (1686) und der mehr vom manieristischen Stil des Hochbarock geprägten Psalmendichtung *Der verfolgete errettete und lobsingende David, das ist: Alle Psalmen Davids in Reimen gefasset* (1686), denen 34 musikalische Psalmen-Vertonungen Mengdens beigefügt sind.

Hinter den zeittypischen Kunstübungen jedoch wird die Persönlichkeit spürbar in zwei niederdeutschen Scherzgedichten, die nicht zur Veröffentlichung gedacht waren: Eine launige Versepistel an den Freund Hermann von Vietinghoff (1671) setzt die eigene bodenständige Urwüchsigkeit gegen schwedisches Alamodetum, und die niederdeutsche Reimpaarsatire *De fief Düwelskinder* (um 1680) überschüttet die fünf schwedischen Beamten der Kommission zur Durchführung der Güterreduktion in Livland mit derbem, persönlichem Spott, geißelt rücksichtslos ihre menschlichen Schwächen und erweist wiederum, daß baltische Dichtung ihre besten Werke oft nicht der Selbstgenügsamkeit, sondern der Bedrohung, der Verteidigung und dem Zorn verdankt. Es spricht für die Integrität des Verfassers, daß er dem erzürnten Karl XI. gegenüber sich zu seiner anonymen Satire bekannte.

Mengdens Nachfolger als Wortführer Livlands im Widerstand gegen die schwedische Güterreduktion war der gebildete Edelmann und Offizier Johann Reinhold von PATKUL (1660–1709), der einem schwedischen Todesurteil entfloh, halb aus persönlicher Rache, halb im Interesse seines Standes in eigener Regie das Bündnis gegen Schweden im

Nordischen Krieg zustandebrachte und, vom sächsischen Kurfürsten verraten, mit dem Tode büßte. Mit seinen wortgewaltigen Denkschriften, Streitschriften und Suppliken und zwei unter seinem Namen gehenden Kirchenliedern, davon eins ihm sicher zu Unrecht zugeschrieben, gehört er einerseits als Schriftsteller der Literaturgeschichte an, andererseits wurde er früh zur literarischen Figur, die mit ihren Konflikten vor allem im 19. Jahrhundert mehrere Dramatisierungen (K. Gutzkow, 1842) und erzählerische Darstellungen meist durch baltische Autoren erfuhr.

Stärker noch als in den metrisch einfachen religiösen Gedichten und Kirchenliedern tritt das Formenspiel barocker Lyrik in der Gelegenheitsdichtung zutage, die romanische Formen vom Sonett und der Pastorelle bis zu den sangbaren Kantaten, Madrigalen und Serenaden – Beitrag der Organisten und Kantoren – durchspielt und alle Gelegenheiten, Geburt, Taufe, Verlobung, Hochzeit, Jubiläum und Tod, zum Anlaß poetischer Erhöhung nimmt. Letzterer dienen neben der Schäfermaske und der amönen Landschaft aus spätgriechischer Tradition mit ihren stereotyp allgemeingültigen Schäfernamen vor allem die heute oft kaum nachvollziehbaren Anspielungen auf griechische und römische Mythologie und Geschichte, die einen doppelten Zweck als Schmeichelei für den Adressaten wie als Bildungsprunk des Verseschmiedes erfüllen. Jeder noch so geringe Anlaß zur Selbststilisierung ins Überzeitliche ist willkommen als Überwindung von Zeitangst und Tod und als Erhöhung der Festlichkeit des Daseins. Die Verfasser rekrutieren sich aus demselben Literatenstand der zumeist zugewanderten Professoren, Lehrer und Prediger, dem das Deutsche ebenso zu Gebote stand wie das Latein.

Wiederum müssen ein paar Namen stellvertretend für viele stehen: Der Dorpater Geschichtsprofessor und *poeta laureatus* Friedrich MENIUS (um 1600–1659) verfaßte neben deutschen und lateinischen Schriften zur Geschichte und Geographie Livlands ein Festgedicht auf die Universitätsgründung und ein Klagelied auf Gustav Adolfs Tod. Der Professor für Dichtkunst am Revaler Gymnasium David CUNITZ aus Pommern und der Rektor der dortigen Stadtschule und *poeta laureatus* Johann Sebastian MARKARD (1622–1659) aus Schweinfurth schrieben Gelegenheitsgedichte auf aktuelle Ereignisse, und der Jurist Hermann SCHWEMBLER († 1657) sammelte *Deutsche Gedichte in drei Büchern* (1653).

Barock überpersönlich bei allem Aufwand an Naturmetaphern sind auch das Grabgedicht auf den Tod eines jungen Mädchens (Katharina von Flygeln) von dem Rigaer Pastor Johann HARTMANN (um 1610–1657) und das humoristische niederdeutsche Hochzeitscarmen an Melchior Dreiling (1650) von Christian BRASNEKEN.

Auf dem Boden dieser gemeineuropäischen Tradition formaler und sprachlicher Erfüllung der Kunstanforderungen erwuchs denn auch der einzige über die Grenzen des Baltikums hinaus bekannte Dichter des 17. Jahrhunderts: Johann von BESSER (1654–1729). Indessen ist nicht zu übersehen, daß seine literarische Entfaltung sich außerhalb des heimatlichen baltischen Milieus vollzog. Der kurländische Pastorensohn begleitete nach Abschluß seines Theologiestudiums 1675 als Hofmeister einen Herrn von Maydell nach Leipzig. Als dieser im Duell fiel, entsagte Besser der Theologie zugunsten der Jurisprudenz und machte seit 1680 rasch Karriere im diplomatischen Dienst des Großen Kurfürsten. Bei einer diplomatischen Mission in London 1684/85 erweckte der dortige Thronwechsel sein Interesse an Hofzeremonien, und Besser wurde mit Hilfe seiner reichhaltigen Fachbibliothek bald zum ersten Fachmann auf dem Gebiet des Hofzeremoniells. Als preußischer Zeremonienmeister arrangierte er Staatsakte wie 1690 die Erbhuldigung beim Regierungsantritt Friedrichs III. in Königsberg, 1694 den Staatsakt zur Gründung der Universität Halle, 1697 den Empfang Peters des Großen in Königsberg und als Gipfel seiner Karriere 1701 die Königskrönung Friedrichs I. Daneben oblag ihm die Veranstaltung höfischer Feste und Unterhaltungen mit Musik, Ballett, Maskenspiel und Theater sowie deren Textdichtung. Beim Regierungsantritt Friedrich Wilhelms I. 1713 aus Sparsamkeitsgründen entlassen, fand er 1717 eine gleichartige Stellung am Hof des prunkliebenden August II. von Sachsen und Polen in Dresden. Literaturgeschichtlich gesehen, steht Besser damit in der Reihe der deutschen Hofdichter zwischen Friedrich Rudolf Freiherr von Canitz und seinem eigenen Schüler Johann Ulrich von König, die vom spätbarocken Schmuckstil zu nüchternem Klassizismus überleitet und den französischen Stileinfluß durch die deutsche Sprache eingrenzt.

Das Verhältnis der Literarhistoriker zur Erscheinung der Hofpoeten ist normalerweise von ungebrochener Ironie bestimmt und gibt Gelegenheit zu satirisch-sarkastischen Bonmots, weil ihre Dichtung geredet, nicht erlebt ist, weil sie nicht aus dem Überfluß des Herzens, sondern auf Bestellung entsteht, weil sie systemkonform statt sozialkritisch ist und weil sie – was dem romantischen Image des hungernden Dachstubenpoeten ins Gesicht schlägt – Erfolg hatte und sich gut bezahlt machte – Vorteile, deren Abbau Jahrhunderte benötigte. Im Fall Besser kommt noch besonders erschwerend hinzu, daß der erklärte Favorit der Barockforscher und zweifellos sehr viel bessere Poet Johann Christian Günther bei seiner Bewerbung um die Stelle eines Assistenten des alternden Besser (wohl infolge Einnahme berauschender Getränke) abgewiesen wurde. So ungerecht ist die Literaturgeschichte.

Von den sozialen und finanziellen Implikationen, die zum Spott reizten, einmal abgesehen, liegt Bessers Werk keineswegs unter dem Durchschnitt barocker Gelegenheitsdichtung, und nicht nur die verherrlichten Fürsten, auch Literaten der Zeit wie Neukirch, Mencke, Bodmer, Matthisson und Ramler haben ihm Anerkennung gezollt. Als sprachbegabter, routinierter und dienstfertiger Literat, mehr scharfsinniger Verstandesmensch als enthusiasmierter Lobhudler, langsam im Produzieren und mit einem feinentwickelten Sinn für das Decorum begabt, hat er nicht nur seine höfischen Pflichtübungen an unpersönlich zeitgebundenen Lob- und Heldengedichten, Singspielen («Tafelmusiken»), Maskenspielen («Wirtschaften») und Festgedichten mit oder ohne Inspiration absolviert und große Staatszeremonien beschrieben (*Beschreibung von Einweihung der hohen Schule zu Halle*, 1694; *Preussische Krönungs-Geschichte*, 1702), sondern sich auch in freien, unhöfischen Gattungen versucht: in erlebten Liebesgedichten an seine Braut, frischen Leipziger Studentenliedern, ironisch-satirischen Sonetten («Wider das Frauenzimmer») und scharfzüngigen Epigrammen («Scherenschleiferlieder» für Minister von Danckelmann). Dem wechselnden Zeitgeschmack trug seine Dichtung Rechnung, indem sie sich, seiner natürlichen Anlage folgend, vom Galant-Marinistischen über das Schwülstig-Gelehrte und den leicht lasziven Schäferhabit zu einem tändelnden Rokoko hin bewegte. Ein graziös-frivoles Poem wie «Die Ruhestatt der Liebe oder Der Schooß der Geliebten» fand die Bewunderung von Leibniz, weil es das Unanständige mit großem Anstand darstelle, und erregte das Entzücken europäischer Fürstinnen, weil es das Pikant-Zierliche des Versailler Esprit in ein kongeniales Deutsch übertrug. Erst das prüde 19. Jahrhundert hat es als geschmacklose Pornographie abklassifiziert. So gewiß die Wirkung Bessers mit der Wandlung des Zeitgeschmacks in ein bürgerliches Jahrhundert erloschen ist: über das Verhältnis von Talent und Geschmack, Milieu und Charakter, Erfolg und Geld anhand seiner Dichtung sollte erst eine vorurteilsfreiere Zeit die Akten schließen dürfen.

Auf die baltische Literatur selbst hat Besser, seit seiner Studienzeit außer Landes, keinen direkten Einfluß ausgeübt. Seine Rolle innerhalb ihrer beschränkt sich auf die des ersten in jener langen Reihe baltischer Literaten, die ihr Literatentum außerhalb der Heimat, im Mutterland, bestätigen und durchsetzen konnten. Während ein Teil von ihnen später aus der regionalen Herkunft gleichsam exotische Effekte für ihr Schaffen ziehen konnte, entsprach es dem unpersönlichen Zeitstil, daß Bessers Integration keine Relikte und Reminiszenzen an sein Herkunftsmilieu mehr erkennen läßt.

Wie in der deutschen Barocklyrik etwa bei Paul Fleming deutsche und lateinische Poemata gleichberechtigt und nur im sprachlichen Medium je nach Adressaten differenziert nebeneinanderstehen, so unterscheidet sich auch die neulateinische Gelehrtendichtung eher sprachlich und sozial als formal von ihren zeitgenössischen deutschen Gegenstükken. Sozial ist sie fast ausschließlich die Domäne der Gelehrten, d. h. der Universitätsprofessoren und Rektoren aus dem Baltikum oder dem Reich, und sprachlich eröffnet ihnen das Lateinische den Kreis der Gleichgesinnten und Kollegen etwa in Schweden und Polen, aber auch im übrigen Europa, wo ihre lateinischen Fachschriften gelesen werden. Im Unterschied zur deutschsprachigen Gelegenheitsdichtung derselben Kreise ist demnach gerade nicht ein regionaler innerbaltischer, sondern ein internationaler Leserkreis intendiert, und die Aufnahme der Werke mag innerhalb des Baltikums sehr viel geringer gewesen sein als außerhalb: internationale Literatur baltischer Provenienz.

Die Anregung geht dabei vielfach von Kontakten mit deutschen Literaten aus. Timotheus POLUS (1599–1642) aus Merseburg etwa, *poeta laureatus*, Professor der Dichtkunst am Revaler Gymnasium und Kompilator eines erfolgreichen Konversationslexikons *Lustiger Schawplatz* (1639), war ein Revaler Freund Flemings, dessen Epigramme und geistliche Lieder zum Teil in Flemings *Geist- und Weltliche Poemata* (1660) Aufnahme fanden. Frühen lateinischen *Epigrammata* (1624) ließ er ein Heldengedicht auf Gustav Adolf folgen (*Gustavus Adolphus Victor magnus*, 1634), das Verse von Torquato Tasso und Martin Opitz cento-artig verbindet.

Der dem Königsberger Dichterkreis nahestehende Röttger ZUM BERGEN (1603–1661) aus Riga verfaßte als königlich polnischer Sekretär in Königsberg lateinische Huldigungscarmina an den polnischen Hof, lateinische Trost- und Trauerlieder (*Apollo acerbo-dulcis*, 1651) und eine lateinische Lobrede auf Simon Dach.

Auch der vielseitige Gelehrte und *poeta laureatus* Lorenz LUDEN (1592–1654) aus Eckernförde, Professor der Rede- und Dichtkunst in Dorpat, ließ zahlreichen gelehrten Schriften zur Rhetorik, Geschichte, Philosophie und Jurisprudenz eine Fülle lateinischer Gelegenheitsgedichte an den schwedischen Hof und Königin Christine ein *Carmen heroicum* (1641) auf die Universität und ein gleiches auf Gustav Adolf (*Victricia arma Gustavi Adolphi*, 1646) folgen.

Der spätere Revaler Pastor Nikolaus SPECHT (um 1610–1657), der schon als Wittenberger Student in einer patriotischen *Oratio de Livonia* (1630) Livland als deutsche Landschaft gepriesen hatte, veröffentlichte lateinische Lobgedichte auf Personen, und Johann HÖRNICK (1621–1686) aus Plauen, Rektor in Riga und Professor in Reval, pries in lateinischen und deutschen Gelegenheitsgedichten hochgestellte Personen sowie Zeitereignisse. Die Revaler Rektoren Johann Rudolf BREHM (um 1650–1730) aus Erfurt und Christian Eberhard MORIAN setzten die Tradition neulateinischer Gelegenheitsdichtung bis in die Endphase des Nordischen Krieges und das Pestjahr 1710 fort, in dem das Revaler Gymnasium zeitweilig und die Universität Dorpat bzw. Pernau gänzlich in Verfall gerieten und einer der letzten und wenigen einheimischen Professoren der Universität, der Historiker und Latinist Jakob WILDE (1679–1755), als Reichshistoriograph nach Schweden ging.

Einen symptomatischen Querschnitt durch die Formen und Gattungen der baltischen Barockdichtung bietet zum Ausgang des Jahrhunderts schließlich das Werk des Mitauer Stadtschulrektors und kaiserlichen *poeta laureatus* Christian BORNMANN (1639–1714) aus Sachsen. Der geistlichen Dichtung gehört seine Passionsdichtung *Der leidende Jesus* (1690) an, der Gelegenheitsdichtung ist er mit vielen Einzeldrucken und einem flüssig gereimten, schmeichlerischen Lobgedicht auf die Stadt *Mitau* (1686) und ihre teils namentlich genannten Bewohner nachgegangen, und an gelehrte Kreise wenden sich die 980 lateinischen Sinngedichte seiner *Epigrammatum libri tres* (1691). Himmlisches und Irdisches, Diesseitsfreude und Jenseitshoffnung, Größe und Demut des Menschen verbinden sich hier zu jenen Antithesen, aus denen die Barocklyrik ihr Pathos gewinnt.

5. Das Theater

Die vielgestaltige Theaterlandschaft des deutschen Barockzeitalters findet im Baltikum nur kärgliche Widerspiegelung, fehlen doch zwei grundlegende soziale Voraussetzungen: Einmal konnte das der *propaganda fidei* gewidmete gegenreformatorische Jesuitentheater des katholischen Süddeutschland im protestantischen Baltikum kaum Fuß fassen, zum anderen fehlten die auf höfische Prunkentfaltung bedachten Fürstenhöfe mit ihren Schauzügen, Opern, Festspielen, Singspielen, Balletten, Musik und Maschinenzauber, die im Mutterland zur Errichtung der ersten festen Theater geführt hatten. Da aus den gleichen Ursachen auch die schriftliche Dokumentation über Theateraufführungen entfällt, bleibt die Quellensituation, auf Einzelnachweise in den Ratsakten der Städte beschränkt, dürftig, und die gern gehegte Vorstellung von einer etablierten Kontinuität des Theaterlebens entspringt mehr dem Wunschdenken als den sparsamen konkreten Belegen.

Auch ein baltisches Drama existiert im 17. Jahrhundert nicht; die Spieltexte sind, von eventuellen lokalen Bearbeitungen abgesehen, durchweg Importe der jeweiligen Theatertruppen.

Als baltischer Ausläufer des Jesuitentheaters sind lateinische Aufführungen der Jesuitenkollegien in Riga und Dorpat belegt: Zum Empfang des Bischofs Otto Schenking spielten die Zöglinge des Jesuitenkollegiums in Riga 1614 auf dem Platz bei der Jakobikirche eine Komödie *De Cambyse*, gefolgt von einem Christgeburtspiel.

Vom protestantischen Schuldrama, das aus der Reformationszeit fortwirkt, sind ebenfalls nur einzelne Aufführungen alttestamentlicher Stoffe wie *Susanna* (1644 Riga), *Komödie von Abraham und Isaak* (1645 Riga) und *Judith* (1648 Riga) bezeugt. Noch 1668 gab es eine Schüleraufführung zu Ehren des schwedischen Gouverneurs in der Großen Gilde von Reval. Mit dem zeitweiligen Verfall der Schulen durch Kriegswirren und Pestjahre erlischt auch diese Tradition und wird seit Mitte des Jahrhunderts durch die wandernden Berufsschauspielertruppen abgelöst.

Vereinzelt begegnen noch Liebhabertruppen: 1662 bittet die Tischlerinnung den Bürgermeister von Riga um die Erlaubnis, zu Fastnacht das *Tischlerspiel* aufzuführen, über das eine klare Vorstellung nicht zu gewinnen ist, und in Reval führte die private Liebhabertruppe des «Tanzmeisters» Hinrich Moos zumindest zu Fastnacht 1665 und 1666 im Hause der Canutigilde Schauspiele auf, darunter im Februar 1666 Johann Rists aktuelle Allegorie *Friedewünschendes Teutschland*. Über die Funktion des Tanzmeisters im Zusammenhang mit Theateraufführungen ist viel gerätselt worden. Die dokumentierte Tatsache, daß er den Revaler Ratsherren und nicht dem Adel (der ja seine Hofmeister hatte) die vorderen Sitzreihen reservierte, läßt aber wohl nur den Schluß zu, daß er den Bürgersöhnen wohl nicht gerade Ballett, sondern in der langbewährten Kombination zusammen mit Tanzstunden auch den gesellschaftlichen Schliff und «polites» Benehmen beizubringen hatte, wozu letztlich auch Auftreten vor der Öffentlichkeit gehörte.

Als erstes Berufstheater gastiert 1630 in der Gildestube in Riga das Marionettentheater des Jakob Wigandt mit einem kleinen Dramenrepertoire, zu dem unter anderem eine *Susanna* und ein Ritterschauspiel um Herzog Karl den Kühnen von Burgund gehörten. Auch später sind reisende Marionettentheater, wohl wegen der unverhältnismäßig geringen Reisekosten im Vergleich zu denen ganzer Wandertruppen, bezeugt, so in Reval 1685 Lorentz Bardt und 1696 Johann Ström.

Das wandernde Berufsschauspielertum fand seinen Eingang um die Jahrhundertwende zunächst mit den sogenannten Englischen Komödianten, die von England aus seit 1585 den Kontinent bereisten, durch den Dreißigjährigen Krieg teilweise nach Skandinavien abgedrängt wurden und über Dänemark oder Schweden auch baltische Städte erreichten. Mit Schauspielern beiderlei Geschlechts spielten sie zunächst rohe, reißerische deutsche Adaptionen der elisabethanischen Dramatiker. Eine Auswahl deutscher Fassungen hatte der spätere Dorpater Professor Friedrich MENIUS (s. o.) als *Englische Comedien und Tragedien* 1620 in Leipzig herausgegeben. Bezeugt ist für das Baltikum nur die *Tragödie von der Märterin Dorothea* nach Philipp Massingers *The Virgin Martyr*.

Gastspiele englischer Komödianten fanden nachweislich 1644 und 1647 in Riga durch die Truppe von Robert Reinold und Aron Asken, 1665/66 in Reval und Riga durch die – eigentlich holländische – Truppe von Jan Baptista van Fornenbergh statt. Um 1670 wurden sie abgelöst durch rein deutsche Wandertruppen, die auf ähnlichen Routen mit einiger Regelmäßigkeit ihre mit Hanswursteinlagen versehenen pompös-pseudohistorischen Haupt- und Staatsaktionen zur Aufführung brachten, die mehr dem Schaubedürfnis und Nervenkitzel, also der Unterhaltung, als literarischem Genuß dienten. Die Tatsache, daß sie sich oft mehrere Wochen an einem Ort aufhielten, läßt auf Publikumserfolg und Zulauf dieser Schaustellungen schließen. 1672 spielte der Hamburger Prinzipal Carl Andreas Paulsen mit einer hochdeutschen Truppe in Riga. 1679 und 1684 folgte die hochdeutsche Truppe Christian Bockhäusers in Riga, die 1684, 1686 und 1690 auch in Reval nachweisbar ist und dort vielleicht sogar ein notdürftiges Interimsgebäude zugewiesen erhielt, das auch anderen Truppen und Veranstaltungen diente. 1692 spielten in Reval die Holländischen Komödianten und 1695 in Riga und Mitau die Kurfürstlich Sächsischen Hofkomödianten unter der Witwe Velten. Obwohl Belege fehlen, ist anzunehmen, daß alle diese Tourneen auch andere baltische Städte berührt haben. Stücktitel sind für die einzelnen baltischen Tourneen nicht überliefert, und der Rückschluß aus dem sonstigen, zum Teil bekannten Repertoire ist nicht beweiskräftig. Der Nordische Krieg bereitete den Reisen der Wanderbühnen um 1700 für vier Jahrzehnte ein Ende.

Hält man das oben geschilderte Bild gegen das des Mutterlandes, so ist der zu erwartende Niveauabfall der Theaterprovinz unleugbar. Weder nehmen die renommierteren Wandertruppen die Strapazen und Kosten der Ostseereise auf sich, noch geben die Dokumente Anhaltspunkte dafür, daß – mit Ausnahme Rists – das zeitgenössische deutsche Barockdrama von Andreas Gryphius bis Christian Weise im Baltikum Einzug hielt. Hinsichtlich des Theaters verharrt das Jahrhundert bei der Rezeption des nach den Gesetzen der freien Marktwirtschaft zufällig Gebotenen.

6. Die Chronistik

Die Geschichtsschreibung des 17. Jahrhunderts, der die nationale, religiöse und moralische Emphase der vorangegangenen Jahrhunderte abging, drang nicht in gleichem Maße wie diese in das Bewußtsein der Zeitgenossen, was schon in der oft um Jahrhunderte verspäteten Drucklegung gründet. Auf dem Weg zur wissenschaftlichen Historiographie bedient sie sich in stärkerem Maße exakter Quellenbelege und bezieht zum Teil die selbsterlebte Zeitgeschichte mit ein. Ihre Hauptwerke nehmen naturgemäß aus protestantischem Geist eine proschwedische Haltung ein.

Dies ist evident bei dem Sekretär schwedischer Herkunft Thomas HIAERNE (1638?-1678), dessen auf Aktenstudien und eigenen Materialsammlungen beruhende *Ehst-, Lyf- und Lettländische Geschichte* bis

1621, in einer Fortsetzung bis 1639 reicht, aber erst 1794 zur Hälfte und 1835–1839 vollständig im Druck vorlag. Ebenfalls auf Urkunden und «selbst-eigene Erfahrung» beruft sich der Revaler Pastor Christian KELCH (1657–1710) aus Pommern in seiner *Liefländischen Historia* (1695), die bis 1689 reicht und in einer erst 1875 gedruckten *Continuation* die aktuelle Zeitgeschichte der Jahre 1690–1707 nachträgt. Sie ist durch die in ihr enthaltene erste schriftliche Aufzeichnung estnischer Volksdichtung auch für die estnische Literatur bemerkenswert.

Für die Literaturgeschichte schließlich ist der universal gelehrte Rigaer Gymnasialprofessor für Geschichte und Rhetorik Henning WITTE (1634–1696) bemerkenswert als Kompilator lateinischer Autorenbiographien und -bibliographien seines Jahrhunderts in den Bänden seiner *Memoriae* (1674–1685) und seines *Diarium biographicum* (II 1688–1691). In der Reduktion auf das kompendiumhafte Faktenwissen und im Verzicht auf Breitenwirkung trennt sich die Fachwissenschaft im 17. Jahrhundert von der allgemeinen schönen Literatur und entzieht sich dem Sichtbereich ästhetischer Betrachtungsweise.

Stärker noch als das Mutterland mögen die Balten des 17. Jahrhunderts im Rückblick das barocke Urerlebnis der Vanitas, der Eitelkeit allen irdischen Bemühens oder, anachronistisch ausgedrückt: der Frustration, empfunden haben, als nach einem hoffnungsvollen Neubeginn, engem kulturellen Kontakt mit dem Mutterland, Aufschwung der Gelehrtenschulen und der Universität, Blüte der Studien und der geselligen Literatur die Pest und der Nordische Krieg Land und Städte leerfegten, die Bevölkerung dezimierten, die Studienzentren verödeten und am Ende des Zeitalters alles Erreichte wieder in Frage stellten. Den Nachkommen, die mit dem Neubeginn Ernst machten, war das Barockzeitalter bald Episode. Dem Mutterland, das sich gerade von ähnlichen Erfahrungen erholt hatte, entschwand das Baltikum zusehends aus dem Gesichtskreis und war noch mehr als zuvor auf sich selbst gestellt. Der Neubeginn hatte unter einem anderen Zeichen zu erfolgen. Auch wenn der inhärente Konservatismus die ständische Struktur der Gesellschaft nicht antastete und eine umwälzende Neubesinnung ausschloß, geschah diese dennoch geistesgeschichtlich und sozialgeschichtlich unter einem neuen Zeichen, dem des aufgeklärten Bürgertums und seiner auslanddeutschen Sonderstellung.

Das 18. Jahrhundert: Aufklärung und Empfindsamkeit

1. Einleitung

Dem Frieden, der mit der russischen Oberhoheit in das Baltikum einzog und der immerhin die nunmehrigen russischen Ostseeprovinzen für fast zwei Jahrhunderte vor dem Schicksal bewahrte, erneut zum Kriegsschauplatz und Spielball im Hinterhof europäischer Politik zu werden, begegnete nur die Grabesstille eines entvölkerten und verödeten Landes. Die Kriegswirren und die Pest hatten die Bevölkerung um zwei Drittel vermindert und nahezu alle Bauten, Kirchen, Schulen, Schlösser, Dörfer und ganze Städte in Trümmer gelegt, die Entwicklung der baltischen Länder also um Jahrzehnte zurückgeworfen. Erst in der zweiten Hälfte des Jahrhunderts wurde der materielle Vorkriegszustand, erst nach 1770 die frühere Bevölkerungszahl eingeholt.

Die Sicherung deutscher Privilegien, des ritterschaftlichen Besitzstandes, des evangelischen Glaubens, der deutschen ständischen Selbstverwaltung und Gerichtsbarkeit und der deutschen Verwaltungssprache war nicht nur mit materiellen und Menschenopfern erkauft, sie führte in dem menschenarmen Land auch zu einem menschlichen und geistigen Kräfteverzehr, der allein nicht auszugleichen war. Der Verfall der Lebensqualität aller Schichten, das weitverbreitete Bettlertum, die primitiven Lebensbedingungen auf den Gütern und die Verwilderung der Geistlichkeit durch Einstellung amtsunwürdiger Pfarrverweser spiegeln nur die Müdigkeit und Hoffnungslosigkeit der ersten Nachkriegsphase. Der allmähliche Wiederaufbau nahm Generationen in Anspruch und war nicht ein Gemeinschaftswerk aller Stände, sondern führte infolge unterschiedlicher Voraussetzungen und Zielvorstellungen zu größeren Spannungen im sozialen Spektrum, die erst im folgenden Jahrhundert zu einer graduellen Annäherung und Verständigung gelangten. Während das Land durch Arbeitskräftemangel, Ausrottung des Viehbestands, Absatzschwierigkeiten infolge Zusammenbruchs des Verkehrs und entsprechende Geldknappheit lange darniederlag und die Gutsbesitzer ihre Notunterkünfte in strohgedeckten Blockhütten erst in der zweiten Hälfte des Jahrhunderts durch feste Bauten ersetzen konnten, nutzten die Städte die Möglichkeiten des Seehandels. Aber auch sie waren durch die Auflösung alter Handelsverbindungen im Krieg, durch fehlende Verkehrswege, Mangel an Arbeitskräften und entsprechende finanzielle Engpässe beim Wiederaufbau gehemmt. Auch die Entvölkerung der Kleinstädte führte zu einer Vertiefung der sozialen Gegensätze von Stadt und Land.

Innerhalb der Ständestruktur zog der Adel am ehesten aus den hohen Verlusten sichere Vorteile. Trotz der tiefsten Not durch die Verheerungen des Krieges, die seinen Lebensstandard zeitweilig auf bäuerliches Niveau herabdrückten, war seine soziale und politische Führungsrolle unter Rußland gesichert. Die Rückgängigmachung der schwedischen Güterreduktion sicherte den äußeren Besitz; die Vorschrift, die den Besitz von Rittergütern im wesentlichen dem Adel vorbehielt, im Verein mit der Tatsache, daß allein Rittergüter das Recht auf Vertretung im Landtag hatten, gewährleistete die absolute politische Führungsposition und den maßgeblichen Einfluß des Adels in allen Angelegenheiten, und durch die Bildung der Adelsmatrikel von 1737 und 1743 schlossen sich die Ritterschaften zu einem restaurativen, stagnierenden, allen Fluktuationen und Neuerungen abgeneigten Machtblock zusammen, der für Jahrhunderte die innenpolitische Lenkung des Landes übernehmen sollte.

Im Unterschied zur meist niederdeutschen, niedersächsisch-westfälischen Herkunft des Adels erhielten die anderen Stände durch Zustrom aus dem Reich starke mitteldeutsche, sächsisch-thüringische Elemente. In das Vakuum aus den Katastrophen strömten nunmehr zwar auch noch Einwanderer aus den deutschen Ostseehäfen, aber in stärkerem Maße solche aus Ostpreußen, besonders nach Kurland, und Gebildete aus dem sächsisch-thüringischen Raum. Dieser Zustrom zu allen bürgerlichen Schichten trug nicht nur zur Sicherung des deutschen Bevölkerungsanteils in den baltischen Provinzen bei, er bewirkte auch ihre Erneuerung und – durch die persönlichen Beziehungen der Einwanderer zum Reich – ihre Wiederverankerung im deutschen Volks- und Geistesleben. Nicht allein mehr die früheren Einwanderer, sondern gerade diese Neueinwanderer in ihrer Vorurteilslosigkeit, Unvoreingenommenheit und Zielstrebigkeit prägen bis zu ihrer Integrierung im 19. Jahrhundert die soziale und geistige Ausrichtung des baltischen Deutschtums und das Selbstverständnis des «baltischen Menschen».

Die für das Geistesleben ausschlaggebenden Elemente des Neuzustroms sind die Akademiker (Lehrer, Pfarrer, Ärzte, Juristen), die sich nach anfänglichen Rangrivalitäten zum sogenannten Literatenstand solidarisieren sollten und bald die zweite Position nach dem Adel einnahmen. Ihre Einwanderung wurde der deutschen Kolonie zur Lebensnotwendigkeit, solange keine landeseigene Hochschule die Ausbildung der Jugend übernahm.

Zumal der geistliche Stand war zu 50–65 Prozent auf Einwanderung von Pfarrern angewiesen, da weder das Baltikum noch Rußland evangelisch-theologische Fakultäten hatten und trotz der Menschenleere des Landes anfangs einzelne Landpfarrer bis zu fünf verstreute Gemeinden zu betreuen hatten. Durch hohes gesellschaftliches Ansehen nächst dem adligen Patron, dem sie bildungsmäßig überlegen waren, und durch eine im Vergleich zum Reich hervorragende materielle Absicherung mit Pfarrgütern u. ä. gewann dieser Stand erhebliche Attraktivität für Einwanderer, auch wenn die zu besetzenden Positionen teilweise fast mehr die eines lebenspraktisch-medizinisch-landwirtschaftlichen Beraters als die eines moralisch-geistlichen Seelsorgers umfaßten. Gerade die praktische Komponente des Berufsbildes empfahl das Amt als einzig mögliche soziale Aufstiegschance für die Söhne aus dem Bürgertum. Diese Schlüsselstellung erklärt auch den hohen Anteil des Geistlichenstandes am literarischen Leben der Zeit.

Für die literarische Entwicklung von fast gleichrangiger Bedeutung war die Stellung der Hofmeister, junger Hochschulabsolventen, meist Pfarramtskandidaten, aus dem Reich, die seit der Jahrhundertmitte als Hauslehrer auf die wiedererstandenen baltischen Rittergüter gingen, um gemäß der Infrastruktur baltischen Lebens die jungen Adligen zu unterrichten, nebenher eigene Studien zu vertiefen und zum geistig-gesellschaftlichen Leben beizusteuern. Ihre langfristige Rolle für das literarische Leben ist kaum zu überschätzen: An den deutschen Universitäten mit neuem Ideengut des Pietismus und der Aufklärung sowie mit moderner Literatur der Zeit vertraut gemacht, trugen sie ihr Wissen in die entfernte Kolonie, adaptierten sich dem vorgefundenen konservativen Sozialsystem, nicht ohne ihm neue Denkanstöße zu geben, erlernten zum Teil die Landessprache, erhielten nach Erfüllung ihrer Erzieherpflichten vielfach Pastoren-, Lehrer- oder Juristenstellen vermittelt und gründeten ihrerseits nach Einheirat ins baltische Bildungsbürgertum kinderreiche Familien, die blutsmäßig wesentlich zur Erneuerung des baltischen Deutschtums beitrugen.

Lag die Erneuerung der baltischen Literatur somit im 18. Jahrhundert in den Händen der Geistlichen und der Hofmeister, so spielten der kommerzielle Mittelstand und das Handwerkertum, ihrerseits ebenso durch Einwanderer verjüngt, aber im Zunftwesen um Erhaltung ihrer Erwerbsquellen besorgt und ohne gleichen sozialen und geistigen Zusammenhalt, nur eine untergeordnete Rolle. Erst recht die autochthone Landbevölkerung der Esten und Letten, bis ins 19. Jahrhundert hinein großenteils in jenem Stand der Ausnutzung und Leibeigenschaft gehalten, den man euphemistisch als «patriarchalische Zustände» bezeichnet, blieb von der aktiven Teilnahme am Geistesleben ausgeschlossen. Ihre passive Rolle spielte sie gegen Ausklang des Jahrhunderts als Prüfstein aufgeklärter Toleranz in den Anstößen erst zur Milderung und dann zur Aufhebung der Leibeigenschaft von 1817/18.

Somit verdankt das geistig-kulturelle Leben im baltischen Raum, durch die Katastrophenjahre nicht als Bedürfnis erstickt, aber doch in den Möglichkeiten seiner Verwirklichung eingeschränkt, seine Wiederherstellung erst den Bildungseinwanderern der zweiten Jahrhunderthälfte, die die Leere der Erschöpfung mit neuen Impulsen überwanden. Die geistige Elite mußte sich zwischen dem geistfremden, naturnah-praktischen Landleben, dem Erwerbsdenken der Städte und der französischen Orientierung des Petersburger Hofes eine eigene Stellung erobern und konnte dies nur aus persönlichem Engagement und in naher Verbindung zum Mutterland. Die öffentlichen Institutionen freilich waren in der Kriegszeit weitgehend zusammengebrochen. Der desolaten Auflösung des Schulwesens war nur mit erweiterter und verbesserter Lehrerbildung abzuhelfen. In einer merkwürdigen Verkennung der Aufklärungsideale eines bildungssüchtigen Jahrhunderts blieb Bildung jedoch weiterhin ein Privileg der sozialen Oberschicht. Das Zeitalter bemühte sich zwar verbal, praktisch jedoch herzlich wenig um Volks- und Landschulen. Sie blieben wegen Finanzmangels der Privatinitiative der Patrone und der Geistlichen überlassen, und selbst offizielle Erlasse zur Einführung der Schulpflicht wenigstens im Winter scheiterten zum Teil an regionalen klimatischen Bedingungen und an der materiellen Not der bäuerlichen Unterschicht. Dem städtischen Schulwesen dagegen gaben Pietismus und Aufklärung neue Anstöße, und die Gymnasien der größeren Städte wie Riga, Reval, Mitau und Dorpat bildeten neue Bildungszentren, die auch Lehrkräfte aus dem Reich anzogen. In Ermanglung einer Landesuniversität erlangte die zuerst 1771 als Gymnasium illustre gegründete, 1775 in eine Academia Petrina umgewandelte Bildungsanstalt in Mitau, deren Lehrplan Johann Georg Sulzer entworfen hatte, eine Vorrangstellung, die erst

1802 mit der Neugründung der deutschen Universität Dorpat endete. Zum Studium ging man im 18. Jahrhundert weiterhin an deutsche Universitäten wie Königsberg, Rostock, Göttingen, Jena, Halle oder Leipzig, soweit man nicht deren Absolventen als Hofmeister importierte.

Solche persönlichen Beziehungen zum Mutterland als Heimat oder Studienort, durch Familie oder Bildungsreisen, schlagen die Brücke vom Reich zum Baltikum, das dort im Bewußtsein noch in dem Maße präsent wird wie eben das russische Reich seit seiner Öffnung nach Westen und seiner Teilhabe an den mitteleuropäischen Auseinandersetzungen.

Noch ist das Baltikum nicht das ferne Land, von dem man sich nur durch internationale Abenteurer wie Cagliostro, Casanova oder den «Lügenbaron» Hieronymus Freiherr von Münchhausen erzählen läßt, der «ungelogen» neun Jahre in einem Rigaer Kürassierregiment diente, 1744 die Baltin Jakobine von Dunten heiratete und im gleichen Jahr Ehrenwache für die Prinzessin Sophie von Zerbst, spätere Katharina die Große, hielt. Noch sehen führende Literaten des Jahrhunderts wie Herder, Hamann und Kotzebue es als eine Wirkungsstätte auf Zeit an, und andere streifen es auf ihren Reisen wie der Lyriker und Dramatiker Siegfried August Mahlmann (1771–1826; 1792 und 1798/99 in Livland) und seine Studienfreunde, der Unterhaltungsschriftsteller Christian August Fischer (1771–1829; 1795/96 in Riga) und der Reiseschriftsteller Johann Gottfried Seume (1763–1810; 1805 in Livland), der in *Mein Sommer 1805* (1806) ein anschauliches, kritisches Bild der Zustände und Tendenzen gibt. Die geistige Präsenz des Baltenlandes in der reichsdeutschen Literatur andererseits dokumentieren baltische Figuren im Schrifttum der Zeit. Die Ich-Erzählerin von Gellerts vielgelesenem Roman *Leben der schwedischen Gräfin von G**** (1748) ist Livländerin und berichtet anfangs von ihrer frühaufklärerischen Erziehung in Livland. Lessings Major von Tellheim in *Minna von Barnhelm* (1767), durch sein Insistieren auf dem Ehrenpunkt vielleicht gar nicht atypisch, hat als Kurländer preußische Dienste genommen wie der Feldmarschall von Laudon bei Maria Theresia. Daß der erste Erzähler in Schillers unvollendetem Cagliostro-Roman *Der Geisterseher* (1786) ein Graf aus Kurland ist, mag als Reverenz vor Elisa Gräfin von der Recke verstanden werden, die in Mitau Cagliostros Geisterbeschwörungen als Betrügereien aufgedeckt hatte. Weniger schmeichelhaft für baltisches Selbstverständnis und daher weniger beliebt im Baltikum war die satirisch-humorige Darstellung der baltischen Gesellschaft nach dem Muster Laurence Sternes in Theodor Gottlieb von Hippels Roman *Lebensläufe in aufsteigender Linie* (1778–1781), dem ersten im Baltikum spielenden deutschen Roman von Rang mit seiner auf eigenen Erfahrungen von 1760/61 beruhenden aufklärerischen Kritik an den Feudalverhältnissen und sozialen Abhängigkeiten, an Adelsstolz und Pietisterei.

Das 18. Jahrhundert ist literarisch in vieler Hinsicht eine Zeit des Neubeginns und des Übergangs. In der Zeit der Kriegswirren und des allmählichen Wiederaufbaus normalen Lebens schweigen Literatur und Dichtung. Der sprachkünstlerischen Einflußnahme, Anklage, Warnung, Verteidigung fehlten die Wirkungsabsichten. Wo praktische Daseinsbewältigung das Gebot der Stunde war, hatte die belletristische Verschönerung des Lebens – und als solche wurde Dichtung verstanden – keine Existenzberechtigung. Daß Wortkunst einen Wert sui generis darstellen könnte, diese Einsicht blieb dem kommenden Jahrhundert vorbehalten. Auch die literatursoziologische Gruppierung in Adels-, Literaten- und Bürgerstand fand erst im 19. Jahrhundert ihre Verfestigung. Die Chance zur Selbstfindung des «baltischen Menschen» und zur Definierung baltischer Eigenkultur war trotz aller Zeit zur Selbstbesinnung noch nicht gekommen, solange der Zustrom aus dem Reich anhielt und die Dinge im Fluß blieben.

Selbst die zeitliche Abgrenzung der Aufklärung auf das 18. Jahrhundert und damit schon über ihre innerdeutsche Zeit hinaus entbehrt nicht einer gewissen darstellungspraktischen Willkür, wenngleich die Neugründung der Landesuniversität Dorpat (1802) als geistiger Kristallisationspunkt, die neue Baltenpolitik Alexanders I. von Rußland und die innerbaltische soziale Neuorientierung als Anhaltspunkte einer Epochengrenze dienen können. In der Entfernung vom Mutterland und der konservativen Gesellschaft bleiben literarische Grenzen und Einflüsse unscharf und zerfließend, überlagern sich oder laufen parallel.

Von den großen geistesgeschichtlichen Bewegungen des 18. Jahrhunderts – Pietismus, Aufklärung, Empfindsamkeit, Sturm und Drang; Klassizismus und Romantik wirken sich erst im 19. Jahrhundert aus, Anakreontik und Rokoko gar nicht – erreichte der Pietismus die baltischen Lande noch vor 1700, und zwar gleichzeitig in Philipp Jakob Speners Ausprägung einer Erweckungsbewegung persönlicher Frömmigkeit wie auch in der praxisorientierten Form durch August Hermann

Francke. Durch deutsche und baltische Studenten besonders aus Halle verbreitet, stieß er unter der Oberherrschaft Schwedens als Vertreters des orthodoxen Protestantismus auf heftige Anfeindung und Unterdrückung. Sie führte bis zur Examinierung einreisender Theologen auf ihre lutherische Rechtgläubigkeit und zur Zensur vermeintlich ketzerischer Schriften. Unter der russischen Herrschaft des dem Pietismus wohlgesinnten Peter I. änderte sich die Situation grundlegend. Pfarrer und Lehrer aus Halle wurden ins Land gezogen. Der Besuch des Grafen Zinzendorf in Livland und Estland 1736 gab der Herrnhuter Bewegung großen Aufschwung und führte zur Einwanderung von Herrnhutern und sogar 1737 zur Gründung eines Herrnhuter Lehrerseminars in Wolmar. Auch als ein kaiserliches Verbot auf Betreiben der lutherischen Orthodoxie 1743–1764 zeitweilig die Herrnhuter unterdrückte, griff die Bewegung im stillen weiter aus, erreichte nach Wiederherstellung der Glaubensfreiheit um 1840 ihren Höhepunkt und wirkte noch ein Jahrhundert später in der evangelischen Landeskirche nach. Das Herrnhutertum erfaßte nicht nur weite Kreise der Geistlichkeit, sondern auch einen Teil des Adels, weniger dagegen das deutsche Bürgertum. Seine unverhältnismäßige Bedeutung für die baltischen Lande lag jedoch in seinem Einfluß auf die Landbevölkerung der Esten und Letten. Durch aktive Teilnahme am Gemeindeleben im Zeichen christlicher Brüderlichkeit und praktische Seelsorge vermittelte es ihnen Selbstbewußtsein, menschliches Zugehörigkeitsgefühl und soziales Verantwortungsbewußtsein.

Neben dem prägenden Einfluß auf das geistliche Klima ist die Wirkung des Pietismus auf die deutschbaltische Literatur im engeren Sinne jedoch beinahe bedeutungslos. Seine literarische Wirksamkeit konzentriert sich auf Bibelübersetzungen, Erbauungsschriften, Bekenntnisliteratur und Predigten in den Volkssprachen und ist – um auch die Kehrseite der Medaille zu erwähnen – so intensiv, daß an den Konzentrationspunkten der Brüdergemeine die als abergläubisch betrachtete Volksüberlieferung und das alte Volkslied binnen kurzem erloschen.

Nicht in ihren Ausgangspunkten – Glauben gegen Vernunft –, wohl aber in ihren praktischen Zielen des Dienstes am Nächsten, der Humanität und Toleranz, in ihren Idealen einer eindringlichen Erziehung des Volkes und der Verbesserung der materiellen wie der politisch-sozialen Zustände des Landes, auch in ihrer kämpferisch-missionarischen Ausrichtung erweisen sich Pietismus und Aufklärung hier als geistesverwandte Strömungen aus gleichem Zeitgeist. Unter diesem Aspekt erlebt das letzte Drittel des Jahrhunderts einen Abbau und Ausgleich der Spannungen.

Wie der Pietismus und noch stärker als dieser ist die Aufklärung, der vorherrschende Grundzug des geistigen Lebens im 18. Jahrhundert, eine importierte Geistesströmung, noch mehr vielleicht insofern, als nicht ihre Hauptvertreter das baltische Land bereisen, sondern sie auf sekundärem Wege und durch sekundäre Vertreter und mehr noch auf literarischem Wege ihren Eingang fand – etwas später als im Mutterland, mit der üblichen kolonialen Phasenverschiebung, aber dafür bis tief ins 19. Jahrhundert nachwirkend. Ihre Ideale der Vernunftherrschaft, Humanität, Toleranz, Naturbeherrschung und der Emanzipation des Menschen fanden offene, uneingeschränkte Aufnahme in der Schicht der Gebildeten und der bürgerlichen Stadtbevölkerung, so daß, vereinfachend gesagt, einer pietistisch bestimmten Landbevölkerung ein rationalistisch aufgeklärtes Stadtbürgertum gegenübersteht. Doch entschädigt selbst die Existenz kleiner geistiger Zentren in den großen Städten gerade bei der Aufklärung nicht für das Fehlen eines geistigen Sammelpunkts in Gestalt einer Landesuniversität. Aufklärung ist die Basis des geistigen Lebens im Baltikum des 18. Jahrhunderts, aber sie wird getragen von einer Vielzahl individueller Vertreter, sie wirkt nicht schulbildend und entfaltet als Mußestunden-Weltanschauung mangels Erhärtung in geistigen Diskussionen keine regionale Eigenart. Sie bleibt, mit anderen Worten, Popularphilosophie und praktische Weltweisheit der Schulmeister und z. T. Pfarrer. Sie kommt gewiß der nüchternen Haltung der Bewohner und dem praktischen Bedürfnis des Landes entgegen, aber sie ist nicht erhärtet durch eigene Argumente im Kampf weltanschaulicher Auseinandersetzungen: eine Aufklärung zweiter Hand ohne eigentlichen Gipfelpunkt und ohne eine so tiefgreifende Verwurzelung, daß sie die sozialen Konsequenzen, die ihre idealistischen Vertreter verlangen, vorurteilslos in die Praxis umzusetzen wagt.

Gegenüber Pietismus und Aufklärung bleiben die herkömmlichen literarischen Epochenbegriffe Empfindsamkeit und Sturm und Drang nur Randerscheinungen, die sich im ersteren Fall der sentimentstarken Frauenliteratur der Zeit anbieten, im anderen Fall durch einen baltischen Vertreter (J. M. R. Lenz) in mehr binnendeutschem Kontext repräsentiert sind. Herders baltische Zeit gehört noch nicht dem Sturm und Drang an, und seine Entdeckung und Förderung des autochthonen estnischen und lettischen Volksliedes steht nicht im Zeichen des aufbegehrenden Sturm und Drang, sondern in dem der materialsammelnden Landes-, Geschichts- und Volkstumsforschung, die das Zentrum der Gelehrtenliteratur des Jahrhunderts bildet.

2. Gelehrtenliteratur und Publizistik

Das 18. Jahrhundert ist für die baltische Literatur weniger ein Zeitalter religiös-weltanschaulicher und politisch-ideologischer Auseinandersetzungen um die neue, unvoreingenommene Wissenschaftshaltung, um Christentum und Vernunft, geoffenbarten Glauben und rationale Philosophie wie im Westen Europas. Zwar ist man sich der Weltanschauungskrise und ihrer Erörterung im Mutterland wie in Westeuropa bewußt, aber sie wird nur sekundär importiert und fast kommentarlos konsumiert, sie führt nicht innerhalb des Landes zu scharfen Konfrontationen. Die a priori gegebene praktische Ausrichtung auf den Ausbau des schulischen und wissenschaftlichen Lebens, die Bemühungen um Vertrautwerden mit den Gegebenheiten des Landes von seiten der Neueinwanderer, zu denen fast alle Gelehrten gehören, geben ihr den Charakter einer Sammlung und Vertiefung des Fachwissens mit speziellem Bezug auf die Erschließung des Landes, seiner Natur und seiner Vergangenheit: Es ist die Zeit der großen wissenschaftlichen Sammelwerke, der Grundrisse und Synthesen, an denen die Gelehrten – und zu ihnen zählen ihren Interessen nach auch viele Geistliche – in den Zentren geistigen Lebens ebenso arbeiten wie in der Abgelegenheit der Landpfarren.

In Oberpahlen etwa sammelte der aus Thüringen zugewanderte Pastor August Wilhelm HUPEL (1737–1819) historisch-volkskundliche Quellen in den 46 Stücken seiner Zeitschrift *Nordische Miscellaneen* (1781–1798) und Landeskundliches in den *Topographischen Nachrichten von Lief- und Ehstland* (III 1774–1782). Hupels rühriger, zum Teil mit Hilfe seiner Kollegen betriebener Eifer im Sammeln aller baltischen Nachrichten, Beobachtungen und Merkwürdigkeiten machte ihn zum besten Kenner des Landes, seiner Geschichte, Geographie, Ethnologie, Statistik, Gesellschaft, Wirtschaft und Verfassung und veranlaßte ihn, lockende Rufe nach Reval, Riga und Petersburg auszuschlagen. Seine dilettantischen polyhistorischen Interessen schlagen sich nieder in frühaufklärerischen Schriften über die Ehe, über Seelenlehre, Ackerbau, russische Völker, die Französische Revolution u. a. m.; seine Beherrschung des Estnischen spiegelt sich in Übersetzungen, einer Grammatik (1780) und einem Wörterbuch (1780). Daß hinter der Sammelleidenschaft auch eine Persönlichkeit steht, geht aus der z. T. recht deutlich geführten Diskussion über die Leibeigenschaft und Probleme der frühen Christianisierung in den *Nordischen Miscellaneen* hervor.

Hupels Mitarbeiter an den *Nordischen Miscellaneen*, der Pastor in Lais Heinrich Johann von JANNAU (1753–1821), publizierte aus seinen Beiträgen dazu auch separat eine *Geschichte von Lief- und Ehstland* (II 1793–1796) und bemühte sich um die Frühgeschichte des Landes (*Sitten und Zeit*, 1781) sowie um die Verbesserung der Bauernrechte (*Geschichte der Sklaverey, und Charakter der Bauern in Lief- und Ehstland*, 1786).

Gustav von BERGMANN (1749–1814) schließlich, der Pfarrer in Salisburg und Rujen, schrieb eine *Geschichte von Livland, nach Bossuetischer Art entworfen* (1776) und betrieb im Pastorat eine eigene Handdruckerei, die neben seinen eigenen Predigten, Reden, Aufsätzen und Gelegenheitsgedichten auch lettische Werke, so eine Sammlung lettischer Sinngedichte (II 1807 f.), und französische Schriften Voltaires druckte. Vor allem aber veranstaltete er verdienstvolle Drucke selten gewordener oder überhaupt ungedruckter Werke älterer livländischer Historiker.

Neben die dilettierenden Landpfarrer treten die literarischen Zentren der größeren Städte. Reval freilich hatte seine frühere Stellung eingebüßt, und Dorpat war nach Auflösung der Universität zu einer kleinen Provinzstadt von 3000 Einwohnern abseits der geistigen Strömungen abgesunken. Hier trat der spätere Generalsuperintendent von Livland Christian David LENZ (1720–1792) aus Pommern, der Vater des Dichters, in geistlichen Schriften, Predigten und Unterweisungen für einen strengen Pietismus ein, und sein Sohn, Pastor Friedrich David LENZ (1745–1809), der Bruder des Dichters, veröffentlichte vier Bände *Vaterländische Predigten* (1786–1792), geschichtliche Studien und Übersetzungen ins Estnische. In Dorpat sammelte vor allem der Notar, Syndikus und Justizbürgermeister Friedrich Konrad GADEBUSCH (1719–1788) aus Rügen, unbeeinflußt von philosophisch-rationalistischer Spekulation, mit unermüdlichem Arbeitseifer und planvoll ordnender Gründlichkeit die Archivalien, Quellen und Urkunden zur livländischen Geschichte, Rechtsgeschichte, Genealogie, Personen-

und Ortsgeschichte in der *Abhandlung von livländischen Geschichtsschreibern* (1772), der *Livländischen Bibliothek* (III 1777) und den neun Bänden der *Livländischen Jahrbücher* (1780–1783). Seine systematische Bereitstellung der Quellen schuf die Voraussetzungen für moderne Geschichtsforschung.

Bessere Voraussetzungen für einen geistigen Sammelpunkt höheren Anspruchs bot seinerzeit die kurländische Residenz Mitau. Ihre 1775 von Herzog Peter von Kurland begründete Academia (ab 1795: Gymnasium academicum, 1806–1838: Gymnasium illustre) trat von vornherein mit dem Anspruch einer Gelehrtenschule auf, an deren Lehrplan und Berufungen der Leiter der Berliner Ritterakademie Johann Georg Sulzer mitwirkte. Der Berliner Philosoph und Ästhetiker freilich war als Exponent der preußischen Aufklärung den gemüthaften Modeströmungen abgeneigt und entsandte einen Kreis rationalistischer Gelehrter, die kurzfristig eine rege Tätigkeit entfalteten.

Literarisches Haupt dieses Mitauer Dichterfrühlings war der Altphilologe Karl August KÜTNER (1749–1800) aus Schlesien, der sich als Übersetzer griechischer und lateinischer Dichter (Homer, Horaz, Theokrit, Kallimachos, Apollonios Rhodios, Musäus) einen Namen gemacht hatte und seine Stellung mit Oden, Kantaten u. a. Gelegenheitsversen im Rokokostil auf fürstliche Gedenktage honorierte, wobei er die durch Übersetzungen angeeigneten klassischen Formen kreativ verwandte. Seine Identifikation mit der Wahlheimat bezeugen reifere klassizistische Idyllen und Verserzählungen wie *Die Weinlese zu Zabeln* in seinem Hauptwerk, der *Kuronia* (I 1791, u. d. T. *Kurona* I–II 1793). Hier versuchte Kütner eine poetische Verklärung der prosaisch erachteten Geschichte Kurlands ins Heroische mit langatmigen Verserzählungen in weitschweifigen Hexametern nach dem Vorbild von Klopstocks *Messias* und J. Thomsons *Seasons.* Kütners Beitrag zur deutschen Literaturgeschichte sind seine einfühlsamen *Charaktere teutscher Dichter und Prosaisten* (II 1781).

Weniger glücklich war die Wahl des Württembergers Gottlob David HARTMANN (1752–1775) zum Professor der Philosophie, denn dieser Freund Bodmers und Lavaters, eine ungebändigte Sturm-und-Drang-Natur, beteiligte sich an der modischen Bardendichtung, berauschte sich bei Elisa von der Recke an Goethes *Werther*, erglühte für beide gleichzeitig und hätte temperamentsmäßig wohl den Mitauer Parnaß bouleversieren können, hätte ihn nicht ein früher Tod mit 22 Jahren hinweggerafft. So blieb er wie jeder Frühvollendete nur eine literarische Hoffnung (*Hinterlassene Schriften*, 1779). Daß als Nachfolger Hartmanns Immanuel Kant, dessen Bruder Johann Heinrich Pastor in Kurland war, und Johann Jakob Engel vorgeschlagen wurden, spricht für die hochfliegenden Pläne der Akademie; daß beide den Ruf ablehnten, spiegelt die geistig-soziale Wirklichkeit Mitaus, in der die Akademiker einen kleinen, einsamen Kreis geistesverwandter Einwanderer in einer ihnen fremden Umwelt von Adel und Bürgern bildeten, bis das wenig erfolgreiche Unternehmen im 19. Jahrhundert provinziell versandete.

Eigentlicher Sammelpunkt des geistigen Lebens im 18. Jahrhundert blieb die Stadt Riga mit ihrem Akademikerkreis von Geistlichen, Ärzten, Juristen und den Lehrerkollegien der alten Domschule und des Lyzeums. Eine recht typische Erscheinung am Anfang dieser Entwicklung bildet Johann Bernhard FISCHER (1685–1772) aus Lübeck. Der weitgereiste und gesuchte Arzt, Stadtphysikus in Riga, Leibarzt des Zaren und Direktor des russischen Medizinwesens, zog sich nach seinem Abschied 1742 auf ein Landgut («Höfchen») bei Riga zurück, um in glücklicher Muße seinen naturwissenschaftlichen, landwirtschaftlichen, medizinischen und historischen Studien zu leben. Die Freuden seines selbstangelegten Tusculums schildert er unter dem Pseudonym Montan von Hinterbergen in seiner Alexandrinerdichtung *Allgemeine und eigene Winter- und Sommerlust mit untermischten physikalischen und moralischen Betrachtungen* (1745) nach dem Vorbild des Hamburgers Barthold Hinrich Brockes (*Irdisches Vergnügen in Gott*). In dieser etwas verspäteten philosophischen Naturdichtung der Frühaufklärung sind Wissenschaft und Dichtung noch in Personalunion vereint.

Fischers enger Freund und Konrektor des Lyzeums war seit 1747 der Historiker Johann Gottfried ARNDT (1710–1767) aus Halle, der die livländische Geschichtsschreibung auf rationale, pragmatische, wissenschaftliche Grundlagen stellte. Seine *Liefländische Chronik* (II 1747–1753) gibt im ersten Band eine kommentierte, mit Lesarten versehene Übersetzung der Chronik Heinrichs von Lettland. Der zweite Band (ein dritter ist im Manuskript verloren) führt die Ereignisse bis zum Untergang des Ordensstaats 1562 heran, und zwar aufgrund von Archivstudien und Dokumenten. Als Vertreter der Aufklärung äußert Arndt in einem Programm optimistische *Gedanken von dem Anfange der schönen Wissenschaften in Liefland* (1754), zu dem er mit Gelegenheitsoden beiträgt.

In gelehrter Sammeltätigkeit und Kleinarbeit übertraf ihn sein späterer Amtsnachfolger als Subrektor (1768) und Konrektor (1783–1804), der Schlesier Johann Christoph BROTZE (1742–1823), ein unermüdlicher Sammler und antiquarischer Erforscher der baltischen Realaltertümer, Urkunden, Siegel, Münzen, Trachten u. a., der viele historische Baudenkmäler auch in Zeichnungen festhielt und in einer Fülle gelehrter Abhandlungen das Alltagsleben baltischer Vergangenheit darstellte.

Andere Rigaer Gelehrte widmeten sich der livländischen Rechtsgeschichte wie Johann Christoph SCHWARTZ (s. u.) oder der Kartographie Livlands wie der weitgereiste Prinzenerzieher, Offizier und Landrat Ludwig August Graf MELLIN (1754–1835), von dem neben dem sorgfältigen *Atlas von Livland und Ehstland* (1791–1798) viele historisch-topographische Abhandlungen und darüber hinaus eine Posse mit Gesang *Das Quodlibet* (handschriftlich 1804) erhalten sind. Den historischen, antiquarischen, juristischen und geographischen Faktensammlungen stellte der Rigaer Apotheker und Linné-Schüler Jakob Benjamin FISCHER (1731–1793) eine biologische Bestandsaufnahme und Klassifikation der Geologie, Flora und Fauna seiner Heimat in seinem *Versuch einer Naturgeschichte von Liefland* (1778) zur Seite. Karl Gottlob SONNTAG (1765–1827) aus Sachsen, 1788 Rektor der Domschule, 1789–1792 des Lyzeums, dann Oberpfarrer von St. Jakob und 1803 Generalsuperintendent von Livland, war als Aufklärer mit zahlreichen Reden und Schriften sowie Gelegenheitsgedichten von großem Einfluß auf das Geistesleben der Zeit.

Im Unterschied zu den zahlenmäßig geringen und meist versprengten Literaten der Aufklärungszeit steht eine Autorengruppe, die über das gemeinsame Betätigungsfeld hinaus zu einem Freundeskreis gedieh und Gleichgesinnte anzog, nämlich der sog. Berenssche Kreis. Der Rigenser Ratsschreiber und spätere Ratsherr Johann Christoph BERENS (1729–1792) hatte in Königsberg und Göttingen Jura studiert und Kant kennengelernt. Nach seiner Rückkehr nach Riga machte er es sich und seinen Brüdern zur Aufgabe, in Riga nach dem Vorbild deutscher Universitätsstädte einen engen Kreis interessierter und hochmotivierter Intellektueller zusammenzuziehen und ihn durch Berufungen von Gelehrten aus Königsberg zu erweitern. Ihre kulturpolitischen Vorstellungen vom städtischen Gemeinsinn gehen aus Berens' Schrift zur Eröffnung der Rigaer Stadtbibliothek *Bonhommien* (1792) hervor, die Herder in den *Briefen zu Beförderung der Humanität* (VII, 77) abdruckt.

Dieser Berenssche Kreis der Aufklärer, dem behäbigen Spießbürgertum der Stadt wegen seiner Freigeisterei ein Stein des Anstoßes, den Intellektuellen aber eine Insel des Geistes, entfaltete bald eine Attraktivität, die weit über das Weichbild von Riga hinausreichte und der Stadt zeitweilig die Aura eines Kulturzentrums verlieh. Ihm gehörten zunächst zwei bereits in Riga ansässige Gelehrte an: Der schon erwähnte Johann Christoph SCHWARTZ (1722–1802) aus Riga, Ratsherr und 1782–1787 Bürgermeister, publizierte über livländische Rechtsgeschichte, Diplomatik und Urkundenlehre, und der Schulmann Johann Gotthelf LINDNER (1729–1776) aus Pommern, von Königsberg, wo er Freundschaft mit J. Ch. Berens schloß, als Domschulrektor (1755–1765) nach Riga berufen, führte die Schule zu hoher Blüte, bevor er 1765 als Professor der Dichtkunst nach Königsberg zurückkehrte. Auch sein Nachfolger als Rektor (1765–1780) und später Inspektor der Domschule, Gottlieb SCHLEGEL (1739–1810) aus Königsberg, ging später an eine deutsche Universität (Greifswald). Er trug mit einer Vielzahl von Predigten, Gedichten, Lehrbüchern und theologischen Abhandlungen zum literarischen Ruf Rigas bei.

Einen gewichtigeren Kristallisationspunkt baltischer Literatur aus dem Berensschen Kreis bildete der Verleger Johann Friedrich HARTKNOCH (1740–1789) aus Ostpreußen. Er gründete 1764 in Mitau die erste echte Buchhandlung in Livland, dessen literarische Bedürfnisse bisher eher durch wandernde Händler befriedigt oder eher abgedeckt wurden, und verlegte den Verlag 1767 nach Riga. Trotz der räumlichen Abgelegenheit gelang es Hartknoch, in seinem Verlag Grundwerke abendländischer Bildung zu produzieren wie Kants Kritiken, Herders *Fragmente über die neuere deutsche Literatur, Kritische Wälder, Älteste Urkunde des Menschengeschlechts, Philosophie der Geschichte zur Bildung der Menschheit* und *Briefe zu Beförderung der Humanität*, ferner Werke Hamanns und Klingers; da dergleichen im Baltikum nur geringen Widerhall fand, daneben aber auch mit Gadebusch, Hupel, Fischer, Jannau u. a. das lokale Schrifttum zu fördern. Als erster Verlag auf baltischem Boden kommt ihm das Verdienst zu, mit der Publikationsmöglichkeit zum Erwecker der baltischen Literatur geworden zu sein und sie von der rezeptiven in die produktive Phase geleitet zu haben.

War Hartknochs verlegerisches Geschick eine Säule der neuen Blütezeit, so darf eine andere unliterarische, nämlich biographische, für die Verbindung des Kreises nicht übersehen werden: die Königsberger Studienfreundschaften, zu denen vorgreiflich auch Hamann und Herder zählten. Berens kannte Lindner und Hamann von der Königsberger Universität; Hamann war Herders Englischlehrer in Königsberg; er empfahl Herder an Lindner nach Riga. Auch Herder und Hartknoch waren Königsberger Jugendfreunde: Herder empfahl Hamann die Buchhändlerlaufbahn, die ihn nach Mitau führte, und Hartknoch seinerseits bewog Herder, den Ruf nach Riga anzunehmen. Erst diese beiden namhaften «Gäste» aus dem Reich gaben dem Berensschen Kreis den Glanz eines literarischen Parnaß, auch wenn hier nur biographisch ihr Wirken im Baltikum zu verzeichnen ist.

Johann Georg HAMANN (1730–1788), der «Magus des Nordens», kam 1751–1756 als Hofmeister an mehrere Stellen nach Kurland und 1752 und 1755 zu den Freunden Berens und Lindner nach Riga, kehrte nach einer Reise nach London und seiner Krise und Bekehrung 1758 als Hauslehrer zurück, ging 1759 wieder nach Königsberg und wurde 1765/66 Hofmeister und Begründer der ersten Zeitung (*Mitauische Nachrichten*) in Mitau, von wo aus er mehrfach Riga besuchte und von Herder besucht wurde. Diese Hofmeisterstellen und die Unterstützung seiner Freunde ermöglichten ihm jahrelang die Fortsetzung seiner Studien und eine Reihe von Übersetzungen. Nach Hamanns Wendung zum radikalen Christentum und zu einer christozentrischen Deutung von Natur und Geschichte freilich mußte es zu Spannungen und Auseinandersetzungen mit den Aufklärern des Berensschen Kreises kommen. Angesichts des konservativen baltischen Lesepublikums ist es ferner nicht verwunderlich, daß Hamanns hermetisch-dunkle Frühschriften aus dieser Zeit (*Sokratische Denkwürdigkeiten*, 1759; *Kreuzzüge des Philologen*, 1762) im Baltikum so gut wie nicht rezipiert wurden.

Das schönste Denkmal setzt dem Berensschen Kreis Hamanns Schüler Johann Gottfried HERDER (1744–1806), wenn er in den *Briefen zu Beförderung der Humanität* (VI, 77) ausführliche Auszüge aus J. C. Berens' kleiner Schrift zur Eröffnung der Rigaer Bibliothek *Bonhommien* (1792) abdruckt und dessen Liebe zu seiner Heimatstadt aus eigenem Erleben der Jahre 1764–1769 leicht nostalgisch und unvermindert beipflichtet.

Der zwanzigjährige Herder war auf Empfehlung Hamanns an Lindner 1764 als Lehrer (Kollaborator) an die Rigaer Domschule berufen worden und erhielt 1765 auch die Erlaubnis zu predigen. Um seine Abwerbung als Schulinspektor nach Petersburg zu vermeiden, schuf man 1767 für ihn die zusätzliche Stelle eines Pastor adjunctus zweier Rigaer Vorstadtkirchen. Seine Stellung und die Freunde im Berensschen Kreis eröffneten ihm als gerngesehenem Unterhalter die gastfreien Patrizierhäuser und bald auch die Salons des Adels. Hier lernte Herder geselligen und weltmännischen Schliff und gewann damit zugleich höhere Selbstachtung.

Es entspricht jedoch der Launenhaftigkeit und den Stimmungswechseln Herders, wenn er sein Leben in Riga bald positiv, bald negativ schildert. Der Weggang aus dem militaristisch-bürokratischen Preußen fiel ihm leicht, und der Aufenthalt in Riga stellte ihm erstmals die Freiheiten eines geregelten Bürgerlebens und den bürgerlichen Gemeinsinn der republikanisch regierten Hansestadt vor Augen: «In Riga habe ich die fröhlichste Blüte meines Lebens erlebt.» Ausschlaggebende und prägende Erlebnisse wurden die Symbiose verschiedener Völker, Sprachen und Kulturen, die seinen Horizont erweiterte, und die Begegnung mit lettischen Volksfesten und Volksliedern, die ihn zum Sammeln von Volksliedern bestimmten. Der volkstümliche Lehrer fand begeisterte Schüler, der wirkungsvolle Prediger dankbare und enthusiastische Zuhörer, so daß aus dem ursprünglich geplanten dreijährigen Aufenthalt in Riga bald ein fünfjähriger wurde.

Dann aber mehrten sich, gefördert durch eine Krankheit, Schwierigkeiten mit Rektor Schlegel und Publikationsprobleme, die Äußerungen des Mißmuts über sein Schicksal als Literat in einer Handelsstadt: «Es ist ein elend jämmerlich Ding um das Leben eines Literaten, und insonderheit in einem Kaufmannsorte» (an Hamann, 1766) und «Livland, du Provinz der Barbarei und des Luxus, der Unwissenheit und eines angemaßten Geschmacks, der Freiheit und der Sklaverei, wie viel wäre in dir zu tun, zu tun, um die Barbarei zu zerstören, die Unwissenheit auszurotten, die Kultur und Freiheit auszubreiten.» Noch negativer fällt, allerdings post festum, die Schilderung seiner Beweggründe zu Beginn des *Journals meiner Reise im Jahre 1769* (publiziert 1846) aus.

So erfolgten in relativ kurzer Zeit Kündigung seiner Stellungen, Abschied von den Freunden und die von Berens und Hartknoch finanzierte Abreise per Schiff mit Gustav Berens nach Nantes. Zwar erhielt Herder von Riga die Zusicherung fester hoher Posten für den Fall seiner Rückkehr, doch sind seine Pläne als späterer Reformator Livlands und Rigas zu einem Kulturzentrum antiken Ausmaßes nur Wunschphantasien eines ehrgeizigen Sendungsbewußtseins, die den augenblicklichen Abfall übertünchen sollen.

Das literarische Ergebnis von Herders Rigaer Aufenthalt sind neben gelegentlichen Festgedichten und literaturkritischen Aufsätzen vor allem die *Fragmente über die neuere deutsche Literatur* (III 1767), die

Würdigung *Über Thomas Abbts Schriften* (1768) und die ersten *Kritischen Wälder* (III 1769). Seine Schriften im Geiste des Sturm und Drang beginnen nach der Abreise von Riga mit dem teils auf der Seereise konzipierten *Journal meiner Reise im Jahre 1769*, das herkömmlicherweise als Beginn des Sturm und Drang gilt.

Es wäre schön, aber irreführend, in Herders Aufenthalt in Riga eine «Epoche» im Sinne Goethes zu sehen. Gewiß war Riga für ihn weder belanglos noch unwichtig, aber es blieb ein Übergangszustand. Für das Baltikum dagegen und für die baltische Literatur war er das erste Aufstoßen des Fensters zum Westen und der Beginn des intensiveren Austauschs mit dem Mutterland. Mit Herders Abreise erlischt zwar nicht die kulturelle Rolle Rigas, aber doch seine erste literarische Glanzzeit, deren Abglanz freilich nur ein geborgter war.

Als Gegenstück zur weitgehend systemimmanenten, affirmativen Faktensammlung der frühen Gelehrtenliteratur und Publizistik, die hier nur gestreift werden sollte, entwickelt sich um die Wende zum 19. Jahrhundert eine sozialkritische Publizistik, die vor allem humanitäre Gesichtspunkte und Argumente für die Aufhebung der Leibeigenschaft und die rechtliche Emanzipation der autochthonen Völker anführt. War schon Ludwig August Graf Mellin vergeblich für eine Verbesserung der Lage der Bauern eingetreten und waren Vorschläge zur Aufhebung der Leibeigenschaft im Landtag abgelehnt worden oder am Idealismus einzelner, die sie verwirklichen wollten, gescheitert, so erhalten diese Argumente jetzt stärkeres Gewicht durch die Schrift *Die Letten* (1797) des Rigensers Garlieb Helwig MERKEL (1769–1850). Von der Parteien Haß und Gunst verzerrt, steht am Ausgang des Jahrhunderts dieser wirkungsmächtigste baltische Schriftsteller der Aufklärungszeit. Der Sohn eines aufgeklärten livländischen Landpfarrers bildete sich nach dessen frühem Tod weitgehend autodidaktisch im Sinn der Aufklärungsphilosophie an Voltaire, Rousseau, Raynal u. a. und gewann als Hauslehrer unvoreingenommenen Einblick in die Lebensverhältnisse der einheimischen Bevölkerung.

Seine schriftstellerische Laufbahn begann Merkel mit Übersetzungen von Hume, Rousseau, Pope, Montesquieu u. a. und mit einem feuilletonistischen, Horaz, Boileau und Popes *Essay on criticism* nachahmenden Lehrgedicht *Versuch über Dichtkunst* (1794) in Blankversen. Es ist ebenso der Gnade des Vergessenwerdens teilhaftig geworden wie seine formschwachen, feuilletonistischen «Halbromane» *Die Rückkehr ins Vaterland* (1798) und *Eine Reisegeschichte* (1800) sowie die *Erzählungen* (1800). Merkels Stärke lag nicht im Schöngeistigen, sondern in der journalistischen Zeit-, Gesellschafts- und Kulturkritik. Nach Studienjahren in Leipzig und Jena und längeren Aufenthalten in Weimar im Kreis von Herder, Wieland und Böttiger ließ Merkel sich 1802–1806 in Berlin nieder, auch hier dem Lager der Spätaufklärung um Kotzebue und J. J. Engel angehörig. In seinen Literaturbriefen *Briefe an ein Frauenzimmer über die neuesten Produkte der schönen Litteratur in Deutschland* (1800–1803) nahm er zugunsten seiner Freunde gegen die vermeintliche Überschätzung Goethes, Schillers und der Romantiker Stellung: ein Verhalten, das ihm weder viele Freunde gewann noch literarische Voraussicht bewies, vielmehr sein literarisches Urteil ernsthaft in Frage stellte. Als Redakteur der *Spenerschen Zeitung* (1802), Herausgeber des Unterhaltungsblattes *Ernst und Scherz* (1803) und Mitherausgeber des *Freimütigen* (1804–1806) neben Kotzebue setzt Merkel diese Haltung fort, in der Zeit der Napoleonischen Kriege noch verstärkt durch erbitterte Kritik an Napoleon und dessen Bundesgenossen, die sich bis zu antinapoleonischen Aufrufen und Flugschriften steigerte. Nach der Niederlage von Jena schien daher 1806 seine Rückkehr nach Riga angezeigt, wo er dem Haß Napoleons knapp entging. Das Ende der Befreiungskriege und die literarische Szene in Deutschland, wo Goethe, Schiller und die Romantiker sich durchsetzten, schränkten Merkels herkömmliche kritische Wirkung im Reich stark ein, so daß er jetzt von Riga aus die Zeitschriften *Der Zuschauer* (1807–1831) und *Provinzialblatt für Kur-, Liv- und Estland* (1827–1838) herausgab. Er bleibt auch hier der kämpferische, gesinnungstreue Publizist, der im Sinne aufklärerischer Humanität und Toleranz für Freiheit und Menschenrechte eintritt und überholte Gesellschaftsstrukturen wie Obskurantentum brandmarkt.

Merkels weitere Bücher, die Reisebriefe, Erinnerungen und Charakteristiken spiegeln dasselbe liberale, fortschrittsgläubige Aufklärertum wie seine Tagesschriften, Leitartikel, Feuilletons und Satiren. Trotz vieles Zeitgebundenen, trotz unhistorischer Standpunkte, einseitiger Verstandeshaltung und Verdächtigung alles Gemüthaften bestätigen sie Merkels Rang als den des ersten großen Journalisten der baltischen Literatur. Im Baltikum selbst freilich war diese Reputation alles andere als unumstritten und bewirkte zeitweise seine Diffamierung als Geschichtsfälscher, Querulant und Nestbeschmutzer, und solche Vorurteile haben sich fast ein Jahrhundert gehalten, als der Anlaß längst beigelegt und historisch geworden war.

Sie gehen zurück auf Merkels aufsehenerregende Streitschrift *Die Letten vorzüglich in Liefland am Ende des philosophischen Jahrhunderts. Ein Beytrag zur Völker- und Menschenkunde* (1797), die mit echter sittlicher Empörung und bekennerischer Leidenschaft die Auswüchse der Leibeigenschaft in Livland anprangert und mit feuriger Beredsamkeit ebenso wie mit rationalen Argumenten zu ihrer Beseitigung aufruft. Hervorgegangen aus eigenen Eindrücken, angereichert durch Lesefrüchte und geschrieben in den Nächten seiner Hauslehrerzeit mit bewußt krassen Farben, wendet sich dieses Plädoyer für die Wiedererrichtung der Menschenwürde an die Gemüter wie an die Vernunft und erreicht wirkungsvoll seinen Zweck, die Leidenschaften zu erregen und die Diskussion aufleben zu lassen, die 1818 schließlich das erstrebte Ziel erreichte.

Dabei ist Merkel keineswegs der erste Schilderer der livländischen Leibeigenschaft. Johann Georg Eisen von Schwarzenberg (1717–1779), J. H. von Jannau, A. W. Hupel, dem er einzelne Züge entlehnte, und andere Landpfarrer sowie der Rigaer Oberpastor Karl Gottlob Sonntag hatten sich bereits damit befaßt. Was Merkels Schrift ihren publizistischen Erfolg brachte, war nicht nur das Warnzeichen der Französischen Revolution im Hintergrund, sondern es waren in erster Linie die Schärfe der Sprache und die flammende Rhetorik des Reformeifers, also die literarischen Qualitäten seines Aufrufs, und es war darüber hinaus die Tatsache, daß *Die Letten* nicht im Lande selbst erschien, sondern in Leipzig und durch solche Flucht in die Öffentlichkeit allgemeine Empörung und einen größeren Druck der Weltöffentlichkeit heraufbeschwor, der den Umdenkprozeß forcieren und die Notstände abschaffen sollte.

Gewiß gibt Merkel sich in seinem heiligen Eifer einige Blößen: die Verallgemeinerung von Einzelereignissen, die Einseitigkeit der gebotenen Berichte, die Dürftigkeit des eigenen Quellenmaterials, sein unhistorisches Hinwegsehen über das historisch Gewordene und sein aufgeklärtes Unverständnis für Relikte der mittelalterlichen Standesordnung haben denn auch in Kreisen des konservativen Adels beträchtlichen Unmut und scharfe Entgegnungen ausgelöst. Diese Angriffe blieben indessen am Detail kleben oder verwechselten das Genre der temperamentvollen Streitschrift mit einer historisch zuverlässigen Abhandlung. Merkel erweist sich als Vertreter der Aufklärung, wenn er dem mittelalterlichen Ständestaat ohne «contrat social» nur Unverständnis entgegenbringt, wenn er rousseauistisch den vorkolonialen Naturzustand der

Letten – wie auch in seiner Schrift *Die Vorzeit Lieflands, ein Denkmal des Pfaffen- und Rittergeistes* (II 1786–1799) – verklärt und wenn er annimmt, die Erkenntnis des Falschen bewirke per se das Gute und Richtige. Trotz solcher kleiner Mängel brachte Merkel die Ansichten weiter Kreise des baltischen Bürgertums und des Klerus zur Geltung, fand Einsicht und selbst Beifall bei einigen fortschrittlich gesinnten Adligen und brach – weniger vielleicht als Schriftsteller denn als Sprachrohr der Erkenntnis – der Aufhebung der Leibeigenschaft die Bahn.

Seine Wirkung jedoch reichte, möglicherweise unbeabsichtigt, über das soziale Ziel hinaus. Indem er die Letten nicht mehr nur als untersten Stand, sondern als Volk sui generis begreift, dem freie Entwicklung und Aufstieg zur Kulturnation versagt sind, dem er aber Bildungsfähigkeit zuschreibt, legt er die Grundlagen zum Erwachen eines lettischen Volksbewußtseins. Der Philanthrop genießt paradoxerweise als Ausgangspunkt des nationalen Erwachens im 19. Jahrhundert bei den Letten höhere Verehrung als bei seinen auf ihre Humanität bedachten Landsleuten. Die Aufhebung der Leibeigenschaft im Baltikum wäre zwar ohne Merkel auch Ereignis, aber nicht literarisches Thema geworden, das die Gemüter erregte, wenngleich nicht in demselben Maße, wie es Harriet Beecher Stowes *Uncle Tom's cabin* ein halbes Jahrhundert später in Amerika tat.

Wie zu erwarten, kam die positive Reaktion aus dem Reich, die negative aus dem Baltikum. Der Erfurter Professor Johann Christoph PETRI (1762–1631) konnte auf eine zwölfjährige Erfahrung als Hauslehrer in Estland, z. T. bei Hupel, zurückgreifen, als er zu Merkels *Letten* das estnische Pendant lieferte: *Briefe über Reval, nebst Nachrichten von Ehst- und Liefland. Ein Seitenstück zu Merkels Letten* (1800), dann erweitert zu drei Bänden *Ehstland und die Ehsten, oder historisch-geographisch-statistisches Gemählde von Ehstland. Ein Seitenstück zu Merkel über die Letten* (1802). Eine weitere Gegenschrift verfaßte der livländische Pastor Hermann Friedrich TIEBE (1769–1835) mit *Lief- und Ehstlands Ehrenrettung gegen Herrn Merkel und Petri* (1804, Nachtrag 1805) auf der Grundlage einer Materialsammlung des Großgrundbesitzers Gottlob Siegmund von BRASCH (1752–1803), und aus Kurland meldete sich der gutsherrliche Protest in des jungen Georg Friedrich von FIRCKS' (1780–1843) Schrift *Die Letten in Kurland oder Vertheidigung meines Vaterlandes gegen die Angriffe von G. Merkel in dessen Letten* (1804). Den Schlußpunkt unter die Debatte setzt wiederum Merkel selbst mit seiner Erinnerungsschrift *Die freyen Letten und Ehsten* (1820).

3. Die Erzählprosa

Im Unterschied zur sachbezogenen oder reflexiven Prosa entfaltet sich die baltische Erzählprosa des 18. Jahrhunderts erst gegen Ende des Jahrhunderts und – darin parallel zum deutschen und besonders zum englischen Roman – auf einer Stufe der Selbsterforschung und Empfindsamkeit, die dem Außenbezug der Sachprosa eine Verinnerlichung des Themas gegenüberstellt. So ist es nicht verwunderlich, wenn diese Entwicklung, die in Westeuropa vielfach zu weiblichen Hauptfiguren als dem empfindsameren Geschlecht führt, im Baltikum direkt von Dichterinnen initiiert wird. Darin dokumentiert sich die herausragende Stellung baltischer Literatinnen wenigstens in dieser Epoche der langsam erwachenden Seelenkräfte.

Eine etwas zwiespältige Rolle zwischen Aufklärung und Empfindsamkeit nimmt Elisa von der RECKE (1754–1833) ein. Tochter des Reichsgrafen von Medem und Stiefschwester der späteren Herzogin Dorothea von Kurland, erlangte sie Berühmtheit weniger durch ihre epigonalen, weitgehend vergessenen Schriften als vielmehr durch ihre gesellschaftliche Stellung, ihr tragisches Leben und ihren empfindsamen Charakter. Als bedeutende Schönheit reihenweise von Bewerbern bestürmt, heiratete sie 1771 siebzehnjährig auf elterliches Anraten den ungeliebten, robust-derben Magnus von der Recke, der sie nach fünfjähriger Ehequal wegen Verweigerung verstieß und sich 1781 scheiden ließ. Der Tod ihrer einzigen Tochter verleitete sie 1777 zu einem sentimentalen Mystizismus, einer religiösen Schwärmerei, die in weichmütigen geistlichen Liedern (1780, 1783) und einem exaltierten Friedhofskult ihren Niederschlag fand. Aus Sehnsucht, mit den lieben Toten in Verbindung zu bleiben, öffnete sie sich dem Spiritismus und der Magie Cagliostros, trug nach der Ernüchterung mit ihrer mutigselbstlosen Schrift *Nachricht von des berüchtigten Cagliostro Aufenthalte in Mitau, im Jahre 1779, und von dessen magischen Operationen* (1787) wesentlich zur Entlarvung des Betrügers bei und erlangte damit weite Verbreitung, mehrere Übersetzungen und europäische Berühmtheit. Als solche war sie Mittelpunkt ihres literarischen Salons am Mitauer Herzogshof, fand später auf Reisen in Deutschland und Italien offene Türen bei Fürsten, Gelehrten und Dichtern und verkehrte in Karlsbad öfter mit Goethe. In der Schilderung ihrer Ehe- und Gefühlskrisen wie später ihres Wanderlebens in Briefen (*Briefe aus Italien,*

1805) und Tagebüchern (*Tagebuch einer Reise durch einen Theil Deutschlands und durch Italien*, III 1815–1817) schließt sie sich der seelenvollen Briefkultur der Zeit an, die literarisch in Briefromane mündet. Ihre späteren Werke, *Elisens und Sophiens Gedichte* (1790, mit Sophie Schwarz, s. u.), zwei kleine Erzählungen und ein Schauspiel *Familien-Scenen oder Entwickelungen auf dem Maskenballe* (1825) bleiben bei allem Bemühen um Sprachrichtigkeit breit, nüchtern, konventionell in den Kunstmitteln und herzlich belanglos. Empfindsamkeit, Tugend, Seelengröße und gesellschaftlicher Rang überwiegen das literarische Talent.

Von diesen Eigenschaften kann ihre Altersgenossin, Freundin und Reisebegleiterin, die kurländische Pastorentochter Sophie SCHWARZ, geb. Becker (1754–1789), zumindest die Empfindsamkeit auch für sich beanspruchen. Ihren Gedichten, die zusammen mit Elisas erschienen, folgten eine Erzählung *Arindas, eine Geschichte unserer Zeit* (in *Deutsche Monatsschrift*, 1790) und die empfindsamen, doch lebendig geschriebenen *Briefe einer Curländerinn auf einer Reise durch Deutschland* (II 1791).

Diese Erzählungen von Frauen stehen vereinzelt. Für die Entfaltung des Romans waren neben den Importen aus Westeuropa zwei Vielschreiber von Bedeutung, die nur kurzfristig im Baltikum arbeiteten und dort ihre Produktion belangloser Unterhaltungsromane fortführten. Dabei bleibt fraglich, ob ihre Anwesenheit im Baltikum die Rezeption ihrer Werke dort gegenüber den westeuropäischen Importen steigerte oder nicht.

Nicht auf diesen empfindsamen Erzählungen, sondern auf Goethes *Werther* und ähnlichen Werken basiert der erste empfindsame Briefroman auf baltischem Boden *Waller und Natalie. Eine Geschichte in Briefen* (IV 1779–80) von Johann Friedrich Ernst ALBRECHT (1752–1814). Allerdings ist der Entstehungsort rein zufällig: der erfolgreiche Unterhaltungsschriftsteller – an die 90 Titel! – lebte 1776–1780 mit seiner Gattin, der von Schiller verehrten Schauspielerin und Lyrikerin Sophie ALBRECHT (1757–1840), als Leibarzt des Grafen Manteuffel in Reval. Dort entstand auch ein Trauerspiel *Sigismunde und Guichard* (1779), doch beide Werke gingen in der Massenproduktion des Paares an Brief-, Geister-, Ritter- und Räuberromanen unter.

Auch der seinerzeit vielgelesene, fruchtbare Produzent grober historischer Romane Joachim Christoph Friedrich SCHULZ (1762–1798) aus Magdeburg, in seinen letzten sieben Lebensjahren Geschichtslehrer an der Academia Petrina in Mitau, wird in Kurland nicht bodenständig. Von seinen zahllosen Werken nimmt nur der Reisebericht darauf Bezug: *Reise eines Liefländers von Riga nach Warschau ...* (VI 1795 f.).

Der erste große Roman eines Balten erwuchs nicht aus dem empfindsamen Brief- und Tagebuchstil, sondern aus der Feder eines Medizinstudenten und späteren politischen Publizisten in Deutschland: Friedrich Ludwig LINDNER (1772–1845) schrieb die *Wanderungen und Schicksale des Paters Abilgard* (III 1797–1800) während seiner Studentenzeit, besuchte als Philosophieprofessor in Jena 1814 auch Goethe, wechselte seine Berufe jedoch ebenso häufig wie seine Aufenthaltsorte, verlegte sich zeitweilig auf länderkundliche Kompilationen (*Der fünfte Welttheil, oder Australien,* 1814) und schloß sein literarisches Werk nach vielen journalistischen Arbeiten mit einem satirischen Drama ab: *Der von der Hegelschen Philosophie durchdrungene Schustergeselle oder der absolute Stiefel* (1844). Von dem Revaler Kreis-, später Oberlandesgerichtssekretär Johann Friedrich GERBER (1761–1814) aus dem Kotzebue-Kreis druckte Schiller in den *Horen* (2–3, 1796) aus Manuskriptmangel die «abscheuliche» (an Goethe 5. 2. 1796) Erzählung *Der Ritter von Tourville* ab.

Neben der neuen Prosaerzählung lebt auch die Verserzählung fort. Der Narwaer Pastor Samuel Traugott ANDREAE (1768–1823) bewegt sich, ohne viel Aufsehen zu erregen, mit *Rino und Jeannette, oder der goldene Rosenzweig* (II 1793 f.) durchaus im Stil der aufklärerischen Verserzählungen Wielands.

4. Die Lyrik

Erscheint schon die baltische Erzählprosa im 18. Jahrhundert schwach besetzt, so ergibt ein erster Blick auf die Lyrik des Zeitraums eine totale Fehlanzeige – nicht was die Quantität, wohl aber, was die Qualität betrifft. Der Großteil der Versdichtung sind Gelegenheitsgedichte auf alle Höhepunkte des Menschenlebens zwischen Geburt und Tod: Geburt, Geburts- und Namenstage, Konfirmation, Verlobung, Hochzeit, Jahrestage, berufliche Aufstiege und Begräbnis, konventionell, stereotyp, sprachlich nüchtern und unbeweglich in treuer Erfüllung der Vers- und Reimregeln, doch ohne individuellen Stil, eher gut gemeint als gekonnt und von keinem weiteren Interesse über den Tag und Anlaß hinaus.

Sosehr diese Lyrik eine festliche Erhöhung des Daseins in seinen

Gipfelpunkten sein will, kann hier lediglich das Faktum festgehalten werden, daß solche Gelegenheitsdichtung eine wichtige Rolle im gesellschaftlichen Leben spielt, obwohl sie selten den sprachlichen Charme und die Verschmitztheit jener Verse erreicht, die etwa Herr Jean Jacques Hoffstede in Thomas Manns *Buddenbrooks* zu jedem noch so geringen Anlaß fabriziert. Naturlyrik und Gefühlsergüsse bleiben dem nächsten Jahrhundert vorbehalten, und selbst der Anteil geistlicher Lyrik ist gering. Unter den Hunderten von Sonntagslyrikern der Zeit sind heute fast nur jene von einigem Belang, die in irgendeiner Weise über die breite Bahn der regelgerechten Verseschmiede hinausgreifen oder deren Meriten auf anderen literarischen Gebieten liegen.

Pastor Gotthard Friedrich STENDER (1714–1796) etwa, der über geistliche Lieder hinaus eine lettische Grammatik (1761) und ein lettisches Lexikon (1789) vorlegte und durch seine Forschungen zur lettischen Folklore sowie eigene lettische Märchen, Fabeln und Erzählungen zum Begründer der lettischen weltlichen Literatur wurde.

Auch Pastor Christoph Friedrich NEANDER (1723–1802) schrieb neben seinen deutschen *Geistlichen Liedern* (II 1766–1774) lettische geistliche Gedichte und schuf zahlreiche Kirchenlieder. Diese sind zwar poetisch mittelmäßig, wortreich und pedantisch, weisen jedoch einen freieren sprachlich-rhythmischen Fluß auf und greifen über bloße äußere Anlässe hinaus. Sie lassen Neander als den beachtenswertesten baltischen Lyriker der Zeit erscheinen.

Der Arzt Isaschar Falkensohn BEHR (1746–1781) aus Litauen fand mit seinen *Gedichten eines polnischen Juden* (1771) selbst Goethes Beachtung, wenn auch nicht sein Lob, und dichtete darüber hinaus als einer der wenigen auch tändelnde Liebesgedichte im galanten Stil des Rokoko. Auch der Jurist Martin Heinrich ARVELIUS (1760–1799) schrieb schmachtende Liebesgedichte und graziöse Rokokolyrik nach Vorbild Wielands, dem er seine *Gedichte* (1794) widmete. Bernhard Gottlieb BECKER (1751–1821), der Bruder der Sophie Schwarz (s. o.), verfaßte neben Gedichten auch poetische Episteln.

Der Pernauer Rektor Christian Friedrich SCHERWINZKY (1752–1809) weitete die Thematik der Lyrik auf andere Themen und historische Stoffe aus der russischen Geschichte aus (*Versuch in Gedichten*, 1774; *Oden und Hymnen auf Rußland*, 1793), über die er auch Lehrbücher (1781, 1801) schrieb, und befaßte sich als Seelsorger besonders mit dem Aberglauben der Esten (*Etwas über die Esthen, besonders über ihren Aberglauben*, 1788).

Der Lehrer und Prediger Johann Daniel HOREB (1762–1811) aus Berlin veröffentlichte die Gedichte *Moos vom Parnasse* (1793) und erwies sich als Spezialist für Hochzeitscarmina. Georg Ludwig COLLINS (1763–1814) aus Königsberg weicht durch Freimaurerlieder (*Gedichte*, 1814) vom Durchschnitt ab.

Der Landespolitiker Johann Ulrich von GROTTHUSS (1753–1815), Woldemar Dietrich Freiherr von BUDBERG (1740–1784), Freund Herders und auch Maler, der Lehrer und Theologe Christian Friedrich SEGELBACH (1763–1842) aus Erfurt sowie der Rektor und Pastor Johann August Leberecht ALBANUS (1765–1839) schreiben alle Gelegenheitsgedichte, letzterer neben deutsch auch lateinisch, ohne Anspruch auf eine Dichterkrönung zu erheben, weil die Mode der Zeit die Versifizierung des Lebens verlangte.

5. Das Drama

Das Drama kann sehr wohl ohne Theater bestehen, obwohl es seine eigentliche und volle Erfüllung erst in der Verkörperung auf der Bühne findet; daß aber ein Theater auch ohne Drama auskommen kann, ist erst eine erstaunliche Entdeckung des 20. Jahrhunderts. Für einen Außenposten der deutschen Theaterlandschaft wie das Baltikum lag daher zunächst kein Anlaß vor, ein Theater zu etablieren, da ein autochthones Drama – von Einzelfällen abgesehen – so gut wie nicht existierte und das gelegentlich importierte Spiel der Wandertruppen keine ausschließliche Spielstätte erforderte, vielmehr mit seinem mittelmäßig agierten Repertoire von Haupt- und Staatsaktionen, Harlekinaden und Stegreifburlesken dem Jahrmarkt näherstand als einem Musentempel.

Kannte das 17. Jahrhundert überhaupt keine eigenständige baltische Dramatik und begnügte sich mit entstelltem Verschnitt aus dem Westen, so legte die Kriegs- und Notzeit um 1700 auch diese Quellen brach, und es bedurfte einiger Jahrzehnte, bis sich das Theater neu entfalten konnte, dann allerdings auch unter Beteiligung baltischer oder zeitweilig ortsansässiger Autoren. Nur um diesen Anteil als baltische Literatur kann es hier gehen. Die baltische Theatergeschichte als separater Aspekt des kulturellen Lebens kann hier nur als Grundlage dieser Entwicklung des Dramas kurz gestreift werden.

Maßgeblicher Anstoß für das Aufblühen des Theaters war das Interesse des Petersburger Hofes und seiner deutschen Mitglieder an einer möglichst ständigen deutschen Schauspieltruppe. Damit wird die Landroute Königsberg – Mitau – Riga – Dorpat – Reval – Narwa – Petersburg neben dem Seeweg von Schweden zum üblichen Weg der oft wechselnden, unter verschiedenen Prinzipalen und Namen reisenden Wandertheater, die z. T. auch von Riga, Reval oder Petersburg als Stützpunkt aus die kleineren Städte bespielen. Mit zunehmender Häufigkeit solcher Tourneen wird bei Spielern wie Publikum der Wunsch nach festen Spielstätten und bald auch nach ständigen Bühnen wach, dem nur die größeren Orte oder private Mäzene mit eigenen Theaterbauten, teils in Verbindung mit Klubhäusern, entsprechen können, und auch dann wird die Tragbarkeit solcher Unternehmen oft gefährdet, zumal sie herkömmlicherweise ein Zehntel ihrer Einnahmen oder den Ertrag eines Spieltags an die Armenkassen abführen mußten.

Am frühesten erholte sich das Rigaer Theater von den Kriegsfolgen. Schon 1711 spielten zur Feier der Rückkehr Peters I. die «Hochdeutschen Komödianten» im Theater auf dem Bischofsberg. 1718/19 und 1722 sah die Stadt verschiedene, doch wenig erfolgreiche deutsche Wandertruppen. Die 1740 von der Zarin Anna Iwanowna nach Petersburg berufene Neubersche Truppe konnte sich nach dem Tod der Zarin dort nicht halten. In ihrer Nachfolge zog die Truppe von Johann Peter Hilferding und Joseph Scolari ein, der zeitweise Konrad Ernst Ackermann und Konrad Ekhof angehörten und die bald auch Riga, Reval, Dorpat, Pernau und Narwa mit Gastspielen versorgte. Hilferding wurde 1762 durch Johann Friedrich Neuhoff abgelöst, dessen Truppe seit 1757 in Reval gespielt hatte und 1762 durch Katharina II. zur kaiserlichen Hoftruppe erhoben wurde, sich jedoch in Petersburg auf Dauer nicht halten konnte. 1768 baute Riga dem deutschen Theater ein stattliches Haus auf dem Paradeplatz, in dem Johann Friedrich Mende Lessing, Gellert u. a. aufführte, das aber 1780, als Nathanael Ernst Hündebergs Truppe aus Reval kam, abgerissen wurde. 1782 wurde das von dem Theaterenthusiasten Baron Otto Hermann von Vietinghoff auf eigene Kosten erbaute «Rigaer Stadttheater» (500 Plätze) mit Lessings *Emilia Galotti* eröffnet. Der Dramatiker Johann Christian Brandes (1753–1799) als Regisseur brachte Vietinghoffs anspruchsvolles Programm mit Iffland, Schiller und Goethe auf die Bühne, die sich bis 1863 hielt.

In Reval spielte 1757 und 1761 die Truppe von Hilferding bzw. Neuhoff, und 1766 gastierte die Truppe von Johann Friedrich Mende im Schwarzhäupterhaus. Die Truppe von Scolari spielte 1772–1776 in Reval; sie ging 1777 an Nathanael Ernst Hündeberg über, der Gastspielreisen nach Dorpat und Riga unternahm und 1780 ganz zu Vietinghoff nach Riga ging. Aus Kotzebues Revaler Liebhabertheater (1784–1795, s. u.) ging 1806 eine ständige Bühne hervor. Sie bezog 1809 als erste stehende Bühne Revals ein eigenes Gebäude, das bis zum Brand von 1855 Spielstätte blieb.

Dorpat erhielt 1781 ein Theaterhaus mit 200 Plätzen, in dem die Truppe von Carl Rundthaler 1796–1809 oft spielte, bis 1812–1867 mit Unterstützung des Kurators F. M. Klinger jede Theatervorstellung in der Universitätsstadt als sittengefährdend verboten wurde. Mitau, bis 1795 offiziell Residenz, obwohl der Herzog von Kurland auf seinem Landsitz Würzau blieb, war anfangs Ziel von Wanderbühnen und Gastspielen aus dem benachbarten Riga mit improvisierten Spielorten, bis 1802 ein überdimensioniertes Schauspielhaus mit 1000 Plätzen eröffnet wurde, das sich nur selten füllte. In kleineren Orten wie Libau, Pernau und Narwa, die nur kürzere Spielzeiten trugen, behalf man sich mit den örtlichen Gegebenheiten.

Wenngleich das baltische Theater im 18. Jahrhundert noch keine Glanzleistungen und Stars aufzuweisen hat, beginnt hier seine Rolle gewissermaßen als Probebühne oder Provinz- bzw. Stadttheater, an dem seither zahlreiche später berühmte Künstler und Musiker ihre Talente erprobten und sich in ihrem Beruf für größere Rollen bildeten.

So weit die lokalen Voraussetzungen für die frühen baltischen Dramatiker. Ihnen muß ferner zugute gehalten werden, daß sie selbst bei Auslandsaufenthalten kaum hinlängliche Theatererfahrungen sammeln konnten und sich daher, wie alle Kolonialliteraturen, eng an etablierte Typen des Dramas fern individueller oder avantgardistischer Experimente hielten. Bei mangelndem sozialen Kontakt auf beruflicher Basis lebten sie vereinzelt und teils ohne Wissen voneinander, und viele ihrer Dramen sind lokal bedingte Gelegenheitsstücke aus einem bestimmten Anlaß oder einer gegebenen Situation, die kaum über den Ursprungsrahmen hinausgelangten.

In der Tradition des Schuldramas als Wiederbelebung der humanistischen Praxis deklamatorischer Schulung der Jugend, daher ohne Theaterkostüm und Dekoration von Schülern aufgeführt, stehen die etwa zehn Stücke des gebildeten Rigaer Domschulrektors Johann Gotthelf LINDNER (1729–1776, s. o.) aus dem Berensschen Kreis. Seine moralisch-historischen Spieltexte wie *Die Krönung Gottfrieds, Herzogs von Bouillon* (1758), *Abdolonym wird König von Sidon* (1758),

Albert oder die Gründung der Stadt Riga (1760) und *Der wiederkehrende Sohn* (1761), die er selbst in mißverständlicher Übersetzung des griechischen «drama» als *Schulhandlungen* (XV 1755–1763) bezeichnete, fanden noch das Interesse von Thomas Abbt, Hamann und Herder. Auch in Arensburg auf der Insel Ösel schuf der Vizegouverneur (1783–1797) Balthasar Freiherr von Campenhausen (1745–1800) 1787 ein ganzjähriges, einmal wöchentlich spielendes Schultheater, das sich allerdings trotz großen Erfolgs mit Lessings *Der Schatz* nicht lange halten konnte.

Das erste eigentliche baltische Drama schrieb der erfahrene Weltmann, Diplomat, Offizier und seit 1746 Gutsbesitzer in Neu-Oberpahlen Jakob Heinrich von LILIENFELD (1716–1785) mit seinem von Gellert angeregten Lustspiel *Der Neujahrs-Wunsch* (1758), das ländliches baltisches Milieu zur Anschauung bringt. Ihm folgte 1766 das etwas weitschweifige Lustspiel *Uranie, oder die Verwandtschaft der Liebe und Freundschaft* (Druck 1778).

Die meisten baltischen Dramatiker der Zeit jedoch begnügten sich mit einem dramatischen Versuch nach allgemeinmenschlichen oder historischen Stoffen. Der auch estnisch schreibende Theologe Friedrich Gustav ARVELIUS (1753–1806) dichtete das «Duodrama in zwei Aufzügen» *Elisa* (1777), sein Bruder, der Jurist Martin Heinrich ARVELIUS (1760–1799), auch begabter Lyriker (s. o.) und Mitglied von Kotzebues Liebhabertheater, eine dramatische Posse nach dem Französischen *Kein Platz im Gasthofe* (1793).

Historische Stoffe behandeln das dreiaktige Singspiel *Scipio* (1778) des schon als Lyriker genannten Pastors Christoph Friedrich NEANDER, das im Herzoglichen Hoftheater in Mitau aufgeführt wurde, und das Trauerspiel *Die Inquisition* (1780) des nur vorübergehend 1780–1782 in Estland ansässigen Theologen Christian SCHLEGEL (1757–1842), der sich auch mit der Kultur der Esten befaßte.

«Ein Original-Trauerspiel» nennt der spätere Rigaer Schauspieler und Theaterdichter Karl Ferdinand Daniel GROHMANN (1758–1794) aus Leipzig seine dreiaktige *Gioconda, oder Weiberrache kennt keine Gränzen* (1781), und als «ein pädagogisches Trauerspiel» bezeichnet der kurzfristige Rektor der Rigaer Domschule Karl Philipp Michael SNELL (1753–1806) sein Stück *Die Sporen* (1785).

Das Prinzip der Ein-Drama-Autoren gilt natürlich nicht für die Zuwanderer aus dem Westen mit breiterer Theatererfahrung. Friedrich von ECKARDT (1759–1806) wurde 1785–1787 Theaterdichter in Riga, wo sein Bruder Siegfried Gotthilf Eckardt, genannt Koch, 1784–1788 Theaterdirektor war. Seine acht Dramen, vorwiegend leichte Lustspiele, entstanden jedoch zumeist schon 1776–1783 während seiner Wiener Militärzeit und wurden im Burgtheater, später z. T. auch in Riga aufgeführt. Nur das kurze Schauspiel *Kiasa und Alexander* (1804) entstand in Riga und wurde dort gespielt. Der Jurist Christian Heinrich NIELSEN (1759–1829) aus Königsberg, ab 1784 Verwaltungsjurist in Dorpat und 1788 Gründer der *Dörptschen Zeitung*, schrieb zwei «Schauspiele mit Gesang» (*Der gute Amtmann*, 1791; *Karl und Amalie*, 1791), ferner ein Lust- und ein Trauerspiel. Bedürfnisse der noch leichteren Muse schließlich erfüllte der Rigaer Jurist Wilhelm Jakob Christian HENTSCH (1769–1816) mit vier Operettenlibretti.

Bereits am Beginn des neuen Jahrhunderts, doch noch im Geiste der Aufklärung stehen zwei historische Dramen: das Trauerspiel *Die Leiden der Ortenbergischen Familie* (1801, nach dem Roman von Kotzebue, 1785 f.) des Dorpater Ratsherrn Christian Friedrich Wilhelm BARNICKEL (1774–1845) und, endlich eine Episode aus der livländischen Geschichte behandelnd, *Die Belagerung von Wenden, ein Drama aus den Ritterzeiten Lieflands* (1801) von Pierce Balthasar Freiherr von CAMPENHAUSEN (1746–1807), dem Freund und Hausgast Voltaires und weitgereisten russischen Offizier unter Potemkin.

Die Anstöße zur vollen Entfaltung des baltischen Dramas und Theaters jedoch kommen von ganz anderer Seite: von einem konservativen, oberflächlichen Theatermann aus Deutschland und einem wildrebellischen, einheimischen Sturm-und-Drang-Dichter: Kotzebue und Lenz.

Der Thüringer August von KOTZEBUE (1761–1819) war seiner Herkunft nach gewiß kein Balte; wohl aber müßte man ihm, der sieben teils jahrelange Aufenthalte in Estland, drei Frauen aus baltischem Adel und mehrere Güter in Estland für sich sprechen lassen könnte, den Rang eines Wahlbalten zugestehen oder Estland als seine zweite Heimat bezeichnen, hat er doch länger als mancher baltische Schriftsteller in Estland gelebt, dort seine ersten wichtigeren Dramen geschrieben und dem Land als Theatermann mehr gegeben als jeder andere. Überdies stand sein Ansehen in Estland aus gutem Grund weit höher als bei seinen reichsdeutschen Landsleuten allgemein und den Literaturkritikern im besonderen. Der Grund dafür liegt nicht etwa darin, daß Kotzebue in seinen Theaterstücken baltisches Milieu gestaltete – eher das Gegenteil ist der Fall – oder daß die Balten niedrigere literarische Wertmaßstäbe anlegten, sondern darin, daß man gute, und sei es auch leicht-unverbindliche Unterhaltung – und dazu gehörte damals insbesondere das Theater – dort höher einschätzte, ohne der hohen Literatur deswegen Abbruch zu tun.

Kotzebue, der seit seiner Studienzeit 1777 Dramen und Romane schrieb und sich in Jena und Duisburg an studentischen Liebhabertheatern beteiligte, war nicht nur aus Eitelkeit oder Großmannssucht, sondern aus Leidenschaft der Bühne verbunden. Ein Freund seines Vaters verschaffte ihm 1781 die Anstellung als Privatsekretär des russischen Generalingenieurs von Bauer in Petersburg, der dort gleichzeitig Direktor des Deutschen Hoftheaters war, für das Kotzebue einige Stücke schrieb. Nach dem Tod Bauers 1783 Jurist in Reval und 1785–1795 mit russischem Verdienstadel Präsident des Gouvernementsmagistrats von Estland, wurde er 1784 zum Gründer und Leiter des Revaler Liebhabertheaters, für das er nach anfänglichem Zögern weite Kreise der deutschen Gesellschaft heranzuziehen vermochte, weil die Spielfreude ein wohltätiges Mäntelchen erhielt und der Gewinn den Stadtarmen zugute kam. Das Liebhabertheater, das regelmäßig in der Wintersaison spielte, vertrat eine damals finanziell noch nicht tragbare Berufsbühne. Es stellte seine Tätigkeit daher vorübergehend ein, als 1795–1798 eine reguläre Schauspieltruppe in Reval auftrat, und nahm sie nach deren Abzug wieder auf.

Für dieses Liebhabertheater und kleinere Laienaufführungen auf seinen eigenen und benachbarten Landgütern verfaßte Kotzebue in rascher Folge etwa zwei Dutzend Bühnenwerke wie *Menschenhaß und Reue* (1788), *Die Sonnen-Jungfrau* (1789), *Die Indianer in England* (1789) und *Das Kind der Liebe* (1790), die in viele Sprachen übersetzt und auch von Berufsschauspielern in vielen Ländern aufgeführt, also nicht bloß als Laienspiele verstanden wurden. Nach einem Aufenthalt in Paris und Mainz 1790–1792 kehrte Kotzebue nach Reval zurück, nahm aber 1795 seinen Abschied und zog sich 1795–1797 auf sein Landgut Friedenthal bei Jewe zurück. Nach kurzen Aufenthalten 1797 in Wien als Direktor des Burgtheaters und 1798/99 in Weimar wurde er bei der Rückkehr nach Rußland auf Anordnung des argwöhnischen Zaren verhaftet und nach Sibirien verbannt, aber nach vier Monaten zurückgerufen und zum Direktor des Deutschen Hoftheaters in Petersburg bestallt. 1801 nahm er seinen Abschied, reiste 1802–1804 nach Berlin und Paris, floh nach Napoleons Siegen als dessen Feind wieder nach Estland und lebte in Reval sowie auf seinem Gut Schwarzen bei Reval.

Die Revaler Liebhaberbühne, 1807 in eine Aktiengesellschaft umgewandelt, erhielt 1809 ein vom Adel und wohlhabenden Kaufleuten gestiftetes Theatergebäude in der Breitstraße und erlebte 1812/13 mit Kotzebue als Direktor eine neue Blütezeit. Ab 1816 russischer Generalkonsul in Königsberg, sah Kotzebue Reval 1816/17 noch einmal wieder und ging 1817 über Weimar nach Mannheim, wo er als vermeintlicher russischer Spion von einem Studenten ermordet wurde. Seine späteren Stücke für Liebhabertheater einer gebildeten Landbevölkerung sammelte sein *Almanach dramatischer Spiele* (XVIII 1803–1820); daneben entstanden im Baltikum auch Romane und Erzählungen wie *Die Geschichte meines Vaters* (1788) und *Ildegerte* (1788).

Kotzebues über 200 bühnenwirksame, teils sentimentale, teils leicht frivole Unterhaltungsstücke mit ihren bühnensicheren Figuren und populären Stoffen beherrschten über Jahrzehnte hinweg die deutschen und viele europäische Bühnen und erwiesen sich so trotz aller Oberflächlichkeit und Rührseligkeit als erstaunlich zugkräftig und langlebig. Sie folgen im allgemeinen einem einfachen Schema, nach dem eine moralisch schwache Gesellschaft durch großsprecherische Tugend und hohle Ansprüche in ihrer Ordnung gestört wird, bis Verwechslungen, Kontrast- und Parallelhandlungen diese wiederherstellen. Es läßt sich nicht behaupten, daß diese Stücke eines Vielschreibers im zentrumfernen Nordosten des Kulturraums der Literatur neue Anstöße gegeben haben, da ihre Meriten vorwiegend nicht auf literarischem Gebiet, sondern auf dem des lebendigen, teils ungekünstelten Theaters liegen. Ihr Witz, Humor und menschenfreundlicher Optimismus zielen nicht auf Erbauung, Erschütterung und Seelentiefe, sondern bewußt auf jene leichtverdauliche Kost von Unterhaltung, die in einer gewandelten Welt etwa vom Film und den Fernsehserien geboten wird, ohne daß man ihr Lebensrecht bestreiten oder sie wegen der Publikumsgunst als Unkunst disqualifizieren müßte.

War Kotzebue der ins Baltikum verschlagene Deutsche, so ist Jakob Michael Reinhold LENZ (1751–1792) der nach Deutschland verschlagene Livländer. Denn als Balten muß man den in Livland geborenen, in Dorpat erzogenen Dichter wohl betrachten, obwohl erst sein Vater aus Pommern eingewandert war und der Sohn seine schöpferische Zeit in Deutschland verbrachte. Dem väterlichen Wunsch, ihn vom Theologiestudium in Königsberg wieder zurückzuholen, entzog er sich 1771 durch seinen Aufbruch als Reisebegleiter zweier baltischer Adliger nach Straßburg, wo er im Kreis um Goethe und Jung-Stilling als Genie gefeiert wurde, aber vom Stundengeben leben mußte. Eine unerwiderte Neigung zu Friederike Brion 1772 zeitigte eine Reihe von volkstümlichen Liebesgedichten, die sich von denjenigen Goethes kaum unterscheiden, und auch Goethes Schwester Cornelia Schlosser traf 1775 seine Zuneigung. Goethe 1776 ungerufen nach Weimar folgend und dort auf eine Anstellung hoffend, verscherzte er sich durch sein exzentrisches, unbeherrschtes Wesen und eine rätselhafte «Eselei» die Gunst des Hofes und wurde ausgewiesen. Damit beginnt sein unruhiges Wanderleben im Rheinland, der Schweiz und im Elsaß mit seit 1777 zunehmenden Anzeichen einer Geisteskrankheit mit Selbstmordversuchen, u. a. beim Pfarrer Oberlin (vgl. G. Büchners Novelle *Lenz*), bis sein Bruder ihn 1779 nach Riga heimholt. Nach zeitweiliger gesundheitlicher Besserung fristet er als Hauslehrer und Sekretär in Livland, Petersburg und Moskau sein Leben, findet die Freundschaft des russischen Dichters Karamzin und wird schließlich auf einer Moskauer Straße tot aufgefunden. Ein Ikarusflug endet in jähem Absturz. Über anderthalb Jahrhunderte hat man Krankheit, Tragik und Scheitern seines wirren Lebens auf Lenz' Werk übertragen und es entsprechend abgewertet und vernachlässigt; erst das 20. Jahrhundert begann mit einer noch nicht abgeschlossenen Rehabilitierung.

Literaturgeschichtlich vollzieht Lenz den Übergang von einer pädagogisch ausgerichteten Aufklärung zum sozialreformerischen Sturm und Drang, als dessen einzig bedeutender Vertreter in der baltischen Dichtung er nicht ganz zu Recht angesehen wird. Seinem chaotisch unausgeglichenen, leidenschaftlichen Leben bei innerer Charakterschwäche entspricht im Werk ein Übermaß an kraftgenialischer Phantasie und zügellosem Schöpfungsdrang bei gleichzeitigem Mangel an abwägender Vernunft und literarischem Formwillen. So wird Lenz in der Nachahmung von Goethes *Götz von Berlichingen* und unter dem Eindruck Shakespeares zum Rebellen gegen herkömmliche formale literarische Konventionen und zum frühen Vertreter der offenen Form im Drama, deren Stationentechnik bzw. dynamische epische Szenenfolge erst bei Büchner, Grabbe, Wedekind und Brecht zur bewußten Bauform wurde, dann aber auch komische und tragische Elemente im Werk zu verbinden wußte. Für Lenz sind seine dramatischen Kurzszenen ein hervorragendes Mittel seiner kulturkritischen Haltung zur Darstellung des oberflächlichen Lebens von Adel und Offizierskorps. Sein dichterisches Werk wird begleitet von einer Reihe prosaischer Schriften zur Theologie und Literaturtheorie, die den christlichen Untergrund seines Schreibens belegen.

Nur die ersten Jugenddichtungen von Lenz entstanden während der Dorpater Gymnasialzeit: ein christliches Hexametergedicht *Der Versöhnungstod Jesu Christi* (1766), ein melodramatisches Alexandrinerepos *Die Landplagen* (1769), das alle Schicksalsschläge als Strafen Gottes versteht, und ein kleines Gelegenheitsdrama für eine Adelshochzeit in Oberpahlen *Der verwundete Bräutigam* (1766), möglicherweise das einzige seiner Werke, das Lenz je aufgeführt sah.

Die eigentliche Schaffensperiode bringt die Straßburger Zeit 1771–1776. Fingerübungen im dramatischen Stil nach den klassischen Regeln gewährt die Übersetzung der fünf *Lustspiele nach dem Plautus fürs deutsche Theater* (1774). Eine ganz andere Dramentheorie entwikkeln anhand Shakespeares die *Anmerkungen übers Theater* (1774), die für die Neuzeit das nichtaristotelische Drama ohne die drei Einheiten fordern und neben Herders und Goethes Shakespearestudien die deutsche Shakespearomanie einleiten. Daß beide Werke von angesehenen Kritikern für Schriften Goethes gehalten wurden, spricht für die literarische Nähe beider Dichter. Plautus und Shakespeare bleiben neben Goethe seither die großen Vorbilder für Lenz, dem es dennoch nicht gelingt, komische und tragische Elemente zu verbinden.

Entsprechend schwankt Lenz beim Untertitel seines Dramas *Der Hofmeister oder Vortheile der Privaterziehung* (1774) zwischen «Lust- und Trauerspiel», «Ein Trauerspiel» und dem ironischen «Eine Komödie» und hält sich fast krampfhaft auf dem schmalen Grat der Tragikomödie. Die sozialkritische Tendenz gegen das Hofmeisterwesen, das Lenz aus eigener Erfahrung kannte, Vorfälle in seiner Nachbarschaft und sein aufklärerischer Impetus gegen die Versklavung der Menschen in ihren Milieus mit ihrer sozialen Position und deren Vorurteilen ergäben hier ein fast naturalistisches Bild von der Milieubedingtheit der Gesellschaft – wären nicht alle Figuren und die Welt selbst bewußt ins Skurrile verzerrt.

Nicht, daß ein gedemütigter Hofmeister seine Schülerin verführt, entflieht, sich selbst entmannt und sein Ideal in einer platonischen Ehe mit einem einfachen Landmädchen findet und daß das gefallene Mädchen mit seinem unehelichen Kind die Ehe mit einem Vetter eingeht, ist der kritische Ansatz des Stückes. Vielmehr werfen die Haltungen und Reaktionen der Nebenfiguren ein ironisch-satirisches Licht auf eine Gesellschaft, die ihre Ratlosigkeit dem Geschehen gegenüber hinter Phrasen der Anpassung verbirgt. Lenz' erstes großes Drama mit seiner Kritik des feudalen Erziehungssystems wurde 1950 von B. Brecht neu bearbeitet und bei ihm zum «Standardwerk des bürgerlichen Realismus», zur Darstellung des «emanzipierten Lakaien» und der «geistigen Selbstentmannung der Intellektuellen» umfunktioniert, die in Deutschland eine Revolution verhindert habe. Nur solch einäugig sozialistische Deutung kann natürlich in großzügiger Weise darüber hinwegsehen, daß im Mittelpunkt der Handlung als Titelfigur gerade einer der «Emanzipierten» und «Intellektuellen» steht, der hier ein unschuldiges Mädchen verführt, schwängert und beinahe in den Tod treibt. *Der Hofmeister* ist keine Ideologiekritik, sondern vor allem eine Kritik der Unmoral.

Lenz' Sitten- und Gesellschaftskritik findet ihre Fortsetzung in der Komödie *Der neue Menoza* (1774), deren Held einem Roman von Erik Pontoppidan (1742) entstammt. Hier wird jedoch nicht aus der Sicht der Beteiligten selbst geurteilt, sondern aus der Außenseiterperspektive des asiatischen Prinzen Tandi, der nach dem besonders in der Aufklärung beliebten Schema des «edlen Wilden» den Sittenverfall Europas und seine moralischen Widersprüche entlarvt, aber aus der Vielfalt der Betrügereien, Intrigen, Kindesvertauschungen, Racheakte, Stimmungsumschwünge und Wiedererkennungen bis nahe an den Inzest dennoch als der glücklich Liebende hervorgeht. Die typenhaft stilisierten Figuren und die grotesken und mechanischen Züge und unvermittelten Situationssprünge des Dramas zeigen besonders im Vordringen von Pantomimik und Gestik Einflüsse der Commedia dell'arte und des Marionettentheaters. Die häufige Überrumpelung der Figuren durch unerwartete Wechselfälle führt zu zahlreichen Ohnmachten als Zeichen, daß die Figuren dem Geschehen nicht gewachsen sind und im moralischen Handeln versagen.

Es folgt eine Reihe kleinerer Stücke wie das recht alberne, vorwiegend pantomimische *Pandaemonium Germanicum* (1775, Druck 1819), Literatursatire auf den Rangunterschied zwischen Goethe und Lenz einerseits und den Nachahmern, Philistern und Journalisten andererseits, und zwei Dramen um Liebesglück und -leid: In der Tragödie *Der Engländer* (1777) begeht der abgewiesene Liebhaber Selbstmord; in der Komödie *Die Freunde machen den Philosophen* (1776) erspart der Ehe- und Edelmann dem Philosophen den Liebes-Selbstmord, indem er den Liebenden verständnisvoll ein geheimes Glück ermöglicht.

Lenz' dramatisches Hauptwerk, die «Komödie» *Die Soldaten* (1776), geht noch auf die Straßburger Zeit 1774/75 zurück und verarbeitet z. T. Erlebnisse mit Offizieren der elsässischen Garnisonen. 35 in fünf

Akte gegliederte, doch nur locker gereihte Episoden aus dem Garnisonsleben des hochmütig-arroganten, adligen Offizierskorps verbinden sich zu einem höchst negativen Gesellschaftsbild um eine durch einen adligen Offizier mit Schmeicheleien verführte und dann verlassene Bürgerstochter, die nach wechselnden Partnern vom Vater in der Gosse aufgefunden wird. Sie fällt jedoch nicht nur der Sittenlosigkeit des Offizierskorps, sondern auch den sozialen Aufstiegsambitionen des eigenen Vaters zum Opfer, der das Verhältnis unterstützt. Fast im nachhinein erklärte Lenz sein Stück als Kritik an der erzwungenen Ehelosigkeit des Soldatenstandes, die zu moralischem Fehlverhalten führe und eine Bedrohung bürgerlicher Frauen darstelle. Im Anschluß daran empfahl er erst die Einrichtung von Soldatenkonkubinen und Offiziersbordellen und später in einer Schrift *Über die Soldatenehen* (1776, Druck 1913) die Aufhebung des Eheverbots für das Militär. Solche nachträglich hineininterpretierten, aggressiv-sozialrevolutionären Tendenzen stehen jedoch gar nicht im Mittelpunkt der Handlung, die nicht ein einseitiges Programm, sondern einen echten, auch sprachlich fein differenzierten dramatischen Konflikt darstellt, in dem nur das soziale Argument das moralische Problem verdeckt: Die Aufhebung des Ehelosigkeitsgebots würde der Verführung Dritter ebensowenig ein Ende setzen wie die Ehe den Seitensprüngen militärischer Eroberertypen. Erst das beiderseitige Überspringen der hergebrachten Standesschranken durch egoistisch verführerische und auch finanziell betrügerische Adlige einerseits und ein mit ebenso unmoralischen Mitteln nach sozialem Aufstieg strebendes Bürgertum andererseits bewirken die tragischen Konflikte. Sie führten fälschlich zum Bild von Lenz als Sozialrevolutionär, das in der Bearbeitung des Stückes durch Heinar Kipphardt 1968 noch vertieft wurde.

Lenz' weitere Spätwerke wie das historische Trauerspiel *Die Sizilianische Vesper* (1782) blieben weitgehend unbeachtet, andere blieben Fragment wie das Drama *Catharina von Siena* und der Roman *Der Waldbruder, ein Pendant zu Werthers Leiden* (postum 1797 in Schillers *Horen*), der private Leidenschaft des Dichters perspektivisch im Dialog von empfindsamem Schwärmertum und zynischem Realismus bricht.

Lenz' Zwischenstellung zwischen einer inhaltlich intendierten Aufklärung und einer nur formalen Anlehnung an die Dramentechnik des Sturm und Drang entspricht in weiterem Sinn sein regionales Hin und Her zwischen seiner livländischen Heimat und den deutschen Schauplätzen seines Literatenlebens. Auch wegen seiner Nähe zum innerdeutschen Sturm und Drang kann er daher ebenso wie Kotzebue nur in beschränktem Maße für die baltische Literatur beansprucht werden. Ohne ihn und Kotzebue jedoch und ohne die Gäste Hamann und Herder stand die baltische Literatur des 18. Jahrhunderts noch auf einer Entwicklungsstufe, die bei den Bemühungen, sich aus dem politischen Chaos des 17. Jahrhunderts und den provinziellen Wiederanfängen zu befreien, der Unterstützung bedeutender Literaten des Mutterlandes bedurfte. Diese Diskrepanz in der Erheblichkeit von eingesessenen und zugereisten Dichtern sollte sich im 19. Jahrhundert stärker einebnen.

Das frühe 19. Jahrhundert: Klassizismus und Romantik

1. Einleitung

Mit der politischen Vereinigung der drei baltischen Länder Estland, Livland und Kurland als russische Ostseeprovinzen unter einem russischen Generalgouverneur in Riga 1801 überzog nach den Napoleonischen Kriegen, die das Baltikum kaum berührten, ein hundertjähriger Frieden das Land.

Zwar waren die Balten als russische Staatsbürger deutscher Nation an Rußland gebunden und erkannten die Zaren Alexander I. und Nikolaus I. als Oberherren an, bewahrten sich jedoch im Inneren weitgehend eine ritterschaftliche oder städtische Eigenverwaltung. Angesichts der Fremdherrschaft früherer Jahrhunderte war man jedoch nichts anderes gewohnt. Die Idee des Nationalstaats war weder durch die Seuche des Nationalismus noch durch das Selbstdarstellungsverlangen der Völker aufgekommen. Überdies gab das westlich orientierte russische Großreich den Balten bisher ungeahnte Karrieremöglichkeiten in der Residenz Petersburg oder größeren Provinzstädten als Staatsbeamte, Offiziere, Diplomaten und Gelehrte, von denen viele in Rußland verblieben und gegebenenfalls in die russische Oberschicht einheirateten. Gerade die Napoleonischen Kriege bewiesen, daß die Balten zwar liberal, im inneren Grunde aber konservativ und antinapoleonisch dachten: Über 700 baltische Offiziere dienten in der russischen Armee. Dank der Öffnung Rußlands zum Westen konnte das Baltikum seine Situation als die einer Vermittlung zwischen Ost und West verstehen und nutzen. Ruhe und Frieden im Inland wurden gefördert durch die allmähliche Lockerung und schließlich 1816–1819 die Aufhebung der Leibeigenschaft der bisher fast rechtlosen einheimischen Bauern – Jahrzehnte vor den gleichen Maßnahmen in Rußland selbst.

Trotz wirtschaftlicher Einschränkungen wie der Kontinentalsperre breitete sich in den privilegierten Schichten eine gepflegte Idylle, ein sorgloses Behagen, eine fast biedermeierliche Ruhe und Beschaulichkeit aus. Man lebte auf den Gütern, zog im Winter zur Abwicklung von Geschäften und zur Einvernahme des Kultur- und Theaterlebens in die

Städte, ergötzte sich an Hausbällen, bildete gelehrte Gesellschaften für Interessenten an Literatur, Kunst, Musik, Geschichte und Altertumskunde oder Naturforschung, besuchte die Lesezirkel und Lesebüchereien oder Klubs («Mußen») oder die Salons, wo man neue Bücher aus Deutschland besprach, durchreisende VIPs sah, dem Gesang frönte, eigene und fremde Verse oder auch seelenvolle Briefe vorlas und damit die ausgesprochen mündliche Erzählkunst der baltischen Literatur begründete, die sich eben nicht nur an Literaten, sondern an ein mehr oder weniger homogenes Publikum wandte. Nach allmählicher Aufweichung der Zensurbestimmungen Zar Pauls I., der den Import der Bücher verbot, gelangten bald auch wieder neue Bücher in das Land: Nicht nur (als Neuheit) Zeitungen, auch Zeitschriften, Almanache und sogar schöngeistige Bücher fanden Leser selbst beim Adel, wenigstens soweit weiblichen Geschlechts.

Im Gegenzug zu dem geschlossenen Kreis der Ritterschaften bildete sich aus bürgerlichen Kreisen der Akademiker der typische baltische Stand der «Literaten», der Pfarrer, Ärzte, Juristen, Lehrer und Apotheker sowie höhere Beamte in einem fast familiären Kreis erfaßte und die Hochschätzung geistiger Bildung im Baltikum bekundet. Ihr entsprachen die Verbesserung und Erweiterung des Schulwesens besonders auch auf dem Lande, wo Estnisch oder Lettisch Unterrichtssprache wurde, während auf den Gütern weiterhin Hofmeister meist aus Deutschland angestellt wurden, die später eine Pfarre oder gar eine Professur anstrebten oder durch Einheirat zur Blutsauffrischung beitrugen.

Der wesentlichste Beitrag zur Bildung im Baltikum war die schon von Peter dem Großen versprochene, aber erst 1802 erfolgte Wiedereröffnung der deutschen, protestantischen Landesuniversität Dorpat. Ursprünglich von der estländischen und livländischen Ritterschaft getragen – Kurland hatte Mitau als Sitz verlangt und schied daher aus –, wurde sie noch im gleichen Jahr in eine staatliche, daher vom Land autonome Universität überführt und entwickelte sich rasch zu voll ausgebauten Instituten. Ihre Studentenzahlen stiegen von 19 im Gründungsjahr binnen eines halben Jahrhunderts auf 676. Mit der Universität erhielten die drei Länder eine gemeinsame Seele, die ihr Gemeinschaftsgefühl stärkte im Bewußtsein, unabhängig vom Ausland im eigenen Lande höchste Bildungsmöglichkeiten anbieten zu können, die den Vergleich mit binnendeutschen Instituten der Zeit nicht zu scheuen brauchten. Es tut der Tatsache keinen Abbruch, daß Rußland gleichzeitig mit der Erlaubnis zur Neugründung der Universität 1798 auch ein Verbot des Studiums im Ausland erließ, das den Einzug westlich-französisch-revolutionärer Ideen eindämmen sollte. Die politische Begründung dieses Verbots wird erst ersichtlich angesichts der Tatsache, daß die Universität Dorpat als die wissenschaftlich beste des russischen Reiches nicht nur Tausende von Akademikern aller Fachrichtungen, über 1000 Ärzte und fast alle russischen Apotheker ins Innere Rußlands sandte und speziell mit der Ausbildung von rund 100 Professoren für Rußland betraut wurde.

Gefährlicher als die Bücherzensur und das bald aufgeweichte Verbot des Weststudiums waren die ersten Anzeichen einer stufenweisen Russifizierung von Schule und Universität seit 1835. Das Russifizierungsprogramm wurde zwar 1848 unter dem Einfluß des späteren Zaren Alexander II. zurückgestellt, jedoch 1881 unter Alexander III. wieder aufgenommen: Ab 1890 durfte nur die evangelisch-theologische Fakultät noch auf deutsch unterrichten, und Dorpat verlor damit seine führende Stellung als Außenposten deutscher Wissenschaft und Kultur im Osten.

Dem nach innen konservativen, nach außen liberalen Charakter der Balten, die Illusionen und Utopien ablehnten, doch realistischen Zukunftsversprechungen gegenüber offen blieben, entsprach es, daß sich der Rationalismus als durch Phasenverschiebung verspätete, praktizierte Form der Aufklärung länger als in Westeuropa und fast bis zur Jahrhundertmitte auf den städtischen Kanzeln hielt, auf dem Lande teils stark mit pietistischen Zügen durchsetzt, daß aber das Herrnhutertum und seine Gemeindebildung als allzu subjektivistisch auf Ablehnung stießen. Das intensive Eintreten einer etwas sorglosen Weltdame wie Juliane von Krüdener für die Herrnhuter überstieg das Maß des Erlaubten und führte in den Jahren 1817–1839 im Gegenteil zu staatlichen Einschränkungen der Brüdergemeine auf ein wachsend engeres Maß. Andererseits versuchte die orthodoxe Staatskirche erfolgreich und mit nicht immer ganz lauteren Mitteln und illusorischen Versprechungen, protestantische estnische und lettische Landeskinder zur Konversion zu bewegen, die, einmal vollzogen, nicht mehr widerrufen werden durfte: statt rassischer oder sprachlicher also eher konfessionelle Konflikte einer versuchten Integration.

Hinsichtlich des literarischen Lebens ist festzuhalten, daß die französische Literatur der Aufklärung angesichts der frankophilen Einstellung des Petersburger Hofes im Baltikum erst allmählich durch das anwachsende Volumen interessanter deutscher Literatur verdrängt wurde. Man las in biedermeierlicher Empfindsamkeit und mit Rücksicht auf die verspätete Ausbreitung der aktuellen Literatur vorzugsweise das gute Alte und durch die Zeit Etablierte, also zunächst Matthisson, Jean Paul, Lessing, später auch Heine, Platen, Lenau, Hoffmann und Eichendorff, erst sehr viel später auch die Weimarer Klassiker Goethe und Schiller, vorzugsweise wegen seiner Eindeutigkeit und leichteren Faßlichkeit besonders Schiller, der auch leichter nachzuahmen war. Das führte wie in Deutschland selbst zu einer Fülle von Schiller-Epigonen. Die deutsche Romantik dagegen wurde zu einem großen Teil nicht wahrgenommen. Der Konflikt zwischen Klassik und Romantik in innerdeutscher Literatur erschien aus der Ferne (wie vielfach auch in Westeuropa) nicht als gleichzeitiger, aktueller Gegensatz, sondern wurde aus sicherer Rückschau als Band paralleler Tendenzen verstanden. Baltisches Eklektikertum ließ sich nicht in literarische Konflikte hineinziehen, sondern konnte eine Klärung abwarten. Der durch die räumliche Ferne bedingte Abstand von literarischen Auseinandersetzungen erlaubte nur eine mittelbare Teilnahme an ihnen, und die mangelnde Möglichkeit einer unmittelbaren Teilhabe mag sogar der Neigung der Literaten entsprochen haben, dem Neuen und Unerprobten zunächst mit Mißtrauen zu begegnen. Dafür spricht auch die Beobachtung, daß es eine echte Romantik mit dem übergreifenden romantischen Lebensgefühl, seinem Anspruch auf höhere Wahrheit und seine spielerische Ironie im kühleren norddeutschen Milieu und Charakter bis auf einzelne romantisch angehauchte Lyriker und der Vergangenheit anhängende Erzähler nicht gab. Es wiederholte sich die schon für den Sturm und Drang notierte Beobachtung, daß irrationale Strömungen im Baltikum kaum Fuß fassen konnten. Böse Zungen mögen das darauf zurückführen, daß die baltische Literatur auch in dieser hochstehenden Epoche zwar viele Talente, aber keine Genies hervorgebracht habe, daß man fleißig und geschickt die Vorbilder nachahmte, aber vor dem Exzessiven wie überspannt Subjektiven und Individuellen zurückschreckte und sich an ein gesundes Mittelmaß hielt. Solche Literatur blieb zwar weitab von der weiterhin als Landplage blühenden Gelegenheitsdichtung, die bei jedem noch so geringen Anlaß die poetischen oder unpoetischen Adern der Balten freisetzte, jedoch auch ebenso weitab von umstürzender schöpferischer Genialität, die das Philistertum in Schrecken versetzt hätte.

Dennoch sieht das frühe 19. Jahrhundert die Vollentwicklung der baltischen Literatur nicht nur als Literatur einer Kolonie oder Diaspora, sondern als einen in seiner Eigenart auch im Mutterland anerkannten Teil der deutschen Gesamtliteratur, dessen bedeutendere Vertreter ihren Platz in der Heimat wie auch in Deutschland selbst behaupten konnten und dies zum Teil durch eine literarische Karriere im Reich unter Beweis stellten.

2. Die Lyrik

Insbesondere für die Lyrik gilt, daß die Phasenverschiebung in der Rezeption innerdeutscher Strömungen ihr ein imaginäres Museum der Formen und Gehalte zur beliebigen Verwendung in reiner oder gemischter Aufnahme bereitstellt, so daß eine klare Grenzziehung zwischen eher klassizistischer und eher romantischer Lyrik schwerfällt. Bei der vorwiegend reproduktiven, epigonalen Handhabung des literarischen Erbes findet die jüngere Generation immer ein älteres, bereits arriviertes, eingeführtes Vorbild und wird nie selbst zu einem solchen.

Das trifft zumal auf eine Reihe von Schiller-Epigonen zu. Der Livländer Karl Gotthard GRASS (1767–1814) machte während seines Theologiestudiums in Jena 1786–1789 die nähere Bekanntschaft Schillers, der ihn in seinen literarischen Bemühungen ermutigte und zwei seiner Gedichte (*Der Rheinfall; Erinnerung an die Schweiz*) 1792 in die *Neue Thalia* aufnahm. Goethe dagegen, dem ihn der Maler Lips 1791 vorstellte, fand mehr Gefallen an seinen Landschaftszeichnungen und riet ihm, darin fortzufahren. Grass bereiste die Schweiz, Italien, Paris und Sizilien, wandte sich nach einer unglücklichen Liebe in Livland 1796 als Landschaftsmaler in die Schweiz und nach Italien, erwarb die Freundschaft von Goethes Adlatus Heinrich Meyer, dem Freiherrn von Salis-Seewis und dem Schriftsteller Philipp Rehfues und ließ sich 1803 als Maler und Dichter in Rom nieder, wo ein Treppensturz seinem Leben ein allzu frühes Ende setzte.

Grass' Lyrik, vorwiegend in Zeitschriften erschienen und nicht gesammelt, steht nach Stil, Sprachduktus und Rhetorik eindeutig unter dem Vorbild Schillers und Matthissons, umfaßt daneben aber auch romantische Visionen (*Die Villa*) und geistliche Lieder. Neben dem psychologischen Roman *Eginhards Reise nach Chamouny* (1811 in *Erheiterungen* I) und Reiseberichten (*Fragmente von Wanderungen in der Schweiz*, 1797; *Sicilianische Reise*, II 1815) stehen wieder ausgesprochen romantische Versdichtungen wie *Die zwei Fische* (1811) oder

Licht, Sehnen und Prüfung oder die alte Sage von der Sonnenkönigin und dem Prinzen Johannes (1812), die der Neigung des späten Schiller zur Romantik folgen.

Schiller-Epigone ist auch der Kurländer Ulrich von SCHLIPPENBACH (1774–1826), der nach Studienjahren in Königsberg, wo Zacharias Werner sein Freund wurde, und in Leipzig hohe juristische Ämter in Kurland, 1818 u. a. Oberhofgerichtsrat, bekleidete. Als literarischer Organisator gab er das Jahrbuch *Kuronia, eine Sammlung vaterländischer Gedichte* (III 1806–1808, 4. Band als *Wega*, 1809) als Anthologie kurländischer Lyriker heraus. Mit dem Diplomaten Georg Friedrich von FÖLKERSAHM (1766–1848) und anderen gründete er 1815 die «Kurländische Gesellschaft für Literatur und Kunst», die sich zum Sammelpunkt und Umschlagplatz für Nachrichten aus der literarischen Welt entwickelte und deren Veranstaltungen, Vorträge, Lesungen, Kunstausstellungen, Büchereien und Museen starken Anklang fanden. Schlippenbachs eigene Lyrik, edel in Form und Gehalt, betrachtet in zarter, schlichter Form Leben und Natur. Ritterliche Lebenshaltung führt ihn gelegentlich aus schlichter Empfindung in romantische Bereiche und schlägt bisweilen etwas unvermittelt in das rhetorische Pathos hochgestimmter Erregung um. Seine Lyrik, gesammelt in *Gedichte* (1812) und *Nachgelassene Gedichte* (1828), erschien vielfach zuerst in Zeitschriften und Taschenbüchern oder als Einzeldrucke in der Flut von Gelegenheitsgedichten, die jeder Fürstenbesuch oder ähnliches quasi aus dem Stegreif aufs Papier zauberte. Daneben stehen zwei Reisebeschreibungen (*Malerische Wanderungen durch Kurland*, 1809, und *Erinnerungen von einer Reise nach St. Petersburg im Jahre 1814*, II 1816–1818) und ein Briefroman *Lebensblüthen aus Süden und Norden in Wahrheit und Traum* (II 1816/17).

Einen größeren Grad an Bekanntheit erreichte in jüngerer Zeit der dritte bedeutende Lyriker Casimir Ulrich BOEHLENDORFF (1775–1825) durch das an Georg Büchners *Lenz* geschulte Porträt (1965) von Johannes Bobrowski und durch sein gesellschaftliches Außenseitertum. Beim Jurastudium in Jena Freund Herbarts, führte er seit 1797 ein unstetes Wanderleben: 1797 als Hauslehrer in der Schweiz, 1799 in Bad Homburg, wo er zum Freund Hölderlins («Wir haben *ein* Schicksal») wurde, in Dresden zum Kunststudium Freund Savignys und Clemens Brentanos, in Bremen, Berlin und ab 1803 in Riga und Mitau, hielt er ab 1803 in Kurland nur kurzfristig Hauslehrerstellen und irrte seit 1804 zwanzig Jahre lang, jeder geregelten Tätigkeit abhold, in abgerissenem Zustand unruhig und geistesgestört in Kurland von einem Herrenhof oder Pastorat zum anderen, baltische Gastfreundschaft als «Krippenreiter» (Parasit) weit über Gebühr ausnutzend, bis er seinem Zigeunerleben vermittels einer Pistole ein Ende bereitete.

Wohl der begabteste Lyriker seiner Zeit, reflektiert er in seinen Gedichten seinen unruhigen, unsteten, schwermütig-sehnsuchtsvollen Charakter, seine Zerrissenheit und Zerfallenheit mit der Welt, zeigt jedoch ebenso eine kühne Unmittelbarkeit des Wortes und einen ungesuchten, schlichten und bildhaft-melodischen Stil, der in seinen besten Versen an Goethe gemahnt. Seine Gedichte, oft Gemäldegedichte, erschienen nur in Zeitschriften und Almanachen wie dem von ihm und G. A. H. Gramberg herausgegebenen *Poetischen Taschenbuch auf 1803* (1803).

Trotz seines lyrischen Talents suchte Boehlendorff zu seinem Unheil den Ruhm als epigonaler Dramatiker mit Stoffen wie dem bereits von Gerstenberg im Sturm-und-Drang-Stil bearbeiteten *Ugolino Gherardesca* (1801), den Goethe in der *Jenaischen Allgemeinen Literaturzeitung*, auf seine Abhängigkeit von Schillers *Wallenstein* verweisend, als kompositorisch mißglückt ablehnend besprach. Schiller stimmte seiner Kritik bei. Boehlendorffs zweites Drama *Fernando oder die Kunstweihe* (1802) zeigt seine von Wackenroder und Tieck angeregte romantische Kunstbegeisterung und weist als Künstlerdrama einige Berührungen mit deren *Herzensergießungen eines kunstliebenden Klosterbruders* und selbst mit Goethes *Torquato Tasso* auf, so in der Gestaltung des Gegensatzes von Kunst und aktivem Leben. Es ist leider müßig zu spekulieren, was Boehlendorff hätte leisten können, wäre er nicht schon dreißigjährig als Schriftsteller der eigenen Unrast erlegen.

Schiller-Epigone ist ferner der livländische Richter und Landespolitiker Reinhold J. L. SAMSON VON HIMMELSTIERN (1778–1858), der sein Leipziger Jurastudium (1796–1798) infolge des Rückrufs aller baltischen Studenten durch den Zaren autodidaktisch fortsetzen mußte. In Leipzig hatte er Garlieb Merkel kennengelernt, dessen Schrift *Die Letten* ihn zutiefst ergriff. Der Besitzer mehrerer großer Güter wurde zum erfolgreichen Vorkämpfer für Bauernbefreiung und Agrarreform, fand aber neben seinen Verwaltungsämtern noch Zeit für stilistisch etwas altmodische *Gedichte* (1825) in reiner, edler Sprache mit ernsten Reflexionen, für geistreiche Rollenlieder und Aphorismen sowie für Übersetzungen von Anakreon und Sappho (1826) sowie von Shakespeare (*Hamlet*, 1837; *Richard II.*, *Henry IV.* und *Henry V.*, 1848).

Töne des Herzens (1827) dagegen nennen sich zu Recht die vornehm zurückhaltenden Verse des auch als Dramatiker (s. o.) hervorgetretenen Rigaer Juristen Otto Christoph Freiherr von BUDBERG (1771–1857), die in durchaus zarten Klängen oft Naturerscheinungen in eine symbolische Aussage überführen (*Der Schmetterling; Das Menschenherz*).

Eine Reihe weniger bedeutender Dichter trug zur klassizistischen Richtung der baltischen Lyrik bei. Der livländische Pastor Heinrich Ernst FISCHER (1777–1821) aus Sachsen schrieb neben Kirchenliedern idyllische Gedichte wie *Die Letten zu Buchen* (1804) und *Die Heimath* (1824). Der Archäologe und Maler Otto Magnus von STACKELBERG (1787–1837), der nach Studien in Göttingen wegen weiter Kunstreisen in Europa und Kleinasien nur kurz in Reval weilte, brachte seine archäologisch-mythologischen Kenntnisse in ein Epos *Albunea* ein. Lyriker, Lieddichter und auch Komponist war der Rigenser August Heinrich von WEYRAUCH (1788–1865). 1820/21 kurzfristig Deutsch-Lektor in Dorpat, lebte er seit 1827 einsiedlerisch und in Selbstbetrachtungen und Christusphantasien versponnen in Dresden und starb, längst vergessen, in geistiger Umnachtung. Seine formglatten, eklektischen, doch wortreichen Gedichte, in Zeitschriften und Anthologien verstreut und nie gesammelt, kränkeln an Bilderfluchten, Reimkünsteleien und dunklen Träumereien; sie bieten über die Welträtsel mehr Fragen als Antworten. Der Lehrer und Privatgelehrte Alexander Heinrich NEUS (1795–1876) schließlich verdient weniger als rhetorischer Lyriker denn als Sammler, Herausgeber und Übersetzer *Ehstnischer Volkslieder* (1850–1852) Erwähnung.

In jeder mehr rezeptiven, Einflüsse von außen verarbeitenden Literatur finden die älteren, traditionellen oder gar klassischen Strömungen zunächst ein stärkeres Echo als die jüngsten, modernsten Entwicklungen von außerhalb, deren Zukunftsaussichten noch nicht abzusehen sind. Dasselbe gilt auch für die Aufnahme der deutschen romantischen Literatur im Baltikum. Sie wurde überdies dadurch erschwert bzw. verzögert, daß in den entscheidenden Jahren in Deutschland ab 1798 der russische Staat kein Auslandsstudium in Deutschland erlaubte, daß also der direkte, personale Kontakt etwa mit der Jenaer Frühromantik unterbunden war. Doch nicht nur solche pragmatischen Ursachen sind für die geringe Resonanz zumindest der frühen Romantik im Baltikum heranzuziehen; auch im Prinzip entsprach die phantasievoll-ironische, teils sich selbst in Frage stellende romantische Haltung wenig dem eher realistisch-nüchternen Lebensstil im hohen Norden. Entsprechend ist die Anzahl romantischer Dichter und Dichtungen im Baltikum zunächst gering und weitet sich erst, als im Laufe des 19. Jahrhunderts ursprünglich romantische Züge sich mit biedermeierlichen und realistischen Aspekten vermengen lassen.

Den stärksten Anspruch, als baltischer romantischer Lyriker zu gelten, hat zweifellos der Dorpatenser Karl Friedrich Ludwig PETERSEN (1775–1823), der nach dem Studium in Halle und Jena Sekretär der neugegründeten Universitätsbibliothek Dorpat und der Zensurbehörde sowie gleichzeitig 1801–1819 der erste Lektor für deutsche Sprache in seiner Heimatstadt wurde. Sein tragischer Tod durch den Einbruch in eine Eisspalte des gefrorenen Wirzjärv-Sees und verspätete Rettung bedeutete einen großen Verlust für die baltische Literatur.

Petersen war kein platter Epigone, sondern ein originaler Dichter und seinem Wesen nach ein liebenswürdiger, lebensvoller Unterhalter, der in mündlichen Erzählungen und übermütigen Stegreifdichtungen ein Feuerwerk von Witz und guter Laune für seinen privaten Freundeskreis versprühte, aber in seiner Wirkung eben auch auf diesen engen Kreis beschränkt blieb und nur ihm seinen *Poetischen Nachlaß* (1846) zudachte. Deshalb aber konnte der humorvoll-satirische Dichter auch in seinen feinsinnigen, geschliffenen, burschikosen, teils robusten und frivolen, doch nie platten Versen den literarischen Konventionen den Rücken kehren und den heiteren, gemütlichen Lebensgenuß der altlivländischen Welt gegen den phantasielosen, hohlen Alltag und die vulgäre Trivialität der Philister seiner Zeit verteidigen, die er mit phantastischem, schonungslosem Spott überzieht. Seine Kunstmittel sind die groteske Übertreibung, Selbstironie, Lautmalerei, Archaismen, Neologismen und in Spott umfrisierte Klassikerzitate. Obwohl er die Schalen seines Spottes auf die kraftlosen, allgegenwärtigen Gelegenheitsdichter ergießt, versteht er es auch selbst, kleine Gelegenheiten des lokalen Alltags durch liebenswürdige Verse zu adeln und ihnen eine höhere Bedeutung zu verleihen.

Anfangs an der Lyrik Petrarcas und Goethes geschult, später zunehmend unter dem Einfluß der Frühromantik, greift er in seinen längeren Versdichtungen auf mittelalterliche Stoffe zurück, erneuert nach Grimm in Knittelversen die *Abentheuer von Reinecke, dem Fuchs, Lüning, dem Spatz und Morholt, dem Rüden* (1814), greift wie Goethe die mittelalterliche Schwankdichtung mit volkstümlicher Moral in Knittelversen auf (*Die Wiege; St. Peter und der Drescher*) und schafft in

Die Prinzessin mit dem Schweinerüssel. Burleske für ombres chinoises (1816) ein an Tiecks Märchendramen orientiertes, launiges Schattenspiel von der Widerspenstigen Zähmung, das mit heute nur noch teilweise verständlichen Anspielungen die Trivialitäten des Alltags und ihre Verursacher verspottet. Sosehr die frisch-fröhlichen Lockerungsübungen von Petersens Lyrik der baltischen Dichtung not getan hätten, wurden sie ihres persönlich-privaten Charakters wegen kaum verbreitet und bald vergessen.

Das Gegenteil trifft für die einzige Verserzählung des lebenslänglichen Zollbeamten Jakob Johann MALM (1795–1862) zu, die mit Petersens Lyrik allenfalls den behaglichen heimatlichen Humor gemein hat, aber lange Zeit das wohl populärste und oft auswendig zitierte Gedicht der baltischen Literatur war: *Die Oberpahl'sche Freundschaft* (1861), lange anonym in zahlreichen Abschriften und in Vorabdrucken der Zeitschriften und Almanache verbreitet, gibt im kräftigen, derben Stil und im mit Estnisch versetzten Halbdeutsch der unteren Stände eine satirische Selbstdarstellung der nur oberflächlich eingedeutschten estnischen Dienstboten und Handwerker in ihrer Gutmütigkeit, Eitelkeit, Biederkeit, falschen Selbstsicherheit, alkoholbeschwingten Vertrauensseligkeit, aber auch Heimtücke und Sarkasmus. Malms Verserzählung ist nicht – was sie leicht hätte sein können – eine von Überlegenheitsgefühl gelenkte Verspottung der sprachlich heimatlos gewordenen Esten, sondern nur eine mild-gutmütige Wiedergabe der sprachlichen Eigenheiten und Denkweisen des Halbdeutschen. Sie gewinnt dadurch dokumentarischen Wert als Abbild einer Kulturmischung auf sprachlicher Ebene.

Der Historiker Karl Ludwig BLUM (1796–1869) aus Hanau, 1826–1851 Professor in Dorpat, überrascht neben historischen Abhandlungen und Biographien durch kräftige, klare und optimistische *Gedichte* (1853) von festem Ton, Liebeslieder und Griechenlieder wie die Sonette *Klagen Griechenlands* (1822). Der frühvollendete Revalenser Peter Alexander RYDENIUS (1800–1823), nach dem Studium in Dorpat von einer Deutschlandreise todkrank heimgekehrt, ließ sich zu seiner feinfühligen, formbewußten Naturlyrik von Ludwig Tieck, zu seiner burlesken Tragödie *Der Hund des Schicksals* (1819) von E. T. A. Hoffmann anregen und versprach sehr viel mehr, als sein kurzes Leben erfüllen konnte.

Viele Anregungen aus baltischer Natur und Landschaft gingen auch in die Lyrik der Hannoveranerin Minna von MÄDLER (1804–1891) ein, die 25 Jahre (1840–65) an der Seite ihres Gatten Johann Heinrich von Mädler, Astronomieprofessor und Direktor der Dorpater Sternwarte, in Dorpat verbrachte, dann aber nach Hannover zurückkehrte. Zwar frühreif, doch kein Wunderkind, veröffentlichte sie erste Gedichte (*Lili*) schon 1826 in Hannover, die sinnige, mitunter etwas plüschige Naturlyrik ihrer baltischen Blütezeit (*Frühlingsabend; Nordlicht*) in *Gedichte* (1848), später eine Verserzählung *Anna* (1858) sowie Übersetzungen und Versbearbeitungen estnischer und lettischer Sagen.

Der Revaler Offizierssohn Andreas von WITTORF (1813–1886), nach dem Studium in Dorpat Hauslehrer, Schulinspektor und Gerichtssekretär, gehört zu denjenigen Lyrikern, deren Verse, seinerzeit weit verbreitet und hochgeschätzt, heute vergessen sind – durchaus zu Recht, denn formglatt und ungekünstelt, empfindungsreich und gedankenschwer, bewegt sich seine Lyrik von Schiller bis Geibel im belanglos Epigonalen und beweist lediglich, daß Klassik und Romantik mittlerweile einen solchen lyrischen Formenschatz zur Verfügung gestellt haben, daß nur vollkommen Unmusikalische daraus nicht neue Funken zu schlagen vermögen (*Gesammelte Gedichte*, 1844; *Federnelken*, 1851).

Ebenso vielbewundert als Lyriker war der Revalenser Roman Freiherr von BUDBERG (-BÖNNINGHAUSEN, 1816–1858), der nach dem Studium in Dorpat drei Jahre in Deutschland, besonders Berlin, lebte, die Bekanntschaft des Grafen Strachwitz machte, Lenau zum Freund gewann und Mitglied des Berliner Dichterkreises «Tunnel über der Spree» wurde. Fontane, Lepel und deren englische Vorbilder inspirierten Budbergs eigene Balladen (*Rot und bleich*). Seine von Lenau angeregten Gedichte und Lieder sind vielfach mythisierende Naturlyrik (*Meeresstille*) mit teils von Goethe entlehnten Überschriften. Bisweilen gelingen Budberg ergreifende Strophen und Bilder, doch oft schmälert er einen gelungenen Einfall durch kraftlosen Wortreichtum: Kennzeichen eines hervorragenden, doch nicht voll ausgeschöpften Talents (*Erste Lieder*, 1838; *Gedichte*, 1861). Als Vermittler zwischen den Literaturen wirkte Budberg durch seine vielbesuchten Vorträge über die zeitgenössische deutsche Literatur in Reval 1845 sowie durch seine Übersetzungen von Puschkin und Lermontow.

Eine reiche Palette von Gedichten zeigt auch der Revaler Beamte und Gutsbesitzer Carl von STERN (1819–1874). Naturlyrik, Trinklieder, Frühlingslieder, Gedichte auf baltische Städte und Landschaften, daneben Balladen von Nixen und Gespenstern zeigen ein romantisch vielseitiges Repertoire, das an Tieck und Eichendorff, Platen und besonders Heine geschult ist und oft in nostalgische Klagetöne ausbricht (*Gedichte*, 1844 und 1877).

Kaum noch als baltischer Lyriker zu bezeichnen ist Wilhelm SMETS (1796–1848), Sohn eines Revaler Theaterdirektors und der Schauspielerin Sophie Schröder und Halbbruder der Wilhelmine Schröder-Devrient. Nach der Scheidung der Eltern zog der Sechsjährige 1802 mit dem Vater nach Aachen und begann ein wechselvolles Leben als Hauslehrer, preußischer Jäger, Offizier, Schauspieler, Gymnasiallehrer, Theologiestudent in Münster, 1822 katholischer Priester in Köln, 1845 Domherr in Aachen und 1848 Abgeordneter im Frankfurter Parlament, ohne Estland je wiederzusehen, das ihm dennoch gelegentlich vor Augen stand (Gedicht *Reval*). Ebenso vielseitig wie sein Leben war seine Dichtung. Von den Balladen und Romanzen zur Volkssage, vom Natur- und Personengedicht (*Sophie Schröder*) bis zur politischen Lyrik, zum frommen geistlichen Lied und zum historischen Drama (*Die Blutbraut*, 1818; *Tasso's Tod*, 1820) reicht die Skala seiner dichterischen Aussageweisen, die wohl Uhland nahestehen, aber romantisch-idealistisch und wortreich die Zeit nicht überdauert haben (*Versuche in Gedichten*, 1816; *Gedichte*, 1840, 1847).

Die «burschenschaftliche Dichtung», d. h. die Studentenlieder für das Kommersbuch und die jugendlich-studentischen Versuche in Landschafts-, Natur- und Liebesgedichten, erlebte im Baltikum seit der Wiedereröffnung der Universität Dorpat starken Aufschwung, zumal Dorpat, weitab vom Studentenleben in Deutschland, zum Sammelpunkt aller baltischen Studenten wurde. Sie unterscheidet sich nur gering vom binnendeutschen Gewächs, zeigt neben jugendlichem Pathos und Schwung auch stilistische Unsicherheit und Belanglosigkeit und findet sich in zwei Sammelbänden vereint: Die Sammlung mit dem wenig burschikosen Titel *Schneeglöckchen. Deutsche Lieder aus den Ostseeprovinzen* (1838) wurde herausgegeben von den Dichtern Arnold von TIDEBÖHL (1818–1883) aus Reval, einem später einflußreichen Kanzleibeamten, mit Landschaftsbildern (*Die Eiche*), Seegedichten in Anlehnung an Heine (*Am Meer*) und ernster, unmusikalischer Gedankenlyrik (*Zeit*), und seinem Kommilitonen, dem späteren kaiserlich russischen Hofrat und Rigaer Richter Wilhelm SCHWARTZ (1816–1912) mit schlicht-volkstümlichen Liebes- und Naturgedichten im Stil Eichendorffs. Liebeslyrik und Verskünsteleien steuerte auch der Lehrer Carl Friedrich Georg GLASENAPP (1799–1858) bei. In der

Sammlung *Gedichte aus Dorpat* vereint Jonas Gottlieb Theodor von RIECKHOFF (1817–1857) anonyme Lieder Dorpater Studenten recht unterschiedlichen Niveaus.

Weitere Vertreter der jugendlichen Studentenlyrik waren: der livländische Landmarschall Christian von STEIN (1806–1856) mit Gedankenlyrik von schwermütigen Akkorden (*Die Mondnacht*), aber auch Natur- und Jahreszeitenlyrik (*Frühlingsgefühl*); der russische Marinearzt Georg von GRINDEL (1810–1845), Dichter schwermütiger Verse und Komponist zahlreicher Studentenlieder (1836); der Rigaer Verwaltungsbeamte, Komponist und besonders Dramatiker Friedrich Reinhold von RIECKHOFF (1809–1881), Bruder des obengenannten, mit *Gedichten* (1842) und *Commers- und Trinkliedern* (1859); und schließlich, nur im Hinblick auf sein Dorpater Medizinstudium 1826–1830, der spätere Petersburger Mediziner Johann Friedrich HINZE (1804–1857) aus Lübeck, der in schwungvollen, übermütigen und humorvollen Trinkliedern voll Lebenslust Dorpater Burschenherrlichkeit verklärt wiederaufleben ließ (*Poetische Schriften*, III 1859–1864).

Und zu schlechter Letzt die unausrottbare Gelegenheitsdichtung, die sich im Baltikum länger hielt als in Deutschland. Auf ihre Erwähnung könnte eine gutgemeinte Literaturgeschichte verzichten, wäre sie nicht so symptomatisch für das literarische Leben in Stadt und Land, würde sie nicht die Bibliographien füllen und hätte sie nicht den «kulturellen Übergangswert», daß zwar der Anlaß von unaussprechlicher Banalität ist, die vollkommene Beherrschung der literarischen Regeln und der künstlerischen Formen dem Elaborat einen äußeren, scheinkünstlerischen Mantel überstülpt, daß sich aber in der oft persönlich getönten Aussage der Charakter des Verfassers zu erkennen gibt und das Individuelle dem Stereotypen Lichter aufsetzt.

Da die Gelegenheitsdichtung weder zeitlose Wirkung über den Tag hinaus noch weltweite Verbreitung anstrebt, möge hier ohne erneute Entschuldigung die bloße Aufzählung einiger ihrer fleißigsten Vertreter genügen, deren Mehrheit offensichtlich von neueingewanderten Hauslehrern gestellt wird:

Der Hauslehrer und Jurist Christian Erhard LANGHANSEN (1750–1816) aus Königsberg (*Gedichte*, 1818); der kurländische Hauslehrer und Prediger Karl Christoph MICHELSOHN (1761–1826) mit Gedichten auf zeitgenössische politische und fürstliche Feiertage; der livländische Jurist Friedrich LA COSTE (1769–1823) aus der Lausitz; er spezialisierte sich auf Grab- und weniger definitive Carmina (*Gedichte*, 1817) und bewies literarisches Urteil, indem er seine jugendlichen Ritterromane später unterdrückte. Der Revaler Gymnasiallehrer Friedrich Franz KOSEGARTEN (1772–1849) aus Mecklenburg, Bruder des Schriftstellers Theobul Kosegarten, schrieb neben historischen Studien Lyrik (*Gedichte*, 1798; *Spät-Rosen*, II 1842 f.). Brautleute und Geburtstagskinder sowie Frischverstorbene beglückten der Buchdrucker und Schulmeister Heinrich HELBIG (1774–1847) aus Braunschweig, die Lehrer Heinrich Karl LAURENTY (1780–1840) aus Thüringen sowie Ernst Christian von TRAUTVETTER (1780–1859) aus Sachsen mit gut gedruckten Versen. Der Dorpater Lehrer und Freund Karl Petersens Martin ASMUSS (1784–1844) dagegen, Herausgeber mehrerer Zeitschriften, Kalender und Jahrbücher, beschränkte sich wohlweislich und tränensparend auf Hochzeitsgedichte, dazu auch *Plattdeutsche Gedichte* (1853). Mit allein 36 nachweisbaren Einzelpublikationen mag der Lehrer Adalbert CAMMERER (1786–1848) aus Bamberg einer der fruchtbarsten Gelegenheitsdichter, auch mit epischen Versuchen, gewesen sein. Bei noch höheren Stückzahlen des stereotypen Genres allerdings könnte sich leicht die Gefahr von Selbst- und Fremdplagiaten oder, höflicher ausgedrückt, Intertextualität einstellen.

3. Die Erzählkunst

Die längere Prosaerzählung und besonders der Roman bleiben weiterhin die Domäne der aus Deutschland eingewanderten oder in den Westen ausgewanderten Schriftsteller, und zwar zunächst Schriftstellerinnen. Sei es, daß baltischen Schriftstellern die Muße oder der Mut zu längeren Arbeiten fehlte, sei es, daß die herrschende empfindsame Romanform mehr den Frauen zusagte, oder gar, daß umfangreichere Prosawerke aus der baltischen Welt ohne Erfolgsaussichten in Deutschland von baltischen Verlegern mißtrauisch behandelt wurden – Tatsache ist, daß bei den entstandenen Werken der Erzählkunst entweder die Verfasser/innen oder die Handlungen oder beides in Deutschland oder Westeuropa angesiedelt waren.

Einen typischen Fall bildet Barbara Juliane KRÜDENER (1764–1824), die Tochter des Rigaer Theatermäzens O. H. von Vietinghoff. Weniger zur Schriftstellerin als zur Weltdame ausgebildet, reiste sie schon in ihrer Jugend mit den Eltern durch Europa, lebte seit 1782 als Gattin des kaiserlich-russischen Gesandten Burchard Freiherr von

Krüdener in Mitau, Venedig, Kopenhagen, Berlin, Paris und Riga und lernte auf Reisen zahlreiche bedeutende zeitgenössische Schriftsteller kennen. Wohl unter dem Einfluß von Jung-Stilling hatte sie 1804 auf ihrem Gut Kosse in Livland ein religiöses Bekehrungserlebnis, näherte sich der Herrnhuter Brüdergemeine und unternahm pietistische Predigt- und Bekehrungsreisen durch Europa. Durch ihr Eintreten für die Armen und Unterdrückten und ihre Mildtätigkeit scharte sie bald ein Gefolge von Schwärmern, Abenteurern, Asozialen, Betrügern und Schmarotzern, aber auch religiösen Heuchlern und falschen Propheten um sich und wurde deshalb aus mehreren Ländern ausgewiesen. Dennoch erregte sie europäisches Aufsehen und hatte starken Einfluß auf die europäische Aristokratie, begegnete der preußischen Königin Luise und überzeugte Zar Alexander I. von seiner Mission als Retter der Christenheit vor Napoleon und als Gründer der Heiligen Allianz. Ein phantastisch-schwärmerisches Gemüt, zwischen echter Frömmigkeit, Frömmelei, Mystizismus, Oberflächlichkeit, Eitelkeit und Sinnlichkeit in berechneten Schaustellungen zwischen Weltdame und Abenteurerin oszillierend, war sie eher eine interessante, oft literarisch behandelte Persönlichkeit der Zeitgeschichte als eine – wenngleich durch Eigenwerbung vielgelesene – Schriftstellerin. Ihr einziger Roman *Valérie, ou lettres de Gustave de Linar à Ernest de G.* (1813), französisch geschrieben und 1804 von Dorothea Schlegel und Helmina von Chezy ins Deutsche übersetzt, ist ein bekenntnishafter Briefroman mit starken Parallelen zum *Werther* und zum eigenen Leben. In Briefen an den Freund bekennt Gustav seine Leidenschaft für die Diplomatengattin Valérie in Venedig, versucht seine Leidenschaft mit Hilfe einer ihr ähnlichen Venezianerin abzukühlen, flüchtet dann in die Apenninen und stirbt dort. Der Roman erlebte besonders in Frankreich mehrere Auflagen und wirkte auf die französische Romantik.

Eine andere baltische Schriftstellerin erregte die Gemüter ebenfalls mehr durch ihr Leben als durch ihr Werk. Sophie TIECK / BERNHARDI / KNORRING (1775–1833), die Schwester von Ludwig Tieck, heiratete 1799 den Berliner Gymnasialprofessor August Ferdinand Bernhardi. Sie suchte seit 1801 Trost über die unglückliche Ehe in einer Liebesaffäre mit August Wilhelm Schlegel, wurde 1807 geschieden, heiratete 1810 den baltischen Gutsbesitzer Karl Gregor von Knorring und lebte seither auf seinen estnischen Gütern, die ihre Freunde als «Sibirien» bezeichneten. Der vieldiskutierte Skandal um die glücklose Ehe, die Affäre, Scheidung und Wiederheirat spalteten die Berliner

Frühromantiker in zwei Parteien und trugen mit zur Auflösung dieses Kreises bei. Unter Anleitung ihres Bruders, zu dessen Shakespeare-Übersetzung sie ebenfalls beisteuerte, begann sie mit kleinen Erzählungen, Märchen, Lyrik und romantischen Schauspielen, veröffentlichte früh ihren ersten Roman *Julie St. Albain* (II 1901) und ließ ihm postum ihr Hauptwerk *Evremont* (III 1836), einen Zeit- und Gesellschaftsroman vor dem Hintergrund des Krieges 1806–1810, folgen. Obwohl sie ihre Fähigkeiten angesichts des Themas überschätzte, wurde das Werk dank der Einbeziehung baltischer Sitten und Figuren zu einem, wenngleich unzulänglichen, baltischen Roman.

Von Tieck beeinflußt sind auch die *Romantischen Dichtungen* (1817), *Kleinen Romane* (1819) und *Erzählungen* (1820) der Dorpater Erzieherin Karoline STAHL (1776–1837), die lange Jahre in Deutschland verbrachte und überdies die seinerzeit vielgelesene erste Jugendschriftstellerin der baltischen Literatur war.

Auf ganz anderer Ebene liegen die Erzählungen des einzigen Voll-Balten dieser Gruppe, des Malers von Tierstücken und Jagdszenen Johann Heinrich BAUMANN (1753–1832) aus Mitau, der seine Jagdleidenschaft nicht nur den etwa 1700 Leinwänden, sondern im hohen Alter auch dem Schreibpapier anvertraute. Seine *Jagd-Anecdoten, die zwar mehrenteils ans Lügenhafte gränzen, aber sich doch wirklich zugetragen* (1817) sind genial improvisierte Erzählungen von fabelhaften Jagdbegebenheiten und absonderlichen Fällen mit Fakten, Daten und Quellenangaben. Aber Baumann ist kein baltischer Münchhausen, der die Glaubwürdigkeit in den Wind schlägt; seine Texte sind rationalistisch gebremstes Jägerlatein ohne den Versuch literarisch-künstlerischer Gestaltung, Zeugnisse eher seiner Jagdleidenschaft als literarischen Talents, kaum mehr als bloße Plots, Gedächtnisstützen für noch mündlich auszumalende Ereignisse und demnach inhaltlich Dokumente der harmlos-fröhlichen altlivländischen Lebensart.

Neben die bisherigen, allenfalls bemerkenswerten Errungenschaften im meist provinziellen Kreis tritt im zweiten Drittel des Jahrhunderts ein Autor auf den Plan, der weit über seine enge Heimat hinaus bekannt wurde und mit seinem umfangreichen Werk einer der meistgelesenen deutschen Erzähler seiner Zeit war – allerdings ein baltischer Autor außerhalb des Baltenlandes, dem Baltikum entfremdet, so weit in der gesamtdeutschen Literatur aufgegangen, daß er kaum noch als Balte wahrgenommen wurde, ohne größeren Einfluß auf die Entwicklung der baltischen Erzählkunst und in der Folgezeit sehr zu Unrecht bald völlig vergessen: Alexander Freiherr von UNGERN-STERNBERG (1806–1868) aus Estland, der sich als Schriftsteller Alexander von Sternberg nannte.

Der Sprößling eines in ganz Osteuropa verbreiteten Adelsgeschlechts, dessen Vater an der Stuttgarter Karlsschule Freund Schillers gewesen war und in Reval mit Kotzebue verkehrte, ging nach dem Studium in Dorpat 1831 mit einem kaiserlich-russischen Stipendium zur Ausbildung als Maler nach Dresden, wandte sich aber unter dem Einfluß von Ludwig Tieck ganz der Dichtung zu. Ein ruhelos-wechselhaftes Leben führte ihn nach Mannheim, Stuttgart, wo er Schwab und Lenau, Tübingen, wo er Uhland, und Weinsberg, wo er Kerner kennenlernte, nach Weimar und 1842 nach Berlin, wo er mit Gutzkow, Tieck, Alexis, F. Lewald, Laube, Holtei und Varnhagen verkehrte, dann 1850 nach Dresden. Dort brach 1862 seine Geisteskrankheit aus, der er in Mecklenburg erlag. Seiner estnischen Heimat näherte er sich nur einmal bei einem dreimonatigen Aufenthalt in Riga.

Als ansehnlicher junger Freiherr von gesellschaftlichem Schliff und aristokratischen Umgangsformen und als beliebter Plauderer von vornehmer Zurückhaltung, sicherem Geschmack und sprühendem Witz mit glänzenden Einfällen war der Edelmann lange ein Liebling der eleganten Gesellschaft und fand überall Zutritt zu den Salons, deren Schilderer und Kritiker zugleich er war. Daß er nicht mit Reichtümern gesegnet war, sondern von den Erträgen seines Schriftstellerdaseins lebte, machte ihn für die Standesgenossen interessant, ohne seiner repräsentativen Stellung Abbruch zu tun, erforderte allerdings eine gewisse geistige Beweglichkeit und Angleichung an die Moden des Buchmarkts wie der Politik und eine bedauerliche Vielschreiberei. Das erste wurde übelgenommen von einem Publikum, das im Dichter immer den schnurgeraden, sturen Verfechter einer einmal gewonnenen Weltweisheit sieht, das zweite wurde ihm erleichtert durch eine anmutige, leichte Grazie des Stils, bewegliche Phantasie und eine elegante, glänzende Darstellungsgabe, die durchscheinen läßt, welches Vergnügen ihm selbst das Erzählen bereitet. Nur sauertöpfische politische Gegner haben dem Verteidiger der aristokratischen Feudalkultur des Ancien Régime seine gelegentlichen und durchaus amüsanten Ausflüge ins Pikant-Frivole in seiner Märchendichtung zum Vorwurf gemacht, um damit zugleich seine politische Haltung als die eines würdelosen, lüsternen Unterhaltungsschriftstellers zu diskreditieren. In der Tat war Ungern-Sternberg an der französischen Literatur des 18. Jahrhunderts und an Wieland, teils auch an E. T. A. Hoffmann geschult und neigte gelegentlich der ironisch-frivolen Weltanschauung des Dixhuitième zu, doch bewegt sich seine Erotik in graziöser Form des gerade noch Sagbaren in Andeutungen, in geistsprühendem Stil auf einer geschmackvollen Ebene, die dem Neurokoko der Jahrhundertmitte ebenso entspricht wie der Louis-Philippe-Stil der französischen Wohnkultur oder die Meißener Porzellanfiguren.

Ungern-Sternberg beginnt mit spätromantischen Novellen unter dem Einfluß von Tieck, deren erste *Die Zerrissenen* (1832), eine mehr anekdotisch geprägte Abfolge von Debatten über Meinungen und Weltanschauungen auf der Suche nach der – unerreichbaren – Harmonie, einer generationstypischen Zeiterscheinung ihren Namen gab wie später Willkomms *Die Europamüden* und den Verfasser sogleich berühmt machte. Die weiteren frühen Novellen und Gespenstergeschichten im Stil der Schauerromantik gestalten anhand romantischer Stoffe im Grunde aufklärerische Probleme.

Mit seinem ersten Roman *Galathee* (1836) verläßt Ungern-Sternberg das Vorbild Tiecks und wendet sich dem analytischen Gesellschafts- oder höfischen Salonroman zu, der mit seinen Angriffen auf Kirche und Staat, seiner Gesellschaftskritik und Freiheitsliebe nunmehr seine eigentliche Domäne wird. Hier geht es um den Gegensatz von Sinnlichkeit und innerer Harmonie, deren Unvereinbarkeit ein tragisches Ende bewirkt.

Eine Reihe weiterer Romane beleuchtet das Harmoniestreben und sein Scheitern in der höheren Berliner Gesellschaft der Zeit, deren Unsitten und Nachtseiten der Autor als satirischer Beobachter seiner Umwelt spannend und übertreibend darstellt und in einem amüsanten, geistreichen Plauderton seziert, um zugleich den Adel und seine Funktion als öffentliches Bewußtsein und Sittenhüter zu bestätigen. *Psyche* (II 1838) behandelt ein Eheproblem. *Fortunat* (II 1838) ist «ein Feenmärchen», das die durch das «widerliche Gemisch nordischer Gespenster» verdrängten, anmutigen Feen des Rokoko wieder einführen will. In *Kallenfels* (II 1839) hindert der Autor sein zweites Ich am Abgleiten ins Politische. *Saint-Sylvain* (II 1839) versucht eine elegische Verklärung und Verbesserung der Rokokokultur des 18. Jahrhunderts und des Ancien Régime, und *Diane* (III 1842) ist die spannende, kolportagehafte Geschichte eines Identitätstausches, der beinahe glücklich ausgegangen wäre, mit Elementen von E. T. A. Hoffmann und E. Sue. Eine Ausnahme bildet hier *Palmyra oder das Tagebuch eines Papageis*

(1836), in dem der Titelvogel selbst zum Erzähler eines Schelmenromans wird, der die Neureichen, Literatursnobs, Schriftsteller, Künstler und Politiker belauscht und mit viel romantischer Fiktionsironie verspottet.

Eine dritte Gruppe bilden die Problemromane, in denen die Hauptfigur, von gegensätzlichen Anschauungen bedrängt, nicht mehr nach Harmonie strebt, sondern einem Ideal außerhalb der Alternativen nachfolgt (*Der Missionär*, II 1842; *Jena und Leipzig*, II 1844). Hauptwerk dieser realistischen Periode ist der Roman *Paul* (III 1845), in dem der unphilosophische Adlige Paul Brunswick aus Ehrgefühl vom hohlen Offiziersleben ins bürgerliche Dasein übergehen will und sich seines Standes und Besitzes entäußert, nach näherer, wenig ermutigender Bekanntschaft mit den Geldbürgern jedoch auf dem Schloß der Väter die Macht des Adels erkennt und zum aktiven Träger des Staates wird. Der vermeintlich jungdeutsche Autor und Verfasser sozialkritischer Salonromane wird zum Verteidiger und Erzieher des Adels, aus dessen Perspektive und für den er schreibt.

Aus Entrüstung über die Unruhen von 1848 geht Ungern-Sternberg noch einen Schritt weiter und wird vom Aristokraten der Gesinnung zum patriotischen, konservativen Royalisten, der seine neugewonnene Position in einer dreiteiligen Romanserie aus der preußischen Aristokratie *Neupreußische Zeitbilder* (III 1848/49: *Die Royalisten, Die beiden Schützen, Die Kaiserwahl*) umsetzt. Dieser Stellungswechsel brachte ihm die Empörung seiner bisherigen Gesinnungsgenossen und seiner fortschrittlichen Leser ein, so daß der Autor sich seither vom fiktionalen mehr auf den biographischen Roman zurückzog, ohne jedoch seinen Leserkreis wiederzugewinnen.

Es kam hinzu, daß der freisinnige Sittenmaler, wohl um sein Publikum zu bewahren und sich des Risikos bewußt, etwa gleichzeitig einige leicht frivol-witzige oder pikante Erzählungen ohne soziale Botschaft vorlegte. Die politische Empörung der Kritiker konnte sich daher auch moralische Argumente zunutze machen und den produktiven, fazilen und galanten Erzähler zum lüsternen Unterhaltungsschriftsteller erklären. Geist, Geschmack, Stil und Phantasie zählten schon damals nichts gegenüber dem falschen Bewußtsein, und der Sozialismus war eine so bitterernste Angelegenheit, daß jeder Anflug von parteilosem, freischwebendem Witz dem Verrat gleichkam.

Zwei dieser Texte bedürfen kurzer Vorstellung. *Tutu. Phantastische Episoden und poetische Excursionen* (1846) ist wohl das amüsanteste

Zeugnis für Sternbergs Grazie und Eleganz des Stils und seine reiche Phantasie in einem ironisch-satirischen Sittenbild aus der Perspektive eines auf die Erde gekommenen Engels, der die Entzauberung der Welt durch Technik und Wissenschaft bedauert und dessen irdischen Erlebnissen man allenfalls leichtes Liebesgetändel und eine gewisse Richtungslosigkeit, aber nie mangelnde Faszination nachsagen kann. *Braune Märchen* (1850) dagegen zeigen den Autor als gelehrigen Schüler und Epigonen eines pikanten Rokoko, der das frivol-witzige Märchen der Voltaire, Diderot, Hamilton und Crébillon in die deutsche Literatur einführen will und die erotische Freizügigkeit in graziöser Form, brillantem Stil und stets mit moralischem Ausgang behandelt. «Schlüpfrig» sind dieser «permanente moralische Ausnahmezustand» (N. Altenhofer) und seine unkonventionelle Bedenkenlosigkeit heute selbst für sehr prüde Voyeurs kaum, da ihre im 19. Jahrhundert behauptete Schlüpfrigkeit eher auf die Einbildungskraft des Lesers zurückfällt und mehr Vergnügen aus der sprachlichen Formulierung (oder Nichtformulierung) als aus der fiktiven Unmoral zieht.

Als Lyriker und Dramatiker ist Ungern-Sternberg unerheblich, als satirischer Zeichner ist er beachtlich, als Autobiograph (*Erinnerungsblätter*, VI 1855–1861) bedeutend, als geistreicher Erzähler steht er weit über dem damaligen Durchschnittsgeschmack und war einer der beliebtesten Erzähler und der einzige baltische Romanschriftsteller seiner Zeit von europäischem Rang.

4. Das Drama

Erstaunliches begibt sich um diese Zeit auf dem Gebiet des Dramas. Nach einer ganz oberflächlichen Schätzung der auch nur einigermaßen namhaften Autoren treten in der ersten Jahrhunderthälfte mehr als 50 baltische Dramatiker oder Auch-Dramatiker auf den Plan. Das sind bei gleichen Auswahlmaßstäben sehr viel mehr als in der zweiten Jahrhunderthälfte oder insgesamt im 18. oder 20. Jahrhundert – und das zu einer Zeit, in der nur die größten Städte stehende Bühnen besitzen, als also die Chance, neben den attraktiven Bühnenstücken der Vergangenheit und des Auslands überhaupt auf deutschen Bühnen des In- und Auslands gespielt zu werden, praktisch minimal war. Für die Wanderbühnen dürfte sich die Einstudierung wenig attraktiver einheimischer Produkte kaum gelohnt haben. Selbst wenn einige Abstriche für kleine

Festspiele etwa auf Schlössern und Gütern oder für Schulaufführungen in den Städten gemacht werden, erlaubt eine solche Statistik doch wohl nur den Schluß auf eine wahre Theatromanie im Gefolge der Kotzebue-Ära.

Zwei Aspekte der Dramenproduktion lassen etwas nähere Schlußfolgerungen zu. Zum einen ist die Mehrzahl der Stückeschreiber relativ jung in den zwanziger und dreißiger Jahren. Das legt nahe, von einer jungen Dramatik wie etwa im Sturm und Drang zu sprechen, in der junge Autoren statt im lyrischen Aufschwung nun in energischen, konfliktreichen Dramenkonstellationen Ausdruck ihrer Weltsicht suchen. Zum zweiten ergibt sich, daß sich unter den Stückeschreibern der ersten Jahrhunderthälfte eine große Anzahl von Verfassern nur eines einzigen Dramas befindet. Wenn diese Beobachtung in Relation zur Überproduktion dramatischer Texte gebracht wird, läßt sie den Schluß zu, das Dramenschreiben sei zunächst ein Versuchsgelände für junge Autoren, die zwar ihre Fähigkeiten in dieser Gattung erproben wollten und z. T. unter Beweis stellten, die aber angesichts der geringen Chancen einer Realisierung auf der Bühne dem Drama bald den Rücken kehrten. Denn gespielt wurden an neuen Werken vorwiegend Stücke der Schauspieler selbst, die oft gerade aus Deutschland eingewandert waren, oder solche von deren bühnensicheren Freunden.

Schließlich wäre noch zu bedenken, daß das Lesen gedruckter Dramen damals nicht die Dimensionen späterer Zeiten erreichte, daß also kein Zwang zur Drucklegung bestand, daß aber trotzdem eine Reihe dieser Stücke von vornherein als Lesedramen gedacht war, die in den langen Winternächten bei Vorlesung mit verteilten Rollen einen Beitrag zur literarischen Unterhaltung und Geselligkeit leisteten.

War im 18. Jahrhundert und um die Jahrhundertwende der Einfluß Kotzebues als Gast im Baltikum außerordentlich anregend für die Errichtung von Laien- und Berufstheatern und für die Dramenproduktion gewesen, so kann das frühe 19. Jahrhundert ebenfalls mit bedeutenden deutschen Gästen wie Klinger, Holtei und Wagner aufwarten. Allerdings haben diese Besucher entweder ihre Glanzperiode bereits hinter sich, oder sie bleiben wirklich nur zu einem «Gastspiel» von ein bis zwei Jahren im Lande, so daß in beiden Fällen der direkte Einfluß auf das inländische Dramenschaffen regional und zeitlich begrenzt blieb.

Friedrich Maximilian KLINGER (1752–1831) etwa, der Sturm-und-Drang-Dramatiker und Frankfurter Jugendfreund Goethes, verfaßte während seiner Beamten- und Offizierskarriere in Rußland ab 1780 zahlreiche bedeutende Dramen und Romane. Als er 1803 fünfzigjährig neben anderen Ämtern auch Kurator der Schulen in Kurland, Livland, Estland und Finnland und damit zugleich Kurator der Universität Dorpat wurde, war seine Schriftstellerlaufbahn bereits abgeschlossen, und er sammelte nur noch seine Aphorismen und betreute seine Werkausgabe (XII 1809–1816). Seine Kuratorpflichten nahm er sehr ernst, er erledigte sie von Petersburg aus durch eine umfangreiche Korrespondenz und regelmäßig wiederholte Reisen nach Dorpat mit großer Energie und Gerechtigkeitssinn. Viele Bauten und Institute der frühen Universität verdanken ihre Existenz seinem Einsatz, und der Bibliothek galt seine besondere Aufmerksamkeit. Der Umgang der deutschen Professoren mit dem nach ihrer Meinung «völlig russifizierten» Kurator bot einige Schwierigkeiten etwa bei der Berufung eines russischen Professors für russische Literatur, bei Klingers Bestehen auf russischem Sprachunterricht, bei ungerechtfertigten Promotionen oder bei der Eindämmung studentischer Exzesse in der Stadt. Gelegentlich gewinnt man den Eindruck, dem Kurator waren das Wohl und Ansehen der Universität wichtiger als dem Lehrkörper.

Klingers Abkehr von seinem früheren Dramenschaffen ging sogar so weit, daß er 1812 dafür eintrat, im Interesse von Sitte und Ordnung Theateraufführungen in Dorpat als unerwünschte Ablenkung der Studenten zu verbieten. Sein Liberalismus, seine Kirchenfeindlichkeit und sein Freidenkertum jedoch boten den russischen Reaktionären schließlich 1816 einen Vorwand, ihn von seinem Posten zu verdrängen. Enttäuscht und recht vereinsamt lebte der Dichter noch 14 Jahre bis zu seinem Lebensende mit seiner Frau und seiner reichen Bibliothek, die später der Universität Dorpat zufiel, in Petersburg. Auf die Nachricht von seinem Tod äußerte Goethe am 31. März 1831 zu Kanzler Müller: «Das war ein treuer, fester und derber Kerl wie keiner.» Weder seiner Herkunft noch seinem Wohnsitz, noch seiner Schaffenszeit nach zur baltischen Literatur zu rechnen, hat Klinger doch indirekt von Amts wegen und mit Liebe zur Sache einen ganz wesentlichen Beitrag zum Geistesleben der baltischen Länder geleistet.

Im Gegensatz dazu stehen die Beiträge der beiden anderen deutschen Theatermänner aus dem Reich. Das Rigaer Stadttheater hatte bis 1835 einen langsamen Niveauabstieg erlebt und war schließlich zwecks Renovierung und Neubestallung des Ensembles für zwei Jahre geschlossen worden. Zur Wiedereröffnung 1837 übertrug das Komitee die Direktion des Theaters dem schlesischen Schauspieler, Dramatiker,

Regisseur und Bühnenleiter Karl von HOLTEI (1798–1880) aus Breslau. Er war durch seine Tätigkeit am Berliner Theater und mehr noch durch seine erfolgreichen Gastspielreisen berühmt geworden, wenngleich seine eigenen, rührsam-betulichen, gemütvollen und gutmütigen Lokalpossen und Singspiele eher populäre, mittlere Gebrauchsdramatik als gehaltvolle Meisterwerke darstellten und, leichtfertig und biedermeierlich oberflächlich, keinen nachhaltigen Einfluß ausübten. Der tiefbetrauerte Tod seiner Gattin, der Schauspielerin Julie Holzbrecher, verdarb Holtei den längeren Aufenthalt in Riga und führte 1839 zur Wiederaufnahme seines unruhigen Wanderlebens in Deutschland. Auf den Tod der Schauspielerin komponierte Richard Wagner ein *Grablied auf Julie* nach einem Text des Rigaer Theaterkritikers Harald von Brackel (1796–1861). Holteis Autobiographie *Vierzig Jahre* (VIII 1843–1850) berichtet von seinen baltischen Erfahrungen in Mitau und Riga; letzteres ist auch Schauplatz seiner Erzählung *Ein Mord in Riga* (1855).

Gleichzeitig mit Holtei kam ein anderer junger, noch unberühmter deutscher Künstler ans Rigaer Stadttheater, den Holtei als 1. Kapellmeister der Oper engagiert hatte: der 24jährige Richard WAGNER (1813–1883). Er war 1834 Musikdirektor in Magdeburg und 1836 in Königsberg gewesen, war dort die unglückliche Ehe mit der Schauspielerin Minna Planer eingegangen und brachte sie und seine Schulden mit in den neuen Wirkungskreis, bot auch Konzerte an und dirigierte das Sommertheater in Mitau.

Für Holtei wie für Wagner bedeutete Riga den Beginn des Aufstiegs, den sie mit Hingabe verfolgten, und für die Rigaer Bühne eine große Zeit auf europäischem Niveau, das freilich aus persönlichen Gründen ein baldiges Ende erlebte. Wagners Unzufriedenheit mit der Leistung des Orchesters führte zu Konflikten mit den Musikern; sein Widerwillen vor der Heuchelei und Unmoral des Theaterwesens ließ ihn sich vom Theater distanzieren; mangelnde Freundschaften und Anregungen trieben ihn in die Isolation; Holtei unterstellte er moralisches Fehlverhalten, und nach dessen Weggang erreichte ihn im März 1839 zum eigenen Erstaunen seine Kündigung. Auf der Flucht vor Gläubigern überquerte er heimlich und illegal die preußische Grenze, um der Paßkontrolle und evtl. Festnahme zu entgehen, und begann in Pillau eine abenteuerliche Seereise, die ihn über Norwegen – mit dem Fliegender-Holländer-Erlebnis – nach England und dann nach Frankreich brachte.

Der künstlerische Ertrag des zweijährigen Aufenthalts in Riga indessen war gering. Wagners erste Opern, *Die Feen* (1833) nach Gozzi und *Das Liebesverbot* (1836), waren bereits abgeschlossen, lediglich der *Rienzi* (1840) nach dem Roman von E. G. Bulwer, die Tragödie eines individualistischen Idealisten, deren Plan Wagner 1836 in Blasewitz ausgearbeitet hatte, wurde im Textbuch 1838 vollendet. Die Komposition war bei Wagners Abreise fast bis zum Ende des 2. Akts vorangeschritten; sie wurde 1840 in Paris abgeschlossen. Was für Wagner Episode und allenfalls ein früher Seitenweg zum Ruhm war, war für Riga dennoch ein kurzfristiger Durchbruch zur Musenstadt, dem es im nachhinein wohl etwas zuviel Bedeutung beimaß.

Für die baltischen Zeitgenossen von Holtei und Wagner freilich stellte sich der literarische Ertrag noch niedriger ein, und wenn ein Autor – selten genug – mehr als einen Dramentext schrieb, so entsprach deren literarische Erheblichkeit oft genug nur einem Bruchteil des Nötigen. Es tritt hier wiederum der Fall ein, daß der Chronist wegen der Vielzahl der teils belanglosen Namen, Titel und Daten um Nachsicht bitten muß: Ein Bild der baltischen Dramatik der Zeit ist nicht anders zu rekonstruieren, und aus der Masse der Einzelfälle ergibt sich dennoch ein Gesamtbild.

Am produktivsten und erfolgreichsten waren zunächst die Schauspieler, die zum Teil praktische Erfahrungen aus Deutschland mitbrachten und im Anschluß an Gastspiele oft Jahre oder Jahrzehnte im Lande blieben, ohne allerdings deswegen unbedingt baltische Stoffe aufzugreifen. Ihnen folgen die Literaten, die an schriftliche Arbeiten gewöhnt waren, also die Lehrer, dann die Juristen und schließlich einige Freiberufliche. Im Unterschied zu früheren Jahrhunderten fallen die Theologen als Stückeschreiber gänzlich aus.

Der Jesuitenzögling Johann Christoph KAFFKA (eigentlich Engelmann, 1754–1815) aus Regensburg, dem die Aufhebung des Ordens den Zugang zu ihm verwehrte, reiste als Schauspieler und Regisseur durch zahlreiche Orte Süddeutschlands und Österreichs. Er kam 1789 erstmals nach Riga und ließ sich 1801–1812 und 1814/15 dort als Schauspieler, Schriftsteller und Inhaber einer Leihbücherei nieder. Neben seiner Theatertätigkeit fand er noch Zeit, über 40 Titel, darunter frivol-moralisierende Erzählungen, Romane, Übersetzungen und 22 Possen, Lust- und Trauerspiele zu verfassen, die jedoch kaum baltische Stoffe behandeln, teils gnädig anderen Verfassern zugeschrieben wurden und über Gebühr vergessen sind.

Der Berliner Georg Ernst LÜDERWALD (1765–1835), der sich als Schauspieler Ernst Lange nannte, kam nach Engagements in Karlsruhe und Düsseldorf 1792–1824 als Schauspieler nach Riga und wurde dort 1798 zugleich Theaterdichter. Seine sechs Bühnenstücke sind Singspiele und Bearbeitungen französischer Texte. Schauspieler war auch der Braunschweiger Karl Friedrich Wilhelm FLEISCHER (1777–1831), zunächst in Leipzig und Königsberg, 1813–1815 und wieder ab 1819 in Riga, wo er auch als Regisseur arbeitete und später ein Knabeninternat leitete. Von ihm stammt neben Essays zu ästhetischen Fragen, Gelegenheitsgedichten und kleineren Dramen eine Bühnenbearbeitung von Schillers *Wallenstein* (1802). Der Revaler Schauspieler Friedrich Wilhelm MÜLLER (um 1760–um 1816) aus Magdeburg verfaßte ein historisches Drama *Die Denkmähler* (1803). Der schlesische Jurist Rudolph vom BERGE (1775–1821) schloß sich nach einer Rußlandreise 1805 aus Theaterleidenschaft in vermeintlichem Inkognito einer Schauspielgesellschaft in Libau und Mitau an, wurde jedoch erkannt, ging als Hauslehrer nach Livland und schrieb anschließend ein Lustspiel in Versen *Frauentriumph* (1819), fünf ungedruckte historische Schauspiele und zwei lyrische Opern in flüssigen, wohllautenden Versen.

Nur zwei der Schauspieler-Dichter sind baltisches Gewächs. Der Revaler Schauspieler und beliebte Komiker Konrad Ludwig WUNDER (Daten unbekannt) publizierte 1815 ein komisches Singspiel *Der Jude im Fasse.* Bei Johannes Reinhold LENZ (1778–1854) aus Pernau, dem Neffen des Sturm-und-Drang-Dichters J. M. R. Lenz, ging die Theaterleidenschaft so weit, daß er selbst die zaristische Reitergarde verließ und dreimal, jedoch brav nacheinander, Schauspielerinnen heiratete. 1801–1844 war er, teils unter dem Namen Kühne, ein allgemein bekannter Schauspieler in Petersburg, Königsberg, Breslau und 1814–1844 in Hamburg auch Regisseur und Theaterleiter. Nach 1844 trat er in Riga und Dorpat als Rezitator in Erscheinung. Als Bühnenroutinier beherrschte er die Dramentechnik und sah alle seine meist historischen Dramen und *Lustspiele* (II 1835) auch aufgeführt. Nur seine acht Bühnenbearbeitungen nach meist englischen Vorlagen blieben Bühnenmanuskripte.

Unter den Dramatikern im Lehrberuf können vor allem die aus Deutschland nach Dorpat berufenen Professoren auf größere Publikationslisten zurückblicken. Ein wenig seriöser als die Schauspielerarbeiten sind die zahlreichen Publikationen des Modeschriftstellers Friedrich Eberhard RAMBACH (1767–1826) aus Quedlinburg, der 1803 zuerst Professor für klassische Philologie, dann für Wirtschaftswissenschaft wurde.

Als Lehrer am Friedrichswerderschen Gymnasium in Berlin war er 1791/92 der Lehrer Ludwig Tiecks gewesen und hatte seine Schüler mehrfach zur Mitarbeit an seinen Publikationen herangezogen (z. B. Tiecks Text *Runo* als Abschluß von *Die eiserne Maske*, 1792). Der vielseitige Verfasser von Ritter- und Räuberromanen und Herausgeber von Lehrbüchern und Sammelwerken schrieb seit 1792 auch an die 20 meist historische Schauspiele, von denen allerdings nur die letzten drei in die Dorpater Zeit fallen und keinen Bezug zu seinem neuen Wirkungsort haben.

Die dramenschreibenden Schullehrer dagegen sind durchweg baltischer Herkunft; sie teilen ihre zeitbedingte Vorliebe für historische Schauspiele mit den Juristen, denen wiederum wohl aus Berufsgründen das Lustspiel mehr zusagt. Die drei Schauspiele des weitgereisten Revaler Schulleiters Bernhard Gottlieb WETTERSTRAND (1777–1843), darunter ein *Graf Eugenius* (1807), sind verschollen. Ein weiser Mann wie der Hapsaler Schulinspektor, Lyriker, Satiriker und Epigrammatiker Friedrich von NASAKIN (1797–1876), dem daher auch nichts Schlechtes nachgesagt werden kann, gab seine etwa 20 Dramen gar nicht erst zum Druck. Um wenigstens inhaltlich sicherzugehen, hält man sich gern an traditionelle Stoffe: Der estländische Schulinspektor Gustav Jakob Friedrich Freiherr von UNGERN-STERNBERG (1771–1844) publizierte neben Lyrik auch ein anonym erschienenes Esther-Drama *Hadassah* (1819), der Lehrer Oskar KIENITZ (1817–1859) aus Kurland dramatisierte den Stoff von Goethes Ballade *Die Braut von Korinth* (1843) vom Konflikt alter und neuer Religion, und Leopold ARENDS (1817–1882) aus Litauen schrieb zwei historische Dramen *Libussens Wahl* (1844) und *Demosthenes* (1848).

Unter den dramenschreibenden Juristen qualifizieren sich nur drei für die Bezeichnung Vielschreiber: Der Rigaer Jurist Otto Christoph Freiherr von BUDBERG (1771–1857), als Lyriker schon erwähnt, verbrachte die Jahre 1819–1829 in Mannheim und mag dort seine Liebe zum Theater entdeckt haben, die sich in seinen Lust-, Trauer- und historischen Spielen in Versen, teils nach französischen Vorlagen, bekundet (*Dramatische Versuche*, III 1825; *Dramatische Dichtungen*, 1842). Der ebenfalls schon als Lyriker erwähnte Rigenser Friedrich Reinhold von RIECKHOFF (1809–1881), Bruder von Jonas Gottlieb Theodor von Rieckhoff, schrieb zahlreiche, teils erfolgreiche historische Dramen,

Festspiele, Singspiele und besonders Libretti, deren Mehrheit jedoch ungedruckt blieb (*Cola Rienzi, Martin Giese, Düwecke, Chateaubriand, Der Templer* u. a.). Der Dorpater Jurist Ernst Peter von REINTHAL (1793–1875) schließlich bevorzugte Dramen aus der russischen oder livländischen Geschichte, so *Berend von der Borch* (1848, Buch 1868) um einen Konflikt zwischen Orden und Kirche.

Aus der Feder des Juristen Friedrich August DITTMER (1783–1825) stammt das historische Schauspiel *Graf von Wallensee* (1803), und auch das Zeitstück fehlt nicht: Der sächsische Jurist und Rigaer Hofgerichtsadvokat Benjamin Traugott STREICH (1779–1822) verspottete den Rückzug Napoleons aus Rußland 1812 in *Sultan Furioso, oder der glorreiche Flanken-Marsch in die Winterquartiere. Eine Burleske in vier Acten mit vielem kläglichem Gesange* (1813). Für das Lustspiel stehen *Zwey Vetter für einen* (1815) von Ludwig Johann von KNORRING (1769–1837) im Stil Kotzebues, dessen Nachlaß er 1821 herausgab, und *Die Stiefbrüder* und *Der Avanturier* (beide in *Lustspiele*, 1816) von dem Pernauer Offizier und Advokaten Reinhold von SIVERS (1768–1820).

Für einige der Dramatiker kann das Baltikum allenfalls die Patenschaft, nicht die volle Zugehörigkeit reklamieren. Der Thüringer Arzt Karl Bernhard von TRINIUS (1778–1844) ist ein solcher unfreiwilliger Halb-Balte: Durch ein Versehen Hufelands, der die Adressen zweier Empfehlungsschreiben verwechselt hatte, gelangte er 1804–1807 nach Kurland und wurde dann Leibarzt und Reisebegleiter der Herzogin Antonie von Württemberg und 1824 des Zarenhofes in Petersburg. Von einem so berühmten und gesuchten Mediziner, Verfasser zahlreicher, teils lateinischer, botanischer und medizinischer Aufsätze, würde man kaum anakreontische *Gedichte* (1848), Schriften zum Gespensterglauben (1829 f.) und erst recht keine Dramen erwarten. Doch enthalten seine *Dramatischen Ausstellungen* (1820) neben dramatischen Dialogen die früheste dramatische Bearbeitung des *Bergmanns von Falun* (nach Hebel und Hoffmann, vor Hofmannsthal).

Der Malerdichter und Komponist Otto Friedrich IGNATIUS (1794–1824) verließ mit 19 Jahren die Heimat zur Malerausbildung in Italien und wurde 1820 Hofmaler in Petersburg. Von ihm stammen das in Berlin aufgeführte einaktige Lustspiel *Der Korb oder die zaghaften Liebhaber* (1820) und die in Petersburg aufgeführte historische Tragödie *Marino Falieri* (1824). Das Berliner Opernhaus spielte 1817 auch die «große ernsthafte Oper» *Rittertreue* (1818) von Friedrich Wilhelm von TRAUTVETTER (1782–1837) aus Sachsen, der 1804–1812 als Konsulent in Riga lebte und dann an die sächsische Gesandtschaft nach Petersburg ging.

Ein literarisches Kuriosum bildet der russische Offizier Georg von ROSEN (1800–1860) aus Estland. Er beherrschte Deutsch und Russisch in gleichem Maße und dichtete in beiden Sprachen, verfaßte jedoch seine rund 20 historischen Dramen aus der russischen Vergangenheit auf russisch, so daß er in Rußland bekannter ist als im Baltikum, zumal durch seine von Glinka komponierte russische Nationaloper *Zizn' za carja (Ein Leben für den Zaren,* 1836).

5. Sachprosa und Publizistik

Während die Fachwissenschaft im 19. Jahrhundert ihren noch im vorigen Jahrhundert aufrechterhaltenen Anspruch als Teil der Allgemeinbildung zugunsten einer stärker spezialisierten Verwissenschaftlichung der Fächer aufgibt und damit ihren Platz außerhalb unseres Literaturbegriffs findet, hält ein kleiner Teil der Gelehrten und Publizisten vor allem in den Geisteswissenschaften noch an einer auch für den Laien verständlichen Darstellung in gepflegtem Prosastil fest und vermag aus Sach- und Stilgründen eine weitere, nicht fachwissenschaftlich vorgebildete Leserschaft zu erreichen. Diese Art der nicht präsumptiven, auch einem nicht methodologisch vorbelasteten Rezipienten zugänglichen – mit anderen Worten: allgemeinverständlichen – Darstellungsweise scheint direkt eine durch das Milieu bedingte Eigenschaft baltischer Wissenschaftsdarstellung zu sein: Der Elfenbeinturm ist jederzeit für Führungen zugänglich.

Zu diesen Gelehrten zählt an erster Stelle der Magdeburger Karl Simon MORGENSTERN (1770–1852), der nach Professuren in Halle und Danzig 1802–1833 Professor der Ästhetik, Rhetorik, klassischen Philologie, Literatur- und Kunstgeschichte in Dorpat und überdies Oberbibliothekar der Universitätsbibliothek war, der er seine eigene ansehnliche Büchersammlung vermachte. Der vielseitige Schriftsteller, der auch wiederholt Goethe in Weimar besuchte, verfaßte neben fachwissenschaftlichen Arbeiten Widmungs- und Gelegenheitsgedichte, Reisetagebücher aus Italien und Essays über Klopstock, Winckelmann, Goethe, Klinger, den Bildungsroman u. ä.

Ein noch größeres Publikum erreichte der Sprach- und Gesellschaftskritiker Carl Gustav JOCHMANN (1789–1830) aus Pernau, der seine Advokatenstelle in Riga 1819 aufgab, um als liberaler Publizist in Süddeutschland und der Schweiz zu leben. Als freisinniger Schriftsteller von hohem stilistischen Rang publizierte er Lyrik, Aphorismen, Glossen und geistreiche Essays über Frankreich, den Protestantismus, die Sprache (*Über die Sprache*, 1828) und den Adel, plädierte für eine Emanzipation des von diversen Autoritäten bevormundeten Bürgertums und eine dem Zivilisationsstand angemessene demokratische Staats- und Gesellschaftsform.

Zwei andere Wissenschaftler wirkten weniger innerhalb ihrer eigenen Disziplin als durch von ihnen herausgegebene populärere Zeitschriften in die Breite. Carl Eduard RAUPACH (1794–1882) lehrte nach dem Studium und einer längeren Europareise als Lektor der italienischen und deutschen Sprache in Dorpat, später als Leiter einer Privatschule und gab das *Inländische Museum* (1820/21) und das *Neue Museum der teutschen Provinzen Rußlands* (1824/25) heraus. Der Jurist Friedrich Georg von BUNGE (1802–1897) wurde 1823 Dozent, 1831–1842 Professor für liv-, est- und kurländisches Provinzialrecht in Dorpat und damit Begründer der baltischen Rechtsgeschichte. Er wirkte als Mitherausgeber der Zeitschriften *Dorpater Jahrbücher für Literatur, Statistik und Kunst* (1833–1836), *Das Inland* (1836–1843) und *Archiv für die Geschichte Liv-, Esth- und Curlands* (1842–1856), Zeitschriften also, die innerhalb der regionalen Begrenzung sämtlich «fächerübergreifend» waren und demgemäß ein breiteres, interessiertes Publikum fanden. Diese Tendenz wird in der zweiten Jahrhunderthälfte beibehalten, doch treten dann andere, etwa theologische und historische Disziplinen in den Vordergrund.

Das späte 19. Jahrhundert: Realismus

1. Einleitung

Das Leben in den baltischen Ländern der zweiten Hälfte des 19. Jahrhunderts steht im Zeichen äußerer Stille und innerer Stürme. Die großen politischen Ereignisse in Europa, die Revolution von 1848 und ihre Nachwirkungen, der deutsch-österreichische Krieg von 1866 und die Gründung des Norddeutschen Bundes, der Frankreichfeldzug 1870/71 und die Gründung des Deutschen Kaiserreichs, bewegten allenfalls die Gemüter, betrafen aber die Balten fast ebensowenig wie die russischen Feldzüge der Zeit an der Peripherie Rußlands. Ihnen gegenüber nahm das Leben im Baltikum seinen gewohnten Lauf im Wechsel der Jahreszeiten. Die Sommerfrische der Städter auf dem Land, in den «Höfchen» vor der Stadt oder neuerdings auch am Strand und die gesellschaftlichen Ereignisse für Gutsbesitzer und Ritterschaft in den winterlichen Städten verbanden Stadt und Land zu gemeinsamen Interessen. Das politische Leben wurde zunächst ausgeklammert; die Presse bestand anfangs mehr aus Anzeigenblättern und formierte sich in ständigem Kampf mit der russischen Zensur erst allmählich zu politischer Stellungnahme, in der die *Revalsche Zeitung, Rigasche Zeitung* und *Neue Dörptsche Zeitung* seit 1860 liberale Haltung, das *Dorpater Tageblatt* unter Carl Schirren konservative Stellung einnahmen. Der Presse fehlte es nicht an engagierten Talenten, wohl aber an geistiger Bewegungsfreiheit, so daß politische Meinungsmacher nach Deutschland auswichen und man nach Möglichkeit Blättern aus Deutschland den Vorzug gab.

Im Kulturleben in Stadt und Land dominierten Musik und Gesang, auch als Verbindung mit den Einheimischen. Erste private Kunstsammlungen entstanden. Ständige Theater spielten nur in Riga mit Gastspielen an kleineren Orten, und nicht selten gaben die nach Petersburg durchreisenden Künstler Gastspiele in Orten auf ihrer Route. Dem gesellschaftlichen Verkehr mit Familie, Nachbarn und Freunden dienten das Klubleben in den «Mußen», häusliche Leseabende und Hausbälle. Wie schon im frühen 19. Jahrhundert wuchs die Zahl der

Gelehrten Gesellschaften, Naturforschervereine, Geschichtsvereine der kleineren Städte, der Vereinigungen zur Erforschung lokaler Altertümer und der Genealogie, die z. T. fachgerichtete Museen stifteten oder bestückten.

Aus kleinen Anfängen mit Porzellan, Fayence, Glas, Tuchen und Holz entwickelte sich in den späteren Jahrzehnten nach der verkehrsmäßigen Verbindung durch Eisenbahnen ab 1861 eine größere Industrie besonders in Riga, die vor allem lettische Arbeiter anzog. Handwerksbetriebe führten zunächst Deutsche, bald auch eingedeutsche Esten und Letten; die Kaufleute waren neben Deutschen auch Russen und Juden.

Das Landvolksschulwesen lag in den Händen der protestantischen Kirche und pflegte meist Estnisch oder Lettisch als Unterrichtssprache; in den städtischen Bürgerschulen und den von den Ritterschaften unterhaltenen höheren Schulen und Gymnasien herrschte zunächst das Deutsche.

Die Universität Dorpat erlebte eine Blütezeit mit renommierten Professoren und breitem Zustrom als Vermittlerin deutscher Bildung und Wissenschaft zuerst auch an vereinzelte, dann zahlenmäßig wachsende estnische und lettische Studenten, die dort in die deutsche Bildungsschicht hineinwuchsen. Mehr professioneller Ausbildung diente das ebenfalls deutsch unterrichtende Rigaer Polytechnikum.

Die protestantische Kirche schwenkte vom Rationalismus auf ein bewußtes Luthertum ein, das besonders in Estland dem Pietismus Raum ließ, die Gemeindebildung der Herrnhuter jedoch ablehnte. Die fortgesetzten Versuche der griechisch-orthodoxen Kirche, im Zuge einer schleichenden Russifizierung Esten und Letten anzuziehen, und staatliche Gesetze gegen ihre Rückkehr zum Protestantismus bedrückten das Verhältnis der Kirchen zueinander und führten zu zahlreichen Prozessen gegen protestantische Pastoren, die nur z. T. niedergeschlagen wurden.

Damit ist jedoch nur das erste der zahlreichen Konfliktfelder angezeigt, die die baltischen Länder dieser Zeit in eine Vielzahl von Auseinandersetzungen hineinrissen und in dem nach außen fast biedermeierlich-betulichen Leben als ständische, soziale, rassische, ethnische, sprachliche, religiöse u. a. Diskrepanzen in den Vordergrund traten und öffentlich diskutiert wurden.

Um mit den geringsten von ihnen zu beginnen, so entstanden auch soziale Spannungen zwischen dem Bürgertum, besonders den Literaten, und den kommunalen Oberschichten, indem die emanzipierten Bürger die Vorherrschaft der Ratsfamilien in den Städten und der Ritterschaften auf dem Lande nicht mehr ohne Abstriche anzuerkennen gewillt waren und für eine Gleichstellung des Bürgerstandes, der sich geschmälert fand, eintraten. Andererseits wollten die Ritterschaften keine paritätische, sondern die Beibehaltung der ständischen Justiz, da der Adel nicht von Stadtbürgern abgeurteilt werden sollte: alles ständische Auseinandersetzungen zu einer Zeit, in der die innere Erneuerung der deutschen Oberschicht und ihre Einheit angesichts ethnischer Konflikte nötig gewesen wären. Erst unter dem Druck der Russifizierung gewannen die Ritterschaften höheres Ansehen als Hort des Widerstandes gegen die übermächtige russische Bürokratie, und zusehends verschwand die Opposition gegen ihren Konservatismus. Dies geschah allerdings zu einer Zeit, als die Ritterschaften praktisch aller offiziellen politischen Funktionen entkleidet waren und nur noch als Interessenvertreter der Provinzen, nicht mehr des Adels, auftreten konnten. Dennoch versuchten sie, als traditioneller Machtblock und internationales Aushängeschild trotz aller internen Ratlosigkeit der Russifizierung des Deutschtums Einhalt zu gebieten.

Neben die ständische Gruppierung trat ab 1860 bei zunehmender Politisierung des Landes die Gruppierung der Balten in Konservative und Liberale, die sich als Gesinnungen nicht immer mit der ständischen Gliederung deckten. In Einzelfällen ergab sich auch eine Spaltung in die im Lande geborenen oder solchen Familien zugehörigen Balten – erst um 1860 taucht diese Bezeichnung für den deutschen Volksteil der baltischen Länder unter Ausschluß der Esten, Letten, Russen und Juden auf – und den zeitweilig eingewanderten «Reichsdeutschen», die als deutsche Staatsangehörige keine innere Bindung zum Russischen Reich und besonders zur (teils deutsch versippten) Zarenfamilie hatten: Die Vasallentreue der baltischen Ritterschaften zur Person des Zaren überdauerte Abwehr und Abneigung gegenüber allem Russischen.

Für die Esten und Letten begann, gefördert durch den Zutritt zu den Bildungsinstitutionen, ein geradezu erstaunlicher intellektueller Aufstieg. Sie sollten gleichberechtigt an den Errungenschaften deutscher Bildung und Kultur teilhaben und ihre natürliche, auch sprachliche Eindeutschung als Stufe auf dem Weg des sozialen Aufstiegs in die intellektuelle Oberschicht verstehen. Der livländische Generalsuperintendent Ferdinand Walter forderte 1864 die Germanisierung der Esten und Letten als «nationale Gleichstellung mit ihren Herren» und löste damit russische Proteste aus, da man denselben Effekt mit dem Ziel der Russifizierung erhoffte. Auf dieser Grenzscheide begann mit Vorläufern seit 1855 die nationale Aktivierung der Esten und Letten, die dem ständischen und sozialen einen ethnischen Konflikt hinzufügte. Der Nationalismus, jener Totengräber europäischer Kulturen, fand den Weg bis in den äußersten Nordosten des Kontinents.

Auf deutscher Seite erhoffte man ein autochthones Nationalgefühl ohne Deutschfeindschaft und eine mehr national-romantische Pflege des Volksguts, beharrte aber auf Deutsch als Sprache der Ostseeprovinzen und konnte letztlich der Volksbewegung keine politisch und ideologisch einheitliche deutsche Oberschicht als Gesprächspartner stellen. Der Konflikt wurde dadurch verschärft, daß die besitzende Herrenschicht hier einer fremden Nation und einer fremden Sprache angehörte und zur ethnischen wieder eine soziale Diskrepanz trat. Daher fand sich bei den Esten und Letten kein geschlossener Widerstand gegen die Russifizierung, in der man einen Bundesgenossen gegen die deutsche Vorherrschaft vermutete. Seit den 1860er Jahren hatte man in Petersburg um Hilfe gegen die Unterdrückung durch deutsche Grundbesitzer ersucht und geglaubt, die Sache sei beim Russischen Reich gut aufgehoben – fälschlich allerdings, denn ein eventueller Übergang der Selbstverwaltung in estnische oder lettische Hände war eine Illusion, da Rußland auch die autochthone Bevölkerung zu russifizieren gedachte und solche Ziele bis ins 20. Jahrhundert verfolgen sollte.

Angesichts des ungewissen Ausgangs solcher Spekulationen griff ein Teil der nichtdeutschen Landbevölkerung und der Industriearbeiter zu radikalen Mitteln: Marxistisches und sozialistisches Ideengut, gefördert durch marxistische Schriften aus Deutschland, fand in der Arbeiterklasse ein Echo und führte 1904 zur Gründung einer illegalen sozialdemokratischen Partei und schließlich zum Übergreifen der russischen Revolution von 1905 auf die Ostseeprovinzen.

Die angeführten protestantisch-orthodoxen, deutsch-deutschen, deutsch-autochthonen und autochthon-russischen Differenzen verblassen jedoch zur Nebensächlichkeit gegenüber dem innenpolitischen Hauptproblem der Zeit: der teils schleichenden, teils offenen Russifizierung der baltischen Länder und ihrer Bewohner. Hinter ihr steht wiederum das Gespenst des Nationalismus. Diese Russifizierung erfolgte in verschiedenen Stufen und auf verschiedenen Gebieten in zwei verschiedenen Phasen: Sie begann relativ gütlich und teilweise kompromißbereit oder ablehnend in der «Neuen Ära» nach der Thronbesteigung Alexanders II. (reg. 1855–1881) und versteifte sich mit nur gelegentlichen Pausen nach dessen gewaltsamem Tod unter Alexander III. (reg. 1881–1894), der schon beim Thronwechsel die traditionellen baltischen Privilegien nicht mehr bestätigte. Von deutscher Seite stellt sich der Vorgang wiederholt so dar, daß entweder der Zar selbst oder die russische Bürokratie oder die Gouverneure der Ostseeprovinzen teils auf Anweisung, teils selbständig einzelne Schritte unternahmen, die angesichts baltischer Proteste entweder von anderer Stelle zurückgezogen, gemildert oder aber verhärtet durchgeführt wurden. Ihr Ziel blieb jedoch unverändert: Verschmelzung der russischen Ostseeprovinzen mit dem Russischen Reich durch Abbau ihrer rechtlichen Sonderstellung und der deutschen Vorherrschaft in Selbstverwaltung, Kirche, Gericht und Unterrichtswesen; Entgermanisierung der Länder als Abbau des eigenständischen politischen Selbstgefühls, des Widerstandes, der Privilegien und Sonderrechte, deren Rechtsgrundlage nicht mehr anerkannt wurde, Ablösung des Ständestaats und Durchsetzung der griechisch-orthodoxen Kirche als Staatskirche: alles durchaus ehrenwerte Ziele im Interesse einer einheitlichen staatlichen Zentralgewalt, aber ohne Rücksicht auf historisch Gewachsenes, langgewährte Versprechungen und Schonung ethnischer und sprachlicher Minderheiten. Für die baltischen Provinzen kommt erschwerend hinzu, daß das gewachsene, gewiß in einigen Punkten überholungsbedürftige Verwaltungs- und Gesellschaftssystem in seiner sorgfältigen Durchführung dem aufoktroyierten russischen überlegen war und dessen Übertragung daher einem Rückschritt zur Kolonisierung gleichkam. Die im Lande gebliebenen wie die ins Exil gegangenen Balten haben genug getan, das minderwertige und teils schlampig gehandhabte russische System zu verlästern und das westliche Bild korrupter russischer Bürokratie zu etablieren.

Die einzelnen Schritte der Russifizierung betreffen natürlich weniger die baltische Literatur selbst als deren Wurzelgrund im baltischen Leben und der deutschen Sprache; sie sollen hier daher nur knapp aufgeführt werden. 1867 wurde die Einführung der russischen Geschäftssprache in den staatlichen Behörden angeordnet und 1870 fest vorgeschrieben. 1877 und wieder 1892 wurde die russische Städteordnung in den Ostseeprovinzen eingeführt und das Prinzip der Selbstverwaltung eingeschränkt. 1885 wurde die russische Sprache für den gesamten Behördenverkehr verbindlich gemacht. 1887 wurde Russisch, das bisher wie eine tote Sprache wenig gelehrt wurde, als Unterrichtssprache in Volksschulen und Gymnasien, 1889 auch in Privat- und 1890 in Mädchenschulen vorgeschrieben und damit die Volksschule der Landeskirche entzogen. Im Gegenzug schlossen die Ritterschaften ihre Landesgymnasien und die Lehrerbildungsanstalt und zogen ihre Unterstützung von estnischen und lettischen Volksschulen ab. Ein blühendes Schulwesen wurde damit zerstört. 1888 erfolgte die Einführung des russischen Polizeiwesens. 1889 wurde Russisch auch für die innere Geschäftsführung der baltischen Stadtverwaltungen verbindlich. Ebenfalls 1889 wurden die russische Gerichtsverfassung und die Prozeßordnung nach russischen Rechtsgepflogenheiten mit Russisch als alleiniger Gerichtssprache vorgeschrieben. Justiz und Verwaltung wurden seither nicht mehr von Deutschen, sondern von Russen getragen. 1893 wurden Stadt und Universität Dorpat in Jurjew umbenannt und in eine russische Universität mit Russisch als Vorlesungssprache umgewandelt. Damit wurden die einheimischen Lehrkräfte verdrängt und der Lehrkörper nicht zu seinem Besseren verändert; nur die Theologische Fakultät durfte weiterhin deutsch lehren, aber der Ruf der Universität litt erheblich, und die erste Auswanderungswelle der Balten begann.

Es ist zweifellos richtig, daß manche Reform im Zuge der offiziellen Russifizierung auch Veraltetes und Überholtes abschaffte und daß die schleichende Russifizierung durch günstige wirtschaftliche Verbindungen mit Rußland und den Einfluß russischer Literatur und Musik die Denkweise der Balten mitbestimmte. Gesehen wurde all dieses jedoch als Unterdrückung deutschen Volkstums und der deutschen Muttersprache. Aber entsprechende Proteste gegen die ungeschminkte Verschmelzungspolitik und Zentralisierung verhallten erfolglos und stärkten nur die verzweifelte Entschlossenheit zur kulturellen Selbstbehauptung trotz eines tiefen Ohnmachtsgefühls.

Um die Jahrhundertwende 1900 hatte die politische Zersplitterung des Baltikums einen Tiefstand erreicht. Nur die einheimische Linke hoffte noch und vergeblich auf einen erfolgreichen Klassenkampf; in der deutschen Oberschicht dagegen herrschte eine Fin de siècle-Stimmung, auch wenn diese nur zum Teil in die Literatur der Zeit durchdrang. Infolge der stärkeren Abschottung des Baltikums vom Westen wirkte sich die negative Phasenverschiebung der literarischen Strömungen in dieser Zeit stärker aus, so daß die deutschen Epochenbezeichnungen nur cum grano salis auf baltische Entwicklungen anwendbar sind. Vor allem extreme Tendenzen wie Naturalismus und später Expressionismus fanden in dem deutsch-konservativen Milieu kaum Zuspruch.

2. Lyrik und Verserzählung

Wenn schon die zweite Hälfte des 19. Jahrhunderts auch in Deutschland im Zeichen des Realismus und besonders des Historismus steht, dem die Gattungen und Stile früherer Zeiten zur Verwendung und Abwandlung offenstehen, so daß wesentliche neue Impulse besonders für die sensible Lyrik ausbleiben, kann von der baltischen Lyrik kein Durchbruch zu neuen Ufern erwartet werden. Im konservativen Milieu gilt immer noch die Romantik oder Spätromantik als Gipfelpunkt lyrischer Bemühung, und in der wenig ausgeprägten Eigenart des baltischen lyrischen Schaffens schlagen immer wieder verspätete Einflüsse der Romantik durch. Im Hinblick darauf wäre realistische Lyrik in ihrer nüchternen Sachlichkeit wie etwa bei Keller, Meyer und Storm als vermeintlich unpoetisch nicht zu erwarten gewesen. Selbst versuchsweise thematische Ansätze in dieser Richtung ersticken rasch unter einer kunstgewerblichen und prätentiös-preziösen, aber für poetisch geltenden Sprache, die allem Anschein nach der Publikumserwartung von Stimmungs- und Gefühlslyrik eher zu entsprechen schien und den lyrischen Ausdruck nicht selten ins rein Pathetisch-Dekorative ablenkte. Weder für die baltische Lebensweise noch für die Lyrik entwickelte sich eine vereinheitlichende Konvention, die auf eine Leitlinie verpflichtete; ebensowenig aber gab es so stark prononzierte, individuelle Wortkünstler, daß sie aus der ohnehin geringen Masse herausragten und den übrigen Autoren den Ton angaben.

Es darf also ohne bösen Willen behauptet werden, daß die baltische Lyrik des fortgeschrittenen 19. Jahrhunderts sich auf der Ebene eines gerade noch akzeptablen unteren Mittelmaßes bewegt. Und das ist im großen und ganzen auch der Eindruck, den sie bei den ohnehin dem Lyrischen abholden Zeitgenossen hinterläßt. Oder umgekehrt: Gerade die von den Zeitgenossen überhaupt beachteten oder hochgeschätzten Dichter der Zeit sind dies nicht aufgrund objektiver literarischer Leistungen, sondern weil sie dem Erwartungshorizont der Zeitgenossen entsprachen. Es muß dem Berichterstatter nachgesehen werden, wenn er trotzdem versucht, die gängigsten Namen kurz differenzierend und kritisch zu beleuchten. Dabei kann nicht der Zeitgeschmack, sondern nur eine jüngere, allgemeinere Wertung zugrunde gelegt werden.

Der seinerzeit sehr beliebte livländische Lyriker Alexis ADOLPHI (1815–1874) unternahm zwei ausgedehnte Deutschlandreisen: 1842 wurde er von Roman Freiherr Budberg in den Berliner Dichterkreis «Tunnel über der Spree» eingeführt und trug dort versifizierte livländische Natursagen vor. 1862 gewann er in München die Freundschaft seines Vorbildes Emanuel Geibel und stand seither stark unter dessen Einfluß. Seine Balladen und Romanzen mit baltischen Stoffen und seine weltanschaulich-didaktischen, christlichen Gedichte (*Gedichte*, 1863; *Poetischer Nachlaß*, 1877) zeigen schlichte, leichtverständliche Eingängigkeit, die keiner Interpretation bedarf, lautere Gesinnung, klare Gedanken und schlichte Empfindungen. Sie entsprachen dem Geschmack der Zeit, der von einigen schönen Zeilen keine unvergängliche Eigenart erwartete.

Vielseitig und weltgewandt war Jegor von SIVERS (1823–1879), ein Lyriker und Kulturschriftsteller von umfassender Bildung, der nach Reisen in Mittelamerika und Europa, auf denen er u. a. Joseph von Eichendorff und Bettina von Arnim kennenlernte, vom dichtenden Gutsbesitzer zum Professor für Landwirtschaft am Rigaer Polytechnikum aufstieg. Seine formglatten, ansprechenden Gedichte, besonders See- und Naturgedichte, auch nordische und tragische Balladen, versuchen im Rahmen der spätromantischen Naturlyrik geschickt verschiedene Vers- und Reimkünste, ohne über einen formalen Eklektizismus hinauszugelangen (*Gedichte*, 1847; *Palmen und Birken*, 1852; *Aus beiden Welten*, 1863). Seine mit Dichterbiographien versetzte Anthologie *Deutsche Dichter in Rußland* (1855) versucht einen ersten kritischen Überblick über die baltische Literatur.

Dieser Versuch verbindet ihn mit dem Estländer Nikolai Graf REHBINDER (1823–1876), dessen Übersicht *Die belletristische Literatur der Ostseeprovinzen Rußlands von 1800 bis 1852* (1854) den inneren Zusammenhang der baltischen Literatur über den Beitrag der einzelnen Provinzen betont. Marineoffizier, Landwirt, Verwaltungsbeamter, Journalist, Theaterkritiker und Herausgeber von Anthologien, war Rehbinder dennoch neben einer Reihe romantischer Dramen (s. u.) in erster Linie Lyriker mit wortreichen, melancholisch klagenden und sehr persönlichen Versen von teils ungelenker Form und durch Füllwörter aufgebesserter Metrik und gutgemeinten Trivialitäten. Er verzweifelte selbstquälerisch und weltschmerzlich am Dichterberuf, litt unter dem Widerstand seiner praktischen Landsleute gegen seine idealistische Poesie und erkannte zugleich, daß seinem idealistischen Wollen kein angemessenes dichterisches Können entsprach. Er kleidete sein verfehltes, unerfülltes Leben, seine vermeintlich mißachtete Kunst und sein tragisches Dichterschicksal voller Enttäuschungen in düstere Jeremiaden des Selbstmitleids und Verkanntwerdens, die zu ichbezogen sind, um allgemeine Bedeutung zu beanspruchen (*Blätter*, 1846; *Neue Gedichte*, 1848; *Vom Meeresstrande*, 1856; *Aus dem Innersten*, 1873).

Als bedeutendster baltischer Lyriker der Zeit muß der Kurländer Karl Freiherr von FIRCKS (1828–1871), Friedensrichter, Ulanenoffizier und Gutsherr, gelten, ein auch im Baltikum wenig bekannter Autor von wahrer ritterlicher Gesinnung, vornehmer Zurückhaltung, verhaltener Schwermut und einem durch die Form beherrschten starken Gefühl der Vergänglichkeit, Einsamkeit und Verlorenheit, das er ruhig und selbstsicher, geistvoll und mit einem leichten Anflug von Humor gestaltet. Als Spätromantiker von Eichendorff und Lenau beeinflußt, dichtet er kraftvolle, einfach-volkstümliche und ungekünstelte Verse und bevorzugt die kleinen Formen, aber auch Balladen im Stil Uhlands (*Gedichte*, 1864; *Poetischer Nachlaß*, 1871). Eine ähnliche künstlerische Höhe erreicht die baltische Lyrik erst wieder um 1900. Sprachliche Schönheit und ernsthafter Gedankenreichtum kennzeichnen auch seine zwei Dramen (s. u.).

Auch die religiöse Lyrik findet ihre Vertreter. Zur volkstümlichen religiösen Dichterin wurde Julie von HAUSMANN (1826–1901; *Maiblumen*, IV 1863–1880; *Blumen aus Gottes Garten*, 1902) mit dem weitverbreiteten Kirchenlied «So nimm denn meine Hände». Der Pastor, Religions- und Musiklehrer Carl HUNNIUS (1856–1931) aus Narva zeigt in seinen zum Teil komponierten Gedichten, teils in rhythmischer Prosa, eine starke und tiefinnerliche Liebe zu Gott, zu den Menschen, der Heimat, der Natur und der Kultur, besonders der Musik. Neben ergriffener religiöser Lyrik stehen Liebesgedichte, historische Kurzepik und Übersetzungen (*Gedichte*, 1898; *Zu höheren Sternen*, 1903). Lyrik zum Preise der Künste und Künstler schrieb auch der Komponist und Kapellmeister Peter Nikolai von WILM (1834–1911) in Riga, Petersburg und Wiesbaden (*Ein Gruß aus der Ferne*, 1881).

Einen Lichtblick bildeten dagegen die heiter-ironischen, liebenswürdigen, teils auch durchaus ernsten Gedichte *Andenken aus der Vergangenheit* (1888) von Heinrich von KÜGELGEN (1836–1860), darunter das ironische *Die Tabakspfeife des alten Junggesellen*. Sie berechtigten zu Hoffnungen auf ein Aufleben der leichteren Muse, denen der frühe Tod des Autors jedoch ein Ende setzte. Die Rigaer Lehrerin Mia HOLM (1845–1912) dagegen schrieb neben Versnovellen und Kinderliedern in flüssigem Stil und klarem Aufbau schwermütig resignierende Verse, die thematisch auf Liebesklagen, Liebesenttäuschung und Liebesverzicht begrenzt blieben (*Gedichte*, 1882 u. a.). Der Dichterjurist Guido ECKARDT (1843–1906) legte nur einen Band *Gedichte* (1882) mit persönlicher und stimmungsvoller, doch konventioneller Jahreszeiten- und Landschaftslyrik vor.

Interessant sind zwei Fälle deutsch-russischer Zweisprachigkeit. Der Journalist und Deutschlehrer russischer Herkunft Andreas ASCHARIN (1843–1896) ging im deutschen Bildungswesen auf und wurde durch Übersetzungen aus dem Russischen zum Vermittler zweier Kulturen. Seine *Gedichte* (1878) mit Naturlyrik und Weinliedern sind Dokumente einer vollständigen Assimilation. Russischer Herkunft väterlicherseits, Deutschbalte mütterlicherseits ist auch der Lyriker Viktor von ANDREJANOFF (1857–1895), der in noch stärkerem Maße in deutscher Sprache, Dichtung und Kultur aufging: «das deutsche Lied und das deutsche Wort und der deutsche Gott im Himmel». Russische Charakterzüge mag man noch in einem gewissen ungebändigten Temperament, in der glühenden Phantasie und einer Neigung zur Reflexionsdichtung sehen. Auch seine Vorliebe für dreisilbige («gleitende», daktylische) Reimworte mit Präsens-Partizipien («dunkelnden/funkelnden, flimmernde/schimmernde») mag sich von russischem Gebrauch herleiten. An Klangfülle, Formvollendung, Reimkünsten und Reimkünsteleien findet er in baltischer Dichtung kaum seinesgleichen, auch wenn die Klangschönheit mitunter zur schönen Phrase entgleitet. Naturschilderungen, zarte Liebesstimmungen, Jahreszeiten- und Landschaftsbilder sind die Domäne seiner von edlen Bildern beherrschten Poesie (*Dichtungen*, 1880; *Zum Licht*, 1882; *Neue Weisen*, 1890), die der praktischen Lebenswelt, dem alltäglichen Welttreiben und Zeitproblemen bewußt aus dem Wege geht und in romantischen Märchen und Mythen sogar eine Neigung zur Weltflucht verrät.

Auch ein Lyriker wie der Jurist und Gutsbesitzer Alexander Freiherr von MENGDEN (1852–1914) steht mit seinem gesamten Werk im Rahmen der literarischen Tradition der Romantik (*Gedichte*, 1890). Schlicht-unverbindliche beschreibende Natur- und Stimmungslyrik in den Formen und Motiven Eichendorffs (Blumen, Wald, Mond, Liebe,

Seefahrt) erzeugt eine bewußt romantische Zeitferne und Heimatnähe, in der nur gelegentliche stilistische Unausgeglichenheiten und Einsprengsel der Umgangssprache verfremdend wirken.

Im Zuge des wachsenden europäischen Nationalismus findet im Baltikum auch die Heimatdichtung breitere Vertretung. Vorwiegend Gedankendichtung ist noch die Dichtung des Lehrers und Journalisten Christoph MICKWITZ (1850–1924; *Gedichte*, 1892; *Im Wandel der Zeiten*, 1922), rhythmisch fließende, schwungvolle Weltanschauungslyrik und leicht preziöse, gekünstelte Naturlyrik aus dem Erlebnis der Heimat, daneben konventionelle Liebesgedichte, Burschenlieder und Balladen im Uhland-Stil. Sie wären wohl längst dem Vergessen anheimgefallen, wäre Mickwitz nicht auch der Dichter des *Baltischen Heimatlieds*, das seinerzeit zur jedem Balten teuren, weitverbreiteten Vaterlandshymne wurde. Unvoreingenommenen Lesern mag das Lied pathetisch-rhetorisch erscheinen und Bilder des mittelalterlichen Rittertums und germanischer Treue zur Scholle heraufbeschwören; gewiß ist es eher gut gemeint als gut gedichtet – doch was vermögen schlichte Wahrheitsliebe und literarische Kritik gegenüber der patriotischen Begeisterung und der Beschwörung von Treue, Stolz und Ehre!

Der estländische Journalist und Schriftsteller Eberhard KRAUS (1857–1918) hat die farbensatte Augenlust seiner Lyrik, Schilderungen der melancholisch-unendlichen Landschaft und der nebelumhüllten Städte, nicht gesammelt. Im Unterschied zu seinen eher realistischen, fast naturalistischen Erzählungen aus baltischer Geschichte (*Im Zuge der Pest*, 1895) zeigen sie den vielseitigen, in vielen Sätteln und Stilen heimischen Autor von einer etwas preziösen Seite, doch stets um den geschichtlichen Gehalt baltischer Existenz bemüht. Auch Moritz KERKOVIUS (Pseudonym Bruno MOHREN, 1860–1881) schuf schlichtinnige bis rührselige Gedanken und Bilder um Liebe, Liebesverlust und Heimatliebe in Tönen von zarter Wehmut, die denTod des frühvollendeten Dichters vorwegnehmen (*Gedichte*, 1880).

Problematisch ist die Wertschätzung des produktivsten Lyrikers der Epoche, Maurice Reinhold von STERN (1860–1938). Der Sohn des Dichters Carl von Stern aus Reval ging früh eigene Wege, verließ 1881 das Baltikum und übte sich in einer Vielzahl von Berufen vom Militär zum Bahnbeamten, 1882–1885 Farmer und Arbeiter in den USA und Student in Zürch, kehrte aber immer wieder, zuletzt in Linz, zum Journalismus zurück. In seinem vielseitigen Schaffen als Lyriker, Epiker, Dramatiker, Essayist, sozialpolitischer und weltanschaulicher Schriftsteller nahm er zu vielen Zeitproblemen Stellung und fand in Deutschland ein breites Publikum. Stern begann mit *Proletarier-Liedern* (New York 1885), fast naturalistischer sozialistischer Lyrik aus der Arbeiterbewegung. In der Erkenntnis, daß soziale Übel nicht von außen, sondern von innen her zu heilen seien, wandte er sich um 1890 enttäuscht vom Sozialismus ab und einer idealistisch-religiösen Naturlyrik mit grandiosen Schilderungen besonders aus der österreichischen Alpenwelt zu (*Gewitter in den Alpen*) und erweiterte sein lyrisches Spektrum um weiche, wehmütig-träumerische, teils auch sinnliche Gefühlslyrik (*Sonnenstaub*, 1890; *Nebensonnen*, 1892; *Mattgold*, 1893). Bei aller Aufrichtigkeit und Ehrlichkeit der Empfindung und der sprachlichen Formvollendung seiner stark rhythmischen Kunst auf der Ebene etwa Geibels wirkt sein Schaffen jedoch gekünstelt, geschraubt, utriert und unoriginell, preziös in der Wortwahl, bombastisch in gesuchten Wortbildungen, und seine Bilderwelt zeigt ein verschwenderisch übertriebenes Glitzern der Sprache in Gold – seinem Lieblingswort – und Blüten, das eher auf eine geborgte oder berechnend gemachte als auf eine leidenschaftlich gefühlte Kunst verweist. Stern lieferte der deutschen Gesellschaft der wilhelminischen Zeit, wessen sie zu bedürfen glaubte. Seinen Ruhm zu Lebzeiten verdankt er weniger seiner kunstgewerblichen Dichtung als dem Zeitgeschmack.

Wie Maurice Reinhold von Stern könnte auch der Rigenser Jeannot Emil Freiherr von GROTTHUSS (1865–1920) als Exilbalte gelten. Der Lyriker, Erzähler, Literatur- und Zeitkritiker, Journalist und Herausgeber blieb nach dem Studium als Publizist in Berlin. In seiner unprätentiösen, schlichten Lyrik von kunstloser Metrik wird er zum kindlicheinfachen Bekenner eines schwer erkämpften Christentums. Auch in seinen schlichten Naturgedichten deutet die vermenschlichte Naturerscheinung auf religiöse Zusammenhänge (*Am Strome der Zeit*, 1885; *Gottsuchers Wanderlieder*, 1898). Gleiche Tendenz zeigen seine wortreichen, predigthaften Romane (s. u.). Seine verdienstvolle, kommentierte Anthologie der für den Zeitgeschmack wertvollsten baltischen Dichtungen mit einem literaturgeschichtlichen Überblick und Dichterbiographien *Das Baltische Dichterbuch* (1894) machte Grotthuß nach Sivers und Rehbinder zum dritten Historiker der baltischen Literatur.

Die Versbücher der Kurländerin Thekla LINGEN (1866–1931), die seit 1880 als erfolgreiche Schauspielerin und durch ihre Heirat eine angesehene Stellung in der Petersburger deutschen Gesellschaft innehatte, träumerische, neuromantische Gedichte zwischen Schlichtheit und

Künstelei (*Am Scheideweg*, 1898; *Die schönen Frauen*, 1901, und *Aus Dunkel und Dämmerung*, 1902), verfielen nach frühem Aufsehen rasch der Vergessenheit.

Als bedeutendste baltische Lyrikerin der Zeit galt Helene von ENGELHARDT (1850–1910) aus Litauen, die mit ihrem Gatten, dem Pianisten und Musikprofessor Louis Pabst, in Melbourne (1885–1899), London, Moskau (1899–1905), Weimar (1907), Wiesbaden und Wien (1909) lebte. Ihre beschwingt-melodiösen, glücklich nachempfundenen Anfänge (*Morgenroth*, 1870) fanden das Lob von W. Menzel, Freiligrath und Bodenstedt, doch nach solchen Vorschußlorbeeren für verheißungsvolle Ansätze ihrer jugendlichen Begabung erfüllten die weiteren Werke *Eine Hochzeitsreise* (1882), *Normannische Balladen* (1884) und die religiösen Lieder *Meine Stärke und mein Schild* (1903) nicht die hochgesteckten Erwartungen, und die Dichterin wandte sich mit leichtflüssiger Verskunst mehr der epischen Dichtung zu: *Im Windesrauschen* (1890). Das Märchenepos *Beatennacht* (1900) vereint harmonisch kurländische Sagen- und Märchenfiguren, und ihre Epik fand den Höhepunkt in dem «Isländischen Epos in 36 Gesängen» *Gunnar und Hlidarendi* (II 1909).

Relikt mehr des Biedermeier als der Romantik und zugleich Teil der historisierenden «Butzenscheibenlyrik» des sog. poetischen Realismus, hält sich die gereimte Kurzepik im Baltikum verhältnismäßig länger als im industrialisierten Westen, und zwar in zweierlei Form: als konventionelle Erzählform für Literatur von hohem Kunstanspruch oder als neckisch plaudernde Unterhaltungspoesie.

Zur ersten Gruppe gehören neben den schon oben genannten Epikern der ebenfalls erwähnte Andreas von WITTORF (1813–1886) mit seiner späten «lyrisch-epischen Dichtung in Rhapsodien» *Brigitta* (1879), der Lehrer Heinrich Johann von PAUCKER (1839–?) mit seiner Übersetzung des russischen Igorlieds (1884) und August LINDE (1844–1935) aus Hapsal mit seiner Bearbeitung der «lettischen Sage in acht Gesängen» *Imanta und Kaupo* (1891).

Mitunter schoß die Mittelaltermanie der Dichter übers Ziel. Nicolai von GLEHN (1841–1919), Dichter *Nordischer Lieder* (II 1877–1894; *Neue Lieder*, 1910) und zweier naiver Versepen in schlechten Versen (*Madlena Battani*, 1899; *Das Blut der Balten*, 1913), glaubte diese Fehler dadurch wettzumachen, daß er sich in Nömme/Nymme bei Reval eine altdeutsche Burg mit Verliesen, Wendeltreppen, Türmen, Brüstungen und Zinnen als Wohnsitz erbauen ließ.

Das Aufkommen solcher historischer Verserzählungen erklärt sich aus der Zeit des nationalen Erwachens und der estnischen Nationalromantik. Der estnische Arzt Friedrich Reinhold KREUTZWALD (1803–1882) stellte um diese Zeit aus estnischen Volkssagen, Volksliedern, überlieferten Volksmotiven und eigenen Erfindungen nach dem Vorbild des finnischen *Kalevala* das estnische Heldenepos *Kalevipoeg* (1857–1861) zusammen und schenkte damit der estnischen Literatur ein Nationalepos, das zugleich die estnische Tradition betonen und den Beweis für die hohen Kulturleistungen und die Kulturfähigkeit der Esten liefern sollte.

Neben fast jeder hochsprachlichen Literatur steht eine nicht hochsprachliche Literatur meist niederen Ranges, die sich gewisser Dialekte oder Soziolekte als Mischsprachen bedient. Für die baltische Literatur war das spätestens seit dem 19. Jahrhundert nicht mehr möglich. Das Niederdeutsche war seit der Reformation ausgefallen, und einen einheimischen deutschen Dialekt gab es nicht. Zwar benutzen Erzählliteratur und Drama mitunter sprachliche Varianten für einzelne Figuren, aber Dialektliteratur im Sinne von Niebergall oder Fritz Reuter etwa gab es nicht, und sie hätte vielleicht auch jenen Schockeffekt erzielt, den der baltische Deutschlandbesucher bei der Begegnung mit der Berliner, bayrischen oder schwäbischen Mundart erlebte: Reines Deutsch, stellte er fest, wird nur noch im Baltikum gepflegt. Nur gelegentlich benutzte die Prosa russische, jiddische oder – als Salonsprache – französische Einsprengsel («pas devant les enfants») oder in studentischen Kreisen eine deutsch-lateinische Mischsprache nach dem Muster mittelalterlicher Vagantenlieder.

Für Effekte der burlesken zweisprachig/halbdeutschen Mischpoesie mußten daher im Baltikum das Estnische oder Lettische einspringen. Das hatte den Nachteil, daß sie nur den jeweils des Estnischen oder Lettischen mächtigen Lesern zugänglich war, die überdies an den Verrenkungen der Muttersprache Gefallen fanden. Gemischtsprachige komische Nachdichtungen und Parodien betrafen besonders die Balladen Schillers und Goethes, weil ihre Wirkung durch die Vorkenntnis der Vorlage erleichtert wurde. Sprachliches Substrat dieser Mischdichtung sind das fehlerhafte Deutsch der «Halbdeutschen» mit volkssprachlichen Einsprengseln oder das verderbte Deutsch kleinbürgerlicher deutscher Kreise unter dem Einfluß des Estnischen oder Lettischen. Dabei wechseln oft Passagen oder Verszeilen mit reindeutschen oder mischsprachlichen Wendungen ab. Die halbdeutschen Einsprengsel haben den ästhetischen Wert, durch – teils übertriebene – Anklänge an die täglich gehörten, doch selten gelesenen Wendungen die Identifikation mit den Sprechern zu erhöhen und gewissermaßen Nestwärme ohne höhere Ansprüche zu insinuieren. Nicht immer will Mischdichtung Spott und ein komisches Zerrbild des Ungebildeten bieten, sondern sie mag auch sprachliche Alltagserfahrungen literarisch festhalten und mit Gefühlsappell reproduzieren.

In gebundener Rede waren in dieser Richtung Jakob Johann Malms *Oberpahlsche Freundschaft* (s. o.) und die gemischtsprachigen Verseinlagen in den Possen des Rigaer Lokaldichters Gustav Eduard GRUNWALDT (1820–1891) vorausgegangen.

In Prosa folgte ihnen zunächst einer der populärsten baltischen Schriftsteller, Georg Julius von SCHULTZ (1808–1875) aus Reval, der unter dem Pseudonym Dr. BERTRAM publizierte. Der vielgereiste Humorist, 30 Jahre lang Arzt und Staatsrat in Petersburg, auch Folklorist, Kenner und Bearbeiter finnischen und estnischen Sagenguts, Feuilletonist und Lyriker war ein scharfer, aber gütiger Beobachter des patriarchalischen baltischen Lebens und hatte seine ungetrübte Freude an der Abschilderung des baltischen Studenten- und Kleinbürgerlebens mit Humor und Witz. Als gemütvoller Estophile verwendet er in seinen Beschreibungen und Plaudereien das sog. Knotendeutsch der estnischen Aufsteiger in die deutschsprachige Mittelschicht. In seinen Prosaerzählungen *Baltische Skizzen* (1852), die bis 1873 auf vier Bände anwuchsen, stehen nur vereinzelte Dialogfetzen in Estnisch oder Halbdeutsch. In den späteren *Hallerlei nurrige Sichten un soterkleichen* (1869) dominiert die halbdeutsche, d. h. mischsprachige gebundene Rede.

In Retrospektive jedoch mögen Beliebtheit und hoher Ruf Bertrams besonders als Humorist mehr über die Lieblingslektüre der Balten als über den Rang des Autors aussagen. Die kurzen Skizzen und Schilderungen mögen ihren Reiz für Kenner des Milieus im 19. Jahrhundert haben und den Nachgeborenen als bengalische Beleuchtung der Idylle willkommen sein; kritische Selbsterkenntnis geht ihnen ab, und nur die verständnisvolle Sympathie mit der estnischen Bevölkerung zeigt tiefere Einsicht. Selbst der vielgepriesene Humor des Erzählers erscheint heute eher als schulmeisterhaft belehrende Ironie und neckisch sein sollender Witz. Auch in ihrer besten Form erweist sich solche Prosa ohne höhere literarische Ansprüche als mittlere Unterhaltungsliteratur mit den Stilmitteln des 19. Jahrhunderts.

Die höhere Stufe der Prosa von Bertram enthüllt sich erst im Vergleich mit seinem Nachfolger, dem Rigaer Kaufmann und Bankdirektor Rudolf SEUBERLICH (1841–1913), aktivem Mittelpunkt des Rigaer literarischen Lebens seiner Zeit, dem man vielleicht deshalb viel nachgesehen hat. Seine deutschen und mischsprachigen Gedichte zeigen stilistische und metrische Schwächen, und seine «Schnurren» (*Baltische Schnurren*, III 1880–1902; *Estnische Schnurren*, 1906) in mischsprachigen Versen und Prosa im eigenartigen Deutsch der lettischen Unterschicht um banale Alltagsstoffe mögen zwar genau beobachtet sein, sinken jedoch mit ihrem überdehnten sog. Humor zur Trivialität ab.

Sprachlich flüssiger und ungekünstelter in der Phrasierung wirken die *Dinakantschen Geschichten in Gedichten* (1904) des Rigaer Steuerbeamten Nikolai SEEMANN VON JESERSKY (1852–1921), launige, humoristische Gedichte und Erzählgedichte ganz im Knotendeutsch des lettischen Mittelstands mit gelegentlichen niederdeutschen, russischen und französischen Einsprengseln, die der Verfasser in der zweiten Auflage (1913) um ein «Rigasches Wörterbuch» bereicherte. Neben mehreren Parodien, u. a. der *Lorilei an Dinakant*, prägte Seemann von Jesersky die Figur des Halbdeutschen *Schanno von Dinakant*, die Bernhard SEMENOW (1880–?) mit großem Erfolg als Titelhelden für eine ganze Serie von zwölf Heften (1903–1915) aufgriff. Solche halbdeutschen Verse sind keineswegs hohe Literatur, aber typischer für das Literaturverständnis breiterer Schichten als die recht unoriginelle höhere Lyrik.

3. Die Erzählkunst

Die Epoche der großen russischen, französischen und z. T. auch deutschen Erzähler von weltliterarischem Rang fand in der baltischen Literatur keine Entsprechung. Der Roman entfaltete sich hier sehr viel später als im Westen. Der Einfluß der Romantik war früher als in der Lyrik verklungen. Der Realismus entsprach eher dem nüchtern-besonnenen Charakter der Literaturgesellschaft, ohne indessen in Inhalt und Form nach Größe und Bedeutsamkeit zu streben, und der gegen Jahrhundertende aufkommende Naturalismus stieß – wie sollte es anders sein – in den elitär-aristokratischen Leserkreisen auf sehr geringe Gegenliebe: Weder die präzisen Detailbeschreibungen noch das proletarische Milieu fanden bei einem Publikum Anklang, dem die Wahrnehmung der sozialen Unterschicht als literaturfähig weitgehend abging, wenngleich es ihr wohl tagtäglich begegnete.

Statt sozialen Fragen der zeitgenössischen Klassengesellschaft wandte man sich eher der eigenen Vergangenheit zu, versenkte sich in die Geschichte als Rechtfertigung der Gegenwart, als Selbstvergewisserung der Existenzberechtigung und als Bewahrung vor dem Aufgehen im russischen Kulturraum. Seit etwa 1860 richtet sich das Hauptbestreben der baltischen Literatur konform zu den Zielen der deutschbaltischen Oberschicht auf Erhaltung und Festigung des Bestehenden, daher auf Erforschung, Beschreibung und Lob des baltischen Lebens in Vergangenheit und Gegenwart, nicht in kritischer Wesensanalyse, sondern in verschönernder Charakteristik: Kirchturmperspektive und Nabelschau statt Weltoffenheit und Welthaltigkeit. Von dieser Perspektive her erklärt sich, daß bedeutendere Erzähler und Erzählwerke erst im 20. Jahrhundert auftreten.

Drei «Rigaische Erzählungen» aus Geschichte und Kulturgeschichte seiner Vaterstadt schreibt der Lehrer Alexander Andreas BADENDIECK (1836–1898), die nach den Erstdrucken im *Rigaer Tageblatt* postum auch in Buchform erschienen, relativ einfache, stark dialogisierte und breit ausladende Kulturbilder, am gelungensten in *Munkenbek* (1900), einer geschickt perspektivisch gebrochenen Erzählung von der Festnahme von Flußpiraten im 16. Jahrhundert mit Anklängen an Wilhelm Raabes *Schwarze Galeere*, breiter und recht unproportioniert im Sittenbild der Rigaer Kaufmannschaft um 1820 in *Bauernhandel* (1902) mit Parallelen zu G. Freytags *Soll und Haben* und Th. Manns *Buddenbrooks*, schließlich in der Darstellung kirchlicher Auseinandersetzungen des 14. Jahrhunderts in *Sanct Jürgen* (1902).

Weniger erfolgreich war im Baltikum der Pernauer Alexander SCHMIDT (1838–1909), der sich später als Journalist in Deutschland auf historische Romane vom russischen Hof in der Zeit Katharinas II. spezialisierte, die überdies in Deutschland erschienen (*Prinzessin Tarrakanoff, 1876; Ein moderner Catilina,* III 1889; *Die Prätendenten,* 1890, u. d. T. *Die Tochter der Zarin,* 1897).

Der historischen Unterhaltungsliteratur zuzurechnen sind auch die zahlreichen Romane aus fernen Welten von Ursula ZOEGE VON MANTEUFFEL (1850–1910) aus Estland, die nach einer Jugend in Schlesien und der Steiermark ab 1870 in Dresden lebte und daher verständlicherweise ihre Abenteuer außerhalb der baltischen Länder ansiedelte.

Dem Naturalismus am nächsten steht fast allein der vielseitige, schon als Lyriker erwähnte estländische Lehrer und Journalist Eberhard KRAUS (1857–1918). Er begann mit baltischen Erzählungen und Skizzen *Zwischen Narowa und Niemen* (1891), formal recht divergenten, harmlosen Texten mit moralpädagogischen Akzenten in leichtem, flüssigem Stil. Es folgte ein breiter «Roman aus Kurlands Vorzeit» *Im Zuge der Pest* (1895), historische Heimatliteratur mit Sinn für die baltische Sendung und Vergangenheit, Natur und Landschaft, doch mit betonter Moralerziehung und Neigung zu allzu deutlichen ethischen Bewertungen und belehrenden Fußnoten. Die hier noch in stark papierener Prosa aufrechterhaltene Spannung weicht in den Erzählungen *Germanenblut im Osten* (1895) und späteren belehrenden Schriften einer leider rassistisch und nationalistisch aufgeblähten pathetischen Belanglosigkeit.

Natürlich hatte auch die Jugendliteratur Anteil an der Aufarbeitung der baltischen Geschichte. Nur gradweise weniger gefährlich als verkappter Rassismus ist die Aktualisierung historischer Figuren und Ereignisse in der Jugend- und Unterhaltungsliteratur. Die im Baltikum zu ihrer Zeit beliebte Schriftstellerin von historischen Erzählungen und Märchen für die Jugend Lotta GIRGENSOHN (1869–1941) etwa personalisiert geschichtliche Entwicklungen und Tendenzen des 12. Jahrhunderts und motiviert sie mit Wünschen, Schlagworten und Begriffen des 19. Jahrhunderts. Dermaßen zurückprojizierte Geschichte ergibt freilich kein Wirklichkeitsbild, sondern eine retrospektive Wunschwelt (*Ylo, Kaupos Sohn, und Hans von Tiesenhausen*, 1901). Immerhin bleibt die Autorin ihrer nur kurz erlebten baltischen Heimat auch nach ihrer Übersiedlung nach Deutschland treu und gestaltet im Roman *Erleben* (1908) die Aufstandswirren des Jahres 1905.

Aus diesem Kreis historischer Sonntagsschriftsteller ragt nur einer hervor, der zugleich der im Baltikum meistgelesene, meistbewunderte und meistdiskutierte baltische Erzähler des ausgehenden 19. Jahrhunderts ist, obgleich er nicht einmal im Baltikum schrieb, auch im Reich verlegt und gelesen wurde, und der im 20. Jahrhundert einem so tiefen Vergessen anheimfiel, daß ihn heute kaum jemand mehr kennt: Theodor Hermann PANTENIUS (1843–1915), Lehrer, Journalist und Schriftleiter bedeutender Zeitschriften (1873–1876 *Baltische Monatsschrift*), ab 1876 in Leipzig und Berlin (1876–1886 *Daheim*, 1886–1906 *Velhagen und Klasings Monatshefte*), der auch in Deutschland ein breites Publikum fand, obwohl er, stark bodenständig, im Herzen Kurländer blieb und seine Stoffe nur aus dem ihm vertrauten Milieu der deutschbaltischen Oberschicht schöpfte und damit das Interesse an baltischen Dingen im Reich erregte.

Seine anspruchslose Schlichtheit, Anschaulichkeit, Unmittelbarkeit und gemütvoll-behagliche Breite, sein frischer Wirklichkeitssinn, Humor und Einfallsreichtum machten ihn zum idealen Heimaterzähler und Volksschriftsteller, der seine Heimatliebe in großen Geschichtsbildern wie in plastischen Dorfgeschichten einfing. Sein nahezu mündlicher Erzählstil mit z. T. überbordenden Episoden verdeckt dabei Mängel im übersichtlichen Aufbau größerer Zusammenhänge. Trotz seiner großen Beliebtheit verübelten konservative Kreise Pantenius seine sanfte Kritik an Fehlhaltungen und erstarrten Anschauungen der adligen Oberschicht und sein Eintreten für ein besseres Verhältnis zu den Letten.

Pantenius begann seine Kritik an der baltischen Oberschicht mit dem schwachen Roman *Wilhelm Wolfschild* (II 1872) von zwei jungen Kurländern aus unterschiedlichem Milieu, die unter dem Einfluß eines Salonrevolutionärs aus der Art schlagen. Der arme Sohn aus der Unterschicht studiert mit Unterstützung adliger Geldgeber gewissenhaft und wird ein liberal-konservativer Jurist; der Pastorensohn aus der Oberschicht dagegen, mit einer baltischen Adligen verlobt, verliert in Berlin jeden sittlichen Halt und wird zum Ehebrecher und Mörder aus Leidenschaft. Doch die halbherzige Kritik an den Auswüchsen des Herrentums und die gleichzeitige Kritik an sozialrevolutionären Tendenzen ergeben nur eine unbefriedigende Halbheit, und die stilistische Nähe des Romans zum *Gartenlauben*-Stil steht einer längeren Wirkung entgegen. Der folgende Roman *Allein und frei* (II 1875) beschreibt autobiographisch den Weg des Autors bis zur Übersiedlung ins Reich.

Kernstück von Pantenius' Kritik des baltischen Adels sind seine «Erzählungen aus dem kurländischen Leben» *Im Gottesländchen* (II 1880 f.), doch auch sie leiden bei allen guten Vorsätzen am zeitgenössischen *Gartenlauben*-Stil mit seiner Beschreibungswut, seinem geschraubten Leitartikel-Stil und der mehrfachen Paraphrasierung emotionaler Passagen. So wird die Kritik an Standesschranken, dem deutschtümelnden Kolonistendenken, Auswüchsen der adligen Großgrundbesitzer und reaktionärem Herrenstolz gegenüber den um Gleichberechtigung bemühten Letten zwar verbalisiert, aber nicht in Handlung umgesetzt, als am Ende ein Deus ex machina in Gestalt eines

Wirbelsturms alle Beteiligten vernichtet (*Im Banne der Vergangenheit*). An mißbrauchte Herrenrechte, Hochmut und Willkür der Gutsherren und die Rechtlosigkeit der Bauernpächter knüpft die moralische Hofgeschichte *Um ein Ei* an, in der ein Pächter wegen eines vergessenen Eies seinen Pachthof verliert, aber im Unterschied zu Kleists *Michael Kohlhaas* nicht zum Selbsthelfer wird. Hinter der Sympathie für die deutschbaltische Kultur, für die Gediegenheit der alten Überlieferung und deren Träger verbirgt Pantenius seine Kritik an den erstarrten Lebensweisen und -ansichten des Adels und dessen starrem Festhalten an sozialökonomisch längst überholten Vorstellungen und Gesinnungsfehlern, von denen er für die Zukunft Schlimmes befürchtet. Die späteren *Kurländischen Erzählungen* (1892) ersetzen solche Gesellschaftskritik durch Sentimentalität.

Pantenius' Hauptwerk und größter Erfolg ist der seinerzeit vielgelesene baltische Geschichtsroman aus der Zeit des 16. Jahrhunderts, der Epoche des zusammenbrechenden Ritterordens und der Russeneinfälle *Die von Kelles* (1885). Er erinnert nur dem Titel, nicht dem Inhalt nach an die großen europäischen Familien- und Generationsromane des 19. Jahrhunderts, führt er doch nicht zum Aufstieg, sondern zum Untergang eines ganzen Geschlechts. Indem die hochmütige Adelsfamilie die unstandesgemäße Verbindung eines Edelfräuleins mit einem bürgerlichen Schreiber mit deren Ermordung ahndet, löst sie die Rache des verachteten Schreibers aus, der nach und nach alle Schuldigen zum Opfer fallen. Was bei Th. Storm für den Plot einer Novelle gereicht hätte, breitet Pantenius in wortreicher Ausmalung des zeitgeschichtlichen und soziokulturellen Hintergrunds nach B. Russows Chronik, mit Verseinlagen und Dialogen zu einem Roman von 550 Seiten aus, verliert aber dabei den roten Faden – als solcher dienen eine Prophezeiung und deren Erfüllung – und in Episoden die Einheit der Handlung aus den Augen, die bei nachlassendem Interesse des Lesers zu keinem akzeptablen Ende führt. *Die von Kelles* sind zwar der bedeutendste baltische Roman der Epoche, aber gestalterische und stilistische Schwächen begrenzen seine Wirkung auf das Lesepublikum der wilhelminischen Zeit und der Lebenszeit des Autors.

Sehr ähnlich verlief die Entwicklung des Rigensers Jeannot Emil Freiherr von GROTTHUSS (1865–1920). Auch er blieb nach dem Studium der Literatur- und Kunstgeschichte als Schriftsteller und Journalist in Berlin, wurde Redakteur und Herausgeber mehrerer Zeitschriften (1883–1886 *Deutsches Adelsblatt*, 1886–1890 *Deutsche Post*,

1898–1920 *Der Türmer*), und auch er blieb seiner baltischen Heimat eng, wenn auch weniger kritisch verbunden. Mit seiner Monatsschrift *Der Türmer*, die ähnlich dem *Kunstwart* kritisch und vom Standpunkt eines Nationalisten und gläubigen Protestanten zu Erscheinungen des sittlichen und geistigen Lebens Stellung bezog, übte er großen Einfluß auf das konservative Bürgertum aus, dessen Festhalten am Echten, Wahren, am Herkommen und überlieferten Kulturgut er förderte. Seiner baltischen Heimat schenkte er lyrische Dichtungen und das *Baltische Dichterbuch* (s. o.)

Zur Erzählliteratur der Zeit trug Grotthuß mit zwei Romanen bei, deren Wirkung ihren Autor nicht überlebt hat. *Der Segen der Sünde* (1897) ist ein Kurzroman, dessen Handlung durchaus Spannung böte, wäre sie nicht durch umfangreiche Moralpredigten und extensive religiöse Bekenntnisse überlagert. Der Ich-Erzähler schildert sein Leben als Beispiel vom Segen der Sünde: Seine Sünde besteht darin, daß er seinen der Spielleidenschaft ergebenen Bruder auf Nimmerwiedersehen nach Amerika abgeschoben hat. Das Bewußtsein dieser «Sünde» zerstört seine Ehe und sein sittliches Leben und führt zu Alkohol, Ausschweifung, Glücksspiel und Zusammenbruch aller moralischen Hemmungen, bis auf dem Tiefpunkt seines sittlichen Verfalls der einst verstoßene Bruder, sittlich gereift und wohlhabend, als Retter erscheint und dem Gefallenen wieder aufhilft.

Nicht wesentlich besser gelang der «Roman aus unserer Zeit» *Die Halben* (1900), dessen zeitliche Staffelung mit Rückblenden und einem von Fontane beeinflußten Dialogstil zwar eine spannende Liebesgeschichte entwickelt, diese jedoch nur als Hintergrund breiter, leitartikelhafter Erörterung sozialer, moralischer und religiöser Fragen benutzt. «Halbe» oder Halbmenschen sind für den Erzähler solche, zwischen deren Denken und Handeln sich ein Gegensatz auftut, so daß ihnen ein einheitlicher, verläßlicher Wesenskern abgeht, wie ihn nur echtes, fragloses Christentum kennt. Die Ebene, auf der sich Dichtung und Reflexion bei Grotthuß begegnen, enthält zu viele Zugeständnisse an den durchschnittlichen Magazinleser der Zeit.

In der relativ friedlichen Periode des späteren 19. Jahrhunderts treten nunmehr auch Frauen in stärkerem Maße als Erzählerinnen in Erscheinung. Ihre Romane sind eindeutiger als die ihrer männlichen Kollegen an den Erlebnissen und Ereignissen der zeitgenössischen Gegenwart orientiert, auch wenn die meisten der Schriftstellerinnen früher oder später nach Deutschland, Wien oder Italien übersiedelten.

Dieser Alltagsnähe entspricht auch aus der Ferne meist ein engeres Verhältnis zur baltischen Heimat, so daß hier Vorstufen einer baltischen Heimatdichtung erkennbar werden, die vom Weltgeschehen zum heimatlich-häuslichen Kreis zurückkehren.

Am Beginn dieser Entwicklung steht als Vorbild vieler Nachfolgerinnen die kurländische Lehrerin Johanna CONRADI (1814–1892). Sie nimmt erstmals aktuelle nationale und soziale Probleme der baltischen Verhältnisse zum Vorwurf, weist mit feinem Gespür für die Eigenart der einzelnen Gesellschaftsschichten auf deren Aufgaben im Gesamtvolk hin und sucht nach Möglichkeiten eines Ausgleichs (*Lebensbilder aus der baltischen Heimat*, 1861). Auch ihr sozialer Roman *Georg Stein oder Deutsche und Letten* (1864) strebt nach Ausgleich der nationalen Spannungen. Er ist für die Verfasserin weder Kunstwerk noch Unterhaltungsliteratur, sondern Versuch einer leidenschaftslos distanzierten Aufbereitung der zu lösenden Probleme.

Im Gegensatz zu J. Conradi mit 47 Bänden außerordentlich produktiv war die Kurländerin Elisabeth von GROTTHUSS (1820–1896). In Petersburg erzogen, früh erblindet, konvertierte sie 1855 zum katholischen Glauben und ließ sich 1856 in Wien nieder. Fern der Heimat verfaßt und selten in baltischem Milieu angesiedelt, wurden ihre meist sozialen Romane, die aufgrund ihrer Petersburger Jugend vielfach russische Probleme behandeln, im Baltikum weniger bekannt als im Reich. Nach Wien zog 1855 auch Elfriede JAKSCH (1842–1897) aus Riga, die neben religiösen und Liebesromanen einen umfangreichen livländischen Roman, *Licht, mehr Licht* (III 1885), vorlegte.

Auch die Kurländerin Emilie von HOERSCHELMANN (1844–1897) lebte ab 1870 als Kunstschriftstellerin in Deutschland und in den Galerien Italiens; sie schrieb neben kunsthistorischen Veröffentlichungen zwei historische Romane (*Im Banne der Schmach*, 1885, und *Dimitar*, 1886).

Gabriele von SCHLIPPENBACH (1846–1937), die seit 1908 verwitwet in Luxemburg und Deutschland lebte und sich in psychologischen Romanen und Novellen versuchte, schreckte auch vor dem Kriminalroman nicht zurück (*Sabotins Erbe*, 1904). Zu erwähnen wären schließlich noch die *Märchen* (1883) und Jugendbücher (*Backfischchens Lehr- und Wanderjahre*, 1904) der Lilly von SCHROEDER (1844–1901), geborene von Foelkersahm, verwitwete Baronin Vietinghoff-Scheel, die mit ihrem zweiten Gatten, dem Schriftsteller Leopold von Schroeder, 1894 nach Innsbruck und 1899 nach Wien zog.

4. Das Drama

Der Theaterenthusiasmus der frühen Gründer-Jahrzehnte wurde in der zweiten Jahrhunderthälfte in die geregelten Bahnen nur weniger stehender Bühnen gelenkt, die teils unter vorzüglicher Leitung wie Riga 1890–1896 unter Max Martersteig, Reval 1869–1896 unter Eduard Berent oft mit guten deutschen und Wiener Schauspielern arbeiteten und ständig Verbesserungen erlebten. Die Zahl der Bühnen blieb relativ konstant: Riga und Reval besaßen ständige Theater, Dorpat ein Sommertheater, Mitau ein Gastspieltheater, Pernau ein Kurtheater; kleinere Orte und gelegentlich auch Schlösser benutzten die vorhandenen Räumlichkeiten für eventuelle Gastspiele. Die stehenden Theater, zunächst als Holzbauten errichtet, hatten die unheilvolle Neigung, Brandstifter anzuziehen oder freiwillig abzubrennen, um dann größer und schöner wieder zu erstehen und den *circulus vitiosus* zu wiederholen.

Das Dilemma des baltischen Theaters lag weniger bei den Bühnen als bei den Bühnenschriftstellern. Es gab deren unzählig viele und noch mehr Dramen, aber keine eigentlichen baltischen Dramatiker. Wie damals überall in der westlichen Welt war das Drama fast ausschließlich die Domäne männlicher Autoren. Bei ihnen erzeugte jeder Musenkuß ein Drama, aber vor dem zweiten Kuß schreckte die Muse zurück und hinterließ eine Reihe von Aspiranten, die über ein erstes Stück nicht hinauskamen.

Hatte schon die vorwiegend ländliche Gesellschaftsstruktur angehenden Bühnendichtern zu wenig Theaterpraxis geboten und sie zum Einzelgängertum verurteilt, so war auch das Repertoire der Bühnen nicht unbedingt inspirierend, zumindest nicht in dem Sinne, daß es über konventionelle Themen und Techniken hinaus zu Neuerungen und Experimenten anregte. So blieb es weitgehend bei scheiternden Versuchen, den aus dem Ausland importierten Stücken etwas annähernd Gleichwertiges an die Seite zu stellen. Es entstanden laienhafte Liebhaberdramen nach einer vom Autor bestimmten Dramaturgie, die man wegen ihrer Praxisferne wohlwollend als Buch- oder Lesedramen bezeichnen konnte oder sicherheitshalber von vornherein als nicht für die Aufführung gedacht deklarierte. Die Bühnen, denen es mehr um Einkünfte als um den Ruhm von Laiendichtern ging, hielten sich an das Repertoire des Auslands oder an die wenigstens gut spielbaren und erprobten Stücke der Schauspieler selbst.

Die stehenden Bühnen mußten sich erst ihr Publikum gewinnen und bevorzugten daher anfangs Schwänke, Possen, seichte Lustspiele, Rührstücke und Operetten, die zunächst über die Hälfte der Aufführungen bestritten. Erst allmählich stieg mit der Geschmacksbildung des Publikums die Zahl der ernsten Stücke an, doch anspruchsvolle Dramen drangen eigentlich eher als Gastspiele reisender Schauspieler oder Ensembles ein. Tantiemen waren ohnehin nicht zu erschreiben, und kostensparendes Serienspiel war bei den kleinen Theatergemeinden ebenfalls unmöglich. Viele Stücke erreichten nur ein bis zwei Aufführungen, die meisten waren nach maximal fünf Aufführungen am Ort abgespielt. Es ist daher wenig verwunderlich, wenn die meisten Autoren nach einem Dramenversuch die Feder niederlegten, ihre Manuskripte wegschlossen und nur wenige voll Selbstvertrauen einen zweiten Versuch mit der Öffentlichkeit wagten. So sieht denn das Bild der baltischen Dramatik im späten 19. Jahrhundert aus wie eine Reihe bald entmutigter Einzelkämpfer, deren wichtigste, gerade weil sie längst vergessen sind, hier dennoch Erwähnung finden sollen, auch wenn ihre Aufzählung mit dem Unterhaltungswert ihrer Stücke Schritt hält.

Den Löwenanteil der Schauspiele dieser Zeit bilden die historischen Dramen, oft an historischen Vorbildern orientiert, und im Unterschied zu früheren Jahrzehnten sind es nunmehr nicht die Theologen, sondern die Juristen, Historiker und Journalisten, die sich im Schauspiel versuchen.

Der kurländische Jurist Otto Baron von ORGIES, genannt von RUTENBERG (1802–1864), schrieb Buchdramen nach historischen Stoffen (*Johann Huß*, 1846) und Sagen (*Gudrun*, 1862), der livländische Jurist und Historiker Eduard Baron von TIESENHAUSEN folgte mit *Patkul* (1865), *Plettenberg* (1867) und *Yorck* (1878). Der Kurländer Ferdinand Baron von NOLDE (1812–1890), leidenschaftlicher Jäger und Jagdgenosse Bismarcks, stellte seinen Jägerliedern (*Büchse und Zither*, 1875) eine Reihe von Versdramen über historische Personen zur Seite (*Poetische Versuche*, II 1868 f.). Karl Julius STARCK (1818–1870) aus Riga beschrieb *Die Schlacht bei Poltawa* (1859), gefolgt von der «dramatischen Phantasie» *Der Barde* (1860).

Der schon als Lyriker erwähnte Nikolai Graf REHBINDER (1823–1876) bot eine breitere Palette mit Dramen (*Der Liebestrank*, 1848; *Elfenmärchen*, 1850), Trauerspielen (*Rizzio*, 1848; *Ein Ring*, 1849; *Jesus von Nazareth*, 1875) und sogar einem Lustspiel *Die Gräfin von Rochepierre* (1855). Die beiden Dramen des ebenfalls schon als Lyriker genannten Karl Freiherr von FIRCKS (1828–1871) *Masaniello* und *Eine Bildhauerwerkstatt in Florenz* (beide 1856) sind gedankenreiche, doch eher lyrische Buchdramen. Karl Gottfried RITTER (1830–1891) aus Narwa, der Freund Richard Wagners, zog schon mit neun Jahren nach Dresden, 20jährig nach Italien und fand dort seine Dramenstoffe; von seinem Ringen mit der Form zeugt seine *Theorie des deutschen Schauspiels* (1880). Weniger erfolgreich war der Lehrer Alexander Heinrich PETRICK mit drei mittelmäßigen Tragödien (*Ernst von Schwaben*, 1873; *Konrad von Marburg*, 1875; *Die Eroberung von Konstantinopel*, 1883).

Erfolgreich und viel gespielt dagegen war der kurländische Lehrer und Redakteur Karl STAVENHAGEN (1854–1923). Er verstand es, seine Trauerspiele aus der baltischen Vergangenheit in eine zeitlose Thematik zu überführen, ohne den pathetischen Wildenbruch-Stil der Geschichtsdramen der Jahrhundertmitte aufzugeben (*Salom und Herwart*, 1901; *Johann Wolthuß von Herse*, 1903). In *Johann Uexküll von Riesenburg* (1910) etwa gestaltet er den Konflikt von Herrenrecht und Bürgerrecht am Beispiel eines entlaufenen Leibeigenen, den sein Herr auf städtischem Boden greifen und nach Herrenrecht hinrichten läßt und dafür selbst, sein Unrecht erkennend, hingerichtet wird.

Wenig bekannt ist die baltische Herkunft des Schauspielers, Schriftstellers und Theaterleiters Max GRUBE (1854–1934) aus Dorpat. Bereits mit 18 Jahren ging er als Schauspieler nach Meiningen, nahm 1886–1888 an den berühmten Gastspielreisen der «Meininger» und ihres Theaterherzogs teil und kehrte nach anderen Engagements 1909–1913 als Leiter des Hoftheaters dorthin zurück. Entsprechend haben seine Dramen (*Christian Günther*, 1882, und *Strandgut*, 1885) keinen Bezug zu seiner baltischen Heimat.

Eine der wenigen Dramatikerinnen der Zeit, und überdies noch naturalistische Dramatikerin, war Laura (Mohr-) HANSSON (Pseudonym Laura oder Leonhard MARHOLM, 1854–1905) aus Riga, die seit 1889 mit ihrem Mann, dem schwedischen Schriftsteller Ola Hansson, in Deutschland und z. T. im Friedrichshagener Naturalistenkreis lebte. Sie begann ihr literarisches Schaffen mit den drei baltischen Dramen *Johann Reinhold Patkul* (II 1879 f.), *Frau Marianne* (1882) und *Karla Bühring* (1895), teils brutalen Darstellungen des Geschlechterkampfes, bevor sie sich ganz feministischen Themen zuwandte.

Der Dorpater Professorensohn Otto HARNACK (1857–1914), 1896 Professor der Literatur an der Technischen Hochschule Darmstadt und

1905 in Stuttgart, verfiel der Berufskrankheit des Literarhistorikers, bühnenferne historische Professorendramen (*Napoleon*, 1881, *Irene*, 1911, *Ulrich von Hutten*, 1912) zu verfertigen. Ebenso verschollen sind die historischen Bühnenstücke des Livländers Friedrich DUKMEYER (1864–1930), Journalist, Lehrer und 1902–1929 Bibliothekar in Berlin, wie z. B. *Pietro Aretino* (1889), *Spurius Carvilius Ruga* (1889), *Der Arbeiterkaiser* (1892) oder *Einer für alle* (1901).

Was die Lokalposse betrifft, so hatten die Rigenser offenbar mehr zu lachen als die Revalenser: ihr Lokaldichter, der Kaufmann und Journalist Gustav Eduard GRUNWALDT (1821–1891), inszenierte dort mit viel Erfolg seine unverwüstlichen, doch nur als Bühnenmanuskripte verlegten Possen, teils Originale, teils Adaptierungen fremder Vorlagen auf Rigaer Verhältnisse wie *Riga, wie es weint und lacht* oder *Eine Nacht in Riga*.

Seltener anzutreffen ist das «seriöse» Lustspiel. Am produktivsten erwies sich darin der spätere Weimarer Kammerherr Alexander von FREYTAG-LORINGHOVEN (1849–1908). Seine leichten Einakter, dramatischen Scherze und Festspiele wie *Am Strande* (1881), *Die Kousine* (1888), *Seine Mutter* (1896), *Das Preisstück* (1898) oder *Aus der Hexenzeit* (1902) erlebten mehrere Aufführungen. Auch der Journalist und Kunstschriftsteller Julius von HASSELBLATT-NORDEN (1849–1907) hatte verdienten Erfolg mit seinen Schauspielen *Der Tugendbold* (1894), *Die Silberhochzeit* (1902) und *Zirkusluft* (1906). Der Revaler Lehrer und Journalist Erwin BAUER (18578–1901), seit 1896 politischer Publizist in Deutschland, publizierte das Schauspiel *Der Sohn des Kommerzienraths* (1886) und die Lustspiele *Paragraph 263* (1888) und *Der Übel größtes* (1896). Auch der kurländische Oberlehrer in Rußland Richard von WILPERT (1862–1918), Erzähler trivialer Humoresken und einer gedanklichen Prosadichtung *Nirwana* (1914), versuchte sich wenig erfolgreich im Verslustspiel (*Die Tonkünstler*, 1893; *Irmgard oder Weibertreu*, 1902).

An die 50 Schauspiele aller Art, teils Originale, teils Bearbeitungen und meist harmlose Rührstücke im Zeitgeschmack verstand der Rigenser Alexander von KÖNIGK-TOLLERT (1811–1880), Schauspieler und lange Zeit Direktor des deutschen Hoftheaters in Petersburg, dort auf die Bühne zu bringen. Im Schatten seines Vaters begann der Revalenser Wilhelm von KOTZEBUE (1813–1887), Gatte einer russischen Prinzessin und Diplomat in russischen Diensten, mit Rührstücken im Stil seines Vaters, sinnigerweise unter dem Pseudonym Wilhelm Augustsohn (*Ein unbarmherziger Freund*, 1866; *Zwei Sünderinnen*, 1888; *Unerbittlich*, 1880), ging aber später zu Novellen und einem Roman (*Baron Fritz Reckenssteg*, II 1885) über.

Der Indologe Leopold von SCHROEDER (1851–1920) aus Dorpat, dort 1877 Dozent für Sanskrit, 1894 Professor für Indologie in Innsbruck und 1899 Wien, gab als Lyriker baltische Stimmungsbilder im Stil estnischer Volksdichtung und Nachdichtungen indischer Lyrik heraus. In seinen auch in Riga aufgeführten Dramen greift er auf indische Motive, meist mit Religionskonflikten und allzu breit ausgesponnenen Beschreibungen des farbenprächtigen indischen Milieus, zurück; dabei verliert er zum Nachteil der dramatischen Spannung gelegentlich seine Helden aus den Augen. *König Sundara* (1887) ist eine sentimentale Liebestragödie. *Dara oder Schah Dschehan und seine Söhne* (1891) schildert einen religionsbedingten tragischen Familienkonflikt. Kalidasas *Sakuntala* (1903) und das Lustspiel *Prinzessin Zofe* (1902) sind freie Bearbeitungen indischer Schauspiele.

Am Ende der Dramengeschichte des 19. Jahrhunderts steht eine merkwürdige Figur, eine eigenartige Verbindung von Dichter, Denker und Maler: Elisar von KUPFFER (1872–1942) aus Estland, der sich nach dem Kunst- und Malereistudium in Italien nach Florenz und Locarno zurückzog und dort sein romantisches Programm des «Klarismus», der Menschheitsbeglückung, entwickelte und es in Gedichten und Dramen, riesigen Wandmalereien sowie in der Schriftenreihe *Lebenswerte* zu gestalten versuchte. Seine Lehre ordnet sich den zahlreichen philosophischen Lebenslehren des 19. Jahrhunderts ein. Sie postuliert die Eigengesetzlichkeit des freien Menschen und strebt nach Überwindung des Weltgegensatzes von Gut und Böse, indem sie die allmähliche Entwicklung des Bösen zum Besseren behauptet. In den Dienst dieser Botschaft stellt Kupffer auch seine Dramen *Der Herr der Welt* (1899), *Irrlichter* (1906), *Aino und Tio* (1901), *Feuer im Osten* (1908) und *Die gefesselte Afrodite* (1911). *Feuer im Osten* demonstriert die Erfolglosigkeit des Strebens nach Gleichheit, dem deren Förderer selbst zum Opfer fallen. Die seinerzeitige Hochschätzung Kupffers im Baltikum als Dichter-Prophet ist nach zwei Weltkriegen beträchtlich abgeklungen und hat der Vergessenheit Raum gegeben.

5. Geisteswissenschaft und Publizistik

Die traditionelle Literaturgeschichte verzichtet für jüngere, stärker spezialisierte Epochen gemeinhin auf die breitere Einbeziehung der nichtdichterischen Genres Wissenschaft, Sachprosa/Fachbuch und Publizistik, und das mit Recht, weil diese außerdichterischen Textsorten sich nicht mit den dichterischen Genres Lyrik, Erzählkunst und Drama vergleichen oder auf eine Stufe stellen lassen. Bei ihnen entscheidet nicht die bildliche oder stilistische Qualität den Wert, sondern Verdienst und Sachrichtigkeit der Forschungsergebnisse und allenfalls noch die Eleganz der Darstellung. Fernerhin ist der in erster Linie mit der sogenannten schönen Literatur befaßte Literarhistoriker, er mag das zugestehen oder nicht, nur selten in der Lage, aufgrund eigener wissenschaftlicher Arbeit den Wert und die Stellung eines Werkes innerhalb der betreffenden Wissenschaft – und erst recht der vielen Wissenschaften – objektiv zu beurteilen. Das gilt auch eingestandenermaßen und ohne *granum salis* für eine baltische Literaturgeschichte.

Wenn hier dennoch und eingedenk dieser Vorbehalte der Versuch gemacht werden soll, die Leistung deutschbaltischer Autoren wenigstens in den Geisteswissenschaften kurz anzudeuten, so geschieht dies aus zwei Gründen: einmal, um die Vielfalt der Themen baltischer Wissenschaft aufzuzeigen und den intellektuellen Hintergrund auch der schönen Literatur anzudeuten, zum anderen, um die wichtigsten baltischen Wissenschaftler, Forscher und Publizisten, denen bisher keine eigene Darstellung gewidmet ist, wenigstens namentlich zu erwähnen und sie, die oft im Reich gearbeitet haben und in die allgemeine Wissenschafts- und Geistesgeschichte eingegangen sind, für den baltischen Beitrag zur Geistesgeschichte zu reklamieren. Sie alle, ob nun in der Heimat, besonders der Universität Dorpat, oder an Hochschulen im Reich, verkörpern baltische Geisteskultur und weisen eine Tiefe und Vielseitigkeit auf, die sich mit den Leistungen des binnendeutschen Raumes durchaus messen und mit Stärke und Stolz auf die baltische Herkunft verweisen kann, die auch Weltbild und Lebensstil dieser Menschen geprägt hat.

An der Spitze der Fakultäten stand üblicherweise die protestantische Theologie, in Dorpat bestimmt als strenge, moderne lutherische Orthodoxie, die sich über die Theologieprofessoren und die Kirchenpolitiker im Volk ausbreitete und Weltsicht, Handlungsweise und allgemein das tägliche Leben der Balten in stärkerem Maße als heute vorstellbar bestimmte. Sie wurde vor allem vertreten von Alexander von OETTINGEN (1827–1905), 1856–1890 Professor der Dogmatik, und seinem Studienfreund und Kollegen Moritz von ENGELHARDT (1828–1881), 1859–1881 Professor der Kirchengeschichte, der in erster Linie durch Vorträge und als akademischer Lehrer wirkte. Während die Dorpater Theologie bis über die Jahrhundertwende konservativ blieb, vertrat der Dorpater Adolf von HARNACK (1851–1930) liberalere Anschauungen, ging aber als historischer Theologe an die Universitäten Leipzig, Gießen, Marburg und Berlin und wurde über die Theologie hinaus zum Großorganisator der deutschen Wissenschaft der Bismarckzeit, Generaldirektor der Preußischen Staatsbibliothek und Initiator und Präsident der Kaiser-Wilhelm-Gesellschaft.

Auf dem Gebiet der Philosophie ragte der rechte Hegel-Schüler Johann Eduard ERDMANN (1805–1892), seit 1836 Professor in Halle, als bedeutender Philosophiehistoriker hervor.

Der bekannteste baltische Geschichtsschreiber seiner Zeit war der Historiker und Journalist Carl SCHIRREN (1826–1910), 1860–1869 Professor in Dorpat, 1874–1907 in Kiel. Sein Ruhm beruht weniger auf seinen wissenschaftlichen Forschungen als auf einer einzigen publizistischen Schrift, die für Jahrzehnte zum Erbauungsbuch der Balten wurde: *Livländische Antwort an Herrn Juri Samarin* (1869). Der russische nationalistische Agrarpolitiker Jurij Samarin hatte in seiner Schrift *Die Grenzmarken Rußlands. Der russisch-baltische Küstenstrich in der Gegenwart* (russisch *Okrainy Rossii*, 1868) gegen die Deutschbalten den Vorwurf des Hochverrats erhoben: Sie beabsichtigten, die Esten und Letten zu germanisieren und dann bei günstiger Gelegenheit von Rußland abzufallen. Als Gegenmaßnahmen empfahl er die administrative Russifizierung des Landes und die Eindämmung des Einflusses der Ritterschaften und der Literaten. Samarin konnte sich für seine Thesen vielfach auf radikale Publikationen teils baltischer Exilanten in Deutschland stützen und hatte weniger unrecht, als man ihm zugestand.

Als Erwiderung und Zurückweisung seiner Thesen, Angriffe und Verdächtigungen verfaßte Schirren im Frühjahr 1869 im Alleingang seine glänzend geschriebene, scharfe politische Streitschrift *Livländische Antwort*. Sie beruft sich auf die althergebrachten und von Rußland verbrieften Rechte der Deutschen, ihre protestantische Kulturleistung und ihr Recht auf Eigenständigkeit und betont für seine

Landsleute die Verpflichtung zum Ausharren und zur Selbstbehauptung. Sie setzt Autonomie gegen Despotie, Individuen gegen Massen. Nicht unvorbereitete Wendungen, sondern nur langsame, organische politische Entwicklungen könnten einen Wandel bewirken.

Schirrens Schrift, zugleich Streitschrift und Bekenntnisschrift im Namen seiner Schicksalsgenossen, war über den Streitfall hinaus unter Berufung auf die Geschichte als Kampfschrift zum Widerstand gegen die neuere Russifizierung gedacht und wurde im Baltikum wie im Reich mit großem Beifall empfangen. Nicht in einer Dichtung, sondern in dieser polemischen Gelegenheitsschrift wurden nationale Leidenschaft und Selbstbewußtsein der Balten aufgerufen. In der Härte der Argumentation, der Schärfe der Angriffe, der moralischen Kraft und geistigen Überlegenheit und der Sprachgewalt Schirrens entstand ein Meisterstück literarischer Polemik, das gegenseitiges Verständnis und Entgegenkommen nunmehr fast ausschloß. Freilich hatte es auch zur Folge, daß Schirren noch im gleichen Jahr 1869 seines Amtes enthoben wurde, aus Furcht vor Verhaftung nach Deutschland auswich und dort ab 1874 eine Professur in Kiel bekleidete.

Erst spät hat sich gegen die blinde Hochschätzung der Schrift die Einsicht durchgesetzt, daß Schirren, durchaus konservativ, ständisch und im Begriffsnetz des 18. Jahrhunderts befangen, in erster Linie das historische Landrecht und die Standesrechte der deutschen Oberschicht, aber auch die Menschenrechte, Gewissensfreiheit und Menschenwürde gegen den Machtanspruch eines modernen, großen Nationalstaats verteidigt, die autochthonen Esten und Letten jedoch in seiner Betrachtung völlig außer acht läßt, also bei aller Weltoffenheit doch Kind seiner Zeit blieb und mit seinen Durchhalteparolen späteren Generationen, die ihre baltische Heimat aufgaben, wenig mehr zu sagen hat.

Schirrens Abgang nach Deutschland ist in der Zeit wachsender Russifizierung symptomatisch für viele weitere Gelehrte. Der Aderlaß begann. Sein Nachfolger als Professor für russische Geschichte in Dorpat wurde 1872 Alexander BRÜCKNER (1834–1896), der, im Zuge der Russifizierung 1891 amtsenthoben und nach Kazan berufen, es vorzog, statt dessen nach Jena zu gehen. Auch Julius von ECKARDT (1836–1908), der Schwiegersohn Julius Rodenbergs, ging 1867 als Journalist, Zeitschriftenredakteur (*Grenzboten*) und später deutscher Konsul ins Reich und publizierte zahlreiche Werke zur russischen und baltischen Geschichte und Kulturgeschichte, um Verständnis für die Lage in seiner Heimat zu finden. Der Historiker Theodor SCHIEMANN (1847–1921), 1876 Haupt eines Kreises konservativer Balten, ging 1887 als Privatdozent und 1892–1919 als Professor für osteuropäische Geschichte nach Berlin, wo seine Publikationen zur baltischen und osteuropäischen Geschichte ein breites Echo fanden. Er wurde 1918 als Kurator der Universität Dorpat zurückberufen. Weitere Beispiele exilierter baltischer Historiker sind der Rigaer Althistoriker Otto SEECK (1850– 1921), Professor in Berlin, Greifswald und Münster, und Johannes HALLER (1865–1947), Professor in Marburg, Gießen und Tübingen.

Ein ähnliches Schicksal wie die akademischen Historiker traf die freischaffenden Kulturhistoriker und Publizisten. Ein so vielseitiger Gelehrter wie der Dorpater Viktor HEHN (1813–1890) wurde 1851 seines Amtes als Germanist an der Universität Dorpat enthoben, verhaftet und nach Tula verbannt, weil Briefe seine Beziehungen zum liberalen Kreis der Baronin Mary Bruiningk enthüllten, deren Finanzmittel die Haftbefreiung Gottfried Kinkels in Spandau ermöglicht hatten, und er dadurch in den Verdacht politischer Unzuverlässigkeit geraten war. Nach seiner Amnestie 1856–1873 Bibliothekar der kaiserlichen Bibliothek in Petersburg, zog Hehn im Ruhestand nach Berlin und Italien. Seiner umfassenden Gelehrsamkeit verdanken die deutsche und baltische Literatur lebendige, stilistisch ausgefeilte Arbeiten in klassischer Prosa über *Italien* (1867), *Kulturpflanzen und Haustiere* (1870), *Das Salz* (1873) und vor allem die feinsinnigen *Gedanken über Goethe* (1888), die als stilistisches Meisterwerk Bestand haben.

Der Kulturhistoriker Bernhard STERN (1867–1927) aus Riga ging schon 1885 nach Deutschland und lebte nach weiten Reisen als Journalist, Biograph und historischer Publizist in Wien, Konstantinopel, Budapest und wieder Wien; er schrieb Reisebücher und Kulturbilder vor allem über Rußland und die Türkei, Sittengeschichte und Erotika.

In der Kunstwissenschaft noch heute ein Begriff ist der Revalenser Georg DEHIO (1850–1932), Professor für Kunstgeschichte in München, Königsberg und 1891–1918 Straßburg, neben seiner *Geschichte der deutschen Kunst* (V 1885–1891) international bekannt durch das von ihm begründete grundlegende *Handbuch der deutschen Kunstdenkmäler* (V 1905–1912).

Die deutsche Literaturwissenschaft, mit der dieser Exkurs in die unschöngeistige Literatur schließen soll, war an der Universität Dorpat früher kurzfristig durch die schon erwähnten Schriftsteller Karl Petersen und Viktor Hehn vertreten. Der zunehmende Druck der Russifizierung war nicht dazu angetan, das Studium der deutschen Sprache und Literatur im Baltikum zu fördern und angesehene einheimische oder deutsche Professoren anzuziehen. Auch hier ging der Exitus ins Reich. Der oben als Dramatiker genannte Otto HARNACK (1857–1914) studierte in Dorpat, Göttingen und Berlin und wurde nach einer Zeit als Gymnasiallehrer und Korrespondent 1896–1914 Professor an den Technischen Hochschulen in Darmstadt und Stuttgart. Seine Monographien über *Goethe* (1887), *Schiller* (1898) und *Die klassische Ästhetik der Deutschen* (1892) fanden weite Verbreitung. Wolfgang von OETTINGEN (1859–1943) aus Dorpat dagegen lebte seit seiner Jugend in Deutschland, studierte Literatur- und Kunstgeschichte und wurde 1909 Direktor des Goethe-Nationalmuseums und 1911 auch des Goethe-und-Schiller-Archivs in Weimar.

Das 20. Jahrhundert: Höhepunkt und Untergang

1. Einleitung

Das frühe 20. Jahrhundert bedeutete Höhepunkt und Ende der baltischen Literatur zugleich: Höhepunkt insofern, als Zahl und Rang der baltischen Dichter, vor allem Erzähler, die der vorigen Jahrhunderte übertrafen, und Ende insofern, als mit der Umsiedlung der Deutschbalten ins Reich 1939 der baltischen Literatur der Mutterboden, aus dem sie schöpfte, entzogen wurde und sie damit aufhörte, eine regionale deutsche Literatur zu sein.

Diese vier Jahrzehnte nach Jahrhunderten relativer, fast idyllischer Ruhe waren für die Deutschbalten Jahrzehnte der Heimsuchung im geistigen, im materiellen und im ganz wörtlichen Sinn des Heim-Suchens. Es sind die Jahre dreier Revolutionen, vieler Revolutiönchen und zweier Weltkriege mit allen Verstörungen und Leiden, denen die Zivilbevölkerung bei solchen Ungelegenheiten ausgesetzt ist und denen eine nationale Minderheit durch keineswegs immer wohlwollende Mehrheiten unterworfen ist.

Konflikte ergaben sich nicht nur aus der Besetzung mit wechselnd russischen, bolschewistischen, weißrussischen, estnischen, lettischen, deutschen und deutschbaltischen Truppen und deren Kämpfen. Konflikte gab es zwischen den Deutschen und den autochthonen Völkern der Esten und Letten, Konflikte aller drei Völkerschaften mit der russischen Übermacht, Konfrontationen einer christlich-konservativen Oberschicht und einer leicht erregbaren sozialistisch-kommunistischen und teils anarchistischen Unterschicht, zwischen Ständestaat und Demokratie, aber auch Streitfälle zwischen den evangelisch-protestantischen Landeskirchen und dem katholischen Litauen, dem orthodoxen Rußland und dem atheistischen Kommunismus. Sie alle betreffen und spiegeln die gesamtbaltische Geschichte, von der im Rahmen dieser Darstellung nur ihre Auswirkungen auf das kulturelle und literarische Leben der Deutschbalten und auf die baltische Literatur gestreift werden können.

Das erste Donnergrollen künftiger Ereignisse war die russische Revolution von 1905. Die zunehmende Russifizierung der baltischen

Länder im 19. Jahrhundert hatte eine zunehmende Abneigung der deutschen Oberschicht gegen alles Russische zur Folge. Für die Esten und Letten dagegen führte die Russifizierung widerstandslos zu einer stärkeren Bindung an Rußland als Regierungsmacht und stärkerem Bundesgenossen gegen das Deutschtum.

Die Revolution der Sozialdemokraten begann mit Gruppen anarchistischer Revolutionäre und Arbeiteraufständen in den Städten, die bald in bewaffnete Aufstände gegen die deutschen Großgrundbesitzer und Pastoren übergingen, bei denen 82 Personen ermordet und 180 Herrenhäuser zerstört wurden. Da die bürokratische russische Regierung vom Aufstand überrascht und zunächst uninteressiert erschien und zu spät eingriff, zwang sie die Deutschen zum Zusammenschluß zu bewaffnetem Selbstschutz, bis die russischen Gardetruppen im Dezember 1905 der Revolution ein Ende machten. Die Teilnahme Deutscher bei den nachfolgenden, teils brutalen militärischen Strafexpeditionen trug wenig zum Abflauen der nationalen Gegensätze im Baltikum bei. Auch in Rußland steigerte sich mit dem Aufstieg des Deutschen Reichs eine irrationale Deutschfeindlichkeit, obwohl die zarentreue Haltung der Deutschbalten zu einer zeitweiligen Aufweichung der Russifizierung in der Schulpolitik und zum Recht auf muttersprachlichen Unterricht führte. Das wiederum wurde von vielen als Ermutigung zum Ausharren verstanden, während andere es zum Anlaß nahmen, sich und ihr Vermögen sicherheitshalber nach Deutschland zu retten: Die zweite Auswanderungswelle rollte an.

Der Erste Weltkrieg 1914–1918, der zum Zusammenbruch dreier Kaiserreiche und damit der monarchischen Ordnung Europas führte und die Deutschbalten dieses Rückhalts beraubte, verstärkte die Deutschfeindlichkeit, obwohl die Deutschbalten als russische Untertanen, wenn auch ungern, in russischen Armeen Kriegsdienst auch gegen Deutschland leisteten. 1914 wurden die deutschen Schulen geschlossen, deutsche Vereine aufgelöst, deutsche Zeitungen und Publikationen verboten und der Gebrauch des Deutschen in der Öffentlichkeit und in Briefen untersagt. Denunziationen, Verhöre, Verhaftungen und Verbannungen Verdächtiger trugen das Ihre dazu bei, bei den Deutschbalten das Gefühl der Zugehörigkeit zum russischen Reich zu vermindern. So sympathisierte man durchaus mit den deutschen Truppen, die 1915 zunächst ganz Kurland und bis 1918 das ganze Baltikum besetzten, wo russische Greuelpropaganda fast ein Drittel der Bevölkerung zur Heimatflucht veranlaßt hatte.

Die Situation der Deutschbalten nahm ihre schlimmstmögliche Wendung, als ihnen mit der Februarrevolution 1917 und der Abdankung und Ermordung des Zaren der letzte Halt in Rußland genommen war und ihre Heimat zum Kampfgebiet einer verwirrenden Vielfalt rechter, mittlerer und linker, nationaler und internationaler Gruppen und Grüppchen mit verschiedenen Zielen und Zukunftsvorstellungen avancierte. Mit dem Übergang der Macht in die Hände der bolschewistischen Räte in der Oktoberrevolution 1917 erschien jeder Widerstand zwecklos, und bürgerliche Kreise konnten allenfalls auf ein baldiges Ende des zunehmend radikaleren Regimes hoffen, das 567 deutsche Adlige und Pastoren nach Sibirien abtransportierte.

Um der Schreckensherrschaft Einhalt zu gebieten, hatten die Ritterschaften 1918 um einen raschen Vormarsch der deutschen Truppen ersucht. Im Gegenzug erklärten die Bolschewisten in Reval den gesamten baltischen Adel für vogelfrei. Wenigstens der patriotische Rausch der Esten und Letten infolge der systematischen russischen Deutschenhetze wich bald nüchternerer Betrachtung, und 1917 setzten auch sie unter Zurückstellung ihrer herkömmlichen Feindseligkeit ihre Hoffnung auf Deutschland. Doch kaum hatte der deutsche Vormarsch 1918 das Baltenland von bolschewistischer Herrschaft befreit und Hoffnungen auf eine Wende eröffnet, da ergaben sich neue Komplikationen: 1917 und 1918 hatten Estland und Lettland erst Selbstverwaltung, dann Trennung von Rußland und volle Unabhängigkeit als selbständige Republiken innerhalb der ethnographischen Grenzen gefordert. Die Sprecher der Deutschbalten dagegen erhofften im Einverständnis mit der deutschen Besatzung und einigen konservativen Esten und Letten eine Eingliederung des Baltikums ins Deutsche Reich und die Gewinnung des ganzen Landes für das Deutschtum. Berlin erwog anfangs den Anschluß, entschied sich aber dann für das Selbstbestimmungsrecht der Nationalitäten.

Die Lage verschärfte sich weiter im November 1918 nach dem Zusammenbruch Deutschlands, als der Abzug der deutschen Truppen das Baltikum ohne militärischen Schutz gegen die nachrückenden bolschewistischen Truppen ließ. Die gleichzeitige Doppelherrschaft der estnischen und lettischen Landtage und der sowjetischen Arbeiter- und Soldatenräte führte zu Konflikten mit rotem Terror und einem Chaos wechselnder Gruppen und Führungsansprüche. Estland und Lettland wurden 1918 zu Sowjetrepubliken erklärt, aber im Februar 1919 durch estnische, deutsche und finnische Truppen bzw. Freiwillige (Baltenregiment; Baltische Landeswehr) wieder von den Bolschewisten befreit. Enteignungen, Verhaftungen, Erschießungen besonders von Geistlichen und Grundbesitzern, Blutbäder und Hungersnot prägten die Erinnerung der Deutschbalten an die sowjetische Schreckensherrschaft für immer und führten zu einer zweiten Auswanderungswelle von 40 000 Personen, von denen nur etwa 8000 nach Kriegsende zurückkehrten. 1919 konnten Estland und Lettland erneut ihre Unabhängigkeit erklären, und in den Friedensverträgen von 1920 verzichtete die Sowjetunion «für immer» auf alle territorialen Rechte.

Die Selbständigkeit der baltischen Staaten bedeutete aber zugleich das Ende der traditionellen politischen Führungsrolle der Deutschen und den Übergang der Deutschbalten von einer Führungsschicht zu einer nationalen Minderheit von weniger als 40 %, die sich den Maßnahmen der jeweiligen Regierung unterwarf – Maßnahmen, die teils staatspolitischer Notwendigkeit entsprossen wie die Agrarreform, teils aber auch Revanchezüge gegen die früheren Unterdrücker offenbarten.

Die Agrarreform war eine sozialpolitische Notwendigkeit, um bodenständige Kleingrundbesitzer als Bollwerk gegen kommunistische Umsturzparolen zu bilden. Da in Estland 58 %, in Lettland 48 % des landwirtschaftlich genutzten Bodens in den Händen der Großgrundbesitzer waren, konnte die Agrarreform 96,6 % des gesamten Großgrundbesitzes enteignen.

Den zumeist deutschen Großgrundbesitzern verblieben Restgüter von bis zu 50 Hektar, nicht unbedingt mit Einschluß der Herrenhäuser und des Inventars, und ein später einzulösender Entschädigungsanspruch von rund 3 % des Realwerts, obwohl die Verfassungen beider Länder kurz zuvor den Schutz des Privateigentums garantiert hatten. Gleichzeitig hatte die Agrarreform selbstverständlich auch das Ziel, der bisherigen deutschbaltischen Führungsschicht die materielle Existenzgrundlage für ihren politischen Einfluß zu entziehen und sie damit politisch und wirtschaftlich zu entmachten. Die Folge war eine weitere, dritte Auswanderungswelle von rd. 5000 Personen, nicht nur Großagrariern und aktiv führenden Familien, sondern auch ländlichen deutschen Mittelständlern, deren wirtschaftliche Basis durch die Agrarreform ruiniert war.

Weitere antideutsche Maßnahmen waren die Aufhebung der ständischen Körperschaften, Gilden und Vereine, deren Besitz z. T. verstaatlicht wurde – nur gemeinnützige gesellige Vereinigungen durften fortbestehen; die Ritterschaften hatten schon früher ihre Aufgaben im

Baltikum für beendet erklärt –, ferner die Tilgung aller Adelsprädikate, die Anpassung deutscher Eigennamen an die estnische bzw. lettische Orthographie, die z. T. kein W und X kennen, und das Verbot des Gebrauchs deutscher Ortsnamen in der Öffentlichkeit.

Als Positivum dagegen muß erwähnt werden, daß die baltischen Staaten nach Abklingen der ersten Animositäten für die verbleibenden und politisch bedeutungslosen Volksgruppen eine für ihre Zeit vorbildliche Minderheitenpolitik entwickelten, die Sitze in Parlament und Regierung ermöglichte, die kulturelle Selbstverwaltung der Minderheiten freistellte, auch den Gebrauch der Muttersprache und muttersprachlichen Unterricht erlaubte. Das Herder-Institut in Riga konnte seine Autonomie als private deutsche Hochschule bewahren (dort lehrte seit 1935 der Germanist Lutz Mackensen), während in der 1919 als estnische Landesuniversität wiedereröffneten Universität Dorpat, anfangs mit zahlreichen deutschen und russischen Professoren von Rang, u. a. den Germanisten Wolfgang Stammler und Kurt Schreinert, 1934 schon 85 % der Vorlesungen auf estnisch gehalten wurden und seit 1937 die höheren Schulen Englisch statt Deutsch als erste Fremdsprache lehrten.

Für die Deutschbalten bedeuteten alle diese Maßnahmen das Absinken von ihrer Rolle in der Staatsführung zu einer solchen der nationalen Minderheit, auf die man nach anfänglicher Verweigerungshaltung mit Umstellung, Anpassung, Loyalität zum neuen Staat oder Auswanderung reagierte.

Das Absinken des Lebensstandards und die ständig rückläufige deutsche Bevölkerungszahl (von 162 000 im Jahr 1914 auf 83 000 im Jahr 1935) zeitigten weitgehende Folgen für das deutsche Kulturleben: Mit der Abnahme der Schülerzahl sank die Zahl der deutschen Schulen, Studenten kehrten vom Studium in Deutschland nicht mehr zurück. Die Auswanderung bedeutete nicht nur einen Verlust an Kulturträgern wie Künstlern und Literaten, sondern auch eine Dezimierung der Kulturkonsumenten wie Lesern oder Theaterbesuchern. Das verarmte Deutschtum in Estland konnte sich z. B. nur noch in Reval eine ständige Schauspieltruppe leisten; andere Bühnen mußten sich mit Gastspielen abfinden.

Die freiwillige Abwanderung ins Reich betraf zuerst die teils durch die Sprachenpolitik verdrängten Hochschullehrer, dann die Studenten und in stärkstem Maße die Schriftsteller. Sie erhielten vom Mutterland Anregungen und Unterstützung und suchten nunmehr in Deutschland selbst einen breiteren Wirkungskreis. Daß sie dabei Gefahr liefen, sich der baltischen Heimat zu entfremden und in Deutschland Zugeständnisse für den Anschluß an die dortige Literaturgesellschaft und ein breiteres Publikum zu machen, ist eine natürliche Folge der Milieuanpassung und eine soziale Notwendigkeit und bedauernswert nur vom engen deutschbaltischen Standpunkt, der Literatur als Selbstbespiegelung bevorzugte. Diese Adaptionsphase aber ging Hand in Hand mit dem qualitativen Aufstieg der baltischen Literaten von Provinzschriftstellern zu einer bemerkenswert großen Zahl von Autoren der Weltliteratur wie Bergengruen, Hoerner, Kyber, von Taube, Thieß, die für ein anderes Publikum zugleich auch Botschafter ihrer fernen Heimat blieben.

Wenn man meinte, nach 1920 in die Windstille der großen Politik geraten zu sein, so war dies nur die Stille im Zentrum eines Wirbelsturms, dessen Existenz und dessen Bewegungsrichtung im Baltikum weitgehend unbekannt blieben. Wiederum nämlich wurden die baltischen Staaten zum Spielball in den Händen der benachbarten Großmächte. Der deutsch-sowjetische Nichtangriffspakt oder Hitler-Stalin-Pakt vom 23. August 1939 enthielt als geheimes Zusatzprotokoll eine Abgrenzung der Interessensphären im baltischen Raum, nach der Finnland, Estland, Lettland und wenig später auch Litauen russischen Interessen überlassen, Polen dagegen westlich der Curzon-Linie den deutschen Interessen zugeschlagen wurde. Der deutsch-sowjetische Grenz- und Freundschaftspakt vom 28. September 1939 gestand der Sowjetunion die Einrichtung von Flottenstützpunkten im Baltikum zu und enthielt zugleich ein vertrauliches Protokoll über die Umsiedlung der Deutschbalten ins Reich. Damit hatte Deutschland das Baltikum im Tausch gegen Polen preisgegeben.

Hitlers ursprünglicher Plan, nur Wehrfähige, politisch gefährdete Deutschbalten und Führungskräfte umzusiedeln, wurde auf Drängen der deutschbaltischen Vertreter in Berlin rasch auf den ganzen deutschen Volksteil ausgedehnt. Die öffentliche Bekanntgabe des Umsiedlungsplans in Hitlers Reichstagsrede vom 6. Oktober 1939 wirkte im Baltikum wie ein Schock, doch ließ die Hektik der Vorgänge keine Zeit zu Besinnung, Abschiedsschmerz oder vernünftiger Überlegung, und mit dem Jahresende 1939 war die Umsiedlung von rund 66 000 Menschen (14 000 aus Estland, 52 500 aus Lettland) abgeschlossen und hatte vollendete Tatsachen geschaffen.

Die altbewährte Erfahrung, daß man nachher immer klüger ist, macht auch vor den Balten nicht halt, ebensowenig die Erkenntnis, daß man bei einer nachträglichen Revision seiner Handlungsweise nur allzugern mit deren Bestätigung endet. Außenstehende Beobachter gaben gelegentlich ihrer Verwunderung darüber Ausdruck, daß die Deutschbalten, Individualisten und Intellektuelle, nach ihrer Meinung das Salz der Erde, die Situation, die zur Umsiedlung führte, gar nicht durchschauten und sich ein rosarot – jedenfalls nicht braun – gefärbtes Bild von den politischen Zuständen im Reich und deren Hintergründen gemacht hätten. Sonst wären sie wohl schwerlich wie Schlächter zum Schlachthof geeilt. Doch sie hatten nur die Wahl, entweder Verfolger oder Verfolgte zu sein. Der Vorwurf, die Balten hätten sich leicht aus der ihnen zugänglichen Auslandspresse ein genaueres Bild des «Großdeutschen Reichs» und seiner Machthaber machen und ein anderes Exil wählen können, übersieht zweierlei: Deutsch, insbesondere das Deutsch des Mutterlandes, galt den Balten als eine schöne und eine ehrliche Sprache, der man vertrauen konnte. Sie wußten ja nicht, daß die Sprache, um deren Wahrung sie im Osten kämpften, im Mutterland zur Lüge geworden war. Zum anderen las man wohl gar nicht so oft den *Völkischen Beobachter*, denn man hatte ja seine eigenen, vermeintlich objektiven, wahrheitsliebenden Zeitungen. Konnte man denn wissen, daß diese schon längst von der Nazipresse erst finanziert und dann teils durch Tarnfirmen des Auswärtigen Amts aufgekauft waren und jetzt die Wahrheit ihrer Besitzer verkündeten?

Fernerhin ist gar nicht abzustreiten, daß sich das Auslanddeutschtum jeweils fast stärker als die Provinzen des Mutterlandes an der dort herrschenden Weltanschauung orientierte und daß umgekehrt Meinungsmacher des Mutterlands in deutschen Siedlungsgebieten illegal politisch agitierten. Im Baltikum galt seit 1932 die illegale sogenannte Bewegung, deren Anhänger eine silberne Stecknadel am Revers trugen, als der verlängerte Arm der NSDAP. Neben vielem fehlgeleiteten Idealismus erhoffte sich vor allem die jüngere Generation neue und größere Aufgaben in einem so offensichtlich erfolgreichen System, dessen politische wie moralische Fragwürdigkeit man zu spät erfaßte.

Unter den geschilderten Umständen gab es kaum eine Alternative zur Umsiedlung, die einer «diktierten Option» gleichkam. Die wenigen gutgläubig Daheimgebliebenen hatten meist wenig Zeit, ihre Entscheidung zu bereuen. Sie erlebten vielleicht noch den raschen Einzug russischer Truppen in die Flottenstützpunkte, das große Entgegenkommen der brüderlichen Sowjetunion, die baltischen Staaten auf den dringenden Wunsch der Bevölkerung sich als Sowjetrepubliken einzuverleiben, die schnelle Angleichung an die administrativen, sozialen und kulturellen Standards der Sowjetunion und bestenfalls noch die allen Dissidenten großzügig gebotene Möglichkeit, sich von diesem Staat in östlicher Richtung zu distanzieren.

Aber auch die Umsiedlung selbst, obwohl strategisch eindrucksvoll geplant und mit KdF-Schiffen nach Danzig elegant durchgeführt, brachte nicht unerhebliche Enttäuschungen. Nach den Versprechungen erwartete man, für die Besitzverluste durch Güter im Deutschen Reich entschädigt zu werden, und fand sich statt dessen in Westpreußen und im sogenannten Warthegau wieder, die im Zuge deutscher Lebensraumideologie oft erst am Vortag von Polen und Juden «gesäubert» worden waren, wo die ehemaligen Rittergutsbesitzer jetzt als «Rückwanderer» im «wiedergewonnenen deutschen Osten» siedeln sollten und dafür mehr Land erhielten als die aufgegebenen, unwirtschaftlichen Restgüter. Der zweite Schock betraf die offizielle Einweisung in fremdes Eigentum, fremde, noch voll möblierte Wohnungen, Häuser und Güter. Nun nicht mehr Enteignete, sondern selbst Enteigner zu sein widersprach dem Rechtsgefühl der Balten und stumpfte es zwangsläufig ab, da es ein Zurück nicht gab. Überdies stellte sich bald heraus, daß die Umsiedlung weniger humanitärer Hilfe als vielmehr dem Zuwachs an wehrfähigen, kampferprobten Männern galt, deren Neusiedlung wie zuvor ein Bollwerk des Deutschtums gen Osten begründen sollte, während etwa die Pflege und Erhaltung baltischer Eigenart in landsmannschaftlichen Vereinen unerwünscht, ja untersagt war.

Dennoch war der Zusammenhalt anfangs aufgrund gemeinsamen Schicksals und vielleicht gemeinsamer Enttäuschung weit größer als etwa ein Jahrzehnt später, nachdem der erneute Heimatverlust bei der Vertreibung und Flucht in den Westen (Parallele zur Vertreibung der Polen von 1939) die einstigen Rittergutsbesitzer ohne eigene Schuld zu besitzlosen Flüchtlingen degradiert hatte. Von der Wiederaufstiegsleistung der Balten in der Bundesrepublik braucht hier nicht die Rede zu sein; sie vollzieht sich parallel zum allgemeinen Wiederaufbau Deutschlands und entwickelt keine Sonderart.

Umsiedlung und schließlich Flucht beschließen das letzte Kapitel deutschbaltischer Kultur. Ihrer Pflege und ihrem Gedenken nehmen sich einstweilen noch landsmannschaftliche Vereine an, bis die letzten Überlebenden abgetreten sind und das baltische Deutschtum nur noch ein Bild in der geschichtlichen Erinnerung bleibt.

Dasselbe gilt für die baltische Literatur, die mit der Entfernung von der Heimat zu bestehen aufhört. Zwar gab und gibt es für einige Zeit noch baltische Autoren und baltische Themen in der Literatur, aber keine in sich geschlossene und durch besondere Eigenart gekennzeichnete Gruppenbildung «baltische Literatur». Die baltische Literatur nach 1939 lebte nur noch aus der Retroperspektive und der Nostalgie, nicht mehr aus baltischem Leben und Erleben. Die – vor allem jüngeren – umgesiedelten Autoren aus dem Baltikum und ihr Werk gingen wie so viele vor ihnen in der gesamtdeutschen Literatur auf und gelten seither als fester und bedeutender Bestandteil dieser. Das ist, von den vielen geistigen und materiellen Verlusten abgesehen, kein bedauernswerter Nachteil, denn sie konnten sich nunmehr nicht mehr als exotische Sonderexistenzen, sondern als Gleiche unter Gleichen mit den binnendeutschen Autoren messen und gewiß auch von deren Erfahrungen profitieren. Aber daß sie dabei nicht schlecht abschnitten und ihr Publikum bewahrten oder neu fanden, ist ein Gütezeichen für diesen Zweig der bisher sogenannten auslanddeutschen Literatur, die nicht das ist, sondern Literatur schlechthin. Den Nachgeborenen der Umsiedlung, denen die praktische Erfahrung baltischer Lebenswelt vor 1939 versagt blieb und die nur aus dem baltischen Geist der Familie und deren Erinnerungen mit Baltischem konfrontiert werden, möchte man trotz allem Wohlwollen das Etikett «baltisch» versagen, da ihre Kenntnis nur eine sekundäre Erfahrung aus zweiter Hand darstellt. Kein Grund zur Trauer: Es ist ihnen vieles, Angenehmes, aber auch Enttäuschendes, erspart geblieben.

«Baltisch» und «Balten» aber werden im 20. Jahrhundert zu einem Klischeebegriff für das Außergewöhnliche, fast Exotische, Nichtangepaßte. Während der baltische Raum außerhalb der Freikorpsliteratur und chauvinistischer Zeitromane für die nichtbaltische deutsche Literatur unter dem Druck der eigenen Kriegserlebnisse uninteressant und nahezu ignoriert wird, figuriert der «Balte», und zwar meist in männlicher Ausgabe, in der deutschen Literatur als ein etwas kurioser, leicht bohèmehafter, sehr individualistischer und nie ganz verläßlicher Außenseiter, als ein Typ, für den sich die Literatur bis auf das Adjektiv «baltisch» oft jede weitere Charakteristik ersparen kann. Nur für ostpreußische Schriftsteller wie Sudermann, Wiechert und z. T. Bobrowski ist der Balte nicht exotisch genug, sie ziehen als östliche Nachbarn Litauer vor.

Es liegt daher kein Grund vor zu verschweigen, daß die erste einprägsame Baltenfigur der moderneren deutschen Literatur ein keineswegs sympathischer Heuchler und Erbschleicher ist: jener Pastor Tiburtius aus Riga, der in Thomas Manns *Buddenbrooks* erst Clara Buddenbrook als Gattin und nach deren Tod auch ihr Erbe nach Riga überführt. Andere Baltenfiguren kommen bei Thomas Mann besser weg, so jenes «baltische Fräulein, das an einer Staffelei sitzend unter Ausrufen der Verzweiflung das Meer malte» (*Der Tod in Venedig*) oder jener Züricher «Heldentenor, Balte von Geburt, ein langer, dröhnend, aber intelligent redender Mann» (*Doktor Faustus*, Kap. XXXIX). Oder man denke an den «bagatelladligen» und «deklassierten Parvenu», Verführer und Hochstapler, den «aus Livland stammenden Hauptmann Konstantin von Schenius», nämlich Rudolf Borchardts *Unwürdigen Liebhaber* (1929), an den mickerigen, skatuntüchtigen «Baltendeutschen» und Ortsbauernführer Ehlers in Günter Grass' *Die Blechtrommel* (Kap. Sondermeldungen) und den adligen Schnellzeichner in Grass' *Katz und Maus* (Kap. III), an den grotesken Großen Alten in Dürrenmatts Roman *Durcheinandertal* (1989) oder die grotesken Baltenfiguren in Ingomar von Kieseritzkys Roman *Da kann man nichts machen* (2001). Sie alle ersetzen nicht die baltische Literatur, aber sie reduzieren baltische Figuren auf vermeintliche, literarisch eingebürgerte Typen, die als Kunstfiguren baltisches Wesen ebenso verkörpern können wie baltisches Unwesen.

2. Die Lyrik

Im Hinblick auf die Konflikte und Gefährdungen der Zeit ist es wenig verwunderlich, wenn ein Großteil der baltischen Lyrik des 20. Jahrhunderts starke politische Züge der Aufrüttelung, der Ermutigung und des Durchhaltewillens annimmt, weniger solche der Empörung, der Verdammung oder der Klage. Solche Lyrik läuft hier wie so oft Gefahr, mit einem Wechsel der Lage überholt, überflüssig zu werden, und das um so eher, je stärker tagesgebunden sie ist und je mehr sie sich direkt auf eine möglicherweise bald überwundene Situation bezieht.

Da eine Lyrik der Innenschau oder eine solche hoher Kunstvollendung nicht gerade die stärkste Seite der baltischen Literatur ist und ihr wie jeder Gelegenheitsdichtung viele Feinheiten der rhythmischen und melodischen Sprachkunst abgehen, wenn der Impetus vom Inhalt her kommt und allein die mitreißende Aussage Ziel der Dichtung ist, mag man die Zahl lyrischer Meisterwerke nicht zu hoch ansetzen und wird tunlichst zufrieden sein, wenn sie über die Einhaltung der Vers- und Reimregeln noch weitere ästhetische Meriten aufweisen. Auch eine Lyrik der Einsamkeit aus den großen Wäldern läßt sich nicht immer mit den Feinheiten vergleichen, die eine großstädtische Literaturgesellschaft erwartet.

Sucht man nach Vorbildern in der binnendeutschen Lyrik, so steht dort in dieser Zeit Stefan George an erster Stelle. Es scheint, daß seine aristokratische Haltung und das Distanzierte seiner Sprachgestaltung und Bildwahl baltischer Mentalität näherstanden als etwa der Sprachfluß Rilkes, dessen Slawophilie seinem Einfluß abträglich gewesen sein mag.

Neben die politische Lyrik aus der Zeit der Revolutionen und des Ersten Weltkriegs tritt als Alternative eine vorwiegend impressionistische und formkünstlerische Naturlyrik, die auch stark reflexive Elemente einschließt, noch ausgeprägter in der stärker zum Ausdruck persönlicher Gefühle neigenden – *sit venia verbo* – Frauenlyrik der Zeit. Die Männerlyrik der dreißiger und vierziger Jahre dagegen läuft Gefahr, sich im pathetischen Überschwang und irreführender Rhetorik solchen Begriffen in die Arme zu werfen, die vom Nationalismus in den Vordergrund gerückt und vom Nationalsozialismus schamlos mißbraucht wurden. Als harmlose, dafür aber echtes Sprachbewußtsein fördernde Alternative zu so viel Pathos mag schließlich die Sprachspielerei baltischer Nonsensdichtung angesehen werden.

Die Jahre der Wirren fanden literarischen Niederschlag in der Lyrik des Rigaer Juristen Gustav von HIRSCHHEYDT (1853–1934). Auf seinen trotzig-kämpferischen *Baltensang* von 1905, der den grauenvollen Eindruck der ersten russischen Revolution und den baltischen Widerstandswillen gegen das Kommende festhält, folgten *Baltische Balladen und ausgewählte Gedichte* (1934) um halbmythische Gestalten der baltischen Geschichte und *Neue Gedichte* (1936).

Der estländische Erzähler von Adelsromanen und Dorfgeschichten Peter Baron ZOEGE VON MANTEUFFEL (1866–1947), der im Kapitel «Erzählkunst» gewürdigt wird, begann erst nach Reisen und schweren Schicksalsschlägen seine Schriftstellerexistenz, und zwar in falscher Einschätzung seiner Fähigkeiten als Lyriker mit den impressionistischen Natur- und Stimmungsbildern *Von Stürmen und Sonnentagen* (1914), und ließ ihnen die elegischen Tagebuchblätter einer unerfüllten Liebe *Briefe an den Frühling* (1920) folgen. Diesen konventionellen

Versen in weichem lyrischen Ton kontrastieren unglückliche Einsprengsel der Alltags- und Umgangssprache. Kraftvoller sind seine aus dem Revolutions- und Kriegserlebnis erwachsenen, männlich herben Balladen (*Balladen*, 1922; *Nordwind*, 1926). In ihnen finden der trotzige Geist des baltischen Herrentums inmitten der Umstürze und der Willen zum Ausharren auf heimatlichem Grund auch unter widrigen Verhältnissen ihren Niederschlag (*Die Balten*; *Die baltischen Junker*).

Zu den zahlreichen lyrischen Versuchen dieser Jahre, das Wesen des Baltentums, natürlich positiv als Selbstvertrauen, Kraft und Zähigkeit, zu umschreiben, gehören auch die Gedichte *Von Natur und Menschenherz* (1926) des Rigaer Archivars und Statistikers Burchard von SCHRENCK (1865–1929) mit dem seinerzeit berühmten Lied des Selbstpreises *Wir Balten*.

Eines der erschütternden baltischen Zeugnisse des Ersten Weltkriegs ist die verzweifelte, doch formvollendete und rilkenahe Lyrik aus dem Kriegserlebnis des begabten Paul Graf KEYSERLINGK (1890–1918), der wie auch andere Balten als Freiwilliger jungenhaft und freudig ins Feld zog, die stille, hoffnungslose Tapferkeit erfuhr und an der Somme fiel. Die 23 Gedichte des schmalen Bandes *Das Tor* (1930) umfassen eines Menschen ganzes Erleben.

Die Formkunst Stefan Georges wirkte stark auf die baltische Lyrik der ersten Jahrzehnte des 20. Jahrhunderts, teils direkt, teils nach sekundären Vorbildern. Nur einen Gedichtband *Der Morgenreiter* (1905) hinterließ der Rigenser Kurt BERTELS (1877–1910), der auf einer Orientreise in Korfu tödlich verunglückte. Er war eine große Hoffnung und ein Vorbild der jungen baltischen Lyrik. Erbe einer reifen Kultur, schrieb er makellose Verse von hoher Formkunst, gepflegtem Stil und gedämpfter Kürze mit gelegentlichen Anklängen an Stefan George. Mit dem spielerischen Können eines kultivierten Kunstliebhabers liest und deutet er die Bilder des Lebens und der Natur und gestaltet schöne, doch unpersönlich-abstrakte Seelenstimmungen.

Ein anderer Formkünstler, Otto Freiherr von TAUBE (1879–1973) aus Reval, fühlte sich zeitlebens der baltischen Heimat verbunden, obwohl er sie schon 1892 mit den Eltern verlassen hatte. Nach weiten Reisen durch ganz Europa und besonders Italien ließ sich der Freund Hugo von Hofmannsthals und Rudolf Alexander Schröders 1912 als freier Schriftsteller in München, 1921 in Gauting nieder. Erst mit seinem lyrischen und erzählerischen Werk findet die baltische Literatur den vollen Anschluß an die europäische Moderne. Als Lyriker anfangs unter dem Einfluß Georges, D'Annunzios, Rilkes und der französischen Symbolisten, verarbeitet er in strengen Formen (Sonett, Ode) und vollendeter Sprache reiche Bildungseinflüsse und Eindrücke von Kunstwerken zu eigenen um und schreibt gedankenschwere, schönheitstrunkene, aber melancholisch-weltfremde Gedichte der Entsagung und des L'art pour l'art voll zarten Feingefühls zwischen Fin de siècle und Dekadenz (*Verse*, 1907; *Gedichte und Szenen*, 1908; *Neue Gedichte*, 1911). Die dem Schönheitskult und der Schöngeisterei nahe ästhetische Haltung der frühen Gedichte weicht mit zunehmender Reife einem schlichten, sachlichen lyrischen Stil von der mehr ethischen Haltung eines bekennenden, weltoffenen Christentums und ernster, adliger Gesinnung (*Wanderlieder und andere Gedichte*, 1937). Lyrische Landschaftsbilder reichen von der baltischen Heimat zum klassischen Italien; die Jahres- und Tageszeitenlieder bevorzugen schwermütige Herbst- und Abendstimmungen; Freundschafts-, Liebes- und Preislieder stehen in klassischen Formen. Taubes Alterswerk gilt geistlichen Themen (*Lob der Schöpfung*, 1954; *Selig sind die Friedbereiter*, 1956). Die bildliche Anschauung und männliche Haltung finden sich auch in Taubes Erzählwerk wieder (s. u.). Jeder Vergleich mit den baltischen Lyrikern der vorhergehenden Jahrzehnte zeigt den ungeheuren Fortschritt in der sprachkünstlerischen Bewältigung der Themen, zweifellos unterstützt durch persönliche Kontakte und die reiche Übersetzungstätigkeit Taubes.

Auch eine Reihe weiterer Übersetzer steht unter dem Einfluß Georges, so der produktive Übersetzer russischer Dichtungen Wolfgang E. GROEGER (1882–1950) mit seinem einzigen Gedichtband *Tau* (1913). Eigentlich der rußlanddeutschen Literatur gehört Reinhold von WALTER (1882–1965) an, der aus livländischer Familie in Petersburg geboren wurde, nach dem Studium in Dorpat dort Lehrer und, seit 1918 in Deutschland, Russisch-Lektor in Köln war. Neben zahlreichen Übersetzungen russischer Autoren von großer Sprachkraft (u. a. Pasternaks *Doktor Schiwago*) erinnert er in eigenen dünnen Bändchen geistreichelnd-expressionistischer Sprache an den Niedergang Petersburgs und verfaßte Kunstwerk-Gedichte im Stil Georges. Ähnlich geringen Anteil am umfangreichen Gesamtwerk hat die Lyrik bei Johannes von GUENTHER (1886–1973) aus Mitau, der seit 1914 als Redakteur und Verlagsleiter, seit 1934 als freier Schriftsteller in Deutschland lebte. Anfangs ebenfalls von Stefan George beeinflußt, verbindet er ein artistisches Spiel mit Worten und Bildern und einen mehr modischen als tiefernsten Hang zum Okkulten, Mystischen und grüblerischer Frömmigkeit, doch wirkt die oft streng-feierliche Sprache mitunter eher gewollt als gefühlt.

Auch die Lyrik des Erzählers und Dramatikers (s. u.) Bruno GOETZ (1885–1954) aus Riga, der seit 1912 als freier Schriftsteller in Deutschland lebte, läßt hinter den teils visionären, teils mystisch verunklarten und weichlichen Bildern das Vorbild Georges durchscheinen («Wir schreiten still durch reifendes Gefild»), doch bleibt die edle Form bisweilen ohne recht faßbaren Gehalt (*Der letzte und der erste Tag*, 1926; *Das Flügelroß*, 1938; *Der Gefangene und der Flötenbläser*, 1960 u. a.). Die Gedichte des Livländers Walter von MAYDELL (1884–1954) umfassen wenig originelle, teils klischeehafte Liebeslyrik und Rilkesche Dinggedichte.

Die Naturlyrik der Zeit ist oft zugleich Heimatdichtung und greift bei traditioneller Formkunst gern in die Reflexion menschlicher Befindlichkeit über. Dem Impressionismus näher kommen die Lieder des Rigaer Journalisten Otto von SCHILLING (1874–1929) in den drei Bänden *Tandaradei* (1906), *In Liebe und Haß* (1911) und *Herzeleid* (1921). Unter den Themen wie Heimat, Liebe, Sehnsucht und Erinnerung steht oft die vermenschlichte Natur obenan. Private Gefühle verblassen. Die konventionellen Formen auch in Märchen, Balladen, Trink-, Landstreicher- und Bettlerliedern werden aufgelockert durch eine flotte, kräftige Lebensfreude und einen unkompliziert liedhaften, knappen, doch graziösen Stil.

Der als Novellist (s. u.) bekanntere Maler und Zeichner Herbert von HOERNER (1884–1950) aus Kurland, seit 1905 meist in Deutschland, sammelte sein schmales, doch formstrenges lyrisches Werk in einem Band *Die Welle* (1942): stark reflexive, abstrakte Gedichte um Natur, Mensch und Heimat in zarten, gedämpften Farbtönen.

Gustav SPECHT (1885–1956) aus Riga, seit 1905 meist als Redakteur in Deutschland, vereinigte seine erst verstreut erschienenen Gedichte 1946 als *Feiertage meines Lebens*. Er galt als großer Formkünstler und Meister der lebendigen Form, doch vermag die Vielfalt an antiken Namen, Fremdwörtern, Zusammensetzungen und Bildungssplittern weniger Stimmung als alltagsferne Feierlichkeit zu erzeugen. Neben mythologischen Figuren, die in Sonetten reden (*Göttersonette*), stehen unsentimentale, galant-skeptische erotische Lieder wie *Mela die Tänzerin*. Spechts politische Lyrik erschien ebenfalls erst 1946 unter dem Titel *1000 Jahre waren wie ein Tag*.

Die Lyrik des Rigensers Werner BERGENGRUEN (1892–1964), gesammelt in den Bänden *Die heile Welt* (1950) und *Figur und Schatten* (1958), steht im Schatten seiner Erzählkunst (s. u.), und das mit vollem Unrecht: Sie ist konservativ im besten Sinne des Wortes, traditionell-unmodisch im Sinne der Avantgarde, unprätentiös und unpathetisch in ihrer allgemeinverständlichen Sprache und «unpoetisch» in ihrem prosaischen, unfeierlichen, bescheidenen, fast altmodischen natürlichen Sprachfluß. Sie ist all das nicht, was man von romantischer Stimmungslyrik, konstruktivistischen Experimenten oder sozialrevolutionärer Demagogie erwartet. Zwar zeigt sie gelegentlich volkstümliche, barocke, realistische und leicht expressionistische Stilelemente und mystische Züge, doch ist ihr Grundzug eine kristallklare, unbeschönigte Nüchternheit, die sich aufgehoben weiß in einer christlich-humanen «heilen Welt» gewachsener Ordnungen, die auch Einbrüche des Dämonischen zu besänftigen und mit der erlösenden Macht der Sprache zu bannen vermag. Sie kennt nur anfangs volksliedhafte, klassizistische, bekenntnishafte, symbolische Züge und politische Lyrik, später mehr Weltanschauliches, gleichnishaften Preis des Lebens in allen seinen Erscheinungen und Ehrfurcht gegenüber aller Kreatur. Doch zeigen auch diese so unmodern gedankenschweren Verse eine erstaunliche Formkraft der Sprache, deren Wirkung mehr auf dem natürlichen Rhythmus als auf der Sprachmelodie beruht. Der Vielfalt an Rhythmen und Versformen entspricht dabei der Reichtum an Gedichtformen vom Volkslied über Heimat-, Natur- und Landschaftsgedichte, Balladen, Gebete, Gebote, Segens- und Zaubersprüche bis zu Sonetten und Oden, die die Kontinuität abendländischer Überlieferung spiegeln. Ihre Bewahrung im Schutze der Tradition entspricht nach dem Verlust der unersetzlichen Heimat und der Verzweiflung in Kriegsnöten der Suche Bergengruens nach Geborgenheit im Schoß der katholischen Kirche und im Ewigen. All das macht den Dichter zwar nicht modern und ersetzbar, aber zeitlos.

Stärker als anderswo im deutschen Kulturkreis wirkt im Baltikum gewissermaßen als einer mittelalterlichen Mark die aus der Ritterzeit stammende, ebenfalls mittelalterliche Vorstellung fort vom Mann als dem Eroberer, Erhalter, Beschützer und von der Frau als Hüterin von Haus und Herd, Verkörperung der Gefühle und Stimmungen, Pflegerin der Künste. Mit der zunehmenden Vergeistigung und Verinnerlichung der Kunst und des Lebens in jüngerer Zeit wächst der Frau damit die Aufgabe zu, diese Innerlichkeit zu wahren, zu gestalten und zu erhalten. Frauenlyrik unterliegt weder formalen noch inhaltlichen Beschränkungen; im Gegenteil kann und soll sie vieles zum Ausdruck bringen, was von diesem Standpunkt und aus dieser Sicht so nicht gesehen war.

Mit den neuromantischen Gedichten der Elfriede ECKARDT-SKALBERG (1884–1964) aus Riga, Gattin von Guido Hermann Eckardt und Übersetzerin lettischer Lyrik, erreicht auch die baltische Frauenlyrik eine Stufe sprachlicher und rhythmischer Vollendung, gedanklicher Tiefe und feiner Seelenanalyse, die der modernen westlichen Lyrik gleichkommt. Es sind Verse von Trieb, Angst und Tod, beschwingte Landschaftslyrik, gleitende Sonette und leicht ironische Dinggedichte, die oft Vorbild späterer Frauenlyrik wurden.

Eine in baltischer Literatur seltene Sprachmusikalität ist höchster Wert der Gedichte der kurländischen Pianistin und Komponistin Elisabeth GOERCKE (1888–1968), die ihre künstlerische und musikalische Ausbildung in München und Berlin erhielt. Thematisch jedoch bleibt sie bei einem gepflegten Dilettantismus der Natur-, Landschafts- und Heimatlyrik stehen, und auch ihre Gedichte des Liebesverlangens wirken bei platter Wortwahl epigonal-romantisch.

Die stärkste lyrische Begabung unter den baltischen Dichterinnen des 20. Jahrhunderts ist zweifellos Gertrud von den BRINCKEN (1892–1982) aus Kurland, die nach ihrer Heirat mit dem Dorpater Philosophieprofessor Walther Schmied-Kowarzik ab 1927 in Frankfurt, Wien und seit 1950 in Regensburg lebte, aber der Heimat, der auch ihre Romane und Erinnerungsbücher gelten (*März*, 1937; *Herbst auf Herrenhöfen*, 1939; *Unsterbliche Wälder*, 1941; *Land unter*, 1976 u. a.), in Gedanken und durch häufige Besuche eng verbunden blieb. Über die aus der Zeitsituation verständlichen, pathetischen Gedichte des übersteigerten Heimatkults und über die zeitgebundenen, erschütternden Verse aus der Landwehr- und Bolschewistenzeit (*Abzug der Deutschen aus Kurland*) wie auch ihre Durchhalteparolen von ehemals mag man heute und von außen anders denken. Echt ist jedenfalls ihre Sehnsucht nach der verlorenen Heimat, die in den Gedichten des *Heimatbuches* (1926) auf baltische Städte, Landschaften, Gutshöfe, Menschen und Schicksale zum Ausdruck kommt. Neben schlichten Versen vom Leid der baltischen Tragödie stehen aber auch durchaus kritische Gedichte etwa über die Söhne «versprengten Blutes», die «Bastarde» der Barone mit einheimischen Mädchen und andere Auswüchse adliger Weltordnung. Bei allem Konservatismus ist die Dichterin der Zukunft aufgeschlossen, die ihr wichtiger ist als die Vergangenheit und dennoch zu ihren Lebzeiten ein Ende nahm. Die mehr persönlichen Gedichte, unterkühlt, zurückhaltend und verschlossen, gelten dem Frauenschicksal, jugendlicher Sehnsucht, Liebesverlangen, Liebeserfüllung und Eheglück, aber auch Schicksalsschlägen, Glaubensfragen und der Trauer über die Vergänglichkeit des Daseins. Nicht alle unter ihnen sind bis zu letzter künstlerischer Reife gediehen, manches bleibt papieren, doch überall macht sich das Plus an Feinheit des Stils, der Bilder und des metrischen Sprachflusses gegenüber den Vorgängern bemerkbar (*Wer nicht das Dunkel kennt*, 1911; *Lieder und Balladen*, 1918; *Aus Tag und Traum*, 1920; *Stimmen im Dunkel*, 1949 u. a.). Formstrenger sind die an C. F. Meyer, Fontane, Strachwitz und Agnes Miegel geschulten Balladen mit Stoffen aus baltischer und skandinavischer Geschichte, germanischer Mythologie, Sage und Legende, weniger gedrängt und balladesk aufgipfelnd, eher gemächlich und lyrisch.

Zeitgenossin von der Brinckens nach Alter, Umsiedlung und Lebensdauer ist Veronika ERDMANN (1894–1984) aus Dorpat mit anfangs näher an Rilke orientierten, teils religiösen Gedichten (*Die Gedichte von fremden Leben*, 1921; *Cantaten*, 1946).

Die von baltischer Seite gern annektierte Lyrikerin Oda SCHAEFER (1900–1988), aus baltischer Familie der von Kügelgen in Berlin geboren und zeitlebens in Deutschland wohnhaft, kann nicht für die baltische Literatur beansprucht werden, was hingegen die Wertschätzung ihrer melancholischen Naturlyrik nicht beeinträchtigt.

Es soll hier gar nicht abgestritten werden, daß in den dreißiger und vierziger Jahren auch nationalistisches bis nationalsozialistisches Gedankengut oder wenigstens dessen Phraseologie in die baltische Lyrik eindringt, deren bisher durchaus nationalbewußte Haltung nunmehr durch das Blut-und-Boden-Pathos des Nationalsozialismus und sein Ideal der alles umgreifenden Volksgemeinschaft infiziert wird und einem irrationalen Mythos des Blutes Raum gewährt. Auffällig ist jedoch, daß solche Gemeinsamkeiten, von der Literaturkritik der Zeit überbetont, eher einzelne ideologische Aspekte betreffen, nicht aber die nazistische sog. Weltanschauung als Ganzes. Parteilyrik bleibt ausgeschlossen.

Prototyp solcher auf den Begriffen Blut, Kraft, Treue, Kameradschaft und Kampf aufbauenden, formal glatten und harten Lyrik nunmehr meist bürgerlicher Herkunft ist der Livländer Lex SCHLOSS (1905–1946) in seiner Sammlung *Weite Wege* (1933) mit anatomischen Absurditäten wie «Volk ist ein Leib, darinnen rinnt / ein heilger Strom, dem wir verfallen sind». Stets waren es eingängige Ideale, die sich der neuen Weltanschauung annäherten wie der Kameradschaftsgeist im *Chor der Arbeitskameraden* von Heinrich BOSSE (1907–1996), dem Herausgeber von *Der Führer ruft* (1941). Oder man demonstrierte seine Übereinstimmung mit der vom Nationalsozialismus gewollten Gesinnung wie der Rigaer Bibliothekar Achim von AKERMAN (1909–1945; *Die Stunde vor Tag*, 1938), der im Vorwort seiner baltischen Anthologie mit dem devoten Titel *Morgengabe* (1940) von der «erregenden Lust an der neuen Aufgabe» bei den Balten spricht. Arved KRÖGER (*1910), der in historischen Romanen seinem Haß der westlichen Gegner Nazideutschlands Ausdruck verleiht (*Brüder, Kameraden*, 1942), läßt in seinem pathetischen Gedicht für Sprechchöre *Mein Heimatland* in primitiver Rhetorik gleich zwölf Verse mit «Heimat ist ...» beginnen und führt den Heimatmythos unwissentlich ad absurdum: «Heimat ist Ehrfurcht und gläubiger Brand.» Es ist erstaunlich, zu welchen stilistischen Entgleisungen echte falsche Gesinnung führt. Mit der Zuweisung einer neuen Heimat meldet sich jedoch ein frisch gewandeltes Sendungsbewußtsein, das die Deutschbalten als Hüter nunmehr des Reiches gen Osten versteht. Ein wenig Flatterhaftigkeit gehört schon zum Patriotismus. Auch der Journalist und Verleger Walter M. POGGE VAN RANKEN (1913–1982) aus Riga, dessen spätere Gedichte Weisheiten des Alltags im Morgenstern-Stil verkünden, bequemt sich mit seiner Verherrlichung der Gemeinschaft, der Jugend und ihrer Lebensform zeitgemäßen Wunschbildern.

Der leichteren Muse gehört auch Hellmuth KRÜGER (1890–1955) aus Dorpat an, der Schauspieler, Kabarettist, Journalist, Feuilletonist, Humorist, Conférencier, Lyriker, Textdichter und Autor von Drehbüchern. Er bevorzugte satirische Kleinigkeiten mit geistreich-witzigen Pointen ohne obligatorischen Tiefgang und lieferte als Plauderer auch dem Rundfunk stets exquisite, geschmackvolle Unterhaltung, die, wie vieles Geistreiches, sich dem Druck widersetzte; so bleibt nur die Erinnerung.

Der kurze Überblick über die baltische Lyrik des 20. Jahrhunderts wäre unvollständig ohne die Erwähnung zweier Namen, deren Zugehörigkeit zur baltischen Literatur im engeren Sinne man mit Recht anzweifeln kann, weil beide erst nach Umsiedlung und Krieg zu schreiben begannen, die aber gleichwohl im Baltikum geboren sind und eine ganz bestimmte, typisch baltische Art der Lyrik verkörpern, die, lange unterschwellig und mündlich betrieben, hier erstmals zur Literatur aufsteigt, nämlich die Nonsenslyrik. Sie ist ein Resultat der Mehrsprachigkeit, die für die Balten typisch war und zu einer gewissen Abstandhaltung von der Muttersprache führte, diese auf Homonyme, Absurditäten und Doppeldeutigkeiten abklopfte und die Wörter als Sprachmaterial für Wortspiele und Wortverdrehungen benutzte, wie es in Deutschland Christian Morgenstern getan hatte. Beide bedienen sich schamlos und reichlich der Wortspiele, denen man auch in banalen Puns oder Kalauern fast einen baltischen Eigenwuchs zugestehen möchte. Der Pianist, Kabarettist und Komiker Heinz ERHARDT (1909–1979; *Noch'n Gedicht*, 1961) aus Riga, seit 1926 vorwiegend in Deutschland, bevorzugt die Rolle des liebenswürdig-verlegenen Schelms, der blödelt und mit seiner Wortakrobatik die Gunst des Hörers gewinnt, der ihm in die Karten schaut. Im Unterschied zu seiner grundsätzlich fröhlich-humoristischen Haltung ist der vielseitige Robert GERNHARDT (*1937; *Die Blusen des Böhmen*, 1977; *Wörtersee*, 1981) aus Reval anspruchsvoller, kritisch, satirisch und parodistisch bis zur Persiflage. Ihm geht es weniger um den Unsinn in der Sprache als um den des Lebens. Vom Baltenland, das es nach 1939 nicht mehr gab, ist bei beiden Autoren nicht die Rede, aber von deutschem Bierernst noch weniger, denn beide tragen wesentlich dazu bei, dem sonst so tierisch ernsten Deutsch geistige Lockerungsübungen zu verschreiben.

3. Die Erzählkunst

In der Erzählkunst des frühen 20. Jahrhunderts erreicht die baltische Literatur ihren künstlerischen und wirkungsmäßigen Höhepunkt. Namen wie Eduard Graf Keyserling, Otto Freiherr von Taube, Frank Thieß und Werner Bergengruen, jeder in seiner durchaus individuellen Eigenart, doch alle intensiv dem Baltentum verbunden, bezeichnen die führenden baltischen Schriftsteller der Zeit, die durch ihre frühe Übersiedlung nach Deutschland zum engeren Besitz der deutschen Literatur wurden und durch Übersetzungen über den deutschen Sprachraum hinaus Wirkung erzielten. Ein Teil dieser Wirkung beruht zweifelsohne auf der hohen Sprachkultur und dem durchaus literarischen Stil ihrer Prosa, gleichzeitig und verbunden damit jedoch auch auf der einfachen, klaren und leicht eingängigen Sprache, die sich als Erbteil des im Baltikum gepflegten mündlichen Erzählens zu erkennen gibt. Sie wendet sich nicht – oder auch, aber nicht nur – an eine esoterische, etablierte Literaturgesellschaft im Baltikum oder in Deutschland, sondern – auch das wieder Zeichen ihrer Herkunft – an alle, die an Literatur interessiert sind, ob sie nun durch das Gymnasium oder die Universität gegangen sind oder zeitlebens der Landwirtschaft obliegen. Diese Literatur ist gemeinschaftsbildend über die Bildungsklassen hinaus. Darauf beruht ihre erfolgreiche Wirkung über alle inneren und äußeren Grenzen hinweg. Der besondere Beitrag dieser letzten Epoche der baltischen Literatur besteht jedoch darin, daß sie über die Kirchturmperspektive der Heimat hinaus ewige Themen der Weltliteratur aufgreift und gestaltet, ohne ihren heimatlichen Wurzelgrund in den baltischen Landen zu verleugnen. Aus dieser Weiterung der Perspektive kann Heimatliteratur oder Regionalliteratur zur Weltliteratur werden, Weltliteratur sich in der Bindung an die Heimat vergewissern.

An ihrer Spitze steht gleich zu Beginn des Jahrhunderts der feinsinnige, hochkultivierte und vornehm zurückhaltende Erzähler Eduard Graf KEYSERLING (1855–1918), einer der bedeutendsten baltischen Dichter überhaupt und einer der bekanntesten deutschen Autoren der ersten Jahrzehnte, im «Dritten Reich» als dekadenter Darsteller lebensunfähigen Adelslebens und Verleumder seiner Klasse vehement abgelehnt, infolgedessen lange praktisch vergessen und erst in der zweiten Jahrhunderthälfte als klassischer Sprachkünstler und Schilderer einer untergehenden und mittlerweile untergegangenen Welt, Dichter der baltischen Aristokratie schlechthin, wiederentdeckt.

Dabei war seine Verbindung zum baltischen Adel keineswegs problemlos. Aus einem führenden Adelsgeschlecht stammend, das viele Gutsbesitzer, Verwaltungsbeamte und Diplomaten gestellt hatte, wuchs er auf dem elterlichen Gut in Kurland auf, studierte in Dorpat, wurde wegen einer «Lappalie» aus der Burschenschaft ausgestoßen und von der «guten Gesellschaft» der Heimat jahrzehntelang isoliert, ertrug die Vereinsamung auf den Gütern seiner Mutter, 1878 in Wien und ab 1895 in München, wo eine Rückenmarkschwindsucht 1908 zu seiner Erblindung führte.

Obwohl er seit seinem 23. Lebensjahr die Heimat nur noch zu Besuchen wiedersah, blieben ihre Dörfer und Herrensitze der Schauplatz seiner Dichtungen mit ihren Figuren aus der baltischen Adelswelt. Nach zwei kleinen naturalistischen Romanen (*Fräulein Rosa Herz*, 1887, und *Die dritte Stiege*, 1892) und vier meist bühnenfernen Dramen fand Keyserling seine Aufgabe in der zarten, anschaulichen und kultivierten Schilderung dieser leicht dekadenten baltischen Adelswelt in ihren hochkultivierten, von Daseinsangst und Todessehnsucht geprägten Stimmungen und ihren erotischen Konflikten zwischen weltabgewandten, müden Sprößlingen alter Familien und frischen, unaristokratischen, lebensfrohen Mädchen und Frauen des einfachen Volkes. Es ist eine zuchtvolle, sprachlich gut abgetönte, impressionistische Stimmungskunst wehmütiger Resignation mit skeptischen und leicht ironischen Zügen, genauester Beschreibung der Sinneseindrükke, Sinn für Maß und Form und gereifter sprachlicher Kunst. Trotz aller traumhaft schönen Bilder aus der Welt des versinkenden Adels wird Keyserling keineswegs zum Schönredner aristokratischer Dekadenz. Er ist sich der moralischen und geistigen Verfassung seiner Adelsgenossen nur zu klar bewußt, doch seine subkutane Gesellschaftskritik wird nie aggressiv oder ätzend. Der Mensch, nicht das Sozialsystem, steht für ihn im Vordergrund; seine Sympathie gilt seinen herben, doch still leidenden Gräfinnen, Baroninnen und Komtessen, den lebensgierigen jungen Menschen, die in der drückenden Atmosphäre langsam ersticken, und den Vertretern adligen Herrentums, die von der erotisch verklärten Lebenskraft des einfachen Volkes zu verzweifelten Ausbruchsversuchen verlockt werden, jedoch in ihren inneren Kämpfen von Zweifel und Resignation gehemmt, schließlich nach einstweiliger Störung des Lebenseinklangs in müder Ergebenheit verzichten und in seelische Einsamkeit verfallen. Wieweit dieses schwermütige Bild abgelebten Lebens den Schwanengesang einer überalterten Lebensform und einer dekadenten Gesellschaft darstellt oder wieweit es nur persönliche Erfahrungen des Dichters wiedergibt, spielt insofern keine Rolle mehr, als beide, Realität und Sicht, dem *temps perdu* im *pays lointain* angehören. Bei aller Detailfreude will Keyserlings Werk nicht ein Sozialdokument, sondern Literatur sein, und als solche ist es zeitlos, still und kostbar, Dichtung eines Sterbens in vollkommener Prosa.

Nach seinem Frühwerk von Romanen und Dramen fand Keyserling eine ihm angemessene Form in impressionistischen Erzählungen. Ihre erste, *Beate und Mareile* (1903), gibt mit dem Untertitel «Eine Schloßgeschichte» zugleich den gemeinsamen Nenner und die Thematik aller Erzählungen Keyserlings. Das brandenburgische Milieu ist hier nur eine leichte Verschleierung der baltischen Adelsgesellschaft der Jahrhundertwende, und die ausführliche, stimmungsvolle Schilderung von Natur und Landschaft steht im Einklang mit der schwermütigen Stimmung der Figuren.

Nicht die äußere Handlung, eine konventionelle Dreiecksbeziehung eines adligen Lebemannes zwischen seiner geistvollen, kühlen Gattin, Trägerin der ererbten Kultur in der entsinnlichten Dämmerwelt des Schlosses, und der heißblütigen, leidenschaftlichen, männerbetörenden Inspektorstochter und Sängerin, bestimmt die Atmosphäre, nicht der vergebliche Ausbruchsversuch des Mannes aus der weltabgewandten, leblosen Adelswelt, die ihn nach kurzem Sinnestaumel gebrochen zurückholt, sondern die Unfähigkeit des lebenshungrigen Adligen, die hohlen Standeskonventionen seines aristokratischen Milieus zugunsten seines erotischen Verlangens zu überwinden und sich dem unmoralisch-wilden, gesund-sinnlichen, aber ebensowenig ehrlichen Lebensstil der Bohème zu ergeben. Keyserling enthält sich auch im inneren Monolog direkter Kritik an seinen Figuren und fordert gerade durch das In-der-Schwebe-Lassen zur Auseinandersetzung des Lesers heraus.

Die nachfolgenden Novellen arbeiten das angeschlagene Thema dieses die schöpferische Individualität durch Konvention erdrückenden Fontaneschen «Gesellschafts-Etwas» schärfer und kritischer heraus. Schon der Titel *Schwüle Tage* (1906) betont eine noch stärkere Einbettung menschlicher Stimmung in Natur, Landschaft und Wetter. Die sommerliche Hitze führt bei der Jugend zu erotischen Verbindungen mit triebhaften Mägden jenseits gesellschaftlicher Regeln. Der alternde Graf jedoch zwingt aus Stilempfinden, Schuldgefühl gegenüber der Gattin und Angst vor einem Skandal seine Geliebte, einen anderen zu heiraten, indem er Gefühlskälte vortäuscht, kann jedoch die Trennung nicht überwinden und geht in den Tod.

Von den anderen Erzählungen desselben Bandes ist *Harmonie* wohl die sensibelste und formal vollendetste: Annemarie, die weiße, stille, empfindsame Ästhetin, verschließt sich der rauhen Wirklichkeit ihres robusten Gatten, der sie zur Liebe zwingt, aber eigentlich bei einem sinnlichen Dorfmädchen Befriedigung findet. Unfähig, auf das schöne Leben zu verzichten, sich dieser unordentlichen Welt zu stellen, geht sie in einen stillen Freitod und zwingt den Gatten in die ihn wie ein Gefängnis einengende, stilvoll-kultivierte Harmonie zurück.

In der Unterschicht dagegen ist die moralische Empfindlichkeit dumpfer Bauernerotik stärker vom Besitz abhängig. In der fast naturalistischen, doch sehr ironischen Novelle *Die Soldatenkersta* verprügelt der vom Militärdienst heimkehrende Mann zwar seine untreue Frau, die Häuslerstochter; als sie jedoch ein Gesinde erbt, vermag er durchaus über die Gegebenheiten hinwegzusehen.

Von derselben Umkehrung des Grundthemas, der Frau zwischen zwei Männern, lebt der kleine Roman *Dumala* (1908), nur daß hier statt der Gesellschaft die Einsamkeit herrscht. Auf dem einsamen Schloß pflegt die schöne, junge, lebenshungrige Baronin den gelähmten Gatten. Sie bezaubert den Pastor, der sie in unausgesprochener Liebe still verehrt, und den skrupellosen Frauenjäger Baron Rast, der beinahe einem Mordanschlag des Pastors erliegt und sie entführt. Nach dem einsamen Tode ihres Gatten jedoch kehrt sie in die Einsamkeit des Schlosses zurück, die die Einsamkeit der Figuren spiegelt. Das kunstvoll komponierte, atmosphärisch reiche Meisterwerk gibt ein impressionistisches Stimmungsbild tiefster Resignation.

Die große Einsamkeit ist auch das Motiv des feinfühligen, impressionistischen Pleinair-Romans *Wellen* (1911). Er spielt außerhalb der Schlösser in einem Fischerdorf am kurischen Strand, das einigen adligen Familien als Sommerfrische dient. Hierher hat sich die schöne Gräfin Doralice geflüchtet, die ihren alternden Gatten verlassen und den jungen, leidenschaftlichen Maler Grill geheiratet hat. Von der Gesellschaft als Schönheit bewundert, aber in die Einsamkeit verstoßen und ignoriert, wird sie von dem jungen Leutnant Hilmar umworben, dessen Braut daraufhin einen Selbstmordversuch unternimmt. Doralice zwingt den Leutnant zur Abreise und will ihre nur gedankliche Untreue ihrem Mann erklären, doch vor der angekündigten großen Aussprache verschlingt ihn das Meer. Nur ein verwachsener alter Geheimrat bleibt ihr als Gefährte ihrer Einsamkeit. Das menschliche Leben folgt hier dem Rhythmus der glänzend beschriebenen Natur, symbolisiert in den Wellen des Meeres in ihrer Schönheit und Gefahr. Ihnen gegenüber spielen das Dekadenzmotiv und gesellschaftskritische Züge, gespiegelt in der Haltung der Adelsgesellschaft zur «abtrünnigen» Gräfin, nur eine Nebenrolle.

Der breiter, doch geradlinig angelegte, figurenreiche Roman *Abendliche Häuser* (1914) verrät schon im Titel das Dekadenzmotiv als Kennzeichen des aristokratischen Milieus. Ihm ist die müde, ältere Generation der Gutsbesitzer in ihrem konventionellen, behaglich-würdevollen «Leben geregelter Wohlhabenheit» verschrieben, während die vitalere jüngere Generation, von dieser Welt eingeengt und unterdrückt, auf der Suche nach Erneuerung nur noch in der Liebe einen Fluchtweg ins wahre Leben sieht, aber auch darin scheitert. Die kraftlosen männlichen Erben verlieren sich in Glücksspiel und Affären und gehen durch Duell oder Selbstmord in den Tod; die Töchter desertieren ins Reich oder verlieren sich in der Resignation der lastenden Abendstimmung, der Einsamkeit und totenhaften Ruhe, der selbst der elegant nuancierte, gedämpfte, allem Grellen abholde Stil sich anpaßt. Auch hier übt Keyserling keine Gesellschaftskritik, sondern läßt die genau beschreibende Milieustudie der alten Adelsgesellschaft selbst wirken.

Das Künstliche und Lebensferne dieser verwöhnten, abgeschirmten Gesellschaft, die sich der Wirklichkeit nie stellt, kommt am deutlichsten zum Ausdruck in der Novelle *Am Südhang* (1916), in der sich jeder Gehalt in bloße subjektive Stimmung verflüchtigt. Keyserling ironisiert das ritualisierte Vergnügen junkerlichen Müßiggangs in Bildern strenger Künstlichkeit und absoluter Lebensferne, die selbst die Liebe in große Sprüche brennender Leidenschaft, also in Literatur, stilisiert, weil nur in solcher Form die Erhabenheit über das triviale Leben genossen werden kann. So kann sich die schöne, umschwärmte, geschiedene Baronin Daniela dem jungen Leutnant Karl Erdmann, der seine Pose als Leidenschaft literarisiert, im Hinblick auf seinen erwarteten Duelltod hingeben und hätte dieses Erlebnis wohl als hohe Kostbarkeit idealisiert. Dem in einem Scheinduell vom Tod verschonten Leutnant jedoch, der in das banale Alltagsleben zurückkehrt, versagt sie sich. Den bürgerlichen Schulmeister Dorn aber, der sich in echter, hoffnungsloser Liebe zu ihr verzehrt und sich aus Liebeskummer erschießt, erkennt sie zu spät als ihren einzigen echten und leidenschaftlichen Verehrer. Er gewinnt im Tod ihre Liebe. In der Falschheit geheuchelter und in der Verborgenheit echter Gefühle nähert sich Keyserling Schnitzlerschen Motiven.

Keyserlings feinsinnige Darstellungskunst vermeidet die banale Alltagswelt ebenso wie die doktrinäre soziologische Überheblichkeit und das Lamento über einen kleinen baltischen Weltuntergang. Daß dieser Untergang des baltischen Adelslebens Jahrzehnte nach seinem Werk nicht aus moralischer und vitaler Dekadenz, sondern aus politischen Gründen erfolgte, kann ihm nicht vorgehalten werden. Dichter sind keine Futurologen. Mit Sicherheit aber gebührt dem Untergang des Baltentums in der von Keyserling angedeuteten Form, von der Dichtung her gesehen, der Vorzug vor seiner Einvernahme in großdeutsche Großmannssucht.

Leben die Werke des Grafen Keyserling noch nach einem Jahrhundert fort, so sind die seinerzeit vielgelobten, ebenfalls um die gleiche Zeit im Baltikum angesiedelten zahlreichen Erzählwerke des Mitauer Oberlehrers Carl WORMS (1857–1939), der lange Jahre in Deutschland zubrachte und 1920 ganz dorthin übersiedelte, der Vergessenheit anheimgefallen und müssen nur noch unter historischem Aspekt Erwähnung finden. Die Gründe dafür sind vielerlei. Zum einen spielen literarisch-künstlerische Werte eine Rolle, und Worms ist wie sein Vorbild Pantenius mehr Kulturhistoriker als Dichter. Zum zweiten geriert sich Worms als wortstarker Vorkämpfer des Deutschtums gegen die von ihm prophezeite Überfremdung durch Letten- und Russentum und nähert sich dabei einem präfaschistischen, haßerfüllten Rassismus, dessen Tendenz dem literarischen Wert abträglich ist, Haltungen des 19. Jahrhunderts fortsetzt und in seinem Volkstumskampf nur dem Chauvinisten zusagt. Als Gegengewicht gegen solche Volkstumspropaganda sind die frühen lyrischen Versuche, spielmannsmäßige Balladen im Baumbach-Stil, stimmungsvolle Natur- und Landschaftsbilder und geschichtliche Skizzen seiner baltischen Heimat bei aller Kunstfertigkeit nicht bedeutend genug, um das Bild des zeitbedingten Volkstumspredigers hinter dem des Dichters verschwinden zu lassen.

Worms begann, noch unpolitisch, mit zwei Gegenwartsromanen um religiöse und soziale Fragen: *Du bist mein* (1899) schildert den tragisch endenden Konflikt zwischen doktrinärer Rechtgläubigkeit und eigenwilligem Grüblertum in einer Pastorenfamilie. Der Rigaer Gesellschaftsroman *Thoms friert* (1901) stellt dem besinnlichen Idealismus des Studenten und Sohnes die genußsüchtige, hohle Oberflächlichkeit des großstädtischen Gesellschaftslebens gegenüber, an dessen Verlogenheit der Sohn zerbricht. Noch zieht sich das Leiden an der Zeit in die behagliche Idylle eines kleinstädtischen Biedermeier zurück, wo *Die Stillen im Lande* (Drei Erzählungen, 1902), die Leidenden eines verpfuschten Lebens, zu einem wehmütigen Kompromiß mit ihrer Not gelangen.

Die «völkisch-rassische» Problematik des Baltikums kommt erst zum Durchbruch im Roman *Erdkinder* (1903), wenn der Sohn des herrischen Grafen mit einer naturverbundenen lettischen Mutter die Lockungen des Vaters, eine deutsche Braut und einen deutschen Freundeskreis ausschlägt und zur Mutter in die verführerische Natur zurückkehrt. *Überschwemmung* (1905) ist das Bild für die gewaltsame Russifizierung des Baltikums um 1900. Eine Gruppe deutscher, jüdischer, lettischer und polnischer Schüler erwägt Gegenmaßnahmen, bis sie im Stillverhalten eigene Vorteile entdecken. Der politisierende deutsche Lehrer wird entlassen; seine Kinder müssen in Deutschland studieren. Die politische Kampfschrift verliert mit der sinkenden Aktualität des Themas an Bedeutung und mit der Einseitigkeit an Wert, zumal auch die Probleme der Minderheiten unter der Russifizierung rassistisch unterbaut werden. Die Revolution von 1905 steht, teils in die Vergangenheit projiziert (*Ich bleibe*), im Mittelpunkt der sechs teils balladesken Skizzen *Aus roter Dämmerung* (1906), deren artifizieller Stil zwischen präraffaelitischem Kunstgewerbe, Impressionismus und Jugendstil schwankt. Nüchterner, impressionistisch sind die historischen Momentaufnahmen aus der Geschichte *Schloß Mitau* (1917); sie bezeichnen die Abkehr des Autors von politischer Tendenz zugunsten von Kulturgeschichte und Biographie (*Demetrius*, 1919).

Weniger langatmiger Erzähler als feuilletonistischer, doch getreuer Schilderer ist der Livländer Oskar GROSBERG (1862–1941), Journalist in Petersburg und Riga. Ergebnisse seiner Zeitschriftenarbeit sind seine russischen Kulturbilder (*Russische Schattenbilder*, 1818; *Nitschewó*, 1926; *Kunterbunt*, 1937). Sein Hauptwerk ist jedoch *Meschwalden* (1926), weder Familien- noch Generationsroman, sondern die minutiöse Schilderung des Jahresablaufs auf einem idealtypischen livländischen Gutshof um 1860 aus dem unparteiischen Blickwinkel des Verwalters in einer Vielzahl einzelner, teils anekdotischer Stimmungsbilder, die die blasse Beschreibung in lebendige Aktion und köstliche Personencharakteristik auflösen. Nicht eine kontinuierliche Handlung, sondern das Herausgreifen des Typischen mit nur gelegentlichen Retrospektiven macht *Meschwalden* zu einem authentischen kulturgeschichtlichen eher als literarischen Dokument in unprätentiöser, flüssiger Prosa. Als belletristische Ergänzung zum Hauptwerk betrachtete Grosberg die Sammlung baltischer Erzählungen *Guckkasten* (1929) mit ebenfalls dokumentarischer Grundlage. Unter anderen Erzählungen ragt die ironische Ehegeschichte eines verkommenen Alkoholikers und seiner ungebrochen und klaglos aushaltenden Frau *Else Thode* (1938) hervor.

Hier ist der Ort, auf einen gewissen Rassismus der Deutschbalten hinzuweisen, der sich nicht nur in der Höherschätzung des eigenen Volkstums und der eigenen Kultur offenbart, sondern auch in der Geringachtung nachbarlicher Zivilisationen und deren kultureller Leistungen. Die ständige Bedrohung der eigenen Existenz durch andere Völker – zuletzt Polen, Russen und die baltischen Völker – und der öffentliche oder geheime Abwehrkampf gegen die Überfremdung machen z. T. verständlich, warum die Beurteilung anderer Nationen nicht immer unbedingt sachgerecht ausfällt, sondern oft von oben herab geschieht. Wenn zunächst der «völkische» Selbsterhaltungstrieb fast unterbewußt dem Fremden skeptisch-kritisch gegenübersteht, so kann auch die bloße Hinneigung zum oder die unkritische Hinnahme des Fremden in der geschlossenen Gesellschaft übel vermerkt werden. Verdächtig und unhaltbar wird solches Verhalten erst, wenn sich darauf literarische Werturteile und Vorurteile ansiedeln.

Oskar Grosberg war väterlicherseits estnischer Herkunft; obwohl er ein vorzügliches Deutsch schrieb, fehlt er demzufolge in einigen Darstellungen der deutschbaltischen Literatur. Peter Zoege von Manteuffel, Sohn einer ukrainisch-ungarischen Mutter, zeigte in einigen Werken sachliches Interesse und Sympathien für das estnische Volksleben; infolgedessen galt er einigen Deutschbalten als suspekt und voreingenommen. Es muß heute möglich sein, beiden Autoren und ähnlichen Fällen Gerechtigkeit widerfahren zu lassen und ihren Beitrag zur baltischen Literaturgeschichte sachgerecht, wenn auch nicht als hohe Dichtung, so doch als schlichte und gewichtige Prosa anzuerkennen.

Peter Baron ZOEGE VON MANTEUFFEL (1866–1947) aus Estland kam erst spät, nach schweren persönlichen und politischen Schicksalsschlägen, Studium, Reisen und langjähriger Beamtenlaufbahn in Reval, als reifer Mann zur Literatur und sah zuerst irrtümlich seine Stärke in der Lyrik (s. o.). Zur Erzählprosa gelangte er erst nach der Errichtung eines estnischen Staats und nach seiner Übersiedlung nach Stuttgart in den Jahren 1923–1929. Spätere Werke aus der Zeit in Nömme bei Reval (1929–1939) und wieder Stuttgart fielen einem Bombenangriff zum Opfer.

Zoeges Gesamtwerk wurzelt fest in der Liebe zur Heimat, ihrer Natur, ihrer Landschaft und ihren Menschen. Diesen Themen angemessen ist seine Sprache: knapp, hart, kraftvoll, fern vom feinnervigen Impressionismus, nahe einer schlichten, sachlichen und ehrlichen Umgangssprache. Von Anbeginn an war sein Thema die Darstellung des estnischen Bauernlebens und Volkstums in realistischen Dorfgeschichten, das ihn zum Begründer der deutschsprachigen Bauernnovelle aus Estland machte: Heimatdichtung im besten Sinne, aber nicht die Schilderung adligen Landlebens im Familienroman deutscher Gutsbesitzer, sondern Beschreibung des estnischen Bauerntums in seiner charakteristischen Eigenart, die nach jahrzehntelanger Distanz und Ignorierung dieses Thema erstmals in solcher Breite für die deutsche Literatur zugänglich macht mit dem Bestreben, zu einem besseren wechselseitigen Verständnis zu führen. Keineswegs aber sind seine Erzählungen aus dem estnischen Dorfleben (*Das Estnische Bauernbuch*, 1925; *Menschen des Nordens*, 1927; *Die Tochter des Geizhalses*, 1927) rosarot geschönte Idyllen. Verständnis läßt sich nur erwarten, wo mit offenen Karten gespielt wird. Bei aller Sympathie für das nunmehrige Staatsvolk schildert Zoege die Esten ohne Voreingenommenheit in ihrer urtümlichen, instinktiven Eigenart mit ihrer Naturverbundenheit, ihrem Grüblertum, ihrem Aberglauben mit Vorahnungen und Zweitem Gesicht, aber auch ihre Leidenschaftlichkeit, ihre Unberechenbarkeit, Hab- und Besitzgier, grausame Rachsucht und gelegentliche Tücke. Eine düstere Grundstimmung liegt über dieser mystisch-magischen nördlichen Landschaft der Wälder und Moore mit den Geistern der Volksmythologie, die der Weichheit, Offenheit und Lebensfreude weitgehend entbehrt. Kommentierung, Theorie und Moralisieren bleiben draußen, alle Beschreibung wird in objektive Handlung umgesetzt. Es ist unnötig zu wiederholen, daß die Wahl der estnischen Landbevölkerung als Gegenstand ernsthaften Erzählens bei den Deutschbalten damals einigen Argwohn und Bedenken hervorrief und erst nach Jahrzehnten volle Anerkennung fand – ähnlich wie in Westeuropa der Bauernstand erst spät seine volle Literaturfähigkeit errang.

Der estnischen Dorfgeschichte stellt Zoege zwei Familienromane aus dem deutschbaltischen Großgrundbesitzertum gegenüber. Sie kontrastieren enttäuschenderweise auch insofern mit den Dorfgeschichten, als sie rassistische Züge einführen und insbesondere vor Mischehen mit Angehörigen anderer Kulturen und Völker warnen wollen und für die «Reinerhaltung des Blutes» plädieren. Beide spielen zu einer Zeit, da der deutsche Adel noch feudalherrenmäßig auf seinen Rittergütern herrschte, und schildern realistisch-anschaulich die familiären und politischen Gefahren baltischen Schicksals.

Könige der Scholle (1926) überfordert in der Verbindung von Familien- und Zeitgeschichte mit einer Vielzahl von Figuren und Episoden ein wenig die Formkraft des Autors und die Stileinheit des Werkes. Von den beiden Söhnen eines Barons heiratet der eine aus Karrieregründen eine schöne, aber herzlose russische Baronesse, die ihn während seines Fronteinsatzes mit einem früheren Liebhaber betrügt, von diesem ein Kind bekommt und ihn nach dem Tode des Gatten heiratet. Die deutsche Frau des anderen Sohnes dagegen wartet den Krieg über treu auf dessen Rückkehr. Die Verschickung der baltischen Barone durch die Revolution nach Sibirien setzt dem Königtum der Scholle ein Ende. Aus der Familiengeschichte wird eine Lektion von der Not und

Pflicht des baltischen Adels und seines herrenmäßigen Untergangs. Zum Nachteil des Romans jedoch weiten sich die Themen rechte Partnerwahl, Blutsreinheit und «Rassenschande» bis zu einem massiv schwarz-weißen, rassistischen Weltbild mit antirussischer Tendenz und unzulässigen Verallgemeinerungen des Volkscharakters. So wird das Selbstlob deutscher Tugenden auch von Russen bestätigt, während die diffamierende Sicht des russischen Volkscharakters von Deutschen bekräftigt wird. Auch die unverhüllte Blut-und-Boden-Tendenz der Schollentreue und die politisch-nationalistischen Diskussionen und Kommentare ordnen den Roman den «völkischen Romanen» der Zwanzigerjahre ein.

Eine Mischehe und deren Folgen schildert auch der zweibändige Roman *Halbblut* (1928). Ein Baron hat entgegen dem Rat seiner Verwandten eine junge, schöne, doch ungebildete Zirkusreiterin englisch-italienisch-französischer Herkunft geheiratet, die sich bald dem steifen, formbewußten Traditionalisten entfremdet, das Leben auf dem einsamen nordlichen Schloß nicht aushält und ihren Gatten verläßt: Scheitern einer Jugendliebe an unterschiedlichen Temperamenten und Wünschen. Die Konsequenzen muß der anfangs haltlose Sohn Axel, das Halbblut, tragen, der beim Vater bleibt, sich zum baltischen Edelmann entwickelt, frühzeitig eine Baltin heiratet, jedoch im Krieg bei einer halbherzigen Heldentat infolge seines inneren Zwiespalts zwischen den Völkern fällt. Während das im Titel apostrophierte «rassische» Problem nicht voll ausgespielt wird, gibt die Außenseiterstellung Axels Anlaß zur Kritik an Hochmut, Dünkel, Egozentrik, übertriebenem Konservatismus, Traditionsbewußtsein und mangelnder Flexibilität des baltischen Adels.

Nicht «rassische», sondern psychologische Probleme greift die amüsante Erzählung *Tagebuch einer Egoistin* (1927) auf, die in vielen Motiven, nicht nur im Namen der Heldin und in der Monologform, an Schnitzlers Monolognovelle *Fräulein Else* anklingt: In der Ich-Form des Tagebuchs entpuppt sich bis in den Stil hinein die arrogante, selbstsüchtige, narzißtisch von der eigenen Schönheit überzeugte «wunderschöne Elsa». Von den Huldigungen und den permanenten Heiratsanträgen eines abstoßenden «kleinen Barons» gelangweilt, schreckt sie zwei Liebhaber durch Hochmut und Armut ab und muß schließlich doch dem «kleinen Baron» ihr Jawort geben. Auch dies eine Kritik an gefährlicher Selbstüberschätzung.

Der kritisch-humanitären Haltung Zoeges nahe steht der Architekt und Schriftsteller Max Alexis Baron von der ROPP (1876–1940) aus Kurland, der sein Leben als Farmer in Südwest-Afrika beschloß. Er schrieb nur einen «baltischen Zeitroman» *Elkesragge* (1907), der im ersten Teil die Hof- und Familiengeschichte der von Dohlen auf Elkesragge von 1844 bis 1905 erzählt und dabei in Motiven wie Partnerwahl, Mesalliancen, Sonderlingen und Schwächlingen entfernt an Thomas Manns *Buddenbrooks* anklingt. Der gleich starke zweite Teil umfaßt nur das Revolutionsjahr 1905, in dem Alexander von Dohlen das Schloß gegen die Revolutionäre verteidigt, jedoch trotz des versprochenen freien Abzugs ermordet wird. Seine Frau steckt daraufhin das verriegelte Schloß mit den Betrunkenen als Siegesfeuer in Brand. Hauptthema des Romans ist jedoch nicht die Familiengeschichte, sondern Alexanders Verständnis für das Freiheitsstreben der lettischen Bauern und seine Einsicht in das schuldhafte Versagen der baltischen Grundherren, das lettische Volk geistig und materiell zu heben, Verständnis für seine Volkskultur und seine Denkweise zu entwickeln und es zivilisatorisch zu beeinflussen. Solches Verständnis abseits der verbreiteten Tendenzliteratur sichert den Rang des Romans.

Es mag vermessen erscheinen, einen Autor, der im zarten Knabenalter von zwei Jahren das Baltikum für immer verließ und deutsche Schulen und Universitäten besuchte, ohne je in seine Geburtsstadt Dorpat zurückzukehren, als baltischen Schriftsteller zu bezeichnen. Aber wenn derselbe Schriftsteller von den Balten zu den Reichsdeutschen, von den Reichsdeutschen zu den Balten gezählt wird und sich quasi im Niemandsland befindet, sollte man vielleicht verhindern, daß er durch die bürokratischen Maschen der Literaturgeschichte fällt, und ihn hier wenigstens kurz streifen. Herman Anders KRÜGER (1871–1945) aus Dorpat besuchte schlesische Herrnhuter-Schulen, theologische Seminare und die Universität Leipzig, war Lehrer, nach der Habilitation 1905 Privatdozent, 1909–1913 Professor für deutsche Sprache und Literatur in Hannover, 1922 Bibliotheksdirektor in Gotha, 1928 in Weimar, ging somit ganz im deutschen literarischen Leben auf und steuerte manche Arbeiten zur deutschen Literaturgeschichte bei, vor allem sein vorzügliches *Deutsches Literatur-Lexikon* (1914), das die Struktur solcher Werke bahnbrechend prägte und seinen Nachfolgern, darunter auch einem Dorpater Landsmann, als Vorbild diente.

Neben einigen Lyrikbänden und Dramen sowie einer atmosphärisch und psychologisch echten Liebesgeschichte *Sirenenliebe* (1897) steuerte er vor allem mit den beiden pietistisch-religiösen Erziehungsromanen *Gottfried Kämpfer* (1904) und *Kaspar Krumbholtz* (1909 f.) zur Erzählkunst der Jahrhundertwende bei, die neben dem psychologischen Reifungsprozeß der Schüler vor allem Fragen der religiösen Jugenderziehung auf dem Hintergrund der harten Zinzendorf-Schule behandelten, aber mit der Aktualität des Themas bald untergingen. War Krüger auch ein individueller Einzelfall, so beginnt mit ihm um 1900 die Folge baltischer Schriftsteller, die unter dem direkten Einfluß des deutschen Milieus im Reich bessere Schaffensbedingungen erwarteten, ohne indessen ihr Heimatland zu vergessen.

Auch der Rigenser Korfiz HOLM (1872–1942), Sohn der Lyrikerin Mia Holm und vom Vater her Reichsdeutscher («Halbbalte»), kam 1890 noch als Gymnasiast nach Deutschland und studierte 1894–1896 in Berlin und München, das er zum ständigen Wohnsitz wählte. Neben seiner verlegerischen Tätigkeit 1898 als Chefredakteur des *Simplicissimus*, 1900 als Lektor, 1918 Mitinhaber und 1931 Geschäftsführer des Albert Langen Verlags schrieb der Unterhaltungsschriftsteller geistreiche Konversations- und Gesellschaftslustspiele im Stil Oscar Wildes, humorvolle Novellen (*Mesalliancen*, 1901; *Die Sünden der Väter*, 1905) und Romane (*Die Tochter*, 1911; *Herz ist Trumpf*, 1917) mit trokkenem, treffendem, scharfem Witz und eleganter, nie verletzender Ironie, klarem Aufbau, behaglichem Plauderton und feinem Fingerspitzengefühl für Wirkungen. Baltisch mögen der Humor seiner pointierten «Pratchen» und sein behaglicher Spott sein, und Balte ist die Hauptfigur seines Romans *Thomas Kerkhoven* (1906), der anders als Holm aus den Irrungen seines Lebens in der Münchner Bohème in die baltische Heimat zurückkehrt und zu sich selbst findet. Aber er bildet die Ausnahme.

Ebenfalls seit jungen Jahren Exilbalte war Otto Freiherr von TAUBE (1879–1973) aus Reval, der mit zwölf Jahren mit den Eltern nach Deutschland übersiedelte und nach Studium, Reisen und wechselnden Wohnsitzen in Oberbayern eine ihm zusagende Wahlheimat fand, ohne in Leben wie Werk die Verbindung zur alten Heimat, der seine Sehnsucht galt, aufzugeben. Ihm ging es jedoch nicht so sehr wie anderen um ein besseres Verhältnis zu den Esten und Letten – dazu war er zu sehr Aristokrat und Ästhet –, sondern im weiteren Rahmen um einen protestantischen Humanismus und eine christliche Weltdeutung, so daß sein anfänglicher Dienst der Schönheit später zusehends einer mehr ethischen Haltung Raum gibt.

Von Taubes lyrischer Sprachkunst war schon die Rede (s. o.). Als traditionsbewußter Erzähler in nüchtern-sachlicher Sprache neigt er zum historischen Roman aus baltischem und deutschem Bereich, insbesondere vom Untergang alter Adelsgeschlechter, und zu meisterhaften, teils phantastisch-grotesken Novellen, die im anekdotischen Erzählstil Kleists teils ins Romantische, Satirisch-Humorvolle oder – darin durchaus baltisch – ins Übersinnlich-Gespenstische übergreifen. Das Spätwerk umfaßt u. a. zwei aufschlußreiche Memoirenbände (*Im alten Estland*, 1949; *Wanderjahre*, 1950) und geistliche Schriften.

Das Romanwerk beginnt mit dem handlungsarmen lyrischen Roman eines baltischen Adligen *Der verborgene Herbst* (1913), der in einer Technik mosaikartig zusammengesetzter Einzelheiten ein Charakterbild des jungen, doch vom Déjà-vu enttäuschten, blasierten Studenten entwirft, den die auch Hofmannsthals Figuren eigene Lebensmüdigkeit zum ersehnten Tode führt. Der Roman enthält u. a. eine scharfe Kritik des «entarteten» Korpsstudententums.

Die Löwenprankes (1921) schildert den Niedergang eines norddeutschen oder baltischen Adelsgeschlechts mit Anklängen an Thomas Manns *Buddenbrooks*. War dort der Niedergang einer bürgerlich-patrizischen Kaufmannsfamilie bestimmt durch zunehmende Vergeistigung, besonders die Musik, so sind es hier die Freizeitgesellschaft ohne Aufgaben und Musikliebe, die zu mangelnder Lebenstüchtigkeit führen. Doch Taubes Generationsroman endet zugleich positiver und negativer: Gustav Löwenpranke findet seinen Adelsstolz wieder, und seine Söhne überwinden den Verfall. Gustavs sippenstolzer Bruder Caì dagegen tut das Seinige, dem Verfall zu wehren, indem er auf der Jagd seinen unwürdigen Schwager erschießt, um seiner Schwester zu einem besseren Leben zu verhelfen: letzten Endes doch bedenkenlose und verbrecherische Auslegung vermeintlicher Sonderrechte des Adels, durch maßloses Selbstbewußtsein umgedeutet.

Der in Hessen angesiedelte nächste große Roman *Das Opferfest* (1926) wirkt wie eine Satire auf die übertriebene Deutschtümelei der Zeit und deren Flirt mit der germanischen Götterwelt und deren Kultformen. Der Sohn eines kräftigen, patriarchalischen Pfarrers lehnt sich in wirklichkeitsfremder Überheblichkeit gegen die vernünftige religiöse Tradition auf, wandelt die väterliche Kraftnatur in unechte Germanophilie, spielt den germanischen Heiland, gewinnt politischen Einfluß, gründet mit Hilfe habgieriger Spekulanten zur Rettung des Vaterlands eine neue Siedlung und läßt dieses Unternehmen in einem tragisch-grotesken Opferfest des Götterkults gipfeln. Der Roman überzieht mit bitterbösem Spott und befreiendem Humor die Auswüchse einer unechten Deutschtümelei, wie Taube sie z. T. in der Jugendbewegung der zwanziger Jahre vorfand. Im Rückblick jedoch wirken viele Motive wie Vorwegnahmen heidnisch-germanischen Übermuts und Sendungsbewußtseins der dreißiger Jahre. Es wird verständlich, warum dieser Roman nicht im Baltikum spielt.

In gewissem Sinn ein Gegenstück zum *Opferfest* bildet der Roman *Die Metzgerpost* (1936). Wo dort arrogantes Aufstreben die Triebkraft war, erscheint hier, im Schwaben des 17. Jahrhunderts, bescheidenes Zurückstecken der Lebensziele, verbunden mit einer Kritik am Bildungsdünkel des Stubengelehrten und einem Lob schwäbischen Handwerks. Der schwäbische Pfarrerssohn, vom Vater auf ein Theologiestudium vorbereitet, besteht gegen den Willen des Vaters darauf, Metzger und damit nach dem Usus der Zeit zugleich Postreiter zu werden. Er entflieht zu diesem Zweck dem Elternhaus, während der Metzgerssohn sich zum standesbewußten Stubengelehrten entwickelt. Dies ist keine Parodie des Bildungsromans oder eine breit ausgemalte kuriose Geschichte eines ungewöhnlichen Ereignisses ohne Deutung, sondern ein Beispiel für die Gleichheit der Menschen ungeachtet ihrer Herkunft.

Den Romanen stehen bei Taube gleichwertig und stilistisch oft noch ausgefeilter die Novellen und Erzählungen zur Seite. Sie gliedern sich in historische Erzählungen wie *Baltischer Adel* (1932), *Das Ende der Königsmarcks* (1937) mit dem stilistischen Bravourstück der Titelerzählung, *Die Wassermusik* (1948) und Erzählungen von Spuk und Übersinnlichem wie *Der Hausgeist* (1931), *Der Fluch über Luhsen* (1939) oder *Von Spuk und Traum* (1940), mit denen Taube der Heimat und deren Lesevorlieben eine Reverenz erweist. Mit seiner männlichen, adligen Gesinnung, seinem strengen, doch gütigen Wesen und seinem lebendigen, weisen Werk, ob nun im Baltikum oder anderswo angesiedelt, hat Otto von Taube der baltischen Literatur in Deutschland, anfangs für einen kleinen Kreis, eine künstlerische Wirkung von Rang verschafft, die andere noch erweitern sollten.

Herbert von HOERNER (1884–1950) aus Kurland, dessen Leben seit seiner Studienzeit einem ständigen Wechsel von Kurland und Deutschland, von Künstler (Zeichenlehrer, Porträtmaler) und Offizier (russischer Wehrdienst, baltische Landeswehr, deutsche Wehrmacht) unterworfen war, fand eigentlich erst in den dreißiger Jahren als Zeichenlehrer in Görlitz zu intensiverem literarischen Schaffen. Seine Themen wie Landschaft, Heimat, Schicksal und Bewährung stehen dem Zeitgeschmack nahe, doch sein Zug zum Übersinnlichen, zur symbolischen Darstellung, seine auch in der Lyrik bewährte Formkunst und die atmosphärische Dichte und dramatische Zuspitzung seiner Novellen, die das Hintergründige durchscheinen lassen, machen ihn zum Meister der Novelle im baltischen Milieu. Menschliche Bewährung auch im Unergründlichen steht im Zentrum seiner klaren und durchsichtigen Novellenkunst um unerhörte Begebenheiten.

Die Kutscherin des Zaren (1936) ist eine meisterhafte, humorvoll, anmutig und leicht ironisch erzählte Novelle, in der der Glaube an göttliche Hilfe die als Kutscher verkleidete Baronesse ein wagemutiges Unternehmen bestehen läßt. In *Die dritte Kugel* (1937) erwächst aus einer übermütigen studentischen Anrempelei der Beleidigte zu einer unheimlichen Schicksalsgestalt, dessen Rache den Beleidiger in Furcht versetzt, bis die Liebe und die Übernahme ethischer Verantwortung ihn vom drohenden Duell befreien. *Der große Baum* (1938) symbolisiert unergründliche Beziehungen von Mensch und Natur, wenn eine umstürzende Kiefer das verirrte Schloßkind in einer Sturmnacht vor dem Tode bewahrt. In dem an Storms *Schimmelreiter* gemahnenden kleinen Roman *Der graue Reiter* (1940) schließlich warnt ein geheimnisvoller, unheimlicher Reiter den Bauern vergeblich vor dem Frevel an einer Ruine; der habgierige Dieb findet den Tod im Strom. Der Verbindung neuer, baltischer Stoffe mit spannendem Erzählstil und Andeutungen des Unheimlichen verdankt Hoerner seine erzählerische Meisterschaft.

Die wohl größte Steigerung des Unheimlichen brachte das Erzählwerk des Rigensers Bruno GOETZ (1885–1954), der seit der Studienzeit 1904 meist im deutschen Bereich und in Italien lebte. Auf den Kapitänssohn mag anfangs das Seemannsgarn im Elternhaus eingewirkt haben, aber der sonst traditionelle Erzähler, Dramatiker und Lyriker (s. o.) mit Nähe zum George-Kreis begnügte sich nicht mit dem baltischen Hang zum leicht ironischen, mit Humor, Wärme und zuchtvoller Klarheit erzählten Übersinnlichen. Er machte daraus – und das ist nun gar nicht baltisch – eine metaphysische Weltanschauung, oder noch schlimmer: er benutzte die Literatur zur Illustration seiner vorgefaßten Privatmythologie von dämonischen und göttlichen Kräften, die in und mit der Menschheit ringen. Seine kurios-konfuse neue Mythologie verlangt nach einem neuen «Führeradel», der die mythischen Urquellen neu erschließen, die Menschheit vor Entartung und Untergang bewahren und zu einer geistig-seelischen Wiedergeburt führen soll. Seine beiden stilistisch dunklen, expressionistischen Romane *Das Reich ohne Raum* (1919) und *Das göttliche Gericht* (1927) wollen diese Weltverbesserungslehre veranschaulichen und erhalten dazu als Schlüssel die theoretische Schrift *Neuer Adel* (1930) nachgeliefert, überschreiten aber mit wie ohne diese die Toleranzgrenze der Verständlichkeit. Weniger fratzenhafte Wesen bevölkern Goetz' übersinnliche Novellen, die auf das Niveau der gleichzeitigen «unheimlichen Geschichten» im Reich zurückpendeln: *Die Pferde gehen durch* (1938), *Der siebenköpfige Drache* (1948) und *Der Punkt zwischen den Augen* (1948).

Auch der schon als Lyriker (s. o.) erwähnte Mitauer Johannes von GUENTHER (1886–1973), ab 1914 in Deutschland, ein vielseitiger und emsiger Literat, vorwiegend Übersetzer, Nachdichter, Bearbeiter und Herausgeber fremder Werke ohne größere eigenschöpferische Leistung, schrieb drei historische Romane mit Neigung zum Übersinnlichen, zu Alchemie und Astrologie, doch wirkt sein Mystizismus mitunter aufgesetzt und unecht, und seine Vertreter nähern sich weniger einem weltanschaulichen Fixpunkt als dem Betrügerischen und Verbrecherischen (*Martinian sucht den Teufel*, 1916; *Cagliostro*, 1927; *Rasputin*, 1939).

Ebenso fand Siegfried von VEGESACK (1888–1974) aus Livland in Deutschland eine neue Heimat. Er setzte sein in Dorpat begonnenes Studium 1912–1914 in Deutschland fort, wurde im Ersten Weltkrieg Journalist, 1919 Reichsdeutscher und betrieb auf seinem Raubritterturm Burg Weißenstein im Bayerischen Wald Landwirtschaft und Schriftstellerei. Dem Nationalsozialismus zeitlebens fernstehend, suchte er gelegentlich Zuflucht in Schweden und Südamerika.

Vegesack begann als ungleichwertiger Unterhaltungsschriftsteller mit Gebrauchspoesie, humorvollen, idyllisch-ironischen Versen und Rollenlyrik in teils derber, unpoetischer Umgangssprache, Dramen, Feuilletons, pointierten Kurzgeschichten und sogar einem Kriminalroman. Er fand dann seine Stärke in eindrucksvollen, realistisch-prosaischen Schilderungen des eigenen Lebens und seiner sozialen Gruppe: Glück und Wende, Leben und Untergang der Balten aus der Perspektive einer «kleinen baltischen Nebenfigur», d. h. seiner selbst, anschaulich und verständnisvoll, wenn auch in journalistisch-dokumentarischem Stil, ohne Pathos und Anklage, aber auch ohne tiefere Deutung erzählt. Dabei fehlt es nicht an tieferen Einsichten, etwa über das leicht arrogante Verhalten der Balten zu den Reichsdeutschen und umgekehrt («Deutsch-Russen») oder der im Baltikum verbleibenden Balten zu den Rückwanderern («Verräter») oder auch an Kritik am Verhalten seiner Landsleute etwa gegenüber den Letten.

Vegesacks früher semiautobiographischer Roman *Das fressende Haus* (1932) schildert die Schicksale und Probleme eines baltischen Landedelmannes bei seinen landwirtschaftlichen Versuchen um seinen Turm in Bayern. Im Hintergrund steht die Frage nach einer neuen Heimat und der Einordnung baltischer Adliger in das andersartige Milieu bayerischen Bauerntums.

Sein Hauptwerk wird die weitverbreitete Trilogie *Die baltische Tragödie* (einbändig 1937; zuerst dreibändig 1933–1935 u. d. T. *Baltische Trilogie*) von dem Leben, den Menschen und Schicksalen seiner baltischen Heimat. Der erste Band *Blumbergshof* (1933) beschreibt aus der Sicht des verträumten «Jungherrn» Aurel von Heidenkamp dessen Kindheit im altväterlich-patriarchalischen Lebensstil eines livländischen Herrenhauses der Vorkriegszeit mit seinen teils schrulligen, aber liebevoll gezeichneten Figuren, die wie durch eine «Glaswand» von den lettischen Bauern und Dienstleuten getrennt leben. Der zweite Band *Herren ohne Heer* (1934) verfolgt seine Schul- und Studienzeit, die Bedrohungen durch soziale und ethnische Spannungen und die Revolution von 1905 bis zum Ausbruch des Ersten Weltkriegs. Der dritte Band *Totentanz in Livland* (1935) bringt den Ersten Weltkrieg, die Revolution, die Kämpfe der baltischen Landeswehr und des Baltenregiments gegen den roten Terror 1919 und nach dem Scheitern des Freiheitskampfes Aurels Abwanderung nach Deutschland – Ausfluß eines Geschichtspessimismus, den die baltischen Zeitgenossen dem Autor als Defaitismus übelnahmen. Eine Fortsetzung der Trilogie bildet der Roman *Der letzte Akt* (1957) von der Enteignung der baltischen Rittergüter 1917, dem vergeblichen Kampf des Adels um Erhaltung der reduzierten Restgüter und Herrenhäuser und der Umsiedlung ins Reich, die den Heimatverlust abschließt. Die Vorgeschichte der Romanchronik liefert der Band *Vorfahren und Nachkommen* (1960) mit Aufzeichnungen und Dokumenten zur Familiengeschichte aus den Jahren 1689–1887.

Vegesacks Hauptwerk wird umrahmt von einer Vielzahl kleinerer Erzählwerke und Reisebücher wie *Meerfeuer* (1936) vom Sommer in Schweden und den Erzählungen aus Südamerika *Zwischen Staub und Sternen* (1947) sowie einer Fülle leichtgewichtiger Geschichten, Plaudereien, Idyllen, Feuilletons und Kinderbücher.

Frank THIESS (1890–1977), seinerzeit der bekannteste, produktivste und umstrittenste baltische Schriftsteller des 20. Jahrhunderts, erfreut sich bei seinen Landsleuten keiner allzu großen Beliebtheit, und dieses Verdikt ist mit Sicherheit nicht auf die stilistische Feinheit seines dichterischen Schaffens zurückzuführen. Wer tiefer fragt, endet wieder an der Oberfläche: Die Balten konnten es ihm nicht verzeihen, daß er seinen Landsleuten in dem Roman *Die Verdammten* (1923) einen – wenn auch nicht wirklichen, sondern nur literarischen – Inzest untergeschoben hatte. Das war zwar kein Staatsgeheimnis, doch schien es den Schriftsteller zum unmoralischen Gelegenheitsmacher und zum verächtlichen Nestbeschmutzer zu degradieren, den zu lesen sittsamen Menschen, die ja auch keine Krimis lesen, nicht anstand – es sei denn, sie wollten sich darüber entrüsten.

Indessen erreichte die Indignation seiner Landsleute den Autor nur aus der Ferne. Thiess war noch im zarten Knabenalter von drei Jahren 1893 mit den Eltern nach Berlin umgesiedelt, so daß sich die Frage stellen könnte, ob er noch als Balte zu betrachten sei. In der Tat hat sich der Schriftsteller in Deutschland so weit akklimatisiert, daß die wenigsten Leser von seiner baltischen Herkunft wüßten, wären da nicht die baltischen Schauplätze einiger seiner Werke, die natürlich nicht auf den Eindrücken des Dreijährigen, sondern auf späteren Aufenthalten und dem baltischen Milieu der Familie beruhten. Sein Bild des Deutschbaltentums wurde zu einer Zeit literarisch fruchtbar, als dessen Realität in die Vergangenheit versank.

Nach dem Studium in Berlin und Tübingen wurde Thiess statt Schauspieler Soldat, dann 1915–1918 Journalist in Berlin, 1920 Regisseur in Stuttgart, 1921–1923 Theaterkritiker in Hannover und 1923 freier Schriftsteller in Berlin. Obwohl das «Dritte Reich» einige seiner Werke verbot oder Änderungen durchsetzte und sein Werk in einigen NS-Literaturgeschichten totgeschwiegen wurde, entschloß er sich gegen die Emigration, fühlte sich 1945 als führender Vertreter einer «inneren Emigration» und beanspruchte diese Begriffsprägung für sich. Später jedoch diskreditierte er selbst den Begriff in seiner Polemik gegen die Exilschriftsteller, besonders Thomas Mann, denen er das Recht absprach, für Deutschland zu sprechen. Unglücklicherweise manövrierte er sich damit in eine falsche Rolle, die ihn mit der Zeit die Sympathien der Leser kostete.

Frank Thiess ist in erster Linie Erzähler, später auch Kulturhistoriker und kritischer Essayist von scharfem, weltoffenem Intellekt und europäischer Gesinnung. Als Erzähler von kultivierten, sensiblen Romanen und Novellen begann er mit effektvollen Darstellungen psychologischer Konflikte und erotischer Verirrungen vor allem verunsicherter Jugendlicher, die nach Leitbildern gegen die Rationalisierung, Zivilisierung und Entseelung des Lebens in einer Welt der Technik und der Wissenschaft suchen. Als Refugium der Freiheit bietet sich die Welt des Geschlechtlichen an, die über eine schwüle Lüsternheit mit ihren jugendstilhaften, einem pubertären Voyeurismus zuspielenden Nuditäten und Promiskuitäten nach einer metaphysischen Erhöhung strebt. Das anfangs überschätzte, doch stilistisch kraftvollere Frühwerk geht dann über in romanhafte historische Kulturbilder aus Übergangszeiten, die dem sittlichen Verfall des Bürgertums nachgehen und dabei gelegentlich indirekt auf Parallelen im Nationalsozialismus anspielen. Thiess' schriftstellerisches Können, sein Geist und seine Beherrschung der Form stehen außer Frage. Die gelegentlich vermerkte zunehmende Blässe des Stils ist teils dem nüchternen Stilvorbild der Neuen Sachlichkeit, vielleicht aber auch der Überproduktion zuzuschreiben.

Sein Romanerstling *Der Tod von Falern* (1921) erzählt die halb mythische Geschichte einer imaginären belagerten und sterbenden Stadt, in der Hungersnot, Armut, Seuchen und Sittenverfall herrschen. Ein fanatischer Rebell aus dem Volke entmachtet in einer Revolution das weise Oberhaupt, entfaltet aber sofort eigene Machtgelüste und gibt die Stadt dem Terror und dem sittlichen Chaos preis, ohne sie retten zu können. Als Satire auf die gescheiterte Revolution von 1918/19 gedacht, wurde der Roman später teilweise als Vorhersage der NS-Machtergreifung und als Absage an jede Diktatur gedeutet.

Mit *Angelika ten Swaart* (1923) von der Wandlung der zarten, mädchenhaften Frau, deren Angst vor dem Begehren ihres Mannes sich bis zu Abscheu und Haß steigert und erst mit der Geburt eines Kindes zur Gattenliebe läutert, beginnt die Reihe psychologischer Romane um sexuelle Probleme junger Menschen.

Literarischer Erfolg stellte sich erst mit dem aufsehenerregenden, tabubrechenden Roman einer Geschwisterliebe *Die Verdammten* (1923) ein, der neben vielen autobiographischen Zügen auch den Schauplatz und das Milieu von Thiess' Geburtsort aufweist. Die schon erwähnte Empörung der Balten über diese sogenannte Verunglimpfung übersah geflissentlich lange Passagen des Werkes, die Thiess' Hochschätzung und Bewunderung seiner Landsleute aussprachen wie diese: «Die Menschen sind seltsam herb in ihm [Livland], wenig beweglich, spät reifend und von einer verborgenen, heißen Leidenschaft.

Sie haben hohe Stirnen und ein Begehren im Blick, das mehr als Sehnsucht und Wille ist. Sie sind Einzelne, denn jeder stammt von einem Herrensitz. Darum sind sie romantisch und gläubig und Gott nahe. Darum geht jeder seinen eigenen Weg, und wenn er durch Sümpfe und Urwälder führen sollte. Siebenhundert Jahre stehen sie im Kampf gegen eine fremde Rasse. Das hat ihre Geister stählern gemacht und ihre Körper zäh wie Bisamhaut. Vielleicht wird man einmal ihre Schlösser zerstören, ihre Länder verwüsten und sie in alle Welt treiben. Doch niemand wird sie vernichten können. Und so wie jeder Jude den Handelssack seiner verfolgten Vorfahren noch auf der Schulter trägt, so wird jeder Balte noch die Spur einer Krone auf der Stirn tragen» (Ausgabe 1931, S. 203). Weder die versimpelnde Kritik als Sittengemälde vom moralischen Niedergang der baltischen Herrenschicht noch die als Verherrlichung der Geschwisterliebe als Naturrecht treffen das Problem des Romans, indem sie die Autorenintention mit der Selbstsicht der Figuren verwechseln. Zwar gibt es Szenen und Figuren, die – wenigstens für den Geschmack der zwanziger Jahre – erotische Schwüle bestärken, doch der Autor tut viel, das unerhörte Ereignis nicht zum allgemeinen moralischen Gesetz zu erheben.

Der aus Amerika heimkehrende Bruder und die Schwester sehen sich nach 25 Jahren zum ersten Mal, haben also keine geschwisterlichen Gefühle vorbereitet und erkennen mit Freude charakterliche und geistige Gemeinsamkeiten. Die erotische Anziehung wird von beiden zuerst als Verdammnis begriffen, die große Leidenschaft nimmt sich als Schicksal ihr Recht, sie geben ihr nach und finden schließlich zum Verzicht, der nicht aus bürgerlichen Moralbegriffen, ethischer Katharsis oder christlicher Reue abgeleitet wird. Es entspricht vielmehr der Kunst des Erzählers, daß er die Lösung weder durch soziale Druckmittel noch durch moralische Umkehr herbeiführen läßt und damit seine Figuren im Stich läßt. Vielmehr bringt ein Konflikt die Lösung, der mit der Tragödie der absoluten Liebe, mit Inzest, Einsicht oder Schuld in keinem Zusammenhang steht: Bei der Geburt des gemeinsamen Kindes vor die Frage gestellt, ob Mutter oder Kind zu retten sei, entscheidet sich der Bruder, ohne die Schwester zu fragen, für sie. Die Schwester betrachtet den Tod des Kindes als Strafe Gottes; als sie jedoch erfährt, daß es die Entscheidung des Bruders war, ist ihr Vertrauen zu ihm gebrochen, und sie verläßt ihn.

In einer vierteiligen, lockeren Romanfolge, die er 1931 unter dem Titel *Jugend* zusammenfaßte, schildert Thiess mit Offenheit und tiefem Verständnis die Pubertätsprobleme junger Menschen im moralisch verfallenden Bürgertum der zwanziger Jahre, von der heiteren Kindergeschichte *Abschied vom Paradies* (1927) über den Gymnasiastenroman *Das Tor zur Welt* (1926) mit den Jahren der Verwirrung dunkler Triebe, in denen auch die Liberalisierung des Sexus keinen Ausweg bietet, zum vollständigen Chaos bis zum Mädchenhandel in der Abirrung in Lüsternheit, Erotik, Mystik und Okkultismus mit Angst, Todesfurcht und Einsamkeit in *Der Leibhaftige* (1924). Im letzten Band *Der Zentaur* (1931) nach weiterem sittlichen Verfall obsiegt das Ringen der Jugend um eine neue Welt reiner Menschlichkeit mit neuen geistigen und religiösen Zielen, und das hemmungslose Treiben fieberhafter «Entartungen» mündet nach Auslese und Bewährung in ein neues Leitbild des Erfinders und Kämpfers, das allerdings den Zielen des Staats, der sich 1933 das neue Deutschland nannte, nicht allzu fern stand. Auch hier hatte die NS-Literaturkritik an der fratzenhaften Überzeichnung der ersten Nachkriegszeit einiges auszusetzen, ohne zu bemerken, daß der geschilderte Aufstieg aus dem Chaos in neue Ordnungen eigentlich ganz auf ihrer Linie stehen sollte.

Weitere Romane behandeln außergewöhnliche erotische Probleme aus den Tabuzonen stärker unter dem Aspekt der Frau, so *Frauenraub* (1927, verändert 1949 u. d. T. *Katharina Winter*) einen Ehebruch mit Entführung unter Freunden mit der Spannung von Geist und Trieb oder himmlischer und irdischer Liebe. So auch *Johanna und Esther* (1933, verändert 1957 u. d. T. *Gäa*), in deren freizügigen erotischen Beziehungen eine Bauerntochter und eine Großstädterin vom gleichen Mann schwanger werden und darin ein Symbol für die ewige Fruchtbarkeit des Lebens und chthonischer Kräfte sehen, in die der Blut-und-Boden-Mythos der Scholle von weitem hineinleuchtet, ohne das Buch vor dem Verdikt der Nazis retten zu können. Das Inzestmotiv und der Preis der Liebe als Elementargewalt tauchen wieder auf in *Der Weg zu Isabelle* (1934), einem Roman von der leidenschaftlichen Liebe eines Vaters zu seiner nach langer Suche gefundenen Tochter. Diese Liebe erfährt auch keine Einbuße, als sich die angebliche Verwandtschaft als frommer Betrug eines Anwalts herausstellt. *Stürmischer Frühling* (1937) schließlich erzählt von der Liebe dreier befreundeter Studenten – eines Deutschen, eines Franzosen und eines Engländers – zu einer rätselhaften Frau, die ihre geheimnisvolle Vergangenheit ausgerechnet am Schicksalstag von Sarajewo mit in den Freitod nimmt.

Im Laufe der Jahre wandte Thiess sich mehr und mehr dem großen historischen Roman zu, am erfolgreichsten in *Tsushima* (1936), dem halbdokumentarischen, akribisch geschilderten Roman um den Russisch-Japanischen Krieg und besonders die Seeschlacht von 1905, der als unreflektierter, vorwärtsdrängender Tatsachenroman ein Bild männlicher Haltung auf verlorenem Posten gibt. Weit entfernt von den lügnerischen Durchhalteparolen eines späteren, verbrecherischen Regimes, ritterlich in der Haltung und sachgerecht bis in die Fußnoten, Quellen- und Literaturangaben hinein, erhebt der Roman die Führer des Kampfes auch nicht zu Übermenschen und zeigt entgegen der Zeittendenz Sympathien für die russischen Menschen. In seiner nüchternen Objektivität wurde er bald zum Vorbild historischer Tatsachenromane auch anderer Autoren.

Die Reihe monumentaler Geschichtsromane wird fortgeführt im «Roman eines Jahrtausends» *Das Reich der Dämonen* (1941), einem mehr essayistischen Überblick über die Weltgeschichte in der Abfolge führender Reiche von Hellas bis Byzanz, der die Völker und Staaten in Entstehung, Wachstum und Tod Organismen gleichsetzt und in verdeckter Form gegen Tyrannei und Totalitarismus Stellung nimmt. Entsprechend verhängte das NS-Regime ein Besprechungsverbot und verlangte eine Umarbeitung. Die Reihe endet mit den monumentalen Biographien der Herrscher Ostroms *Die griechischen Kaiser* (1959) mit dem Untertitel «Die Geburt Europas».

Der Künstlerroman *Caruso* (II 1942–1946) und drei schwächere Gegenwartsromane mit kriminellem Hintergrund (*Die Straßen des Labyrinths*, 1951; *Geister werfen keinen Schatten*, 1955; *Sturz nach oben*, 1961) sowie eine Reihe von Novellenbänden runden das wohl umfangreichste Erzählwerk eines baltischen Autors ab, das in der Vielzahl der Themen zwar nicht immer gleichwertig, doch immer spannend und lesenswert ist und, stilistisch wie gehaltlich eher konservativ, aber weltoffen und vorurteilsfrei, in einer Welt voller Vorurteile steht.

Ein Vergleich der beiden bedeutendsten und fast gleichaltrigen baltischen Erzähler des 20. Jahrhunderts Thiess und Bergengruen erweist eine Reihe von Parallelen wie die durch die Russifizierung bedingte Übersiedlung ins Reich im Schulalter, die zeitweilige journalistische Tätigkeit, die bleibende Verbundenheit mit dem Baltikum und eine langanhaltende Wirkung weit über den baltischen Raum hinaus. Er erweist aber gleichzeitig auch eine Reihe von Gegensätzen, die geeignet sind, die Spannweite der baltischen Literatur in der ersten Jahrhunderthälfte zu erhellen.

Ist Frank Thiess in erster Linie weltmännischer Romancier mit weltlichen, durchaus diesseitigen, meist modernen und psychologischen Themen in übersichtlich gebauten, aber nicht immer formstrengen Romanen, so gilt Werner BERGENGRUEN (1892–1964) als Meister der formstreng gebauten, pointierten und symbolischen Novelle, deren Aufbau auch die Struktur seiner Romane bestimmt, und seine Stoffe entspringen seltener der Gegenwart als der Historie und finden ihre Einheit in einem christlichen Glauben an die trotz allem im Grunde «heile Welt», greifen also über die psychologischen Lösungen bei Thiess hinaus.

Der Rigaer Arztsohn Bergengruen kam mit den Eltern zwölfjährig 1904 nach Deutschland, blieb aber zeitlebens auch durch sein Werk in vielfältigen Bezügen dem Baltenland verbunden. Er diente 1914–1918 in der preußischen Kavallerie, 1919 in der baltischen Landeswehr, wurde 1920 Journalist und 1924 freier Schriftsteller in Berlin, München-Solln, Achenkirch/Tirol, Zürich, Rom und Baden-Baden. Traditionsbewußtsein und christlich-humanitäre Gesinnung (1936 Konversion) bestimmten seine Ablehnung des Nationalsozialismus. Sein Roman *Der Großtyrann und das Gericht* brachte 1937 seinen Ausschluß aus der Reichsschrifttumskammer als «nicht geeignet, durch schriftstellerische Veröffentlichungen am Aufbau der deutschen Kultur mitzuarbeiten», jedoch erfolgte kein allgemeines Publikationsverbot.

Bergengruen bezeichnet sich gelegentlich – paradox für einen Schriftsteller – als «mündlichen Menschen», dem Erzählen ein Urbedürfnis ist, und dasselbe trifft auf die Figuren seines Erzählwerks zu. Der Erzähltrieb vieler Balten, etwa in den langen Winternächten am Kamin, spiegelt sich in seinem Werk, abgesehen von der Lyrik (s. o.), in vielfältigen Stilen und Formen vom Märchen über die Gespenstergeschichte und Anekdote, die schlichte, einsträngige Erzählung und das Reisebild bis zur Novelle im Stil der italienischen Renaissance und schließlich zum Roman, der meist historischen oder erfundenen Stoffen mit novellistischem Kern eine überzeitliche Geltung gibt. Dabei können sich Mystik und Realistik, scharf gesehene Wirklichkeit und Unwirklich-Übersinnliches im gleichen Text gegenüberstehen, kann der Erzählfluß aus dem Menschlich-Irdischen ins Übersinnliche vorstoßen und die erzählte Welt durchsichtig werden für den Eingriff geheimnisvoller, übersinnlicher Gewalten ins Menschenleben. Der Erzähler sieht sich als Künder der «heilen Welt» und Offenbarer ewiger Ordnungen, verbindlicher göttlicher Gesetze, die der Mensch oft nicht erkennt. Insbesondere in der Novelle bändigt die strenge, klassische Form das Maßlose der andrängenden Welt in künstlerische Zucht und formt die unerhörte Begebenheit, das außerordentliche Ereignis, ins Gleichnishafte. Nicht das Sensationelle schafft die Kunst, sondern das Bedeutende, an dessen Wendepunkt in einer «metaphysischen Pointe» die gottgegebene Ordnung und deren ewig gültige Gesetze sich offenbaren. Oft sind Gegenstände, Dingsymbole, das Hauptmotiv wie in Boccaccios Falkennovelle und begleiten den Erzählfluß. Als speziell baltischer Beitrag mag dabei Bergengruens von der Romantik beeinflußte Vorliebe für unheimliche Begebenheiten, unerwartete, geheimnisvolle Wendungen, Spukhaftes, Gespenster, seltsame Käuze, Sonderlinge und skurrile Charaktere angesehen werden. Auch sie stehen ebensowenig im Gegensatz zu Bergengruens christlichem Weltbild wie die Vertreter okkulter Geheimlehren, Astrologen, Wahrsager, Magier, Alchimisten und heidnischen Grübler, da sie in dieser Welt vorfindbar sind und dem Drang zum Übersinnlichen, ob zu Recht oder nicht, entgegenkommen. Auf einer höheren gehaltlichen Ebene beschäftigen Bergengruen insbesondere solche immateriellen Themenkomplexe, die auf einer Dreiheit von Mensch – Mitmensch – Gott basieren und nach irdischer oder göttlicher Lösung verlangen: Schuld und Sühne, Unrecht und Gerechtigkeit, Macht und Unterdrückung, Furcht und ihre Überwindung.

Schließlich aber ist Bergengruen nicht nur der katholische Musterschüler, als den ihn die Öffentlichkeit zeitweilig sah, sondern gerade auch wegen seines Vertrauens auf die heile Welt ein Autor von hintersinnigem Humor, groteskem Witz, Schüttelreimen und dem typisch baltischen Wortwitz, dessen Wortspiele und Sprachspielereien eigene Bände füllen. Nach dem Zweiten Weltkrieg neben Ernst Wiechert einer der meistgelesenen deutschen Autoren, geriet er erst mit dem Aufkommen neuer, selbstbewußter Tendenzen bei der jungen Generation als konservativer Klassizist der Vätergeneration in den Hintergrund der literarischen Szene, was seinen Rang nicht innerhalb der baltischen, wohl aber der deutschen Literatur eingrenzt.

Bergengruens Anfänge verleugnen in ihrer Mischung von Phantasie und Wirklichkeit nicht den Einfluß der deutschen Romantik, insbesondere E. T. A. Hoffmanns, über den er eine Studie veröffentlichte, und Jean Pauls. Im abenteuerlich-romantischen, phantastisch-okkulten Studentenroman *Das Geheimnis des Atum* (1923), wie bei Hoffmann in «Nachtwachen» gegliedert, wird ein ruhelos wilder Student von einem Professor in die geheimnisvollen Zusammenhänge der Natur eingeführt und jagt nach den Siebenmeilenstiefeln. Übernatürliche Ereignisse in nüchtern-sachlicher, selbstverständlicher Darstellung erscheinen ebenso im Novellenband *Rosen am Galgenholz* (1923), der laut Untertitel «Geschichten vom anderen Ufer» sammelt. Sie berichten von Schatzsuchern, Werwölfen, erblichen Henkersfamilien, teuflisch schönen Frauen und ausweglos gespenstischen Reisen, deren übersinnliche Gewalten auf bewährte Muster zurückgreifen und als ganz selbstverständlich dargestellt werden. Höhepunkt dieser Spuk- und Gespenstergeschichten bildet das – zeitweise zurückgezogene – *Das Buch Rodenstein* (1927) von den etwas schaurigen Burgherren germanisch-heidnischer Machart im Odenwald, die wegen unabgeschlossener Rechnungen nicht zur Ruhe kommen, sich aufs Spuken verlegen und den Menschen der Umgebung Gespensterfurcht und Schrecken einjagen.

Während Bergengruen die früheren übersinnlichen Erzählungen später verwarf und nur *Das Buch Rodenstein* 1951 wohl wegen der folkloristischen Basis erneuerte, erlebte das Hauptwerk dieser okkultistisch-spiritistischen Periode, der Roman *Das große Alkahest* (1926), unter dem Titel *Der Starost* 1938 eine leicht veränderte Neufassung. Wo jedoch in den früheren Erzählungen der Erzähler seine Vorliebe für Übersinnliches und Unheimliches bekundet und auf seine Leser zu übertragen versucht, lebt hier der Glaube an okkulte und spiritistische Kräfte nur im Geiste einer Romanfigur, und nicht der sympathischsten, so daß der Leser auf Distanz gehalten wird. Der Roman spielt im 18. Jahrhundert großenteils auf baltischem Boden. Ein selbstherrlicher, gewalttätiger kurländischer Edelmann unternimmt mit allen Mitteln verzweifelte Versuche, seinen einzigen Sohn zurückzugewinnen, der vor dem Vater geflohen, auf Abwege und bei Hofe in den Bann einer leichtfertigen Schauspielerin geraten ist und damit die vorgegebene väterliche Ordnung zerstört hat. Nach vergeblichen Intrigen gerät der Vater in Abhängigkeit von einem hergelaufenen Dunkelmann, Frömmler, Heuchler und Alchimisten, der sich bald als Betrüger herausstellt. Übermächtige Sehnsucht des verwitweten Edelmanns nach seinem Sohn hatte den rechtlich denkenden, mit unnachsichtiger Strenge auf Ordnung haltenden Vater zum Glauben an den Schwarzkünstler, zur Aufgabe seiner Prinzipien verführt und seine Selbstsicherheit zerstört. Mit der Aufdeckung des Betrugs gewinnt er sie, seinen alten Stolz und seine Würde zurück, überläßt den verlorenen, abtrünnigen Sohn seinem Schicksal und schreitet fortan als fast übermenschliches Wesen von heroischer Größe durch seine Lande: Überwindung des eigenen Zweifels, der Schwäche, des Spiritismus und Okkultismus – aber mit welchen Opfern?

Das Zwischenspiel zu den großen Romanen bilden zwei weniger beachtete Romane aus historischen Zeitwenden und ein Gegenwartsroman. *Das Kaiserreich in Trümmern* (1927) aus dem Rom der Völkerwanderungszeit schildert den Aufstieg und Untergang Odoakers, der geborener Herrenmensch, aufrechter Held und Eroberer ist, aber hilflos und unfähig als Regent und Beschützer des Reiches vor diplomatischen Intrigen. *Herzog Karl der Kühne oder Gemüt und Schicksal* (1930, 2. Fassung 1943) beschreibt mit einem Riesenaufgebot von Figuren und in einzelnen, knappen, unzusammenhängenden Szenen den Burgunderherzog als lebensstarken, ehrgeizigen Willensmenschen, den sein glühender Ehrgeiz, seine ungestüme Kraft und seine Unfähigkeit zu warten in den Untergang führen und seinen Plan eines Königreichs von Brügge bis Jerusalem, von Riga bis Trapezunt zunichte machen. Seine ungezähmte Machtgier wird durch die christliche Geduld des Kaisers Friedrich III. überwunden. In den dreißiger Jahren glaubte man, in dem Roman Parallelen zur Zeitgeschichte zu sehen, die jedoch nicht intendiert waren.

Einen Ausnahmefall in Bergengruens Werk dieser Zeit bildet der Gegenwartsroman in Ich-Form *Der goldene Griffel* (1931), der unter Stileinfluß von Dostojewskis *Schuld und Sühne* steht. Die Summe am Schluß des Romans «Er wurde geboren, fiel in Schuld, überantwortete sich der Gnade» könnte in dieser Verallgemeinerung für viele Erzählwerke Bergengruens gelten. Ein ehemaliger Leutnant, jetzt Kassenbote einer Berliner Bank der Inflationszeit mit phantastischen Wunschträumen vom luxuriösen Leben, verzweifelt an seinem Aufstieg in einer korrupten Welt permanenter Unredlichkeit und schreitet zur Selbsthilfe: Ein Zufall ermöglicht ihm die Unterschlagung einer großen Geldsumme. Doch der Verstoß gegen das Sittengesetz, die Angst vor Entdeckung und der Ausschluß aus der bürgerlichen Welt verderben ihm den Genuß des gestohlenen Wohllebens. In der Vorstellung, über ihn werde in höherer Sphäre mit goldenem Griffel Buch geführt, überantwortet er sich der göttlichen Gnade.

Über fünf Jahre schrieb Bergengruen an seinem bekanntesten und meistgelesenen, auch formal geschlossensten Roman *Der Großtyrann und das Gericht* (1935). Er spielt binnen weniger Tage (Einheit der

Zeit) in einem italienischen Stadtstaat der Frührenaissance (Einheit des Ortes), und seine geradlinige, auf einen einzigen Konflikt bezogene Handlung entspricht der erweiterten Novellenform mit dem Wendepunkt am Ende. Eine archaisierende, fast priesterliche Sprache von nüchternem Berichtstil bildet das Gegengewicht zur bewegten Handlung, die Techniken des historischen Romans, des Detektivromans («Whodunit») und der christlichen Parabolik vereint. Nach dem Motto «Ne nos inducas in tentationem» (Führe uns nicht in Versuchung) und laut Präambel handelt er «von den Versuchungen der Mächtigen und von der Leichtverführbarkeit der Unmächtigen und Bedrohten».

Die Stadt Cassano wird in Aufregung und Verwirrung gestürzt, als der Großtyrann vom Polizeichef Nespoli verlangt, raschestens einen in seiner Nähe begangenen geheimnisvollen Mord aufzuklären. Ein Netz von Lügen, Intrigen, Verdächtigungen, Beschuldigungen, Denunziationen und falschen Alibis zieht sich um die Bürger zusammen. Um die Stadt von der Wirrnis und der vergifteten Atmosphäre zu reinigen, bezichtigt sich ein christlich reiner Tor, der Färber Sperone, fälschlich der Tat und führt damit die Aufklärung herbei: Der Großtyrann selbst verübte den politisch gerechtfertigten Mord, verheimlichte seine Tat und setzte in überheblicher Versuchung das «Prüfungsverfahren» seiner Untertanen in Gang, um ihre Antriebe, ihre Leidenschaften und ihre Verführbarkeit kennenzulernen. Er wollte damit seine Macht auch auf das Innere seiner Untertanen ausdehnen, erkennt schließlich in seinem Handeln die Erhebung über die einem Christen gebotene Demut und die Versuchung der Gottgleichheit, der er erlag, als Sünde, bekennt seine Schuld, und das gegenseitige Schuldbekenntnis führt alle Beteiligten zum Bewußtsein ihrer Verführbarkeit und ihrer Unvollkommenheit und damit zum demütigen Glauben.

Die Rezeption des Romans bei Erscheinen enthüllt die Komplexität des Themas. «Das ist *der* Führerroman der Renaissancezeit», verkündete groteskerweise der *Völkische Beobachter*, und Alfred Rosenberg, der Balte, lobte das Buch. Es folgte die Ernüchterung: Kleinere Zeitbezüge mögen sich unbeabsichtigt eingeschlichen haben, waren aber nicht beabsichtigt. Die von den Zeitgenossen gesuchten Parallelen zu Hitler erwiesen sich als Irrtümer, denn der Großtyrann ist ein intelligenter, gebildeter, rechtlich denkender Politiker, der einer Selbsterkenntnis seiner Schuld und seelischer Umkehr fähig ist. Auch ist der Roman kein Schlüsselroman gegen die Diktatur, er bietet kein Bild aktiven Widerstands, denn Sperone ist kein politischer Gegenspieler des

Großtyrannen, und seine Selbstbezichtigung führt nicht zum Widerstand, sondern lenkt geradezu von ihm ab. Bergengruens literarisches Meisterwerk ist deswegen weder höher noch niedriger zu bewerten: Es steht nicht ganz außerhalb zeitgeschichtlicher Fragen, es löst sie nicht in politischen Parallelen, sondern bleibt gerade deswegen ein zeitlos gültiges, menschliche Tiefen auslotendes Werk christlicher Weltsicht.

Bergengruens zweiter großer Roman *Am Himmel wie auf Erden* (1940) steht unter dem Motto «Fürchtet euch nicht» und behandelt das Thema der Furcht von Menschen in Grenzsituationen. Auch dieser umfang- und figurenreiche historische Roman läßt im breiten Zeitbild eine novellistische Grundstruktur mit Wendepunkt und christlicher Lösung erkennen. Carion, der Hofastrologe des Kurfürsten Joachim I. von Brandenburg, hat diesem für den 15. Juli 1524 eine große Sintflut errechnet, die die Zwillingstädte Berlin und Kölln und Teile Brandenburgs bedrohe. Um Unruhe, Panik und Massenhysterie zu verhüten, verfügt der Kurfürst absolute Geheimhaltung und erläßt eine Reihe von Verboten der Ausreise, des Bootsbaus u. ä., deren Wirkung trotz drakonischer Strafen jedoch ins Gegenteil umschlägt, als Gerüchte umlaufen und falsche Propheten auftreten. Furcht ergreift auch höfische Kreise: den Kammerjunker Ellnhofen, der seine Braut in Sicherheit bringen will, zeitweise Carion selbst und auch den Kurfürsten, der sich halb widerwillig überreden läßt, an besagtem Tag mit seiner Familie und Gefolge eine «Besichtigung» des Tempelhofer Berges zu unternehmen. Unter dem finsteren Himmel und furchtbarem Gewitter breiten sich Weltuntergangsstimmung, Rebellion, Panik, Plünderung und Mord aus. Da reitet der Kurfürst, der seine Furcht überwunden und seine Pflicht erkannt hat, wieder in Berlin ein und verbreitet bei allen das Gefühl von Trost und Geborgenheit. Anfälligkeit für Furcht als Ursünde und deren gläubige Überwindung im Wissen um den Schutz in göttlicher Fügung heben das Geschehen in die religiöse Sphäre: von der Gottesferne zu neuer Gottergebenheit und Gottvertrauen. Eine Milderung des Themas entsteht dadurch, daß es sich hier nicht wie im *Großtyrann* um eine hybrid-vermessene Prüfung der Menschen durch einen vermeintlich Gottgleichen, sondern nur um eine, und überdies falsche, menschliche Prophezeiung handelte. Eine Umdeutung auf den Zusammenbruch des «Dritten Reiches» ist daher auch hier irreführend.

Den Abschluß der Reihe von Problemromanen bildet *Das Feuerzeichen* (1949) um die Fragen von Recht und Unrecht, Schuld und Sühne, Gerechtigkeit und Gnade. Um seine leichtfertigen Kurgäste aus Seenot zu retten, zündet ein Gastwirt ein Strandfeuer an. Nach erfolgreicher Rettung wird er angeklagt, durch dieses strafbare, gesetzwidrige und vorsätzliche Feuer die Schiffahrt verunsichert zu haben. Er kämpft im Hinblick auf seine Rettungstat wie Kleists Michael Kohlhaas engstirnig um Niederschlagung der Anklage, lehnt eine bloße Begnadigung ohne Freispruch ab, sieht aus seiner Sicht die gerechte Weltordnung wanken, zündet sein Gasthaus als zweites Feuerzeichen an und geht darin in den Tod. Im Hintergrund der breiten Diskussionen steht die These von der Unzulänglichkeit des Menschen und seiner Abhängigkeit von der göttlichen Gnade.

Neben weiteren kleinen Romanen und Erzählungen entfaltet sich besonders in den dreißiger Jahren Bergengruens breites, der Form nach klassizistisches Novellenschaffen, das in Einzelausgaben und Sammelbänden vorliegt. Hier nur die beiden bekanntesten: In *Die Feuerprobe* (1933) kann sich die Frau eines Rigaer Ratsherrn des 14. Jahrhunderts durch das Gottesgericht der Feuerprobe mit dem heißen Eisen, das sie nicht verletzt, vom Verdacht des Ehebruchs befreien: Sie glaubt sich nach Beichte, Reue und Buße schuldfrei. Nach einem Rückfall mit dem wiederkehrenden Geliebten jedoch brennt das Eisen sie bei einer erneuten Probe und zwingt sie zum Schuldbekenntnis: Die einmal gewährte und vermeintlich erzwungene Gnade bleibt dem Wiederholungstäter versagt. *Die drei Falken* (1937), wohl Bergengruens bekannteste und inhaltlich wie formal beispielhafte Novelle, nimmt den Falken wie schon Boccaccios Novelle und Paul Heyses Falkentheorie zum Leitmotiv und Dingsymbol, dessen Charakter den Ausgang bestimmt. Drei wertvolle Falken hat der verstorbene Falkenmeister testamentarisch verschiedenen Erben zugedacht und damit einen Streit zwischen ihnen ausgelöst, der dadurch noch komplizierter wird, daß ein Falke entfliegt, während der Versteigerung der beiden übrigen jedoch zurückkehrt und die Pläne der geldgierigen Erben bedroht. In einem Anflug von Edelmut und aus Abscheu vor dem gierigen Materialismus der Miterben läßt ein Erbe, der hinkende uneheliche Sohn des Falkenmeisters, seinen dritten Falken frei und wird damit dem edlen Tier gerechter als diejenigen, die ihn nur als gewinnbringende Ware betrachten.

Der originellste Erzählband Bergengruens nennt sich *Der Tod von Reval. Kuriose Geschichten aus einer alten Stadt* (1939). Unter dem Motto aus dem *Buch Rodenstein* «Jeder Tod hat sein Gelächter» sammelt er in einem Erzählrahmen acht Geschichten von merkwürdigen Todesfällen, Leichen und Bestattungen, zusammengehalten durch

Raum, Zeit und Thema und mehr durch Scherz und schwarzen Humor als durch Schwermut oder Grauen. Der Tod erscheint hier nicht mehr als grausamer Feind, sondern als friedlicher Lebensausklang, mit dem man vertraulichen Umgang pflegen sollte und der eine Art Ausgleich schafft, indem die Toten nachholen, was sie im Leben versäumt haben. Erzählen, das die Todesangst überwinden hilft.

In ähnlicher Weise, doch ohne personalen Erzähler, sammelt der Band *Zorn, Zeit und Ewigkeit* (1959) eine Reihe stets im Baltikum spielender Spuk- und Gespenstergeschichten, die das Reich des Unheimlichen, Übernatürlichen und Unvertrauten in den Bereich menschlicher Wahrnehmung eintreten lassen, keinen Grusel erregen, doch seine schicksalhafte Bedeutung anerkennen.

Das Hauptwerk von Bergengruens Spätzeit, die Trilogie *Der letzte Rittmeister* (1952), *Die Rittmeisterin* (1954) und *Der dritte Kranz* (1962), läßt den Bewunderer seiner novellistischen Formkunst ein wenig verunsichert, indem sie sich als Durchbruch des Erzähl-, nicht des Formtalents bekundet. Der erste Band bringt anfangs noch die Begegnung des Erzählers mit dem ehemaligen zaristischen Offizier des alten Europa, einer skurrilen Don-Quijote-Figur, Kavalier und närrischer Herr einer versunkenen Zeit zugleich, und läßt ihn seine phantasie- und humorvollen, unterhaltsamen Erzählungen in wechselnden Formen von der Anekdote bis zur Novelle in bunter, assoziativer Folge vortragen. Die späteren Bände lassen eine größere Gesamtkonzeption jedoch schmerzlich vermissen und bieten ein weitgehend unreflektiertes, willkürlich verknüpftes, formloses Erzählen um des Erzählens willen, das zwischen bloßem Geplauder und abgerundeten Einlagen wechselt. Das den Balten nachgesagte Fabulieren des «mündlichen Menschen» kehrt hier nach zeitweiligen Hochformen in seine Urform locker aneinandergereihter Gesprächsstoffe zurück. Der Stoff überwindet die Form.

Mit Stoffen aus vielen Räumen und Zeiten und mit Figuren aus allen sozialen Schichten, vordergründig-weltlichen und hintergründig religiösen Themen schuf Bergengruen ein umfangreiches und vielseitiges Erzählkorpus, dessen Hauptmotiv stets die menschliche Bewährung vor einem Höheren bildet.

Während fast alle der erwähnten Erzähler schon in früher Jugend vom Baltikum nach Deutschland übersiedelten, war angesichts der erst schleichenden und bald offenen Russifizierung und erst recht nach der Gründung der baltischen Republiken der früher starke Zustrom Deutscher ins Baltenland stagnierend und bald rückläufig. Einzige bemerkenswerte Ausnahme unter den Schriftstellern war der Erzähler Edzard SCHAPER (1908–1984) aus dem Bezirk Posen, der nach Aufenthalten in nordeuropäischen Ländern sich 1930–1940 als Schriftsteller und Korrespondent in Reval niederließ, dort eine Baltin heiratete, die Umsiedlung der Deutschbalten 1939 nicht mitmachte, aber dafür 1940 aus seiner Wahlheimat nach Finnland und 1944 weiter nach Schweden fliehen mußte, da er als Korrespondent der United Press sowohl vom deutschen Volksgerichtshof wie von den Sowjets der Spionage verdächtigt und in Abwesenheit zum Tode verurteilt wurde.

Der heute vernachlässigte Erzähler historischer und zeitgeschichtlicher, teils symbolisch überhöhter Stoffe in traditionellen Formen behandelt besonders christliche Gewissensentscheidungen um Freiheit, Gewissen, Glauben und Macht in Grenzsituationen und den Kampf der Kirche mit atheistischen Staaten. Dafür gab ihm das Baltikum mit Motiven wie Grenzland, Grenze, Flucht, Gefangenschaft, überkonfessionellen Glaubensentscheidungen u. ä. entscheidende Impulse, und eine Reihe seiner Hauptwerke ist in Estland angesiedelt, das er als seine geistige Heimat bezeichnete. Auch wenn diese Werke in ihrer symbolischen Überzeitlichkeit an Wirkung auf die Nachkriegsgeneration eingebüßt haben, gehören sie zweifellos der großen baltischen Literatur an, denn literarische Bedeutsamkeit ist unabhängig von modischer Rezeption.

Schapers erster bedeutender Roman *Die sterbende Kirche* (1936) ist der Schwanengesang einer kleinen russisch-orthodoxen Gemeinde in einer nordestnischen Hafenstadt nach 1918, deren Priester Seraphim im Kampf gegen die tödliche Bedrohung seines Glaubens durch die atheistischen russischen Revolutionäre sein Leben verliert. Das ist trotz antikommunistischer Tendenz kein politischer, sondern ein religiöser Roman, dessen Fortsetzung *Der letzte Advent* (1949) das Problem auf russischem Boden fortführt.

Der vielschichtige Roman *Der Henker* (1940, 1956 u. d. T. *Sie mähten gewappnet die Saaten*) schildert den Gewissenskonflikt eines russischen Offiziers deutscher Abstammung, der als Vorsitzender eines Kriegsgerichts im nördlichen Livland nach der estnischen Revolution von 1905 aufständische Esten zu Tod und Verbannung verurteilen muß und dann als legitimer Erbe einer ermordeten Grundbesitzerfamilie den Anfeindungen und Racheakten der Esten ausgesetzt ist, bis er seinem Hauptgegner die Hand zur Versöhnung reicht: eine christliche Entscheidung zwischen Pflicht und Gewissen, Schuld und Versöhnung.

Stern über der Grenze (1950, zuerst 1937 u. d. T. *Semjon, der ausging, das Licht zu holen* im Inselschiff), eine Weihnachtsgeschichte von der estnisch-russischen Grenze, ist die letzte in Estland entstandene Erzählung, doch auch in späteren Werken kehrt Schaper oft nach Estland zurück. Die historischen Erzählungen *Der Mantel der Barmherzigkeit* (1953) und deren Erweiterung zum Roman *Der Gouverneur oder der glückselige Schuldner* (1954) berichten von Schuld und Sühne, Barmherzigkeit, Liebe und Gnade eines schwedischen Offiziers Karls XII. 1710 in Estland unter dem Gouverneur Patkul, der den unschuldig Verurteilten mit seiner Verlobten entkommen läßt: Amtspflicht und Gerechtigkeit des Gewissens. Der Roman *Die letzte Welt* (1956) greift das Thema der orthodoxen Kirche in Estland nach 1918 wieder auf und läßt einen Bischof für die Erhaltung der Selbständigkeit seiner Kirche zum Märtyrer werden. Der in Polen spielende Roman *Am Abend der Zeit* (1970) schließlich ist die tragische Liebesgeschichte eines estnischen Offiziers und einer polnischen Komtesse vor dem Ersten Weltkrieg.

Es ist über die literarische Leistung hinaus Schapers Verdienst, die baltische Welt mit den Augen eines Gasts und Außenseiters nochmals zu einer Zeit in Erinnerung zu rufen, als die meisten baltischen Schriftsteller bereits nach Deutschland emigriert waren.

Als Abschluß der Tragödien kein Satyrspiel, aber es wäre falsche Scham zu leugnen, daß auch ein (ebenfalls als Lyriker, s. o.) erst nach 1945 hervorgetretener Unterhaltungsschriftsteller wie Walter M. POGGE VAN RANKEN (1913–1982), Journalist, Redakteur und Verlagsleiter, der baltischen Literatur zuzurechnen ist. Eher als die großen baltischen Romanciers verkörpert dieser charmant und kultiviert unterhaltende Erzähler mit seinem teils jugendlichen, teils skurrilen baltischen Humor, seiner problemlosen Lebensfreude und seiner zwischen Kasinoforschheit und saloppem Teenagerjargon wechselnden Sprache jene harmlose, mündliche Erzählkunst, die man im Baltikum auch pflegte. Auch seine Figuren, hauptsächlich Junggesellen, Flirts und Schwerenöter, und seine Schauplätze gehen auf baltische Vorbilder zurück (*Der Götze einer Nacht*, 1947; *Die grauen Schläfen des Herrn Johannes*, 1959; *Saschinka*, 1963 u. a.).

Neben den großen Romanciers und Novellisten des 20. Jahrhunderts stehen noch einige Autoren, die kleinere Erzählungen und kurze Prosatexte, meist in geringerer Anzahl, veröffentlicht haben. Zu ihnen gehört der Offizier, Gutsbesitzer und Verfasser historischer Erzählungen Woldemar Freiherr von UEXKÜLL (1860–1952) aus Estland. Er entdeckte auf Reisen in den Kaukasus seine dichterische Begabung und wurde zum Dichter dieses Berglandes, seiner wilden Bergvölker und ihrer Sitten (*Kaukasische Novellen*, 1912; *Der hl. Ilà vom Tpau*, 1912). Weniger erfolgreich war er mit einer Reihe von Dramen aus dem Vorderen Orient und mit einem an der Schwäche der Verssprache verunglückten Versepos *Der Sang von Sosirkò, dem Narten* (1912). Der Dorpater Ewald SIMSON (1869 –?), Völkerrechtler und 1897 Sektionschef im russischen Außenministerium, veröffentlichte harmlose kleine Erzählungen wie *Der Bibliothekar* (1894), *Zwei Novellen* (1909) und *Aus einer kleinen Stadt* (1910). Auch der Rigaer Musik- und Theaterkritiker und Journalist Guido Hermann ECKARDT (1873–1951), seit 1940 in Deutschland, schrieb harmlose Plaudereien, Anekdoten, Gedichte und drei kleinere Romane, deren Wert auf dem Stilistischen beruht, doch liegt seine Stärke eher im geistreichen Feuilleton. Ein Kultbuch baltischer Heiterkeit – um nicht von Humor zu reden – sind die *Edeldreisten Geschichten aus Baltischen Landen* in drei Bänden (*Rodomontaden*, 1927; *Fanfanoraden*, 1928; *Pratchen*, 1943) des Journalisten Hans von SCHROEDER (1879–1968). Obwohl pedantisch dozierend, stilistisch unvorteilhaft erzählt und oft von recht plattem oder ergrautem Witz, werden die Anekdoten von den Balten teils als Selbstbild und Hausschatz verstanden, ohne daß dies ihren literarischen Wert erhöht.

Einen Sonderfall in der baltischen Erzählkunst dieser Zeit nimmt der Rigaer Manfred KYBER (1880–1933) ein, der seit 1900 als Student, Journalist, Verleger und Schriftsteller in Deutschland lebte und nur einmal, ausgerechnet zur bolschewistischen Terrorzeit 1918, kurz nach Riga zurückkehrte. Nicht sein starkes Naturgefühl, nicht seine Liebe zu Tieren und Pflanzen, noch seine Neigung zum Übersinnlichen unterscheiden ihn von anderen baltischen Dichtern; sie zeigen sich, teils in geringerer Intensität, auch bei vielen seiner Zeitgenossen. Aber daß er diese Aspekte unter dem Einfluß der Anthroposophie Rudolf Steiners, dem er 1912 begegnete, zu einer okkultistisch-übersinnlichen Weltanschauung von einem Geheimreich der Brüderschaft aller Geschöpfe, der Gleichzeitigkeit aller Zeiten, der Seelenwanderung und

Reinkarnation zusammenschloß und daß er sie in seine Dichtungen so integrierte, daß diese auch ohne den Zugang zur Weltanschauung verständlich sind, ja vielmehr gerade als phantastisch-poetischer Überbau verstanden werden können, das macht die Stärke dieses Dichters aus. Kein doktrinäres Programm mit Pazifismus, Naturgefühl, Tier- und Naturschutz, Vegetarismus und Verbot der Vivisektion drängt sich auf. Keine okkultistische Geheimlehre von der Aufhebung aller Grenzen von Diesseits und Jenseits, Hier und Dort, Einst und Jetzt, Mensch und Tier, Leben und Tod wird propagiert, sondern alles Übersinnliche wird als schöner poetischer Schein oder gedankliche Möglichkeit, doch ohne Verbindlichkeit hingestellt. Lediglich die Naturferne der modernen materiellen Zivilisation wird als Gefahr für die zukünftige Menschheit angedeutet. Kein Wunder, daß es um den einst vielgelesenen, weisen Skeptiker etwas still geworden ist: Wo Naturliebe zum Zankapfel oder Köder politischer Parteiprogramme wird, verfehlt seine hintergründige Ironie ihre Wirkung.

Manfred Kyber begann 1902 mit neuromantischer Lyrik, ließ schwache lyrische Mysterien- und Märchenspiele folgen, schrieb auch Texte für die Kleinkunstbühnen von E. von Wolzogen und H. H. Ewers und fand dann seine eigene Domäne in naiv-heiteren *Märchen* (1921 u. a.) und scheinbar naiven, doch hintergründigen Tiergeschichten (*Unter Tieren*, II 1912–1926 u. a.) von tiefer Lebensweisheit, Humor, Ironie und teils grotesker Satire. Zwar werden die Tiere mit ihren putzigen Namen in ihrer eigenen Umwelt geschildert und dem Leser liebevoll nahegebracht, doch ein ironisch persiflierender Unterton stattet sie mit menschlichen Zügen und Lastern – oder die Menschen mit tierischen Zügen und Lastern – aus und zeigt kritisch Parallelen zur menschlichen Gesellschaft. Darin berührt sich der baltische Meister der Tierfabel mit dem französischen Meister La Fontaine. Außerhalb der Tiergeschichten stehen Kybers mehr realistische *Nordische Geschichten* (II 1909–1921), seine humorvollen *Grotesken* (1922) und der zarte Roman einer baltischen Seelenwanderung *Die drei Lichter der kleinen Veronika* (1929).

Groteske Erzählungen wie *Der Mörder* (1927) oder *Der Steckbrief* (1943) schrieb auch der Kulturhistoriker Valerian TORNIUS (1883–1970), als Sohn baltischer Eltern in Rußland geboren und seit seiner Studienzeit freier Schriftsteller in Deutschland. Er ergänzte seine flüssig geschriebenen Gesellschaftsbilder, Biographien und Essays aus der Rokoko- und Goethezeit um einfühlsame historische Gesellschaftsromane, die die Ergebnisse seiner Forschungen popularisieren, ohne sie zu verfälschen. Elisa von der Recke, Rembrandt, Iwan der Schreckliche und Mozart erfuhren solche Gestaltung.

Weniger Erzähler als geistvoll plaudernder Essayist und Feuilletonist ist Sigismund von RADECKI (1891–1970) aus Riga, der, seit 1917 in Deutschland, durch seinen Freund Karl Kraus den Weg zur Literatur fand. An scheinbar Belangloses anknüpfend und fast absichtslos leicht weiterplaudernd, stößt er schließlich zu wesentlichen, heiter-philosophischen Lebensweisheiten vor, deren sprachliche Prägnanz ihn zum Meister der kleinen Form, Moralisten, Kulturkritiker und Alltagsphilosophen macht, dessen Allgemeingültigkeit ihn allerdings über speziell baltische Themen erhebt (*Nebenbei bemerkt*, 1936; *Die Welt in der Tasche*, 1939; *Weisheit für Anfänger*, 1956; *Im Vorübergehen*, 1959).

Sensible Stimmungsbilder aus dem ländlichen Baltikum und aus Schweden mit schlichten Figuren lieferte der Kurländer André Baron von FOELCKERSAM (1903–1962), ab 1919 in Deutschland, ab 1937 in Schweden, mit dem Roman *Drei Monde im silbernen Feld* (1934) und der Erzählung *Taimi* (1964).

Eine seltene Ausnahme unter den baltischen Schriftstellern dieser Zeit, die entweder dem Nationalsozialismus oder einem politisch neutralen Konservatismus zuneigten, bildet Alexander Graf STENBOCK-FERMOR (1902–1972) aus einer Familie hoher zaristischer Offiziere und Würdenträger. 1918/19 kämpfte er in der baltischen Landeswehr gegen die Revolutionäre, ging 1920 nach Deutschland, wandelte sich als Bergarbeiter im Ruhrgebiet zum Marxisten, wurde 1933 von den Nazis drei Monate in «Schutzhaft» genommen und ausgebürgert und stieg in der späteren DDR zu Würden und zum Filmautor auf. Als sozialistischer Autor schrieb er eine Reihe von Autobiographien (*Der rote Graf*, 1973), Reiseberichten und Sozialreportagen; als Belletrist verfaßte er drei Erzählbände in knapper, kurzatmiger, reizloser Prosa. Der heimliche Bewunderer aristokratischen Stils hatte selbst keinen. *Das Haus des Hauptmanns von Messer* (1933), salopp in kurzen Sätzen, erzählt episodisch von dem Haus eines baltischen Barons in Mecklenburg, bei dem der Autor 1920–1922 Unterkunft fand: skurrile Episoden und Figuren, grotesk überzeichnete Marotten der Adelskreise, schwankend zwischen Verachtung der Degenerierten und heimlicher Bewunderung ihres Lebensstils. Es folgten als Unterhaltungsliteratur für Frontsoldaten eine «heitere Heidegeschichte» *Schloß Terkaulen*

(1942) in abgehackten Kurzsätzen und nach dem Krieg die melodramatisch-bittersüße Liebesgeschichte *Henriette* (1949). Der literarische Wert tendiert zum Negativen.

Die politische Gegenseite ist literarisch stärker vertreten. In nicht allzu zahlreichen Fällen hat schon der revolutionäre Terror 1917/18 in Estland mit Geiseln, Landwehr, Baltenregiment und Zusammenbruch Schriftsteller über eine antibolschewistisch-antirussische Haltung hinaus als Gegengift der «Bewegung», d. h. dem Nationalsozialismus, in die Arme getrieben. Die Mehrzahl fand erst zur Zeit der Umsiedlung das neue Credo, und zwischen ihr und dem Fronteinsatz blieb allenfalls Zeit für völkische Lyrik (s. o.).

Zu den frühen NS-Konvertiten zählt neben dem völkischen Reporter und Reichsredner Herbert VOLCK (1894–1944) der Schriftsteller Carl von BREMEN (1905–1941), der 1918 nach Deutschland kam, 1923 Teilnehmer am Marsch auf die Feldherrnhalle war, den Weg zur NSDAP und SS fand, im *Völkischen Beobachter* und dessen Eher-Verlag publizierte und in Finnland fiel. Der Haß auf den Bolschewismus und die Bedroher des Auslanddeutschtums entlocken ihm leidenschaftliche rassistische, auch antisemitische und nationalromantische Töne, die die literarische Qualität seines Werkes herabmindern. Ist sein «niederdeutscher Heimat- und Seefahrerroman» aus Mecklenburg *Die Schifferwiege* (1933) in seiner Mischung von Heimatliebe und Abenteuerlust eine Ermutigung zu kämpferischem Bestehen des Schicksals, so wird sein Bild einer baltischen Gutsfamilie aus der Bolschewikenzeit in Estland *Der deutsche Berg im Osten* (1938) stark tendenziös antirussisch und antisemitisch: Der Jude Jacobsohn will im Blutrausch «die germanische Brut» ausrotten. Mit dem Festhalten der Familie am kleinen Restgut als «lebendigem Pfeiler in der Vormauer gegen Asien» und in der Benennung des Revaler Dombergs als «deutscher Berg im Osten» nähert er sich den Klischees der Blut-und-Boden-Literatur mit ihrem Kampf um die Scholle, den Nazi-Deutschland für das Baltikum ein Jahr später aufgab.

Nach der Umsiedlung und dem Zweiten Weltkrieg publizierten die überlebenden, etablierten baltischen Autoren für einen sehr viel diffuser und verstreuter gewordenen Leserkreis weiter. Der Nachwuchs jedoch mit den nach 1939 geborenen Jungautoren ohne Erfahrung vom Leben im Baltenland kann nicht mehr als baltische Literatur gelten. Literatur ist keine Sache des Blutes, sondern einer Lebensgemeinschaft, die für die Balten nicht mehr gegeben ist. Nur ganz wenige noch im

19. Jahrhundert im Baltikum geborene Autoren fanden erst im reifen Alter zur Literatur:

Der Schriftsteller und Journalist Alexis Baron von ENGELHARDT (1868–1954) aus Kurland, ab 1911 in München, veröffentlichte neben historischen Schriften die Anekdoten und heiteren Kurzgeschichten (Pratchen) von Adligen, Pastoren und Professoren in unbekümmertem, fast mündlichem Erzählstil (*Die Kavaliere von Illuxt*, 1949). Auch ein vielseitiger Mann wie der Estländer Walter von WISTINGHAUSEN (1879–1956), Verwalter, Inspektor, Beamter, Schauspieler, Redakteur, Theaterkritiker und Zensor, gelangte erst im Alter zum Schreiben und publizierte Lyrik in der Tradition des Halbdeutschen (*Verwalter Pirk seine Hausboesie*, 1954) sowie heitere kleine Erzählungen aus der Welt der Beamten, Offiziere und Sonderlinge (*Das Gespenst von Pokrowskoje*, 1960), altmodisch in der Form und vertrauenerweckend im Inhalt, besonders den selbsterlebten Gespenstergeschichten in seinen Memoiren (*Aus meiner näheren Umwelt*, Tallinn 1995). Traugott Freiherr von STACKELBERG (1891–1970) aus Reval, der Jahre der Verbannung in Sibirien verbrachte (*Geliebtes Sibirien*, 1951), dort eine ideale sozialistisch-demokratische Gesellschaftsordnung erfuhr und später in Singen praktizierte, sammelte im Alter seine kleinen, schlichten Erzählungen aus Estland und Rußland in den Bänden *Wintererzählungen* (1953), *Cornet der Zarin* (1954) und *Die Bärenkralle* (1956). Sein einziger Roman *Manon de Carmignac* (1952) berichtet in noblem Stil von der großen Liebe eines baltischen Barons und einer Berliner Hugenottin. Hellmuth von ULMANN (1913–1987) aus Reval gelangte über die Musik spät zur Literatur und schrieb in elegantem Stil eine Romanbiographie Prinz Heinrichs von Preußen *Beinahe ein König* (1980) sowie einen unvollendeten autobiographischen Roman *Meisterschüler* (Teildruck in *Toccata des Lebens*, 2004).

Zur reinen Nachkriegsliteratur der zwar noch im Baltikum geborenen, aber erst in Deutschland schreibenden Autoren zählen schließlich zwei Germanisten. Dieter HASSELBLATT (1926–1997), Essayist, Hörspielredakteur und Rundfunk-Abteilungsleiter in München, versuchte im Roman *Aufbruch zur letzten Aventiure* (1963) eine Doku-Montage vom Bild des Schwiegervaters, deren gebrochene Erzählhaltung den Zweifel an der Darstellbarkeit der Wahrheit bekundet. Später von baltischer Literatur durch seine Vorliebe für Science-fiction und Kriminalromane entfernt, schließt er den Ring mit *Am Glint bei Anku-Dranku. Eine Kindheit in Estland* (1991). Der Bochumer Germanist

Gerhard MENSCHING (1932–1992) aus Riga treibt in Grotesken, Humoresken und Parodien ein witziges Spiel mit herkömmlichen Themen, oft erotischen Verwicklungen mit tödlichem Ausgang oder amüsanter Selbstaufhebung der Erzählung (*Rotkäppchen und der Schwan*, 1984; *Die violetten Briefe*, 1989; *Die abschaltbare Frau*, 1991; *Komm rüber*, 1994).

Stärker als zur gleichen Zeit in Deutschland ist in der baltischen Literatur der Anteil schriftstellernder Frauen. Dafür ließen sich mehrere Gründe vermuten, die sich weder empirisch noch statistisch verifizieren lassen. Da ist einmal die allgemein stärker verbreitete Neigung zum Erzählen beim Zusammentreffen von Menschen in dünn besiedelten, einsameren Gegenden, sei es im geselligen Kreise oder in der Zweisamkeit; sodann kommt hinzu die schon erwähnte Gelegenheit zum Erzählen mangels modern langweilender Massenmedien besonders in den langen und zumal den weißen Winternächten. Dieses Erzählen beschränkt sich natürlich keineswegs auf fiktionale Phantasieprodukte, sondern kann durchaus auch jüngste Ereignisse und Stoffe aus der Familiengeschichte einbeziehen, deren Bewahrung und Pflege seit alters den Frauen oblag, während etwa die Orts- und Gutsgeschichte weitgehend männliche Domäne blieb. Schließlich und vor allem aber ist zu berücksichtigen, daß die Deutschbalten zweifellos eine bildungsmäßige Oberschicht mit hohem Freizeitfaktor darstellten und daß diese Bildungsschicht Frauen seit jeher gleichberechtigt einschloß, so daß einfach prozentual mehr Frauen vorgebildet und zeitlich ungebunden genug waren, zur Feder zu greifen und ihre Gedanken und Gefühle schriftlich niederzulegen oder Themen, die ihnen nahestanden, literarisch zu behandeln. Daraus ergibt sich jedoch zugleich auch die Sonderart dieser baltischen Frauenliteratur. Sie hebt sich oft thematisch von der Männerliteratur ab, indem sie eine engere und natürliche, weniger politische, historische oder idealistische Welt zum Gegenstand nimmt, und sie wendet sich bewußt oder unbewußt in Tenor und Thematik stärker an ein gleichgestimmtes weibliches Lesepublikum, dem die angeschnittenen Themen und Motive wie Natur, Landschaft, Familie und Hauswesen am Herzen liegen. Gerade ihre genaue, mitunter penible Beschreibung aber ermöglicht dem Nichtbalten einen besseren Einblick in Wesen, Denkweisen und Alltagskultur der baltischen Gesellschaft. Was die Natur betrifft, ist es z. B. zugegebenermaßen gar nicht so einfach, den entlaubten Ästen im Nebel vor dem Fenster oder dem schräg anpeitschenden Regen neue und sprachlich originelle Formulierungen zu entlocken, aber versucht muß es werden.

Die beschriebene soziale Situation erlaubt es, entgegen gewiß allen modernen Forderungen von Gleichheit und Gleichberechtigung die baltische Frauenliteratur von der Männerliteratur separat zu beleuchten, ohne daß damit negative oder positive Vorurteile verbunden wären. Solche Sonderstellung kann nur durch einen historischen Überblick bewiesen werden.

Ein gutes Beispiel bietet die Sängerin und Gesangslehrerin Monika HUNNIUS (1858–1934) aus Riga, die beim Gesangsstudium in Deutschland 1882–1884 noch Johannes Brahms, Clara Schumann und andere Künstler kennenlernte, 1884 Gesangslehrerin in Riga und ab 1917 vorwiegend Schriftstellerin wurde, im Alter jedoch infolge Nervenleidens und Lähmung ihr Sprachvermögen verlor. Sie begann als bereits alte Dame mit der Aufzeichnung ihrer Erinnerungen, zunächst ohne jeden Plan einer Veröffentlichung, bis ihr Neffe, der Dichter Hermann Hesse, sie zur Publikation ermutigte, ihr einen Verleger gewann und zu ihrem ersten Werk über H. Hesses Großvater *Mein Onkel Hermann* (1921) ein Geleitwort schrieb.

Die kindlich-fromme, warmherzige und liebenswürdig plaudernde Autorin hatte nicht die geringsten Ambitionen, Dichterin zu werden, sondern zeichnete ganz unkritisch und schwärmerisch ihre schlichten Lebenserinnerungen aus der Heimat mit ihren Pastoraten, Doktoraten, Gutshöfen und Schlössern und dem baltischen Familien- und Gesellschaftsleben in anspruchsloser Umgangssprache auf, um ihr nur subjektiv richtiges, doch reichlich verklärtes und «golden» versüßlichtes Bild einer versunkenen Welt baltischen Lebens über die Grenzen der Heimat hinaus zu vermitteln und die Kenntnis baltischen Wesens und baltischer Menschen für künftige Generationen aufzubewahren. Getragen von zart-inniger Heimatliebe, beschwört sie schlicht und bescheiden eine glückliche, schöne Vergangenheit des Alltags- und Feiertagslebens, wie es vielleicht nie war oder längst untergegangen im verklärenden Rückblick erscheint – und wer wäre nicht glücklich, auf eine solche idyllische Vergangenheit zurückschauen zu können? Das erklärt, warum Monika Hunnius ohne jeden literarischen Kunstanspruch und trotz lokaler Begrenzung und gelegentlicher Wiederholungen in den trüben Jahren nach dem Ersten Weltkrieg mit Bänden wie *Menschen, die ich erlebte* (1922), *Mein Weg zur Kunst* (1925), *Baltische Häuser und Gestalten* (1926), *Aus Heimat und Fremde* (1928) und anderen über die Backfischlektüre hinaus eine der bekanntesten baltischen Autorinnen wurde.

Ganz anders lautet das Urteil über die Erzählerin Frances KÜLPE (1862–1936), die als Tochter des englischen Ingenieurs J. B. James und einer Kurländerin in Rußland geboren wurde, seit 1874 in Mitau und Dorpat lebte, 1892 den Pastor Ernst Külpe heiratete und nach dessen Tod nach München und Italien zog. Ihre Romane und Erzählungen wie *Mutterschaft* (1907), *Der Schmerzenssohn* (1909), *Doppelseele* (1910), *Kinder der Liebe* (1912) u. a. um psychologische Probleme wie Elternschaft, Künstlerleben, Verhältnisse, Liebe und Ehe wurden seinerzeit viel gelesen, als bedeutend und talentvoll gelobt und erreichten hohe Auflagen. Doch blieb ihre Psychologie oberflächlich und klischeehaft, die Sprache banal mit «poetischen» Passagen und kitschigen Platitüden. Zwar spielen ihre Romane meist im baltischen Milieu, jedoch ohne daß dies über den Untertitel («Ein baltischer Roman» u. ä.) hinaus greifbar wird. Nimmt man die verworrenen Beziehungen ihrer papierenen und sentimentalen Figuren, Vertreter freier Liebe und uneheliche Kinder, hinzu, so erweisen sich die Werke als bloße Unterhaltungsromane mit vorgeblichem Kunstanspruch.

Auf gleicher Stufe stehen die baltischen Familien-, Hof- und Gesellschaftsromane der außerordentlich produktiven Hedwig von SCHMID (1864–1921) aus Pernau, kurze Unterhaltungsromane mit klischeehafter Schwarz-Weiß-Zeichnung, die z. T. auch in Zeitungen und Zeitschriften erschienen (*Mußliebchen*, 1917; *Hans Joachim*, 1920; *Die Hellbergs*, 1920; *Ein Liebestraum*, 1920; *Haus Heidegg*, 1921 u. a.).

Einen Lichtblick in der Reihe der frühen Erzählerinnen bildet die zu Unrecht vergessene Theophile von BODISCO (1873–1944) aus Reval. Die Tochter des Staatsrats Karl von Wistinghausen und Frau eines hohen Landesbeamten gelangte früh zur Literatur und in literarische Kreise und wurde in Reval und ab 1927 in Deutschland Mitarbeiterin angesehener Zeitschriften. Vielseitig gebildet, von hoher gesellschaftlicher und geistiger Kultur und sicherer Menschenkenntnis, zeichnet sie in ihren Romanen melancholisch verklärt das gesellige und geistige Leben des baltischen Adels und des gehobenen Bürgertums der «Literaten» im ausgehenden 19. Jahrhundert vor der Revolution in traditionellen Formen, klug, ehrlich und mit genauer Sachkenntnis. Nicht so sehr in den äußeren Erscheinungsformen, vielmehr in ihrem Innenleben und ihrer Geistigkeit beschwört sie ohne Schönfärberei eine Gesellschaft von edlem Menschentum und konzentrierter Intelligenz der

Gespräche herauf, die durch die politisch-soziale Umwälzung zerschlagen wurde. Über dem schwebenden Charme der Vergangenheit, deren Basis Toleranz, Ehrfurcht und gegenseitiges Vertrauen bildeten, vergißt sie nicht die Gefahren der abgeschlossenen und überzüchteten Adelskreise. Mit überlegener Sicherheit der Handlungsführung und kultiviertem, mitunter erfrischend altmodischem Stil fern literarischer Moden erweist sie sich als gediegene, selbstsichere Erzählerin von vornehmer Gehaltenheit und hohem Rang.

Bodiscos Erstling *Skizzen* (1895, Pseudonym Magda Kaarsen) sind wenig mehr als Hoffnungen erweckende Stilübungen qualitativ unterschiedlicher Momentaufnahmen der Gefühle sentimentaler junger Mädchen und Frauen in oft ironischen Situationen.

In dem Roman *Das Haus des alten Freiherrn* (1913) – Vorbild ist das großväterliche Schloß Kolk in Estland – versammeln sich alljährlich nahe und entfernte Verwandte zum Sommeraufenthalt auf dem Lande. Die jungen Leute mit ihren Liebesverwirrungen, Egoismen und Resignationen werden durch den weisen Freiherrn von der Verschwommenheit zur Klarheit ihrer Gefühle geführt. In der Kunst der Halbtöne und Andeutungen, der verdeckten, unterdrückten und beherrschten Gefühle und der wortlosen Aussagen zeigen sich Anklänge an die Erzählkunst Theodor Fontanes und Thomas Manns, mit dem auch das zentrale Motiv der Musik verbindet. In der Pflege von Freundschaft, Liebe, Konversation, Dichtung und Musik entsteht ein deutliches Bild der geistigen Kultur dieser baltischen Vorkriegsgesellschaft. Auch ihr zweiter Roman *Das Kirchspiel von St. Lucas* (1915) bietet in drei nur durch die Nachbarschaft verbundenen Handlungen Einblicke in die Gesellschaft der «guten alten Zeit» und das Innenleben ihrer Träger.

Aus einer verklingenden Welt (1921) dagegen spielt in der Kriegs- und Revolutionszeit 1916–1919 und trifft vorzüglich den launig-saloppen Konversationston in den zahlreichen Gesprächssituationen, die die Handlung vorantreiben, sowie die Lebensformen, Kleidung, Gesten, Allüren und Interieurs des baltischen Adels der Zeit und seine Probleme, seine Bedrohung, seine Größe und seine Bewährung. Während in der äußeren Handlung Ehen, besonders deutsch-russische Mischehen, im Vordergrund stehen, die «natürlich» scheitern müssen, steht im Hintergrund die kritische Behandlung von Standesproblemen des Adels: Merkantilismus, lebensfeindliches Rückwärtsgewandtsein, Verfallserscheinungen, Abschließung von den Esten und Deutschtumsbewahrung unter russischem Druck. Alle individuellen Probleme und

Schicksale gehen jedoch unter der Bedrohung durch Revolution und Bolschewikenherrschaft auf im gemeinsamen Schicksal des Baltentums. Die Einnahme Revals durch deutsche Truppen gibt Anlaß zu neuen Wunschträumen von einem deutschen Baltikum, die bei Erscheinen des Romans bereits durch die Gründung der baltischen Freistaaten überholt waren. Anstelle der Befreiung stehen Verzicht, Trauer und die Erkenntnis, daß das Fehlen des freien Lebens und ehrgeiziger Ziele, Unterdrückung und diplomatisches Verhalten das volle Leben begrenzen, das Streben in Eitelkeit verwandeln und die Menschen zu matten, schattenhaften Existenzen erniedrigen.

Der letzte Roman, *Dorothee und ihr Dichter* (1924), greift weiter in die Vergangenheit zurück und zeigt Kotzebue und sein Liebhabertheater am Ende des 18. Jahrhunderts inmitten eines gesunden, biederen Revaler Adels und Bürgertums zwischen Verehrerinnen, Verächtern und Unparteiischen, bei aller oft unkritischen Bewunderung *faut de mieux* jedoch auch im Hinblick auf sein Werk skeptisch beleuchtet und mit feiner Ironie neben ein reizendes kleines Edelfräulein vom Lande gestellt.

Rang, Bedeutung und Gediegenheit des literarischen Schaffens von Theophile von Bodisco lassen sich nur im Vergleich mit den zeitgenössischen baltischen Schriftstellerinnen ermessen und stellen sie weit über diese. Da sind etwa Ludmilla HEYMER (1875–1927), Tochter schwedischer Eltern auf Ösel, seit 1897 meist in Berlin, mit Novellen und Romanen aus livländischer Geschichte und Gegenwart (*Aazo und Linda*, 1902; *Herrenmoral*, mit M. v. Pistohlkors, 1912; *Das Leben auf Schloß Poikül*, 1937), und Anna KATTERFELD (1880–1964) aus einer kurländischen Pfarrersfamilie, ab 1912 Pfarrfrau in Deutschland, mit beinahe 100 Erzählungen, Biographien und Jugendschriften ein Urquell erbaulicher Penetranz.

Daß auch für Pastorentöchter der Traktätchenstil nicht obligatorisch ist, beweist die Erzählerin Elsa BERNEWITZ (1880–1962) aus einer alten Pastorenfamilie in Kurland, die lange in Riga, dann 25 Jahre als Lektorin in München und ab 1950 als freie Schriftstellerin in Oberbayern lebte. Auch für sie ist das Christentum selbstverständliche Kraftquelle, ebenso eine tiefe Liebe zur kurländischen Heimat und ihren Menschen. Das sonst so oft prononcierte Deutschtum weicht hier einem Heroismus der Schwäche, der zwar um der Heimat und des Besitzes willen bis zum letzten zäh durchhält, angesichts der Machtlosigkeit vor dem Tod durch die Revolutionäre jedoch aus Standesbewußtsein und Adelsstolz die adlige, aufrechte Haltung einer Herrenrasse bewahrt.

Ihre zarten, nuancenreichen Erzählungen, besonders Novellen und Schilderungen aus der Revolutionszeit, zeichnen sich durch feine, einfühlsame Motivierung und geradlinige Kompositionstechnik aus. Schon ihr Erstlingswerk, die Erzählungen *Die Entrückten. Geschichten vom Tode* (1927), schildert in etwas zu idealistisch geschönten Momentaufnahmen und Stimmungsbildern aus der Wirrnis der Revolutionszeit unpathetisch Krisen und Bewährungen des Menschlichen im Kampf der Ideologien und die angeborene christliche und stolze Haltung dem Tod gegenüber. *Dorothea* (1937) ist der etwas rührselig-melancholische Roman einer scheu verhaltenen Frau. Sie liebt den jüngeren Sohn des Landarztes, heiratet nach dessen Abreise den älteren und läßt sich auch als dessen Witwe durch die Rückkehr des jüngeren nicht in ihrem Seelenfrieden stören.

Der Roman *Wetter überm Gottesländchen* (1939) schildert in drei Stufen (1880/81, 1885 und 1903–1918) die Schicksale einer kurländischen Pastorenfamilie und ihrer Umwelt, einem redlichen, bürgerlichen Landarzt und einem promiskuen adligen Großgrundbesitzer, der die moralische Weltordnung der Stände auf den Kopf stellt. Der Roman setzt als lieblich-zärtliche Pfarrhausidylle aus der guten alten Zeit um 1880 ein, führt durch die Prüfungen und Sorgen eines Christenmenschen und schließt in einer kurzen Szene aus der Revolution von 1919 mit dem tapferen Märtyrertod des alten Pastorehepaars, die sich weigern, vor der drohenden Bolschewistenherrschaft zu fliehen, und gemeinsam erschossen werden. Neben dem milieubedingten festen Fundament christlicher Glaubensgewißheit spielt auch eine starke Landschafts- und Wettersymbolik als Bindeglied eine Rolle.

Kleinere Erzählwerke sind die drei historischen Miniaturen *Zeitalter* (1947), die Legende *Die Berufung* (1948) von der Wandlung zweier junger russischer Fürstinnen mit Hilfe eines Einsiedlers vom selbstgewählten Lebensplan zu dem von Gott bestimmten Lebensweg, den der Einsiedler ahnend ins Werk setzt, und die «Geschichte eines lettischen Mädchens» *Die kleine Schneiderin Pauline* (1950, u. d. T. *Die kleine Zauberin*, 1957) von der unerfüllten Liebe eines einfältigen, lahmen Mädchens, schließlich Jugendromane und -erzählungen.

Hinsichtlich seines literarischen Wertes umstritten ist das Erzählwerk der Kurländerin Mia MUNIER-WROBLEWSKA (1882–1965), die, als Reichsdeutsche im Ersten Weltkrieg aus Lettland ausgewiesen,

1919 zurückkehrte und seit 1932 in Deutschland lebte. Ihre große Lesergemeinde stößt sich anscheinend nicht an den künstlerischen Schwächen des vielseitigen Werks, dem man eine Neigung zu einer gewissen Seichtheit, Gefühlhaltigkeit und Verkitschung nicht abstreiten kann (*Die zweite Sintflut*, 1933). Ihre großen baltischen Romane und kleinen historischen Erzählungen, teils in bewußt altväterlichem Stil, erweisen sie als scharfe, kenntnisreiche und kritische Beobachterin baltischen Lebens und seiner Schwächen, die das Atmosphärische auch im historischen Milieu echt wiedergibt, in der Schilderung jedoch eher in die Breite als in die Tiefe geht. Die Kraft echter Menschengestaltung geht ihr jedoch gelegentlich ab und wird durch Aufputschung ins Abenteuerliche ersetzt. Der literarische Ehrgeiz führt nicht zu vertiefter Schau, sondern zu äußeren Spannungen und seichten Effekten und einer weniger durch Worte als durch das Arrangement der Fakten bewirkten peinlichen Gefühligkeit.

Ihre uneingeschränkte, gar nicht nationalistische Heimatliebe steht im Zentrum ihres Erzählwerks und befähigt sie zu einer einfühlsamen, realistischen Schilderung baltischen Lebens und Schicksals in Vergangenheit und Gegenwart. Ihr Hauptwerk, der sechsbändige Erzählzyklus aus 24 Erzählungen *Unter dem wechselnden Mond* (VI 1927–1931, erweiterte Neufassung III 1966/67) – der Titel stammt aus Kotzebues baltischem Lied «Es kann ja nicht immer so bleiben, hier unter dem wechselnden Mond» –, gibt im Rahmen einer Familienchronik der Jahre 1710–1939 eine Geistes-, Gesellschafts- und Kulturgeschichte Kurlands durch sechs Generationen einer Pastorenfamilie. Er stellt sich damit als «Werden, Wachsen und Welken eines kurländischen Geschlechts» (Untertitel), wenn auch auf anspruchsloserer Ebene, in die Tradition der großen europäischen Generationsromane, denen im deutschen Bereich etwa Thomas Manns *Buddenbrooks*, Ina Seidels *Lennacker* u. a. m. entsprechen. Manches in der Darstellung der nationalen, sozialen und ständischen Gegensätze der Gesellschaft scheint vereinfacht und dramatisch überspitzt, und gegenüber der Zuneigung und Einfühlung für Letten und Juden wirkt die Darstellung der Russen zeitbedingt übertrieben und fragwürdig.

Unter den weiteren Werken der Autorin finden sich Erzählungen aus Kurland und anderen baltischen Landen wie *Und doch* (1917), ein Gesprächsroman, der vorurteilsfrei scharfe Kritik am baltischen Lebensstil (Rückwärtsgewandtsein, Dekadenz, Standes- und Rassenhochmut) übt und doch mit der Vision eines deutschen Kurland schließt,

Sankt Brigitten (1928), *Das Tor zur Freiheit* (1938), *Zeitenwende. Ein Deutschordensroman* (1940) um Wolter von Plettenberg, ferner einige Erzählungen, die das Erleben und Schicksal des Auslanddeutschtums auch in anderen Siedlungsgebieten schildern (*Der Baumeister zu Mühlbach*, 1932; *Der Mensch lebt nicht von Brot allein*, 1933), und im Spätwerk auch Romanbiographien großer Komponisten.

Als erfolgreiche Unterhaltungsschriftstellerin für ein sehr breites Publikum muß auch Elisabeth JOSEPHI (1888–1986) aus Kurland gelten, die 1910–1926 Pastorenfrau in Litauen, dann Schulheimleiterin in Heydekrug/Memel und 1944 Flüchtling in Deutschland war. Ihre leicht geschriebenen, formal blassen Romane, die Lebensgeschichte einer kleindeutschen Müllersfamilie (*Ohne Land*, 1939), eines deutschen Landpastors im kurländisch-litauischen Grenzbereich (*Unser Pastor*, 1961) und eines reichsdeutschen Arztes in Rußland und Litauen (*Arzt im Osten*, 1976) gehen mit einer Fülle einschlägiger Bibelzitate jeder echten Auseinandersetzung mit Problemen und Krisensituationen aus dem Weg, da der glückliche Ausgang allen Geschehens bereits präetabliert ist.

Das abenteuerliche Leben der beliebten livländischen Erzählerin Ingeborg von HUBATIUS-HIMMELSTJERNA (eigentlich Ingeborg von Hubatius-Kottnow, geb. von Samson-Himmelstjerna, 1889–1964) hätte gewiß für mehrere Bände gereicht, doch sie erzählt es gleich zweimal: im Krieg 1914 Lernschwester im Diakonissenhaus in Riga, 1915 nach Denunziation wegen eines Tagebuchs und deutschfreundlicher Gedichte verhaftet, der Spionage verdächtigt, zum Tode verurteilt, von der Zarin begnadigt, doch 1915–1918 in den Ural verbannt, in Orenburg 1916 Heirat mit dem österreichischen Zivilinternierten Karl Hubatius Ritter von Kottnow, 1918 Flucht nach Österreich, später in Deutschland. So erzählt sie es im frisch-forschen Stil der Zeit, gewiß leicht dramatisiert, in *Das Tagebuch der Baltin* (1935) mit Hurra-Patriotismus, massiven Rassenvorurteilen und Schwarz-Weiß-Zeichnung der Figuren, deren Einseitigkeit zwar dem zeitüblichen Vorurteil und z. T. auch dem Erleben der Balten entsprach, aber doch auf dichterische Zubereitung schließen läßt. Und so erzählt sie es wieder in gemilderter, etwas abgeklärter Form 1958 als *Hochzeitsreise im Baschkirenland*.

Tendenziöser noch als dieser Erlebnisbericht, der wenigstens eigene Erfahrungen zur Grundlage hat, wirkt ihr zweites Buch *Die baltischen Brüder* (1938) von den tödlichen Schicksalen einer deutschen Gutsbesitzerfamilie in der Revolutionszeit 1918–1920: Fast alle Mitglieder der Familie erliegen dem roten Terror; der einzige Überlebende übernimmt gemäß der Blut-und-Boden-Tendenz das Restgut. Auch hier werden wieder mögliche und typische Zeitschicksale so gebündelt, daß sie dem NS-Weltbild und seinem Feindbild entsprechen. An gewissen Schicksalen aus der Revolutions- und Bolschewistenzeit kann offenbar kein Schriftsteller – und erst recht kein Leser – guten Gewissens vorübergehen.

Auf unpolitischem Boden dagegen stehen der «Roman einer Kurländerin» *Juliane* (1938) und die späteren biographischen Erzählungen über Annette von Droste-Hülshoff (1952), Margarethe von Wrangell (*Daisy*, 1957), Katharina I. (*Duschenka*, 1961) und *Anna Pawlowa* (1962), die wie auch die Jugendbücher der Erzählerin von ihrem schlichten Stil profitieren.

Gertrud von den BRINCKEN (1892–1982) aus Kurland wurde als bedeutendste baltische Lyrikerin der Epoche bereits behandelt (s. o.). Ihr erzählendes Werk steht diesem Rang nicht nach. Es ist ebenso stark an die baltische Heimat gebunden, weil das Fiktionale in ihm weniger hervortritt als die beherrschende persönliche Erinnerung. Das Bild überwiegt die Handlung. Der anfangs etwas gewollte, doch wohlgewählte und direkte Erzählstil gibt der Schilderung unsentimentale Ausdruckskraft und hilft auf der Suche nach letzter Erkenntnis von Sinn und Ziel des Menschseins im Wechsel von Entstehung, Aufstieg und Untergang.

Der erste Band *März* (1937) gibt eine dichterisch gestaltete Autobiographie ihres ersten Jahrzehnts in dritter Person, ein Kindheitsroman von Glanz und Dunkel eines kurländischen Gutshofs und seiner Menschen, zwar aus der Sicht eines sensiblen kindlichen Gemüts, nur mit zarten kritischen Ansätzen, doch in höchst eigenwilliger, sprachschöpferischer Gestaltung. Der zweite Band *Unsterbliche Wälder* (1941) schließt das zweite Lebensjahrzehnt der Hauptfigur, jetzt in Riga und voller Sehnsucht nach den Wäldern, an, mit Schulfreundschaften und erster Liebe, die zur Aufgabe der ichbezogenen Isolierung führt. Auch hier bricht gelegentlich die Vorliebe der Dichterin für ungewöhnliche Wendungen und Experimente mit sprachlichen Möglichkeiten durch, die die Literarität des Textes gegenüber dem bloßen Sachbericht hervorheben.

Dieses Artifizielle verschwindet in den nicht autobiographischen Romanen wie dem hinreißend ironischen und sprachspielerischen Bild baltischen Lebens *Herbst auf Herrenhöfen* (1939) oder dem psychologischen Roman eines Findlings ohne Namen *Niemand* (1943), der sich in Halbheiten ergeht, allen Entscheidungen ausweicht, sich weder profiliert noch engagiert und schließlich ein unbeachtetes Ende findet. Die Probleme einer so negativen Hauptfigur werden durch die Darstellung der Revolutionskämpfe von 1918 und eine heftige Kritik an baltischen Institutionen und Eigenheiten wie Adelsstolz, Apartheid und seichter Oberflächlichkeit nur zum Teil ausgeglichen.

Von einer geplanten baltischen Trilogie der Brincken konnte nur ein Teil mit Geschehnissen der Zeit 1925–1944 (*Nächte*, 1981) erscheinen. Ein letzter, halb autobiographischer, halb historischer Bericht *Land unter* (1977) sammelt Erlebnisse und Begebenheiten aus der Zeit vom Beginn des Ersten bis zum Ende des Zweiten Weltkriegs in überscharfer Zeichnung und einem verbitterten, oft sarkastischen Stil, den man von einer Dichterin und Lyrikerin wohl nicht erwarten würde. Es wäre sicher zu bedauern, wenn ihre Lebenserfahrung sie zu solcher Bitterkeit verleitet hätte – ihre Schuld ist es gewiß nicht.

Leichte, doch annehmliche Kost sind die heiteren Jugend- und Backfischromane der Dorpater Arzttochter Else HUECK-DEHIO (1897–1976), die ab 1920 verheiratet in Deutschland lebte und in ihren volkstümlichen Erzählungen und Kurzromanen altbaltische Lebensformen vermittelte (*Ja, damals*, 1953; *Die Brunnenstube*, 1954; *Tipsys sonderliche Liebesgeschichte*, 1959 u. a. m.). Im umfangreichen Entwicklungsroman *Liebe Renata* (1955) steht die lebenslustige Dorpater Professorentochter vor der Wahl zwischen ihrem Vetter und einem Theologiestudenten, bis sich die Liebe zu diesem als stärker erweist und zur Hochzeit führt. In den Revolutionswirren von 1917 jedoch wird ihr Mann während eines Gottesdienstes von den Bolschewisten erschossen, und Renata braucht viel Zeit und Kraft, ins normale Leben zurückzufinden.

Eine Reihe weiterer Schriftstellerinnen, die beim Lesepublikum weniger Anklang fanden, bedarf nur kurzer Erwähnung. Aus dem Nachlaß von Eva von RADECKI (1884–1920) aus Riga, der Schwester von Sigismund von Radecki (s. o.), erschienen 1934 die humoristische Erzählung *Der Krippenreiter* und 1959 *Der begrabene Esel* und *Das Logbuch*.

Marissa von der OSTEN (1887–1971) aus Riga studierte in Petersburg und ging nach dem Ersten Weltkrieg nach Deutschland. Nach dem Tod ihres Mannes, des Kabarettsängers Peter von der Osten, lebte sie ein Jahr lang in Amerika. Ihr Buch *Petja* (1941) verbindet geschickt ihre Aufzeichnungen aus den USA mit den Erinnerungen an ihren

Mann und besonders die Münchner Bohème. Ein weiterer Roman *Thorburgen* (1948) begleitet einen deutschen Architekten durch das Baltikum der Revolutionszeit.

Erika WERCKMEISTER (1908–1978) aus Petersburg, später in Reval, dann Holstein, überraschte mit den feinsinnig-warmherzigen Erzählungen aus Petersburg und Reval *Das erste Telefongespräch* (1978). Waltraut VILLARET (auch Henschel-Villaret, 1914 –?) aus Riga, später Lektorin in München, steuerte einige recht kräftige Unterhaltungsromane aus baltischem, russischem und polnischem Milieu bei: *Die wandernden Feuer* (1954, u. d. T. *Liebe sucht verlorenes Land*, 1959), *Mitja* (1962, u. d. T. *Liebe in Braskowa*, 1976) u. a. m. Und die Jugendschriftstellerin Käthe ROEDER-GNADEBERG (eigentlich Käte Feurstein, geb. Gnadeberg, * 1912) aus Reval beschrieb in dem abenteuerlichen Familien- und Geschichtsroman *Ilukülll – Ein Gut in Estland* (1992) die Suche eines Berliner Mädchens nach seiner Heimat und seinen Verwandten in Estland 1936–1939.

4. Das Drama

Das deutsche Theater und damit auch das deutsche Drama hatten im 20. Jahrhundert keinen leichten Stand mehr im Baltikum. Zwar gab es zu Anfang des Jahrhunderts noch deutsche Bühnen, Stadttheater, Sommertheater, Kurtheater und andere Spielstätten in Riga, Mitau, Reval, Dorpat und Pernau, doch brannten das Revaler Theater in der Breitstraße 1902, das hölzerne Interimstheater auf dem Russischen Markt 1905 und das Dorpater Sommertheater 1904 ab. Die zunehmende Russifizierung steigerte nicht gerade Interesse und Mut für einen Neubeginn. Der prozentuale Rückgang der deutschen Bevölkerung in den Städten und die Einbuße an wirtschaftlichen Schlüsselpositionen der Deutschen im Land schmälerten die finanziellen Möglichkeiten und Aussichten erforderlicher Neubauten, und das künstlerisch-theatralische Leben hätte total stagniert, wären nicht Laienspielgruppen mit mehr Enthusiasmus als Können immer wieder eingesprungen.

Zwar konnte das Revaler Deutsche Theater 1910 einen Neubau beziehen, der ohne Oper auskommen mußte, doch wurden schon 1915 mit Beginn des Ersten Weltkriegs die deutschen Theater geschlossen. Das Theater geriet in den zwanziger Jahren dank Interesselosigkeit des Publikums und wachsender Ansprüche an die künstlerischen Leistungen in die Unkostenzone, erhielt 1921 sein Theatergebäude zurück und stellte es 1925–1933 für Gastspiele des Rigaer Deutschen Schauspiels zur Verfügung. Die Revaler Bühne gastierte ihrerseits im Sommer zeitweilig auch in Dorpat, wo nach dem Theaterbrand von 1904 nur Provisorien wie die Bürgermusse und ein primitives Interimstheater zur Verfügung standen und ein steinerner Neubau des Handwerkervereins von 1914 nach dem Krieg und der Errichtung des Freistaats nicht mehr unterhalten werden konnte. Einem 1932 in Reval gegründeten Berufstheater «Deutsche Schaubühne», das auch kleinere Städte bespielte und das Interesse am deutschen Theater zu beleben versuchte, war bis 1939 nur ein kurzes Dasein vergönnt.

Eine fast kontinuierliche Theatertradition konnte nur das Rigaer Deutsche Stadttheater bewahren. Zwar wurde das deutsche Theatergebäude 1918 von Lettland enteignet, doch wurde 1924 ein deutsches Berufstheater, das «Deutsche Schauspiel», gegründet, das 1932 auch ein zweckentsprechendes Haus erhielt. Hier spielte man deutsche Klassiker, Naturalisten, Oper und nur ganz gelegentlich sogar zeitgenössische deutschbaltische Stücke.

Eine Ermutigung, solche zu schreiben, boten die geschilderten Umstände nicht, und die Anzahl baltischer Bühnenschriftsteller und selbst solcher, die es hätten werden wollen, blieb entsprechend gering. Es ließe sich beinahe behaupten, die Zahl der Ein-Stück-Schreiber übertreffe die der geschriebenen Stücke und schwelle die Zahl der Berufswechsler an. Wer nicht umhinkonnte, Bühnenstücke zu verfassen, hatte noch andere Eisen, z. B. Romane oder Lyrik, im Feuer und suchte nur Abwechslung oder Selbstbestätigung. Der finanzielle und der Lustgewinn jedenfalls waren minimal.

Man könnte in diesem Zusammenhang etwa Eugen HEYMANNS *Ein moderner Tric* (1901), Eugenie HIRSCHBERG-PUCHERS *Leben* (1903), Victoria von HERZACKS *Sklavenkraft* (1907), Victor CELMS *Lebensfreude* (1907), Julie HERWEGS *Victoria Regia* (1908), Walter KRAUSES *Gottsucher* (1908), Alexander von STEMPELS *Maler Bernhard und seine Freunde* (1909), Robert von RENNGARTENS *Der ewige Jude* (1911, nach E. Sue) oder Alexander BERENDTS *Auf verlorenem Posten* (1911) erwähnen, würde damit kaum ein Drittel der Texte nennen und näherte dann die Literaturgeschichte dem Telefonbuch, denn mehr als Verfassernamen und Titel der Eintagsfliegen sind kaum noch zu eruieren.

Etwas produktiver wirkt Curt von BÖTTICHER (1876–1944) aus

Riga, der als Berliner Studienrat in Deutschland publizierte, mit Stükken wie dem Trauerspiel in Versen *Judas* (Petersburg 1912) und dem Schauspiel *Die drei Wogen* (1913). Auch zwei Rigaer Gymnasiallehrer versuchten sich in den letzten Jahren deutschbaltischer Anwesenheit in historischen Dramen in klassischer Form mit politischen Botschaften: Hans NAMNEEK (1901–1982) aus Riga mit dem Rienzo-Drama *Der Wegbereiter* (1938) und Herbert RIEGE (1897–1960) aus Libau mit der Verstragödie vom Untergang eines Staats *Das Ende von Byzanz* (1939).

Bemerkenswert ist allenfalls der hohe Anteil an dramatischen Damen, einige sogar unermüdlich und unabweisbar mit mehreren Stükken. Während nämlich das Drama im frühen 20. Jahrhundert wie auch in Deutschland vorwiegend eine Domäne der Männer bildete, sind hier mindestens zwei baltische Autorinnen zu nennen, die ausschließlich für die Bühne schrieben und deren Werke, heute leider nicht mehr greifbar, in den 1920er Jahren im Deutschen Schauspiel in Riga über die Bühne gingen: Camilla MÖLLER (1890–1976) aus Riga mit einem Revolutionsdrama *Sturm* (Uraufführung 1923) und dem Festspiel *Luther und die Bilderstürmer* (UA 1924) sowie Ellinor LORENZ (1888 –?) aus Riga mit *Der Auferweckte* (UA 1925), *Der Rattenfänger von Hameln* (UA 1927/28) und *Die Siegerin* (UA 1936).

Neben all diesen vergessenen Namen steht einer, der nicht vergessen werden sollte, weil er das Zeug zu einem baltischen Dramatiker von Rang hatte, hätte ihn nicht im Alter von 29 Jahren die Tuberkulose hinweggerafft: Karl von FREYMANN (1878–1907) aus Dorpat, der dort Geschichte studierte, Journalist in Riga wurde und in Meran sein Grab fand. Nicht nur als Verfasser intelligenter historischer Essays, tiefsinniger Gedichte und amüsant ironischer Novellen ist er hier zu nennen, sondern vor allem als Bühnenautor mit nur vier Werken. Berühmt wurde er mit seinem «Schauspiel aus der lettischen Revolution» *Der Tag des Volkes* (1907), das ein subjektives Bild der Ereignisse von 1905 zeichnet, dabei mit tiefgründigem Blick nachdenklich hinter die Ursachen und historisch-politischen Bedingtheiten der Umwälzungen schaut und dennoch die Kulturleistung der Deutschbalten und ihre Lebensarbeit zu würdigen weiß: Baltische Treue, Mannhaftigkeit und Widerstandskraft würden die Zukunft gewährleisten. Der Dichter konnte die Uraufführung seines Stückes noch erleben, dessen historische Widerlegung nicht mehr.

Feiner als seine optimistische Geschichtsdeutung und Gipfel seines Schaffens sind drei geistreiche und graziös funkelnde Einakter *Fran-*

cesca. Nach dem 9. Thermidor. Masken (1908) von bühnenwirksamem, scharf geschliffenem Dialog, die historischen Figuren insgeheim baltisches Wesen einflößen. Der Frühvollendete nahm auch die Hoffnung auf ein künstlerisch noch wertvolleres baltisches Drama mit ins Grab.

Im übrigen bleibt es bei den etablierten, schon erwähnten Erzählern, die ihre Hand gelegentlich und meist mit geringem Erfolg an Dramen versuchen, die als Nebenprodukte oft Lesedramen bleiben. Da die meisten der Autoren inzwischen nach Deutschland übergesiedelt waren, sind baltische Bezüge selten, und Aufführungen sind fast nur aus Deutschland bekannt.

Schon Eduard Graf von KEYSERLING (1855–1918) hatte 1900–1906 vier folkloristische und psychologische Schauspiele verfaßt (*Ein Frühlingsopfer,* 1900; *Der dumme Hans,* 1901; *Peter Hawel,* 1904 und *Benignens Erlebnis,* 1906), die dank einprägsamer Figuren und Stimmungen in Berlin mit moderatem Erfolg gespielt wurden.

Korfiz HOLM (1872–1942), längst in Deutschland heimisch, brillierte mit drei leicht frivolen, amüsanten Boulevardkomödien im Stil Oscar Wildes, die aus einem Nichts an Handlung mit eleganter Leichtigkeit eine Fülle guter Laune und einen Wirbel geistvoller Anspielungen und Bonmots erzeugen (*Hundstage,* 1911; *Marys großes Herz,* 1913; *Das Mädchen aus der Fremde,* 1926). Ihr einziger Nachteil ist, daß nach etlichen Verwicklungen und Verwirrungen sehr zum Nachteil des Publikums die Moral stets wiederhergestellt wird und weitere sprühende Wortgefechte erübrigt.

Manfred KYBER (1880–1933) gestaltet in seinen philosophisch-symbolischen Dramoletten und Dramen seine aus christlichen, nordischen und orientalischen Stoffen und Bildern abstrahierte okkulte Weltanschauung. Sie wurden sämtlich in Deutschland aufgeführt, ohne sich wegen ihres Synkretismus lange zu halten. *Küstenfeuer,* sein 1906 geschriebener, 1923 veröffentlichter Erstling, weist noch eine halbwegs realistische Handlung auf: Die Tochter eines geldgierigen Reeders flieht heimlich auf seinem dem Untergang geweihten Schiff und erscheint dann samt ertrunkener Mannschaft dem Vater. *Meister Matthias* (1906) gestaltet einen faustischen Erkenntnisdrang. Zwei Sammelbände umfassen Kybers *Drei Mysterien* (1913: *Der Stern von Juda; Die neunte Stunde* und *Der Kelch von Avalon*) und *Märchenspiele* (1920: *Das wandernde Seelchen* und *Der Tod und das kleine Mädchen*).

Auch Herbert von HOERNER (1884–1950) begann mit einem antiken Drama *Theseus*, das 1923 in Meiningen seine Uraufführung erlebte, und zwei kleinen Tanzspielen, bevor er sich der Novelle zuwandte.

Bruno GOETZ (1885–1964) schrieb ein vieraktiges Schauspiel *Gauner und Sklaven* (1918) und einen «Hymnus mit Sprechchören» von der Wiedergeburt der Götter aus der Seele des Neuen Menschen *Der Lobgesang* (1927), der 1925 in Münster aufgeführt wurde.

Johannes von GUENTHER (1886–1974) wandte sich nach frühen eigenen Versuchen im Drama (*Tannhäuser*, Trauerspiel, 1914; *Der Magier*, Cagliostro-Schauspiel, 1916, und *Der liebste Gast*, Singspiel, 1917) ganz der erfolgreichen Übersetzung und Bearbeitung besonders russischer, spanischer und englischer Dramen der Weltliteratur zu, unter denen seine drei Adaptionen orientalischer, besonders indischer Stücke hervorragen: *Der Kreidekreis* (1941), *Vasantasena* (1942) und *Sakuntala* (1953).

Siegfried von VEGESACK (1888–1974) begann wenig erfolgreich mit einem expressionistischen Stück *Tote Stadt* (UA 1923) von kauziger, satirischer Kulturkritik seiner Zeit. Dagegen wurde seine Affenkomödie *Der Mensch im Käfig* (1926) seit der Prager Uraufführung von 1925 wohl auch wegen schauspielerischer Leistungen ein Sensationserfolg. Ihr Thema sind der Lebensekel und ein komischer Rollentausch: Ein amerikanischer Professor und Affenspezialist begegnet auf Forschungsreisen im Urwald dem Menschenaffen Jimmy, den ein Missionar ein wenig sprechen lehrte. Auf beiderseitigen Wunsch tauschen sie ihre Rollen und Gewänder, und Jimmy wird in New York erfolgreicher «Präsident von das Ganze». Doch sein wachsender Ekel vor Menschen und Politik treibt ihn mit seiner Braut wieder in den Urwald zu einem ehrlichen und friedlichen Leben zurück. Der Professor indessen, total verafft und wunschlos glücklich, denkt nicht an eine Rückkehr ins Menschenleben. Das Ganze ist eine groteske Gestaltung des «Zurück zur Natur» mit teils recht grobschlächtigem, aber wirksamem Witz.

Den Abschluß des sozusagen nicht vorhandenen, totgesagten baltischen Dramas im 20. Jahrhundert bildet Fred von HOERSCHELMANN (1901–1976) aus Hapsal, der nach dem Studium freier Schriftsteller in Berlin, Hapsal, Polen und zuletzt Tübingen war und durch eine Reihe realistischer Problemhörspiele und -fernsehspiele bekannt wurde, deren Konflikte oft aus mangelhaft organisierten, inhumanen Sozialordnungen aufbrechen. Nachdem Hoerschelmann schon im Erzählband *Die Stadt Tondi* (1950) ein imaginäres baltisches Milieu gestaltet hatte, gelang ihm mit dem Hörspiel *Die verschlossene Tür* (1958) die wohl einzige nennenswerte Darstellung deutschbaltischen Schicksals im Warthegau, eines Themas, das wegen seiner politischen Belastung gewiß gern vermieden wurde. Ein baltischer Edelmann wird 1939 von den Nazibehörden auf ein zwangsgeräumtes polnisches Gut bei Posen eingewiesen. Aus einem noch warmen Lampenzylinder schließt er, daß sich hinter einer verschlossenen Tür noch jemand verbirgt, entdeckt den jüdischen Gutsbesitzer Levi, den er für seinen (unlängst verstorbenen) Bruder ausgibt und vor der Ermordung rettet. Die geliehene Identität wird Levi später jedoch zum Verhängnis, als 1945 die Polen auf die flüchtenden Deutschen schießen und er sie retten will: eine erschütternde Klage über die Ohnmacht der Gutwilligen in einem inhumanen System, das dem Mitleid und menschlicher Hilfe keinen Raum mehr läßt – und zugleich der Abschied der Deutschbalten aus der östlichen und damit aus ihrer Welt.

Anhang

Bibliographie

Diese Bibliographie beschränkt sich auf allgemeine weiterführende Literatur in Buchform. Für Monographien zu Autoren, speziellere Literatur und Zeitschriftenartikel sei auf die bibliographische Zeitschrift Germanistik *und die Jahresbände der* Bibliographie der deutschen Sprach- und Literaturwissenschaft *verwiesen.*

1. Nachschlagewerke

Recke, Johann Friedrich von, und Karl Eduard Napiersky: Allgemeines Schriftsteller- und Gelehrten-Lexikon der Provinzen Livland, Esthland und Kurland. Mitau IV 1827–1832; Nachträge und Fortsetzungen, bearb. Th. Beise. Mitau II 1859–1861 Nachdruck V 1966

Lenz, Wilhelm, Hg.: Deutschbaltisches biographisches Lexikon 1710–1960. Köln 1970

Redlich, May: Lexikon deutschbaltischer Literatur. Eine Bibliographie. Köln 1989

2. Geschichtlicher Hintergrund

Engelhardt, Alexis von, Hg.: Die deutschen Ostseeprovinzen Rußlands. Ihre politische und wirtschaftliche Entwicklung. München 1915, 2. Auflage 1916 (darin: Johannes von Guenther: Bemerkungen über baltische Dichtung, S. 245– 278)

Stieda, H., Hg.: Livland – Estland – Ausstellung. Zur Einführung in die Arbeitsgebiete der Ausstellung. Berlin 1918 (darin: N. Busch: Literatur, S. 159–190)

Arbusow, Leonid: Grundriß der Geschichte Liv-, Est- und Kurlands. Riga 1889, 4. Aufl. 1918

Grautoff, Otto, Hg.: Ostsee und Ostland. I: Die Baltischen Provinzen. Berlin-Charlottenburg VI 1916/17

Wittram, Reinhard: Geschichte der baltischen Deutschen. Grundzüge und Durchblicke. Stuttgart 1939

Boehm, Max Hildebert, und Hellmuth Weiß, Hg.: Wir Balten. Salzburg 1951 (darin: Lutz Mackensen: Baltische Wortkunst, S. 192–219)

Wittram, Reinhard, Hg.: Baltische Kirchengeschichte. Göttingen 1956

Wittram, Reinhard: Baltische Geschichte. Die Ostseelande Livland, Estland, Kurland 1180–1918. Grundzüge und Durchblicke. München 1954, Neudruck Darmstadt 1973

Aschenbrenner, V., Hg.: Die Deutschen und ihre östlichen Nachbarn. Frankfurt a. M. 1968

Rauch, Georg von: Geschichte der baltischen Staaten. Stuttgart 1970, 3. Aufl. 1990
Taube, Arved Freiherr von, und Erik Thomson: Die Deutschbalten. Schicksal und Erbe einer eigenständigen Stammesgemeinschaft. Lüneburg 1973, 3. Aufl. 1991
Ezergailis, Andrew, und Gert von Pistohlkors, Hg.: Die baltischen Provinzen Rußlands zwischen den Revolutionen von 1905 und 1917. Köln 1982
Rauch, Georg von, Hg.: Geschichte der deutschbaltischen Geschichtsschreibung. Köln 1986
Higounet, Charles: Die deutsche Ostsiedlung im Mittelalter. Berlin 1986, Neudruck München 1990
Pistohlkors, Gert von, Hg.: Die Universitäten Dorpat/Tartu, Riga und Wilna/Vilnius 1579–1979. Köln 1987
Zur Mühlen, Heinz von: Die baltischen Lande. Von der Aufsegelung bis zur Umsiedlung. Bonn 1990
Rothe, Hans, Hg.: Deutsche im Nordosten Europas. Köln 1991
Pistohlkors, Gert von, Hg.: Deutsche Geschichte im Osten Europas. Baltische Länder. Berlin 1994
Schlau, Wilfried, Hg.: Tausend Jahre Nachbarschaft. Die Völker des baltischen Raumes und die Deutschen. München 1995
Schlau, Wilfried, Hg.: Die Deutschbalten. München 1995
Elias, Otto-Heinrich, Hg.: Aufklärung in den baltischen Provinzen Rußlands. Ideologie und soziale Wirklichkeit. Köln 1996
Schlau, Wilfried, Hg.: Sozialgeschichte der baltischen Deutschen. Köln 1997
Garleff, Michael, Hg.: Deutschbalten, Weimarer Republik und Drittes Reich. Köln 2001
Garleff, Michael: Die baltischen Länder. Regensburg 2001
Tuchtenhagen, Ralph: Geschichte der baltischen Länder. München 2005

3. Literaturgeschichte

Rosen, Baronesse Elisabet: Rückblicke auf die Pflege der Schauspielkunst in Reval. Reval 1910. Nachdruck 1972
Behrsing, Arthur, Hg.: Grundriß einer Geschichte der baltischen Dichtung. Leipzig 1928, Nachdruck 1973
Petersen, Otto von: Goethe und der baltische Osten. Reval 1930
Schneider, Wilhelm: Die auslanddeutsche Dichtung unserer Zeit. Berlin 1936
Klein, Karl Kurt: Literaturgeschichte des Deutschtums im Ausland. Leipzig 1939. Nachdruck mit einer Bibliographie (1945–1978) von Alexander Ritter. Hildesheim 1979
Reimers, Dagmar: Geschichte des Rigaer deutschen Theaters von 1782–1822. Posen 1942
Helm, Karl, und Walther Ziesemer: Die Literatur des Deutschen Ritterordens. Gießen 1951
Lenz, Wilhelm: Der baltische Literatenstand. Marburg 1953
Mackensen, Lutz: Zur deutschen Literatur Altlivlands. Würzburg 1961

Scholz, Friedrich: Die Literaturen des Baltikums. Ihre Entstehung und Entwicklung. Opladen 1990
Gottzmann, Carola L., Hg.: Unerkannt und (un)bekannt. Deutsche Literatur in Mittel- und Osteuropa. Tübingen 1991
Kitching, Laurence: Europe's itinerant players and the advent of German-language theatre in Reval, Estonia. Frankfurt a. M. 1996
Kitching, Laurence, Hg.: Das deutschsprachige Theater im baltischen Raum, 1630–1918. Frankfurt a. M. 1997
Altmayer, Claus, und Armands Gutmanis, Hg.: J. G. Herder und die deutschsprachige Literatur seiner Zeit in der baltischen Region. Riga 1997
Kitching, Laurence, Hg.: Die Geschichte des deutschsprachigen Theaters im Ausland. Von Afrika bis Wisconsin. Anfänge und Entwicklungen. Frankfurt a. M. 2000
Schwidtal, Michael, und Armands Gutmanis, Hg.: Das Baltikum im Spiegel der deutschen Literatur. Carl Gustav Jochmann und Garlieb Merkel. Heidelberg 2001
Ungern-Sternberg, Armin von: «Erzählregionen». Überlegungen zu literarischen Räumen mit Blick auf die deutsche Literatur des Baltikums, das Baltikum und die deutsche Literatur. Bielefeld 2003

4. Anthologien

Sivers, Jegor von, Hg.: Deutsche Dichter in Rußland. Studien zur Literaturgeschichte. Berlin 1855
Johanson, Heinrich, Hg.: Die baltischen Lande in Liedern ihrer Dichter. Zürich 1894
Grotthuß. Jeannot Emil Freiherr von, Hg.: Das Baltische Dichterbuch. Eine Auswahl deutscher Dichtungen aus den Baltischen Provinzen Rußlands. Reval 1894, 2. Aufl. 1895
Staël-Holstein, Lucie Freifrau von, Hg.: Baltische Dichtungen. Riga 1896
Goetz, Bruno, Hg.: Die jungen Balten. Gedichte. Berlin-Charlottenburg 1916
Bergengruen, Werner, Hg.: Baltisches Dichterbrevier. Berlin 1924
Mackensen, Lutz, Hg.: Baltische Texte der Frühzeit. Riga 1936
Maltz, Arthur Ferdinand, Hg.: Neue baltische Dichtung. Auswahl. Riga 1936
Kindermann, Heinz, Hg.: Rufe über Grenzen. Antlitz und Lebensraum der Grenz- und Auslanddeutschen in ihrer Dichtung. Berlin 1938

Personenregister